15年房地产专业律师实战精华
10年房地产税务规划实操指南

房地产税务规划专业工作者的《本草纲目》
房地产税务规划兴趣爱好者的《新华字典》

企业并购
房地产税务规划108式

THE 108 LEGAL PRACTICES OF PROPERTY TAX IN MERGERS AND ACQUISITIONS

齐红雷 ◎ 著

经济管理出版社
ECONOMY & MANAGEMENT PUBLISHING HOUSE

图书在版编目（CIP）数据

企业并购房地产税务规划108式/齐红雷著.—北京：经济管理出版社，2019.1（2019.7重印）

ISBN 978-7-5096-6372-1

Ⅰ.①企… Ⅱ.①齐… Ⅲ.①房地产企业—企业兼并—研究—中国②房地产税—研究—中国 Ⅳ.①F299.233②F812.424

中国版本图书馆CIP数据核字（2019）第012426号

组稿编辑：高　娅
责任编辑：高　娅等
责任印制：黄章平
责任校对：王淑卿

出版发行：经济管理出版社
（北京市海淀区北蜂窝8号中雅大厦A座11层　100038）

网　　址：	www.E-mp.com.cn
电　　话：	（010）51915602
印　　刷：	三河市延风印装有限公司
经　　销：	新华书店
开　　本：	720mm×1000mm/16
印　　张：	28.5
字　　数：	482千字
版　　次：	2019年3月第1版　2019年7月第3次印刷
书　　号：	ISBN 978-7-5096-6372-1
定　　价：	98.00元

·版权所有　翻印必究·

凡购本社图书，如有印装错误，由本社读者服务部负责调换。

联系地址：北京阜外月坛北小街2号

电话：（010）68022974　邮编：100836

谨以本书献给
北京德和衡律师事务所
为上市公司服务战略

  本书所指"房地产"是个"泛房地产"的概念，所以，本书企业并购房地产税务规划的服务对象，不仅包括传统房地产开发企业所涉及的企业并购，还包括以下四种类型的已上市或拟上市企业：

  （1）传统房地产开发企业：主要从事住宅和商服用地开发的房地产开发企业。

  （2）产业房地产开发企业：主要从事文旅、养老、医疗、教育、仓储、物流、产业园区、特色小镇以及管理代建等非传统的新型产业开发企业。

  （3）相关金融机构：银行、保险、证券、信托、私募基金、期货、不良资产以及政府融资平台等对上述两类房地产开发企业有股权或债权投资的金融机构。

  （4）其他涉房地产并购企业：上述三种类型企业之外的涉及房地产并购业务的企业。

本书所谓"108式"是指企业并购房地产税务规划方案设计和审查过程中经常用到的108种税务规划工具，分别在本书第六章、第七章、第八章和第九章有详细的解读。"108式"的名称如下：

（1）组织设计；（2）项目公司设立；（3）资本弱化；（4）组织形式改变；（5）公司迁址；（6）企业注销；（7）工程转让；（8）土地转让；（9）分公司经营；（10）执行拍卖；（11）破产拍卖；（12）收储转让；（13）资产划拨；（14）资产调拨；（15）资产划转；（16）转让定价；（17）预约定价安排；（18）资质变更；（19）政府返还；（20）红线外支出；（21）债务重组；（22）留抵结转；（23）特殊组织；（24）融资租赁；（25）政策性搬迁；（26）称号优惠；（27）涉外违约；（28）股东借款；（29）高管薪酬；（30）债权转让；（31）开发权转让；（32）一并转让；（33）一二级联动；（34）集体土地；（35）清算对象；（36）地下车库；（37）安置房；（38）应付账款；（39）成本分摊；（40）自用出租；（41）价格临界；（42）企业改制；（43）个体经营；（44）等价交换；（45）转让无效；（46）转让返还；（47）市政配套费；（48）事业改制；（49）一般分立；（50）特殊分立；（51）反向分立；（52）一般合并；（53）特殊合并；（54）合营法人合作；（55）旧法人合作；（56）协议合作；（57）委托建房；（58）政府代建；（59）直接转让；（60）境内间接转让；（61）境外间接转让；（62）股借分离；（63）两次交易；（64）留存分配；（65）股东亏损；（66）换股转让；（67）过桥资金；（68）个人转独资企业；（69）合同生效；（70）增资扩股；（71）低价增资；（72）高价增资；（73）企业投资溢价增资；（74）个人投资溢价增资；（75）亲属股转；（76）员工激励；（77）明股实债；（78）企业减资；（79）对赌协议；（80）解除退税；（81）税收减免；（82）税收返还；（83）核定征收；（84）作价入股；（85）债权出资；（86）股权出资；（87）股权出资个人独资企业；（88）资本公积转增；（89）债权转注册资本；（90）债权转资本公积；（91）留存收益转资本公积；（92）企业股息红利；（93）不对等分红；（94）股东债权抵顶分红；（95）公司债权抵顶分红；（96）代持股回转；（97）法定公积分红；（98）合伙企业份额转让；（99）合伙企业份额收益权转让；（100）契约式基金；（101）分红式基金；（102）对手期货；（103）包税约定；（104）超过追征期；（105）罚款豁免；（106）滞纳金豁免；（107）扣缴豁免；（108）裁决确认。

前言

本书名为《企业并购房地产税务规划108式》,这其中有三个关键词:企业并购、房地产和税务规划。据此,笔者就从这三个方面分别做一简单阐述,是为前言。

一、何为并购

并购,顾名思义就是兼并和收购之意,但对其定义表述,却是汗牛充栋、不胜枚举。本书既然为企业并购而生,那么明确并购的含义也就成了笔者首要的任务。

本书所言的并购,是指企业或个人用现金、债券、股权等方式,取得另一家企业的股权或资产,以获得该企业或其资产的控制权的交易行为。

细分起来,并购可以从不同的视角划分为不同的类型:

(1)按所属行业的相关性,并购可分为横向并购和纵向并购。本书主要研究涉房地产企业并购的横向并购。

(2)按是否取得交易对手同意,并购可分为善意并购和恶意并购。本书主要是指能获得双赢的善意并购。

(3)按是否直接收购目标公司的股权,并购可分为直接收购和间接收购。本书所涉及的,既有可能是直接收购,也有可能是间接收购。

需要特别说明的一点是,一说并购,很多人脑子里会立马闪出另外一个名词:重组。因为在很多法律条文和著作中,并购和重组就像一对孪生姐妹,总是形影不离,甚至经常有人将二者统称为并购重组。但是笔者认为,并购和重组是两个不同的概念,即并购侧重于股权、公司控制权的转移,这是它与资产重组最根本的区别。反过来说就是,资产重组侧重资产的变化,而不是控制权的转移。当然,财税界专业人士对"重组"一词念念不忘的首推鼎鼎大名的2009年59号文，即《财政部、国家税务总局关于企业重组业务企业所得税处理若干问题的通知》，该文件明确将企业重组分为企业法律形式改变、债务重组、股权收购、资产收购、合并、分立六种形式，但对重组的定性表述为法律或经济结构发生重大改变的交易，由此可见，59号文也认为重组重在资产的变化而不是控制权的转移。

二、房地产并购浪潮来袭

1998年，为应对亚洲金融危机，扩大内需，在时任总理朱镕基的主持下，《国务院关于进一步深化城镇住房制度改革加快住房建设的通知》（国发［1998］23号）正式印发实施，彻底对内开放了房地产市场，由此掀起了一波波澜壮阔、空前绝后的房地产浪潮。

时间到了2018年，中国房地产市场已经由呱呱坠地的婴儿成长为20周岁的大小伙子。经过整整20年的茁壮成长，中国的房地产行业呈现出一个明显而重大的特点，即房地产企业之间的分化态势逐步明朗，行业集中度已然加强。

究其原因有二，首先是在中小房企的融资议价能力、品牌溢价能力和资金周转速度这三大竞争力上，与大型房企之间的差距越来越大，逐渐丧失与之抗衡的能力。说白了就是，中小房企的融资成本比人家高一大截，房价反而比人家低一大截，并且资金周转的速度也远远不是人家的对手。请问，这房子还能盖下去吗？答案应该是，即使费力把房子盖出来，并且赶上好时候都卖出去了，还不如把项目卖给大企业挣得多。其次是中小房企的政策抗压能力弱。因为中国房地产市场的最大特色就是面临忽高忽低、忽上忽下的政策调控，就像一个人一会儿吃保胎药，一会儿吃堕胎药，一般人还真扛不住。事实上，如果没有2009年的"四万亿"大红包砸中脑门，现在全国排名前十的房企中至少有两个已然销声匿迹。所以，在2003年、2008年、2012年这些政策调控的低谷期看到中小房企倒下的身影，就不足为奇了。尤其是2016年10月底开启的这轮史无前例的调控，一下子祭出了限购、限价、限贷三大法宝，给中小房企在三大竞争劣势的伤口上又狠狠撒了几把盐。

由此，我们有幸亲眼目睹房地产并购时代的来临。据不完全统计，仅2017年上半年，房地产并购的金额就突破了2000亿元大关。到了2018年，各大房企不是正在并购，就是走在并购的路上。有人甚至断言，80%的房企将消失，且不说最终多少房企消失，但有一点是肯定的，那就是中国房地产市场这个只有 20 周岁的大胖子，这次真的要瘦身了。

三、税务规划机会百年一遇

如前所述，中国房地产市场等了整整 20 年，终于迎来了一个"大瘦身"的并购浪潮。尤其需要指出的是，不算房地产行业之外的其他行业的房地产资产价值，仅中国房地产市场总市值保守估计就在 350 万亿元之上，是股市总市值的 5 倍以上。正因如此，企业并购房地产税务规划的历史性机遇更显得格外诱人。

本杰明·富兰克林曾经说过，"世界上只有两件事是不可避免的，那就是税收和死亡"。自然，巨额税收必将与这波历史性的企业房地产并购浪潮如影随形。由此，必然催生出一个庞大的税务规划需求：如何合法降低因并购溢价而带来的巨额税收。要满足这个庞大的市场需求，首要的就是要有一支训练有素的涉税专业服务队伍。事实上，改革开放以来，尤其是 1987 年《民法通则》实施以来，经过 30 年的发展，我国已经建立起了一支以律师、注册会计师和注册税务师为主的涉税专业服务队伍，尤其是近十年随着律师行业专业化的日益深化，律师队伍中产生了一大批税务律师，并且为数不少的税务律师凭借其前瞻性思维的职业优势，在税务规划领域迅猛崛起，特别是其中大批佼佼者不约而同地将目光集中在了涉房地产企业并购税务规划这颗皇冠上的明珠。

我国改革开放 40 年来，由于政治体制改革长期停滞不前，导致民营企业家营商环境的改善总是举步艰难，甚至导致部分企业家对政治体制改革丧失信心，走上了迷信权力、轻视法律的歧途而不能自拔，但是随着原始积累的结束和企业规模的扩大，尤其是党的十八大提出全面推进依法治国方略以来，有越来越多的企业家精英，越来越向往守法经营、坦荡生活的人生。所以，这些企业家精英在进行涉房地产企业并购时，十分乐意聘请精通房地产税务规划的专业人士，为其提供合理、合法的税务规划方案。

综上所述，房地产行业 20 年的发展，涉税专业服务行业 30 年的发展和民营企业 40 年的发展，终于迎来了这次房地产并购浪潮。唯其如此，这次房地产并购浪潮可以说是集三大行业的造化于一身，可谓"三运叠加"，说其百年一遇不算为过！

为了与志同道合的革命同志们一起分享企业并购房地产税务规划这个

百年一遇的大馅饼，笔者运用自己15年的房地产专业律师经验和10年的涉税专业服务经验，铸就了眼前这本书。

本书的写作目的就是让读者在对房地产和税务规划基础知识有所了解的前提下，能彻底明白在纷繁复杂的涉房地产并购过程中，到底有多少种税务规划工具或手段可以为我所用，笔者将其称为税务规划108式。当然，按照"三务合一"理论运用这些税务规划工具介绍几个案例，展示一下税务规划的内部逻辑和基本步骤也是必需的。所以，如果读了本书之后，读者能对企业并购房地产税务规划有一两点收获或感悟，笔者就十分欣慰了。至于有的读者希望读了这本书，回到家就能依葫芦画瓢进行房地产并购税务规划方案设计，那被人看作巨婴症患者的风险肯定会陡然上升。因为，要想设计出经得住实践检验的税务规划方案，至少要有房地产实务、税收实务和法律实务三方面的长期实践积累。所以，要想进行具有实战意义的企业并购房地产税务规划业务，必须同时具备房地产实务、税收实务和法律实务三方面的深厚功底，并在实际案例中将这三大实务完美地统一。笔者把这一理论称为三务合一理论。

齐红雷

2019年2月

目录

第一篇 税务规划理论

第一章 税务规划概述 /3
第一节 税务规划的定义 /3
第二节 税务规划的两大原理 /5
  一、纳税人商业模式的改变会引起税收要素的改变 /5
  二、税收要素的改变有可能会引起应纳税额的减少 /6
第三节 税务规划的三大原则 /6
  一、合法性原则 /7
  二、专业性原则 /8
  三、超前性原则 /9
第四节 税务规划方案设计的十六个步骤 /10
第五节 反避税 /11
  一、我国反避税制度的建立和主要内容 /11
  二、反避税和税务规划 /12

第二章 "三务合一"税务规划理论 /13
第一节 "三务合一"理论的含义 /13
第二节 "三务合一"理论中三务之间的关系 /14
第三节 "三务合一"理论的人才构成 /15
第四节 "三务合一"理论的专业化本质 /17
第五节 "三务合一"理论的历史必然性 /17
  一、我国税务规划的实践历程充分展示了税务规划专业化的历史必然性 /18
  二、律师行业专业化的前世今生,是税务规划专业化的一个绝佳参照物 /19
  三、律师行业在税务规划领域扇动专业化的翅膀必将掀起会计师和税务师行业的专业化飓风 /23

第二篇　房地产实务

第三章　房地产概述　/27
第一节　中国大陆房地产市场发生了历史性变化　/27
第二节　融资和拿地是房地产企业的永恒主题　/29

第四章　建设用地取得方式　/32
第一节　我国一级土地市场建设用地使用权的五种取得方式　/32
问题1　土地使用权和建设用地使用权哪个名字更准确？　/33
问题2　房地产开发的"五证"具体是指什么？　/33
第二节　我国建设用地使用权取得方式的历史演变过程　/34
一、1990年5月19日前的国家划拨阶段　/34
二、1990年5月19日至2002年7月1日的协议出让阶段　/34
三、2002年7月1日至今的"招拍挂"为主阶段　/35

第五章　房地产企业取得建设用地途径总汇　/36
第一节　与招拍挂有关的十种途径　/36
一、典型开发　/36
问题3　什么是"招拍挂"？　/36
问题4　"招拍挂"的主要法律依据有哪些？　/36
二、收储摘牌　/37
问题5　收储摘牌的基本逻辑是什么？　/37
问题6　收储摘牌需要特别注意哪些问题？　/37
三、毛地出让　/37
问题7　毛地与净地以及生地与熟地有何不同？　/38
问题8　毛地出让的主要缺陷是什么？　/38
四、一级开发　/39
问题9　什么叫一级开发？什么叫二级开发？　/39
五、危陋改造　/39
问题10　危陋房改造的步骤和优惠政策有哪些？　/39
六、军地开发　/40
问题11　军用土地开发的主要法律政策有哪些？　/40
问题12　2002年11号令实施以来，军用土地的传统法律政策与"招拍挂"如何对接？　/40
七、土地租赁　/41
问题13　土地使用权租赁、出租及转租有何区别？　/41
问题14　土地租赁为何不受待见？　/42
八、联合竞买　/42

         问题15 土地出让金全部缴清才能颁发用地证书的法律依据何在？ /42
   九、合作转售 /42
         问题16 为什么土地交易不叫买卖叫出让？ /42
         问题17 土地出让金和全地价是什么关系？ /43
         问题18 合作转售产生的背景是什么？ /43
         问题19 合作转售有非法预售的法律风险吗？ /43
         问题20 合作转售有非法集资的法律风险吗？ /44
   十、个人合作 /45
         问题21 个人合作建房是如何产生的？ /45
         问题22 个人合作建房的主要法律障碍是项目实施主体的问题吗？ /46
         问题23 个人合作建房项目实施主体问题最终解决了没有？ /48
         问题24 个人合作建房在"二次房改"的2018年会柳暗花明吗？ /49

第二节 名为买房实为买地的八种途径 /49
   一、受让开发 /49
         问题25 受让开发还需要招拍挂吗？ /49
   二、拍卖开发 /50
         问题26 人民法院有权拍卖划拨地吗？ /50
         问题27 《拍卖法》能适用到土地拍卖过程中吗？ /50
   三、国资竞买 /50
         问题28 竞买改制企业的土地是否需要招拍挂有特殊程序吗？ /50
   四、不良资产 /51
         问题29 不良资产涉及国有划拨地的情况怎么办？ /51
   五、抵押开发 /52
         问题30 为什么说抵押开发要特别注意合同有效性问题？ /52
         问题31 自然人能作为抵押权人办理抵押登记吗？ /53
   六、平地过户 /53
         问题32 平地过户必须要提取诉讼吗？ /53
   七、裁判开发 /54
         问题33 裁判开发适用范围是什么？ /54
   八、附加资质 /54
         问题34 为什么附加资质时要特别注意企业类型？ /55
   九、规划缩减 /55
         问题35 作为补偿的建设用地还要招拍挂吗？ /55

第三节 需要与他人合作的七种途径 /55
   一、合作开发 /55
         问题36 合作开发必须共同管理吗？ /56
         问题37 合作开发的法律依据就一个条文吗？ /56
         问题38 四种常见的虚假合作都是什么？ /56

　　　　问题39　四种虚假合作合同一定无效吗？　/57
　　二、新设开发　/58
　　　　问题40　项目公司在法律上是怎么规定的？跟普通房地产公司有区别吗？　/58
　　三、代建开发　/59
　　　　问题41　代建的取费方式和标准怎样说？　/59
　　四、改建扩建　/59
　　　　问题42　退距问题是改建扩建需要特别注意的点吗？　/59
　　五、土地安置　/59
　　　　问题43　用于安置的建设用地只能搞商业吗？　/59
　　　　问题44　土地征收过程中的"一书四方案五补偿"都是什么意思？　/60
　　　　问题45　如何准确区分征收与征用？　/60
　　六、沿街开发　/60
　　　　问题46　工业用地中附属设施用地的占比是多少？　/60
　　七、出租开发　/61
　　　　问题47　出租开发的缺点是什么？　/61
第四节　土地性质需要变通的五种途径　/61
　　一、商服变性　/61
　　　　问题48　商业用地和商服用地哪个称呼是对的？　/61
　　　　问题49　商服用地变性为住宅用地有法律依据吗？　/61
　　二、工业变性　/62
　　　　问题50　工业用地改变为住宅用地有法律依据吗？　/62
　　三、综合用地　/63
　　　　问题51　《全国土地分类》中根本没有的综合用地，是从哪冒出来的？　/63
　　四、房屋改用　/63
　　　　问题52　房屋改变用途法律是怎样规定的？　/63
　　五、旅游开发　/64
　　　　问题53　"泛地产"是什么意思？　/64
第五节　非建设用地开发的五种途径　/65
　　一、土地转用　/65
　　　　问题54　房地产开发首先要查的"两个规划"是什么规划？　/65
　　　　问题55　非建设用地通过什么程序可以转为建设用地呢？　/65
　　　　问题56　为什么说"预留建设用地"肯定不是建设用地？　/66
　　二、土地置换　/66
　　　　问题57　用于置换的土地应该符合哪些条件呢？　/66
　　三、指标折抵　/67
　　　　问题58　指标折抵的关键是什么？　/67
　　四、土地调规　/67
　　　　问题59　为什么说土地调规难度很大？　/67

五、土地修编　/68
　　　　问题60　土地修编多少年一次？　/68
第六节　间接取得建设用地使用权的六种途径　/68
　　一、项目转让　/68
　　　　问题61　项目转让的法定条件是什么？　/69
　　二、土地转让　/69
　　　　问题62　达不到项目转让法定条件的转让合同一定无效吗？　/69
　　三、企业兼并　/72
　　　　问题63　兼并与合并是一回事吗？　/72
　　四、股权收购　/72
　　　　问题64　税收因素是股权收购的重中之重吗？　/72
　　五、参股开发　/73
　　　　问题65　参股开发的本质什么？　/73
　　六、作价入股　/73
　　　　问题66　作价入股一方往往是非房地产企业？　/73
第七节　与经济适用住房相关的五种途径　/73
　　一、安居工程　/73
　　　　问题67　安居工程就是经济适用房吗？　/73
　　二、单位集资　/74
　　　　问题68　单位集资建房经历了怎样的发展历程？　/74
　　三、单位合作　/75
　　　　问题69　单位合作可操作性怎么样？　/75
　　四、改制开发　/75
　　　　问题70　改制开发适用非经济适用房项目吗？　/75
　　五、回迁安置　/76
　　　　问题71　回迁安置多出来的存量房怎么办？　/76
第八节　与集体建设用地流转相关的六种途径　/76
　　　　问题72　集体建设用地流转经历了怎样的好事多磨的历程？　/76
　　一、集体出让　/77
　　　　问题73　乡（镇）人民政府是集体建设用地所有权人吗？　/77
　　　　问题74　集体建设用地使用权出让与国有建设用地出让主要不同点是什么？　/78
　　二、集体转让　/78
　　　　问题75　集体建设用地使用权转让的条件和程序是什么样的？　/78
　　三、集体租赁　/79
　　　　问题76　集体建设用地租赁的最高年限能超过合同法的20年吗？　/79
　　　　问题77　集体建设用地租赁和出让的程序规定一样？　/79
　　四、集体转租　/80
　　　　问题78　土地出租、转租和租赁有什么区别？　/80

问题79　土地转租和土地转让的法律规定区别大吗？　/80
五、集体抵押　/80
问题80　集体建设用地使用权地为何分为所有权人抵押和使用权人抵押？　/80
问题81　发生抵押权实现的情形时能通过折价的方式取得集体建设用地使用权吗？　/81
问题82　所有权人抵押有特殊规定吗？　/81
六、集体改性　/81
问题83　改变集体建设用地使用性质的具体步骤是什么样的？　/81

第九节　取得建设用地使用权的其他三种途径　/82
一、附带开发　/82
问题84　附带开发在哪些项目上用到？　/82
二、无证开发　/82
问题85　基本农田是无证开发的死穴吗？　/82
三、村证开发　/83
问题86　小产权房的出路到底在哪里？　/83

第三篇　税收实务

第六章　组织架构　/87
一、组织设计　/87
问题87　房地产企业设立的公司一般有哪些？　/87
问题88　房地产企业设立相关公司的唯一目的就是税收利益最大化吗？　/87
问题89　房地产公司设立相关公司一定是关联公司吗？　/87
问题90　一方在另一方没有股份时也可能构成关联关系吗？　/88
二、项目公司设立　/88
三、资本弱化　/89
问题91　股东借款和注册资本的比例高于2∶1利息不得扣除的规定适用于房地产企业吗？　/89
四、组织形式改变　/90
问题92　企业法律形式改变和企业组织形式改变有何区别？　/90
问题93　企业由法人转变为个人独资企业、合伙企业等非法人组织需要进行清算缴税吗？　/90
问题94　企业有限责任公司改为股份公司需要清算吗？　/90
问题95　个人独资企业、合伙企业等非法人组织转变为企业法人需要缴纳契税和土地增值税吗？　/90
五、公司迁址　/91
问题96　迁址公司能在迁出地申请增值税留抵税额退税吗？　/91

问题97　企业办理地址迁出，是否需要进行企业所得税清算？　/91
　　六、企业注销　/92
　　　　问题98　企业注销可以走简易注销程序吗？　/92

第七章　资产转让　/93
　第一节　资产转让之多税种　/93
　　一、工程转让　/93
　　　　问题99　工程转让属于"转让无形资产"还是属于"销售不动产"？　/93
　　　　问题100　土地增值税有什么样的世界版图和发展史？　/94
　　　　问题101　土地增值税的最大特点是什么？　/95
　　　　问题102　为什么要针对房地产征收土地增值税？　/95
　　　　问题103　为什么国家要专门针对土地增值税地征收设计一个"加计扣除"的制度？　/96
　　　　问题104　工程转让的转让方能否享受加计扣除政策？　/97
　　　　问题105　受让方后续开发建设能否再次加计扣除？　/97
　　　　问题106　为什么国家要针对房地产企业制定"差额扣除"政策？　/98
　　　　问题107　在建工程转让方计算增值税销售额时能否享受差额扣除政策？　/99
　　　　问题108　在建工程受让方还能享受差额扣除政策吗？　/100
　　　　问题109　受让方无法取得发票能否用法院判决书作为扣除凭据享受差额扣除政策？　/101
　　　　问题110　在建工程转让能享受企业所得税特殊税务处理优惠吗？　/101
　　二、土地转让　/103
　　　　问题111　土地转让属于"转让无形资产"还是属于"销售不动产"？　/103
　　　　问题112　土地转让国土部门能给办理土地过户手续吗？　/103
　　　　问题113　土地转让国土部门不给办理土地过户手续，有什么其他好的办法打消受让方"既出了钱又得不到土地"的疑虑吗？　/104
　　　　问题114　土地转让的转让方和受让方能否享受加计扣除政策？　/104
　　　　问题115　土地转让的转让方能否享受差额扣除政策？　/105
　　　　问题116　土地转让和工程转让是以产权登记为纳税的形式要件？　/105
　　　　问题117　土地转让还没有土地证就把项目卖了是否存在缴纳两次契税的风险？　/106
　　　　问题118　土地转让能享受企业所得税特殊税务处理优惠吗？　/106
　　三、分公司经营　/107
　　　　问题119　分公司领发票进行土地增值税清算的法律依据何在？　/107
　　　　问题120　分公司领发票进行土地增值税清算的做法占主流吗？　/107
　　　　问题121　分公司增值税和企业所得税也能在分公司所在地缴纳吗？　/107
　　四、执行拍卖　/108
　　　　问题122　执行拍卖能否享受财税〔2011〕59号文特殊税务处理的优惠政策？　/108
　　　　问题123　有关企业重组涉及企业所得税的法律文件除了59号文还有哪些？　/109

— 7 —

问题124　税务稽查机关能否以价格偏低为由对拍卖项目核定应纳税额？　/110

问题125　拍卖公告中"一切税费均由买受人承担"的约定会导致什么税收风险？　/112

问题126　买受人承担了本应由债务人承担的税费之后，有哪些补救措施以弥补损失？　/112

问题127　通过拍卖收购在建工程之后，为了后期的进项税抵扣，要不要补交前期税款？　/112

问题128　无法计算原值的拍卖房产，如何计征个人所得税？　/112

问题129　执行拍卖过户前是否必须先交税？　/113

五、破产拍卖　/113

问题130　执行拍卖需要注意的问题在破产拍卖时也适用吗？　/113

问题131　在破产拍卖过程中为了提高竞买成功率，一般采取什么措施？　/113

问题132　破产企业不能提供完整财务资料，能否核定征收土地增值税？核定征收率如何确定？　/113

问题133　承受破产企业土地、房屋是否缴纳契税？　/114

六、收储转让　/114

七、资产划拨　/114

问题134　资产划拨属于应税行为吗？　/114

八、资产调拨　/115

问题135　资产调拨是否因同一法律主体内部处置资产的缘故而不属于应税行为呢？　/115

九、资产划转　/115

问题136　资产划拨、资产调拨和资产划转主要区别在哪儿？　/116

问题137　资产划转主要表现为哪些情形？　/116

问题138　《国家税务总局关于资产（股权）划转企业所得税征管问题的公告》（国税［2015］第40号）列举了哪四种资产划转的常见形式？　/116

问题139　资产划转企业所得税如何处理？　/117

问题140　资产划转增值税如何处理？　/118

问题141　资产划转契税如何处理？　/118

问题142　自2003年开始，空当接龙式的支持改制重组有关契税的法律文件共有多少个了？　/118

问题143　资产划转土地增值税如何处理？　/119

问题144　资产划转优惠政策适用合作社组织的改制重组吗？　/120

十、转让定价　/120

问题145　转让定价是什么意思？　/121

问题146　金三系统上线对转让定价有何影响？　/121

十一、预约定价安排　/121

问题147　所谓预约定价安排是什么意思？　/121

问题148 什么样的企业有资格进行预约定价安排？ /121

十二、资质变更 /121

问题149 注销资质后项目销售怎么办？ /122

十三、政府返还 /122

问题150 政府返还土地利益常见的事由有几种？各自节税效果如何？ /122

问题151 返还的土地出让金能否计入"取得土地使用权所支付的金额"，从而不冲减土地成本以降低土地增值税纳税额，各地政府是怎么规定的？ /122

问题152 在计算企业所得税时，返还的土地出让金是否并入收入总额，各地政府是怎么规定的？ /123

问题153 减免土地出让金会减免契税吗？ /124

十四、红线外支出 /124

问题154 红线外支出能否计入成本的关键在哪儿？ /124

十五、债务重组 /125

问题155 债务重组能享受企业所得税特殊税务处理优惠吗？ /125

问题156 债务重组何时确认收入？ /126

十六、留抵结转 /126

问题157 留抵结转适用部分转让的情形吗？ /126

问题158 留抵税额能抵税的文件还有哪些？ /126

问题159 留抵税额能抵滞纳金吗？ /127

十七、特殊组织 /127

十八、融资租赁 /128

问题160 不动产金融租赁涉及哪些税种？ /128

第二节 资产转让之所得税 /128

一、政策性搬迁 /128

问题161 什么是政策性搬迁？ /128

问题162 企业政策性搬迁有哪三个税收优惠？ /129

问题163 政策性搬迁涉及的三个法律文件有什么特殊关联？ /129

问题164 政策性搬迁需要缴纳土地增值税吗？ /130

问题165 政策性搬迁需要缴纳增值税吗？ /130

二、称号优惠 /130

问题166 因获得荣誉称号而执行优惠税率能试举一例说明吗？ /131

三、涉外违约 /131

四、股东借款 /131

问题167 个人股东借款"超过一年"产生个人所得税风险，来源于哪几个法律文件的规定？ /131

问题168 个人股东从企业列支消费支出，是否也产生个人所得税纳税风险？ /132

问题169 若企业处于亏损状态，个人股东从企业借款或列支消费支出超过一年，也有缴纳个人所得税的风险吗？ /132

五、高管薪酬 /132

第三节 资产转让之增值税 /133

一、债权转让 /133

二、开发权转让 /133

　　问题170 开发权转让需要缴纳所得税吗？ /133

　　问题171 开发权转让取得的发票能否计入土地增值税加计扣除成本？ /134

三、一并转让 /134

　　问题172 整体收购的被收购方能开具发票吗？ /134

　　问题173 整体收购涉及的税收政策文件有哪些？ /134

　　问题174 企业整体转让不征收增值税的同时，是否应单独对资产包中的土地使用权或不动产征收土地增值税？ /134

四、一二级联动 /135

第四节 资产转让之土地增值税 /135

一、集体土地 /135

　　问题175 小产权房是否征收土地增值税，法律是如何规定的？ /135

二、清算对象 /136

　　问题176 划分清算对象的标准和法律依据有哪些？ /136

　　问题177 房地产项目分期开发的确认标准在实践中如何把握？ /136

三、地下车库 /137

　　问题178 地下面积是否分摊土地成本税法如何规定？ /137

　　问题179 地下面积分摊土地成本一定要取得发票吗？ /137

　　问题180 无产权的人防地下车位预售款需要预缴土地增值税吗？ /137

　　问题181 无产权的人防地下车位可以扣除相应成本和费用吗？ /138

　　问题182 在无偿赠送人防地下车位的销售合同中如何约定才能避免缴纳增值税？ /138

四、安置房 /138

　　问题183 房地产企业名下安置房增值税的计算基础是市场价还是成本价，税法是如何规定的？ /138

　　问题184 村委会名下安置房需要交纳增值税吗？ /139

　　问题185 房地产企业名下安置房多余的存量房如何处理？ /139

五、应付账款 /139

　　问题186 应付账款超过三年就要并入应纳税所得吗？ /139

六、成本分摊 /141

　　问题187 企业所得税层面的成本分摊和土地增值税层面的成本分摊有何不同？ /141

七、自用出租 /141

　　问题188 自用或出租不征收土地增值税的法律依据何在？ /141

八、价格临界 /141

    问题189 价格临界筹划适用预售房屋吗？ /142
    问题190 价格临界筹划适用普通住宅增值低于20%免征土地增值税的情形吗？ /142
  九、企业改制 /142
    问题191 企业改制免契税的法定条件和法律依据何在？ /142
    问题192 个人独资企业改制为一人公司需要缴纳契税吗？ /143
    问题193 企业改制免土地增值税的法律依据何在？ /143

 第五节 资产转让之契税 /143
  一、个体经营 /143
    问题194 合伙企业和个人独资企业能享受个体经营税收优惠政策吗？ /144
  二、等价交换 /144
    问题195 等价交换免征契税的法律依据何在？ /144
  三、转让无效 /144
    问题196 转让认定无效返还缴纳契税的法律依据何在？ /144
  四、转让返还 /145
    问题197 转让返还导致契税返还的法律依据何在？ /145
  五、市政配套费 /145
    问题198 市政配套费是否作为受让土地使用权契税的计税基础为何成为热点问题？ /145
    问题199 市政配套费是否作为受让土地使用权契税的计税基础，国家税务总局对此有何看法？ /146
  六、事业改制 /146
    问题200 事业单位改制减免契税的法定条件和法律依据何在？ /146
    问题201 事业单位改制免土地增值税吗？ /147

 第六节 分立合并 /147
  一、一般分立 /148
    问题202 一般分立需要取得债权人同意吗？ /148
    问题203 一般分立增值税、土地增值税、契税和企业所得税的缴纳是如何规定的？ /149
    问题204 一般分立业务中的分立流程是怎样的？ /150
  二、特殊分立 /150
    问题205 特殊分立与一般分立最主要的区别在哪里？ /150
    问题206 特殊分立能否享受财税［2009］59号文特殊税务处理的优惠政策？ /150
  三、反向分立 /152
    问题207 为什么说反向分立可以突破特殊税务处理中12个月内不得转让所取得的股权的规定？ /152
  四、一般合并 /152
    问题208 一般合并需要取得债权人同意吗？ /153

问题209 一般合并增值税、土地增值税、契税和企业所得税的缴纳是如何规定的？ /153

五、特殊合并 /154
问题210 特殊合并与一般合并最主要的区别在哪里？ /154
问题211 特殊合并能否享受财税[2009]59号文特殊税务处理的优惠政策？ /154
问题212 母子公司合并能否适用特殊重组享受特殊税务处理优惠政策？ /155

第七节 合作建房 /156
一、合营法人合作 /157
问题213 在合营法人合作模式下，合作建房有什么税收优惠呢？ /157
问题214 股东不按出资比例分配利润而按照固定金额或比例提成的方式分配利润合法吗？能享受合作建房的税收优惠吗？ /159
问题215 合营法人合作模式下股东按一定比例分配房屋的如何征税？ /159

二、旧法人合作 /160
问题216 旧法人合作模式下，甲方提供土地使用权，乙方提供所需资金，以甲方名义合作开发房地产项目的行为，一定不属于合作建房吗？ /160
问题217 旧法人合作模式下，以物易物分为哪两类？ /161

三、协议合作 /161
问题218 不成立房地产项目公司法人合作方分配利润免企业所得税的法律依据何在？ /162
问题219 有关合作建房的法律文件总共有哪些？ /163

第八节 委托代建 /163
一、委托建房 /163
问题220 委托建房需要满足哪四个法定条件？ /163
二、政府代建 /164
问题221 房地产企业为政府代建保障房视同销售吗？ /164
问题222 项目内建造的无偿移交给地方政府的公共配套设施如何进行税务处理？ /164

第八章 股权转让 /165

第一节 普通股权转让 /165
一、直接转让 /165
问题223 股权转让和资产转让，谁更节税？ /165
问题224 直接股权转让的企业股东能享受企业所得税特殊税务处理优惠吗？ /166
问题225 适用特殊税务处理时用于股权支付的股权，必须是受让企业的股权或受让企业母公司的股权吗？ /168
问题226 企业重组中涉及个人股东的特殊税务处理怎么办？ /168
问题227 股权转让是否缴纳增值税？ /169
问题228 个人股东进行股权变更登记时有的工商机关要求提供完税凭证，这种做法有法律依据吗？ /169

　　　　问题229　股权转让的缴税时间是股权转让日还是合同生效日？　/170
　二、境内间接转让　/171
　　　　问题230　项目公司股东如何避免其他股东通过间接转让的方式"不辞而别"？　/171
　三、境外间接转让　/172
　　　　问题231　对涉及境外主体的企业重组也能享受财税［2009］59号文特殊税务
　　　　　　　　处理的优惠政策吗？　/172
　　　　问题232　外国企业转让外国公司股权给中国企业，中国政府能征收企业
　　　　　　　　所得税吗？　/173
　　　　问题233　间接转让中国应税财产的非居民企业如何判断其是否具有合理的
　　　　　　　　商业目的？　/173
　四、股借分离　/174
　　　　问题234　股借分离能举例说明吗？　/174
　五、两次交易　/175
　六、留存分配　/175
　　　　问题235　先行分配股东留存收益会产生新的税负吗？　/175
　七、股东亏损　/175
　八、换股转让　/175
　九、过桥资金　/176
　十、个人转独资企业　/176
　　　　问题236　个人股东将股权转让给个人独资企业需要缴纳个人所得税吗？　/176
　十一、合同生效　/176
　　　　问题237　为什么自然人转让股权合同不宜约定签字按手印生效？　/176
　　　　问题238　个人股东转让股权的纳税地点是自然人住所地还是目标公司
　　　　　　　　注册地？　/177
　　　　问题239　为什么企业股权转让合同可以约定盖章签字生效？　/177

第二节　特殊股权转让　/177
　一、增资扩股　/177
　　　　问题240　增资就一定是增加注册资本吗？　/177
　二、低价增资　/177
　三、高价增资　/178
　　　　问题241　不对等增资有被税务机关进行特别纳税调整的风险吗？　/178
　四、企业投资溢价增资　/178
　　　　问题242　企业投资溢价转增股本是否先缴纳一道企业所得税才能转增呢？　/178
　五、个人投资溢价增资　/179
　　　　问题243　个人股权投资溢价中的盈余公积和未分配利润转增股本是否先缴纳一道
　　　　　　　　个人所得税才能转增呢？　/179
　　　　问题244　个人股权投资溢价中的资本公积转增股本是否也要先缴纳一道个人所得税
　　　　　　　　才能转增呢？　/180

问题245 个人股权原始投资形成的资本公积转增股本也要缴纳一道个人所得税才能转增吗？ /181

问题246 差别化个人所得税政策是什么意思？ /181

问题247 个人投资者收购企业股权后将原资本公积、盈余公积、未分配利润转增股本需要缴纳个人所得税？ /182

六、亲属转股 /182

七、员工激励 /182

八、明股实债 /183

问题248 现行企业所得税体制对股权投资和债权投资取得回报的税务处理有何不同？ /183

问题249 明股实债的五个法定条件都是什么内容？ /183

问题250 在明股实债投资过程中，投资企业和被投资企业是按债权投资做税务处理，还是按股权投资做税务处理？ /183

问题251 在明股实债投资过程中，投资协议约定的股权回购的价格如果远低于其净资产对应的价值，有无被纳税调整的风险？ /184

九、企业减资 /184

问题252 我国现行《公司法》对减资是如何规定的？ /184

十、对赌协议 /185

问题253 为什么说股权转让纳税义务时间的规定，成为了对赌协议实施的障碍？ /185

问题254 为什么对赌协议对目标公司没有法律效力呢？ /186

十一、解除退税 /186

问题255 为什么已经履行完毕的股权转让合同被法院判决或仲裁委员会裁决无效或解除的，已经缴纳的个人所得税款也应该退还？ /186

问题256 为什么即使股权转让合同被判无效或解除，企业股东因履行股权转让合同而缴纳的企业所得税也不存在退回的问题？ /187

第三节 股权转让之洼地优惠 /188

一、税收减免 /188

问题257 税收减免协议是行政协议还是民事协议？ /188

问题258 地方政府签订的税收减免协议是否会因为违反《税收征管法》第三条而无效？ /188

问题259 全国各地都有哪些闻名遐迩的税收优惠政策？ /189

二、税收返还 /189

问题260 税收返还与税收减免，哪个难度低？ /190

三、核定征收 /190

问题261 企业所得税核定征收中的"核定"是什么意思？ /190

问题262 核定征收也得进行所得税汇算清缴吗？ /191

问题263 核定征收有被调整的风险吗？ /191

问题264　核定征收适用个人所得税吗？　/191
问题265　核定征收适用土地增值税和增值税吗？　/192
问题266　核定征收的法源性条款是什么？　/192

第四节　股权转让之出资　/192

一、作价入股　/192
问题267　作价入股和分立有何共同点和区别？　/193
问题268　作价入股绝大部分都是母公司向子公司增资吗？　/193
问题269　土地、房屋作价入股需要缴纳契税吗？　/193
问题270　营改增之后母公司作价入股需要缴纳增值税吗？　/193
问题271　净地作价入股土地管理部门允许过户吗？　/194
问题272　母公司作价入股需要缴纳企业所得税吗？　/194
问题273　母公司作价入股需要缴纳土地增值税吗？　/194
问题274　个人以房地产作价入股形成的股权转让时是否涉及二次纳税义务？　/195
问题275　作价入股土地再转让时，征收土地增值税扣除项目的取得土地使用权所支付的金额如何确定？　/195

二、债权出资　/196
问题276　债权出资和债转股是一回事吗？　/196
问题277　债权出资成立有限公司在司法实践中有法律障碍吗？　/196
问题278　债权出资成立合伙企业有法律障碍吗？　/197

三、股权出资　/197
问题279　股权出资在实践中有法律障碍吗？　/197
问题280　股权能作为出资投资合伙企业吗？　/197

四、股权出资个人独资企业　/198
问题281　个人股东将股权出资到个人独资企业需要缴纳个人所得税吗？　/198

第五节　股权转让之资本化　/198

一、资本公积转增　/198
问题282　资本公积转增注册资本相关个人股东需要缴纳个人所得税吗？　/198

二、债权转注册资本　/199
问题283　债转股主要分为哪两种情况？　/199
问题284　债转股有哪些法律规定？　/199
问题285　用于债转股的债权应该符合什么法定条件？　/199
问题286　债转股适用特殊税务处理应该符合什么法定条件？　/200
问题287　债转股免征契税吗？　/201

三、债权转资本公积　/201
问题288　债转股能全部计入资本公积吗？　/201

四、留存收益转资本公积　/201
问题289　留存收益是什么意思？　/201
问题290　留存收益转资本公积不缴纳个人所得税法律依据何在？　/202

第六节　股权转让之分红　/202
一、企业股息红利　/202
问题291　股息、红利等投资收益免税的法律依据何在？　/202
问题292　股息、红利等投资收益免税的优惠政策适用于合伙人对合伙企业吗？　/203
问题293　企业法人透过合伙投资其他居民企业的股息、红利收益免税吗？　/203
问题294　境外投资者享受暂不征收预提所得税需要同时满足什么条件？　/203
二、不对等分红　/204
问题295　不对等分红的法律依据何在？　/204
问题296　外商投资企业也可以不对等分红吗？　/204
问题297　合伙企业可以将全部利润分配给部分合伙人吗？　/204
三、股东债权抵顶分红　/205
问题298　企业借款给个人股东使用，不收利息，增值税应如何处理？　/205
四、公司债权抵顶分红　/205
五、代持股回转　/206
问题299　为什么代持股回转不产生纳税义务？　/206
问题300　名义股东将转让收入纳税后的余额转付给实际投资人时，实际投资人还有纳税义务吗？　/206
问题301　人民法院认可股权代持协议的效力吗？　/207
问题302　税务机关认可股权代持协议的效力吗？　/207
六、法定公积分红　/208
问题303　法定公积金和法定盈余公积金是什么关系？　/209

第七节　股权转让之金融工具　/209
一、合伙企业份额转让　/209
问题304　合伙企业份额转让所得纳税地点是合伙企业所在地还是扣缴义务人所在地？　/209
问题305　合伙制基金一定比公司制基金节税吗？　/209
问题306　合伙制基金合伙人个人所得税的税率是20%还是35%？　/210
二、合伙企业份额收益权转让　/210
三、契约式基金　/210
问题307　关于契约式基金我国法律是如何规定的？　/211
问题308　契约式基金比合伙制基金有什么优势？　/211
四、分红式基金　/211
问题309　基金分红不征税的法律依据何在？　/211
问题310　随着国家监管的加强分红式基金节税的时间窗口是否已经关闭？　/211
五、对手期货　/212

第九章　其他　/213
一、包税约定　/213
问题311　包税约定的合同条款有效吗？　/213

　　　　问题312　司法判例对包税条款的效力是如何认定的？　/213
　　　　问题313　包税约定会不会造成双重税负？　/214
　　二、超过追征期　/214
　　　　问题314　依据法律规定追征期在什么情况下分别是3年、5年、10年和无限期？　/214
　　　　问题315　追征期终止节点以下发《税务检查通知书》日期还是出具《税务处理决定书》日期为准？　/215
　　　　问题316　为什么说"偷税"一词很快会成为历史名词？　/215
　　三、罚款豁免　/216
　　　　问题317　纳税人已经办理税务登记而不进行纳税申报，是只追缴税款、滞纳金，还是并处罚款？　/216
　　四、滞纳金豁免　/218
　　　　问题318　税务机关能向扣缴义务人加收滞纳金吗？　/218
　　　　问题319　税务机关加收的滞纳金能否超过本金？　/218
　　五、扣缴豁免　/219
　　　　问题320　扣缴豁免的特殊主体主要有哪三类企业？　/219
　　　　问题321　合伙企业有扣缴义务吗？　/219
　　六、裁判确认　/220

第四篇　法律实务

第十章　避免客户承担刑事责任是税务规划的底线　/223
第一节　个人转让股权阴阳合同的现状、成因和法律分析　/223
　　一、个人转让股权阴阳合同的现状　/223
　　二、个人转让股权阴阳合同的成因　/224
　　三、个人转让股权阴阳合同逃税罪的法律分析　/225
第二节　个人转让股权阴阳合同的对策　/229
　　一、从制度上减少甚至杜绝个人股权转让阴阳合同的发生　/229
　　二、已经发生的海量个人股权转让阴阳合同如何妥善处理　/232

第十一章　确保合同的合法有效是税务规划的核心　/235
第一节　合同是税务规划的主要载体　/235
第二节　确保合同的合法有效是税务规划的核心　/236

第十二章　准确适用法律条款是税务规划的关键　/241
第一节　准确适用法律条款首先正确认定法律关系　/241
第二节　超出适用范围生搬硬套法律条款导致税务规划方案坍塌　/243
第三节　全文废止的法律文件也可能救企业的命　/245

第十三章　税收法定原则的确立是税务规划的保障　/248

第一节　687号文的出生　/250

第二节　687号文的发酵　/253

第三节　687号文的法律分析　/255

一、谁是土地增值税纳税人　/256

二、谁是土地承受方　/256

第五篇　税务规划案例

第十四章　教育产业房地产税务规划案例解析　/262

第一节　案情介绍　/262

第二节　确认税务规划基本点　/263

第三节　客户的纳税思路和应纳税额　/263

一、计算基础　/263

二、B公司增值税　/263

三、B公司土地增值税　/263

四、B公司企业所得税　/264

五、A学院契税　/264

第四节　新商业模式探寻　/265

商业模式一：股权转让　/265

商业模式二：作价入股加转股　/265

商业模式三：收储加划拨　/265

商业模式四：先租后转　/266

商业模式五：作价入股合作　/266

商业模式六：融资租赁　/266

商业模式七：引进战略投资机构　/266

第五节　新商业模式选择　/266

第六节　选定商业模式房地产实务的可行性分析　/267

第七节　选定商业模式法律实务的可行性分析　/268

第八节　选定商业模式纳税分析　/269

第十五章　传统房地产开发企业案例　/272

第一节　案情介绍　/272

第二节　确认税务规划基本点　/273

第三节　客户的纳税思路和应纳税额　/274

第四节　新商业模式探寻　/275

商业模式一：股借分离　/275

目录

　　商业模式二：股东债权抵顶分红 /276
　　商业模式三：公司债权抵顶分红 /277
　　商业模式四：增资扩股 /277
　　商业模式五：吸收合并 /278
　　商业模式六：过桥资金 /278
　　商业模式七：债转股加分立 /279
　第五节　新商业模式选择 /280
　第六节　选定商业模式房地产实务的可行性分析 /280
　第七节　选定商业模式法律实务的可行性分析 /281
　第八节　选定商业模式纳税分析 /282

附录 /285

　附录1　房地产实务法律法规 /287
　　附录1-1　《招标拍卖挂牌出让国有土地使用权规定》 /287
　　附录1-2　《关于继续开展经营性土地使用权招标拍卖挂牌出让情况执法监察工作的通知》 /290
　　附录1-3　《招标拍卖挂牌出让国有土地使用权规范（试行）》和《协议出让国有土地使用权规范（试行）》（国土资发〔2006〕114号） /293
　　附录1-4　《中华人民共和国城市房地产管理法》节选 /318
　　附录1-5　《中华人民共和国物权法》节选 /319
　　附录1-6　《最高人民法院关于审理涉及国有土地使用权合同纠纷案件适用法律问题的解释》（法释〔2005〕5号） /320
　附录2　税收实务法律法规 /324
　　附录2-1　《涉税专业服务监管办法（试行）》（国税总局〔2017〕13号公告） /324
　　附录2-2　财政部　国家税务总局《关于企业重组业务企业所得税处理若干问题的通知》（财税〔2009〕59号） /328
　　附录2-2-1　《企业重组业务企业所得税管理办法》（国税发〔2010〕4号） /334
　　附录2-2-2　《关于促进企业重组有关企业所得税处理问题的通知》（财税〔2014〕109号） /342
　　附录2-2-3　财政部　国家税务总局《关于非货币性资产投资企业所得税政策问题的通知》（财税〔2014〕116号） /343
　　附录2-2-4　《国家税务总局关于资产（股权）划转企业所得税征管问题的公告》（国税发〔2015〕40号） /345
　　附录2-3　《房地产开发经营业务企业所得税处理办法》（国税发〔2009〕31号） /347
　　附录2-4　《股权转让所得个人所得税管理办法（试行）》（国税发〔2014〕67号） /357
　　附录2-5　《房地产开发企业销售自行开发的房地产项目增值税征收管理暂行办法》（国税发〔2016〕18号） /362

附录2-6　国家税务总局《关于房地产开发企业土地增值税清算管理有关问题的通知》（国税发［2006］187号）　/366

　　附录2-7　《关于继续实施企业改制重组有关土地增值税政策的通知》（财税［2018］57号）　/369

　　附录2-8　《关于继续支持企业事业单位改制重组有关契税政策的通知》（财税［2018］17号）　/371

　　附录2-9　《中华人民共和国个人所得税法》（2018年第七次修改版）节选　/373

附录3　涉税服务典型判例　/374

　　附录3-1　最高人民法院［2004］民一终字第46号民事判决书　/374

　　附录3-2　最高人民法院行政判决书［2015］行提字第13号　/385

　　附录3-3　最高人民法院民事判决书［2014］民二终字第264号　/400

　　附录3-4　山东省高级人民法院行政判决书［2017］鲁行终495号　/411

后记　/428

第一篇

税务规划理论

在中国大陆从事涉税专业服务的机构主要有律师事务所、会计师事务所和税务师事务所，呈现出一种"三国演义"式的市场竞争格局，而参加"三国演义"的各路人马应该超过百万之众。其中，从事税务规划业务的人也不在少数，且呈逐年上升之势。但令人惋惜的是，很少有人从实战的角度，对税务规划做一个较为系统的理论梳理。因为从目前出版的众多律师、会计师和税务师的税务规划专著来看，这些专著呈现出两个特点：一是从某些领域做一些具体业务程序和税收法规的解析，二是对某些具体税务规划案例做出详尽的解读。虽然这些专著的实务性味道十足，但从实战角度对税务规划的理论梳理，几乎无人问津。

笔者作为一名从事房地产专业法律服务超过15年且从事房地产税务规划达10年之久的专业律师，下面就从实战的角度，把笔者对税务规划的一些理解做一个较为系统的梳理。这个梳理分为两部分，第一部分是税务规划概述，主要介绍税务规划的定义、税务规划的两大原理、税务规划的三大原则、税务规划方案设计的十六个步骤以及与税务规划相关的反避税内容；第二部分是"三务合一"税务规划理论，主要介绍税务规划的"三务合一"税务规划理论的含义、"三务合一"税务规划理论中三务之间的关系、"三务合一"税务规划理论的人才构成、"三务合一"税务规划理论的专业化本质以及"三务合一"税务规划理论的历史必然性。

第一章 税务规划概述

本章内容分为五个小节，分别为第一节税务规划的定义、第二节税务规划的两大原理、第三节税务规划的三大原则、第四节税务规划方案设计的十六个步骤以及第五节反避税。

第一节 | 税务规划的定义

在税务规划实践中，有关税务规划的名字可谓五花八门，有叫纳税筹划的，有叫税收筹划的，有叫税务筹划的，当然也有叫税务规划的。令人诧异的是，国家税务总局《涉税专业服务监管办法（试行）》（国税总局[2017]13号公告）又给出了一个新名字：税收策划。

在这众多的名号当中，若说资格最老、流程最广的，非纳税筹划莫属，纳税筹划已经叫了多年，甚至已经被社会公众所熟知。按说纳税筹划这个叫法，从汉语角度来说是个中性词，甚至还有那么一点洋范儿，完全不属于"狗剩子"之类登不了大雅之堂的名字（万一有小名叫"狗剩子"的读者可别对号入座，完全没有针对您的意思）。令人遗憾的是，由于税收法定原则的缺失、从业人员素质参差不齐等原因，纳税筹划这个称谓，在很多人甚至是税务行政机关工作者的心目当中，已经或多或少地和隐瞒收入、虚列成本以及阴阳合同等逃税行为联系起来，纳税筹划这个称谓被污名化的倾向十分明显。

鉴于纳税筹划被污名化的现状没有得到有效遏制的现实，近年来，在税务界，"税务规划"的称谓应运而生，大有后来居上取纳税筹划而代之的趋势。笔者也就赶一次时髦，在本书中统一采用"税务规划"的称谓。

那么，税务规划如何定义呢？

[案例]

A职业学院现有学生近一万名，正在展开由专科升为本科的工作，根据教育部的规定，要想升为本科需要拥有500亩以上的教育建设用地。经介绍发现，某城市城郊接合部B公司，拥有的500多亩工业出让地因故转让，且该宗地上的厂房经过简单改造，就能用于教学。经过多次谈判，双方商定，由A学院直接购买B公司工业出让地以及地上附着物，B公司取得税后1亿元的对价，也就是说，该次资产转让所有税负都由A学院承担。

之后，A学院咨询税务规划专业团队，得知该次资产转让仅土地增值税（当初取得土地的成本极低）、增值税、企业所得税和契税四项就高达7000余万元。A学院立马就血灌瞳仁了，表示这么高的税负完全超出了其承受范围，这事基本"凉凉"了。

经过税务规划专业团队的努力，A学院和B公司放弃了资产转让的商业模式，改为一种新的商业模式，即由B公司以土地和地上附着物作价入股成立C公司，然后再将C公司股权转让给A学院。在新的商业模式下，在免除契税和增值税的同时也"暂时"免除了土地增值税的纳税义务，而1000余万元的企业所得税还可分五年均匀缴纳。如此，A学院禁不住发出"金风玉露一相逢，便胜却人间无数"的慨叹。

在上述案例中，B公司和A学院作为纳税人和扣缴义务人，主动把资产转让的商业模式，改为作价入股加股权转让的商业模式，从而改变了其经营活动的征税对象（税种）和缴税时间等税收要素，最终取得了合理合法的节税效果。其实，这个统筹规划的过程就是传说中的税务规划。

所以，笔者把税务规划的定义表述为：

纳税人和扣缴义务人，借助多种专业能力主动改变经营活动的商业模式，从而改变经营活动的税收要素，最终取得合法合理节税效果的统筹规划的过程。

这里的"税收要素"放弃三要素说，采用五要素说，具体为：

（1）征税对象——针对什么行为或物缴税；

（2）适用税率——缴多少税；

（3）纳税主体——由谁缴税；

（4）纳税时间——什么时候进行缴税；

（5）纳税地点——在哪儿缴税。

当然，有人认为纳税时间和纳税地点属于征税程序，不应该属于税收要素，但笔者从税务规划实战的角度出发，坚持把二者纳入税收要素的范畴，因为有时纳税时间和纳税地点，在税务规划方案设计时起到很关键的作用。

第二节 | 税务规划的两大原理

通过上述案例可以明显看出，科学的税务规划可以产生合理合法的节税效果。我们不禁要问，这是为什么呢？或者说税务规划背后隐含的原理是什么呢？笔者认为税务规划之所以能够达到合理合法节税的目的，是依靠其背后两大原理的支撑，具体阐述如下：

一、纳税人商业模式的改变会引起税收要素的改变

由案例一可以看出，A学院和B公司最初的商业模式是直接转让工业出让地以及地上附着物，在这种商业模式下，其税收要素首先表现在税种上，除了印花税和附加税忽略不计外，主要有土地增值税、增值税、企业所得税和契税四大税种。当A学院意识到奇高的税负远远超出其承受能力之后，就借助税务规划机构的专业能力，主动改变了直接转让不动产的商业模式，转而采用作价入股加股权转让的商业模式。我们很快发现，这一商业模式的改变，立即引发了税收要素的改变。这种税收要素的改变，主要还是表现在税种上的变化，首先是因为新的商业模式不再涉及不动产转让，契税自然就消失了。其次，"营改增"之前作价入股是不缴营业税的，"营改增"之后税务机关对作价入股是否缴纳增值税这一问题，除少数税务机关认为应该征收增值税外，并无明确的法律依据，所以笔者认为依据税收法定原则不应该针对作价入股行为征收增值税。至于股权转让也与增值税无关。故此，笔者认为新的商业模式下，不存在征收增值税的问题。再次，根据财税〔2018〕57号文，在新的商业模式下作价入股这一环节，土地增值税暂免征收。至于股权转让环节，虽然国家税务总局的三个批复要求100%转让股权，应该征收土地增值税，但是最高人民法院已经有明确的判例，否定了股权转让征收土地增值税的做法，且税务实践中绝大多数税务机关也并不针对股权转让征收土地增值税（关于这一问题本书后续还有详细的阐述，这里先一笔带过）。所以，笔者认为在新的商业模式下，也不存在缴纳土地增值税的问题。最后，企业所得税虽然不能减免，但依据国家税务总局〔2014〕116号文，可以享受五年内均匀分期缴纳的延期缴纳优惠。

可见，纳税人经营活动商业模式的改变往往会伴随税收要素的剧烈改变。而这种剧烈改变就构成了税务规划产生、发展和壮大的第一个逻辑支撑，笔者称其为税务规划的第一大原理。

二、税收要素的改变有可能会引起应纳税额的减少

由税务规划的第一大原理我们得知，纳税人经营活动商业模式的改变往往伴随税收要素的剧烈改变。问题是，这种由于商业模式改变而引发的税收要素的改变，并不必然产生对纳税人和扣缴义务人有利的结果，还有可能产生对纳税人和扣缴义务人不利的后果。也就是说，税收要素的这种剧烈改变会朝着两种不同的方向前进：一是朝着对纳税人和扣缴义务人有利的方向，二是朝着向纳税人和扣缴义务人不利的方向。说白了就是，一是会导致纳税人的应纳税额减少，二是会导致纳税人的应纳税额不减少，甚至增加。

从税务规划的角度出发，纳税人和扣缴义务人当然愿意选择，由商业模式改变而引发的税收要素的改变朝着对其有利的方向前进，而不是相反。而这种由于税收要素改变而引发应纳税额减少的可能性，就构成了税务规划产生、发展和壮大的第二个逻辑支撑，笔者称其为税务规划的第二大原理。

当然，这种选择需要多种专业能力的支撑，往往非纳税人和扣缴义务人能力所及，需要借助外脑帮其确保这种选择的有利性。这也正是从事税务规划的服务机构赖以生存的根源所在。

综上所述，产生合理合法的节税效果是税务规划存在的前提和基础，而税务规划产生合理合法节税效果的内在支撑由两大逻辑组成，即纳税人商业模式的改变会引起税收要素的改变以及税收要素的改变有可能会引起应纳税额的减少。笔者把这两大逻辑支撑称为税务规划的两大原理。

第三节 税务规划的三大原则

笔者认为税务规划应该遵循合法性、专业性和超前性三大原则。下面对这三大原则逐一进行解释。

一、合法性原则

合法是税务规划的首要原则，也是税务规划工作者不可逾越的红线。税务规划合法性原则具体表现为两个方面：一是设计的税务规划方案一定要严格遵守我国《刑法》的相关规定，杜绝纳税人和扣缴义务人承担刑事责任的法律风险。在这个方面尤其需要注意的是，一定要保持纳税人业务的真实性，绝对不能引导或指使纳税人为了税务规划而对其业务进行虚构，否则，不但会使纳税人或扣缴义务人涉嫌逃税刑事责任，并且还把税务规划设计者本身也置于身陷囹圄的危险境地，从而使自己由税务规划设计者摇身一变成为犯罪路线图的设计者，沦为业界笑柄。二是税务规划方案涉及的合同一定要严格遵守我国《刑法》《行政法》《民法》的相关规定，防止因合同约定内容违反效力性禁止规定，而导致合同无效情况的发生。

值得一提的是，税务规划的合法性原则不是绝对的，也具有其相对性的一面。这种合法相对性主要表现在两个方面：一是税务规划方案设计时，是从纳税人自身利益出发，以不违法作为底线，有时甚至利用法律规定的模糊、矛盾和漏洞，在税收收益和税务风险之间寻找平衡点，最后的结果往往会偏离法律规定出台时的立法本意。二是税务规划方案设计有时会出现"突破"而不是绝对遵守法律规定的情形。正如税务规划的定义所述，税务规划虽然会主动改变商业模式，但这种改变还是以"合法"节税为最终目标，也就是说，税务规划的合法性主要体现在主动地去适用法律的相关规定，这是实践中99%的情况。但是，还有1%的情况是，由于我们的法律，虽说是多年织就的一张恢恢天网，但必然有百密一疏的地方，万一当事人转换出的商业模式正好落在了这百密一疏之处，这事实上就形成了对法律的"突破"，势必会造成在法律层面无法可依的尴尬局面。但是，税法作为行政法，其适用原则是"法无授权不可为"，也就是说，针对当下法律没有规定的行为，税务机关无权做出具体行政行为。所以，这种"突破"在行政法适用层面也属于合法范畴，应该毫无争议地受到法律的保护，其正当性自然应该受到行政机关毫不犹豫的维护。这也正是贯彻税收法定原则的应有之义。

在税务规划实践中，要准确把握合法性原则，还必须大张旗鼓地为税务规划正名，让税务行政机关和广大人民群众彻底明白隐瞒收入、虚列成本以及阴阳合同等愚蠢的财务思维和做法，根本不是真正意义上的税务规划，从心灵深处根除"税务规划就是变相逃税"的错误认识，坚决遏制税务规划污名化的倾向。相反，广大税务规划工作者要乘着税收法定的东风，尽快让"税务的合理规划是税收法定重要组成部分"的理念在税务行政机关和广大人民群众的心中不断地生根、发芽并茁壮成长。

二、专业性原则

所谓税务规划的专业性是指任何一名税务规划工作者，都只可能成为某一个行业（如房地产、建筑施工、金融证券、高科技、互联网、生物工程和人工智能等）的高手，而不可能在所有行业都是税务规划高手。

其根本逻辑在于，要想成为某一行业税务规划的高手，前提是真正懂得这一行业的专业知识且具备一定的实践经验。也就是说，任何一个成功的税务规划方案都必须与所在行业的专业知识和具体实践相结合；相反，不能建立在行业专业知识和具体实践基础之上的税务规划，必然成为空中楼阁、无源之水和无本之木，根本无法让客户感觉到税务规划强大的专业威力。换句话说就是，业务是因，税务是果，跳出税务做税务规划，才有可能解决大问题，就税论税只能是一叶障目不见泰山。这就是税务规划专业化的内在逻辑。

十分不幸的是，当今社会专业化分工已经达到极致，而我们每一个人的时间和精力却是有限的，在有限的时间和精力范围内，也只能掌握某一两个行业的专业知识和实践技能。试想，以一人之力，怎么可能精通房地产、建筑施工、金融证券、高科技、互联网、生物工程和人工智能等如此众多的行业专业知识和实践技能呢？

因此，专业化就成为税务规划工作者的必然选择，即任何一名税务规划工作者，都只能选择某一两个行业作为主攻方向，希望有朝一日能成为这一两个选定行业的税务规划高手，而不是硬着头皮一再宣称自己能将所有行业的税务规划都做好。这就像医生分为脑科医生、骨科医生、神经科医生、内科医生、外科医生等专业医生是一样的道理，若有人宣称自己是全科医生能包治百病，必然成为医务界的笑谈。

综上所述，税务规划专业性原则告诉我们一个朴素的道理：无论是律师、会计师还是税务师，凡是号称所有行业税务规划都会做的人，都是在空谈。

三、超前性原则

顾名思义，所谓税务规划的超前性就是把税务规划观念自觉地落实到企业的各项经营决策中，以便企业对各项经营活动有一个符合税法的事先安排；而不能等经营活动已经开始决策或者完成决策，甚至税务稽查部门找上门了才想到请税务规划专业人员帮忙。

在税务规划实践中，超前性原则贯彻得并不尽如人意，其主要原因就在于企业决策者（尤其是中小企业）有一个重大的误区：在决策者心目中，所谓税务规划就是确认收入和成本核算等方面的工作，从而导致这样一种奇特的景象不断在神州大地重现：在产生商业模式的项目启动、谈判、决策、签订合同等一系列最需要税务规划专业人员的工作都结束之后，企业决策者才会把财务总监请来，让其确认一下是否有税务规划的空间或必要。由于绝大多数财务总监只是这种决策产生的税负的记录、计算和缴纳者，往往不具备主动改变商业模式、识别犯罪隐患以及确认合同有效的知识结构和实践经验，所以这时懂行的财务总监会建议聘请专门的税务规划机构介入，从而来准确回答是否有税务规划空间的问题。显然，这时税务规划专业人员的作用已经大打折扣，甚至无能为力了。因为商业模式已经锁定，若交易对手不同意改变商业模式，税务规划专业人员也就只能打打补丁充当一下编外财务总监的角色，发一声"天生我材咋没用"的感慨而已。

令人欣慰的是，上述情况正在迅速改观。为数不少的企业决策者越来越深刻地意识到，要想通过税务规划产生合法节税的效果，必须让税务规划专业人员自始至终参与整个决策过程，从而走商业模式的光明之路，摒弃在收入和成本上做文章的邪路，彻底改变税务规划属于财务总监职责范围的观念。笔者欣喜地发现，有的房地产开发企业在财务总监之外又设置了税务总监的岗位，还有的房地产开发企业要求项目拓展总监必须掌握一定的税务规划基础知识，甚至不惜花重金让项目拓展总监参加各种税务规划的外部培训，以便在项目拓展之初就对税务规划有个初步的判断。根据某著名培训机构统计，最近一年参加税务规划培训的项目拓展总监的人数已经超过了财务总监的人数。

需要说明的是，笔者这里只是就事论事，丝毫没有贬低财务总监的意思！相反，笔者认识的几个税务规划的一流高手都曾经担任过大型房地产开发企业的财务总监。当然，有的学者硬说税法是以会计准则为基础的学科,有的财务总监非认为向老板明示自己不能做税务规划是一件很不光彩的事,那笔者也没办法。如果有的人非要笔者回答税务规划工作者和财务总监是什么关系,笔者只能悄悄地告诉你：是将军和神枪手的关系。当然,神枪手也可能成为将军,前提是放下枪拿起《孙子兵法》或《三国演义》。

第四节 税务规划方案设计的十六个步骤

根据十年来的企业并购房地产税务规划的经验,我们团队把企业并购房地产税务规划的流程总结为以下十六个步骤：

(1) 了解项目的基本情况。

(2) 确定税务规划的基本点。所谓基本点就是无论商业模式如何转换,也不能改动的点。如案例一中B公司要得到税后1亿元和A学院要全面掌控500亩土地以及地上附着物,就是该案例的基本点。

(3) 了解客户的纳税思路和应纳税额。

(4) 研讨设计初步税务规划方案,初步判断该业务的可承接程度。

(5) 签订保密协议。

(6) 客户提供基础材料。

(7) 在取得客户材料的基础上,对先前设计的初步税务规划方案,在律所内部团队进行论证,以确认方案的可行性。若可行性存在决定性障碍,需要重新设计方案。

(8) 针对税务规划方案的具体环节,征询外部人员的意见。其中包括行业专家的专业知识咨询和税务机关的执行口径咨询等。

(9) 与客户签订正式的《税务规划专项服务合同》。

(10) 向客户提交税务规划初步方案,大多数时候会提交一套以上方案,供客户进行选择。

(11) 与客户沟通税务规划初步方案。

(12) 根据与客户沟通税务规划初步方案的情况,让客户进一步补充相关材料。

(13) 对税务规划初步方案的应纳税额进行精确的计算。

(14) 最终确定拟实施的税务规划方案。

(15) 与客户签署《节税额确认函》。所谓节税额是指在客户纳税思路下的应纳税总额减去拟实施的税务规划方案下的应纳税总额的差。我们团队是按照节税额的一定比例收取专项服务费用的。

（16）指导实施税务规划方案。

以上流程虽然是针对企业并购房地产税务规划而总结的，但笔者认为其对其他行业的税务规划也有一定的参考意义。

第五节 反避税

一、我国反避税制度的建立和主要内容

反避税是税务规划理论不可或缺的内容。其实，反避税只是一个生活用语，用规范的法律术语称呼，应该叫作"特别纳税调整"。

2008年是我国反避税元年。2007年3月16日，全国人民代表大会通过并发布《中华人民共和国企业所得税法》，2007年12月6日，国务院公布《中华人民共和国企业所得税法实施条例》，2009年1月8日，国家税务总局公布《特别纳税调整实施办法（试行）》（国税发［2009］2号文），令人震撼的是，由三大机关分别发布的这"一法""一条例"和"一办法"却共同选择了一个实施日期：2008年1月1日。当然，想当年到底发生了什么，导致了这一非常罕见的立法现象的产生，笔者就不太清楚了。

但有一点却是十分清楚的，那就是《中华人民共和国企业所得税法》专门设了第六章"特别纳税调整"，它和同日实施的"一条例"和"一办法"的相关内容，共同构成了我国较为完整的反避税立法制度。明确规定了转让定价、成本分摊、资本弱化、受控外国企业和一般反避税规则等一系列内容。截至2017年底，国家税务总局又陆续出台了12个与反避税有关的法律规范文件。

2018年8月31日，全国人民代表大会常务委员会对1980年开始实施的《中华人民共和国个人所得税法》进行了第七次修正。这个自2019年1月1日起施行的新《中华人民共和国个人所得税法》第八条第一次对个人所得做出了反避税的规定，可惜的是没什么新意，只是照抄了《中华人民共和国企业所得税法》第六章的部分内容。

二、反避税和税务规划

在税务规划实践中，与反避税紧密相关的主要是如何对"合理商业目的"进行判断和认定的问题。

由于对"合理商业目的"进行判断和认定是一个主观性特别强的问题，在税务规划实践中征纳双方很容易形成博弈，只不过在当下税务行政机关"一股独大"的情势之下，这种博弈并不十分抢眼。但笔者认为，随着《中华人民共和国税收征管法》的修订以及税收法定原则的逐步确立，征纳双方针对这一问题的博弈，必然会不断升温的趋势是不可逆转的。

目前，在税务规划实践中，针对"合理商业目的"征纳双方的博弈主要集中在两点上，一是在企业集团架构下间接股权转让过程中的SPV（俗称导管公司）公司存在的合理性问题。事实上，2011年以来，国家税务总局针对间接股权转让发起的反避税调查也越来越频繁，并在《关于加强股权转让企业所得税征管工作的通知》（税总函〔2014〕318号）中提出了"对股权转让实施链条式动态管理""实行专家团队集中式管理"的做法。二是避税地设立企业采用什么标准判断是否具有"合理商业目的"的问题。在这个问题上，很多人将"合理商业目的"等同于经济实质，并据此否定在避税地设立企业的合理商业目的。笔者觉得，这种做法是错误的。因为经济实质更多地强调合同履行和资产使用的功能，这与商业目的的定义并不产生法理上的竞合，没有理由将经济实质和合理商业目的混为一谈。

第二章 "三务合一"税务规划理论

本章主要介绍税务规划的"三务合一"理论,包括五个部分。第一节为"三务合一"理论的含义,第二节为"三务合一"理论中三务之间的关系,第三节为"三务合一"理论的人才构成,第四节为"三务合一"理论的专业化本质,第五节为"三务合一"理论的历史必然性。

第一节 | "三务合一"理论的含义

"三务合一"税务规划理论是我们团队经过多年的税务规划实践总结出的一套税务规划理论,希望能为改变我们国家税务规划理论研究比较薄弱的现实局面,贡献一份微薄的力量。

所谓"三务合一"是指,在从事税务规划工作的过程中,必须将行业实务、税收实务和法律实务这三种实务的专业知识和实践经验进行深度融合,真正将"三务"合为一体。具体到企业并购过程中的房地产税务规划,就是将房地产实务、税收实务和法律实务进行深度融合,做到将三务合为一体。其中,房地产实务是指从事房地产税务规划的工作人员,不但要具备土地征收、房屋拆迁、报建手续、建筑施工、地产金融以及房屋预售等一系列与房地产相关的专业知识,而且还要有相对丰富的实践经验,从而具备企业并购商业模式的设计和创新能力。税收实务是指从事房地产税务规划的工作人员,不但要将房地产税务规划相关的税收政策文件的内容烂熟于心,而且要对这些政策文件在实际执行过程中的执法口径了如指掌。除此之外,还要对房地产财务的基础知识和行业特点,有比较准确的理解和把握,从而具备企业并购商业模式的设计和创新能力。法律实务是指从事房地产税务规划的工作人员,不但要对涉及房地产和税收的刑事、行政和民事法律条款非常熟悉,而且还要具有丰富的实践经验,能够准确排除税务规划方案中的刑事责任风险,确保税务规划方案中涉及所有合同的合法有效。除此之外,还要随时掌握各级法院尤其是最高人民法院与房地和税收相关的最新裁判动向，为税务规划方案的及时调整提供法律依据，从而具备企业并购商业模式的设计和创新能力。需要指出的是，在"三务合一"税务规划理论中，会计财务知识只是税务规划工作人员了解目标企业涉税情况和落实税务规划方案的手段，处于辅助性地位，不构成一个独立的实务板块，因此，本书把与会计财务相关的知识和技能并入税收实务板块。

"三务合一"的税务规划理论是本书唯一的内在逻辑主线，本书共五篇内容，就是完全按照"三务合一"的理论进行划分的，除了第一篇税务规划理论和第五篇税务规划案例解析之外，其他三篇就是按照"三务"的顺位依次排列的，即第二篇是房地产实务，第三篇是税收实务，第四篇是法律实务。

第二节 ｜ "三务合一"理论中三务之间的关系

房地产实务、税收实务和法律实务这三务之间是什么关系？是平等关系，还是主次关系？如果是主次关系，谁是主？谁是次？或者说谁是纲？谁是目？

以案例一为例，虽然我们从税收实务的角度将商业模式由资产转让改成了作价入股加股权转让并且从法律实务的角度确认了包税条款的有效性，但是，按照"三务合一"税务规划的理论，在做这一切工作的同时，必须还要从房地产实务层面考虑有无实践性障碍或疑问。其实，针对这个案例在房地产实务层面至少有两个问题需要优先考虑，一是依据城市总体规划B公司的宗地是否属于教育建设用地，二是想当年B公司与政府签订的《国有土地使用权出让合同》中，有无B公司若改变土地用途则政府有权收回的约定。试想，如果B公司的宗地在城市总体规划中是市政公园，那就意味着一旦B公司不再按照工业出让地使用该宗地的时候，政府必须将该宗地收购储备并用于市政公园建设，那么，A学院想利用该宗地进行教育设施建设的想法，必将因为不符合城市总体规划而成为泡影。退一步说，即使该宗地的城市利用总体规划是教育用地或者可以调规改为教育建设用地，如果当年B公司与政府签订的《国有土地使用权出让合同》中，有B公司若改变土地用途（如由工业改为教育）则政府有权收回该宗地的约定，那么，B公司也就没有权利私下跟A学院达成协议将该宗地交给A学院用于建设教育设施了，而只能由政府收回进行划拨（针对非营利性学校）或招拍挂（针对营利性学校）重新供地了。显然，上述两个房地产实务问题任何一个成为现实障碍，都必将税收实务和法律实务的劳动成果，瞬间归零。

可见，这三务之间是"一纲两目"的关系，即房地产实务是"一纲"，在其之下税收实务和法律实务是"两目"。房地产税务规划的"三务合一"，之所以以房地产实务为统领，其根本原因在于对房地产行业知识经验和房地产商业模式熟悉的重要性已经明显超过对税收法律文件熟悉的重要性。因为，要想设计一个成功的房地产税务规划方案，前提和基础是真正懂得房地产行业的专业知识且具备丰富的实践经验。也就是说，任何一个成功的房地产税务规划方案都必须与房地产行业的专业知识和具体实践相结合。相反，不能建立在房地产专业知识和具体实践基础之上的房地产税务规划，必然成为空中楼阁、无源之水和无本之木，极有可能给客户带来巨大的损失甚至是灭顶之灾。

第三节 "三务合一"理论的人才构成

简单来说，所谓"三务合一"就是将三种实务融合为一体。这里有两个关键词"实务"和"融合"。

这里的"实务"包含两方面的含义：一是所在领域专业知识架构要完整、专业知识内容要熟悉；二是所在领域实践经验要丰富、实践技巧要醇熟。显然，这两方面以后者为上，因为税务规划工作重在实践经验而不重在理论知识。

这里的"融合"就是将三种实务交融合并为一体。如此，房地产税务规划的人才自然就应该由精通房地产实务、税收实务和法律实务三种实务的人构成。但问题的关键是：这里所谓精通三种实务的人，是指一个人同时精通三种实务呢？还是多个人分别精通三种实务呢？笔者把这前一种情况称为"单体融合"，把这后一种情况称为"多体融合"。顾名思义，所谓单体融合就是一个人同时精通房地产实务、税收实务和法律实务，依靠一个人的力量来完成税务规划工作。从行业资格角度来说，就是作为"单体"的一个人同时拥有房地产领域的一级造价师和土地评估师资格、税收领域的注册税务师资格、法律领域的律师资格以及财务领域的注册会计师资格。

现实生活中，这种学霸型的"超人"屡见不鲜，是为单体融合的代表人物。在税务界来自"三师"（同时拥有注册税务师、律师和注册会计师三种资格）的一部著作或一篇文章，往往会令人顿生敬意和刮目相看。可见，单体融合在现实生活中还是拥有一定市场的。相反，多体融合与单体融合的人才构成则完全不同。顾名思义，所谓多体融合就是由不同的个人分别精通房地产实务、税收实务和法律实务，依靠多个单体的力量来共同完成税务规划工作。

显然，"三务合一"理论中的"融合"指的是"多体融合"而不是"单体融合"。因为，作为单体的个人，即使同时拥有房地产、税收和法律的多个资格证书，也只能说明这个人拥有了这三个领域的专业知识架构，而根本也不能说明这个人同时拥有了这三个领域的丰富的实践经验和娴熟的工作技巧。因为，任何一个领域丰富的实践经验和娴熟的工作技巧，都是需要长期深入实践第一线一点一滴积累而来的，是不可能通过考试来速成的。更何况，一个人的时间和精力总是有限的，要想在两个以上的领域，在具备知识架构熟悉专业内容的同时，还具有丰富的实践经验和娴熟的工作技巧，是一件极为困难的事情。

综上所述，"三务合一"理论指导下的税务规划团队是以多体融合的方式，分别由精通房地产实务、税收实务和法律实务的专业人员而组成。这个团队每一个成员，都应该具备"一精两粗"的知识架构和实践经验，即在"精"通某一领域实务基础上，也"粗"通另外两个领域的基础知识和基本实务，只有这样才能达到"三务合一"的效果，设计出受到市场高度追捧的税务规划方案。相反，如果每一个成员都只顾埋头钻研自己所在领域的内容，而对战友们所在的另外两个领域的内容一窍不通，必然形成鸡同鸭讲难以沟通的尴尬局面，势必会走向三务隔离的邪路，完全背离了"三务合一"的初衷，根本形不成设计优秀税务规划方案的战斗力。其实，税务规划实践过程中，"三务合一"的税务规划团队也不会只有三个领域的三个专家组成。因为，在"一精"的层面，即使同为某一领域的专家，往往由于受到时间和精力或学历和兴趣等因素的影响，不同的人也会有所侧重。例如同为房地产领域专家，甲可能擅长土地规划，而乙则擅长建筑施工；又如同为税收领域专家，丙可能擅长土地增值税，而丁则擅长企业所得税；再如同为法律领域专家，戊可能擅长公司并购，而乙则擅长刑事犯罪辩护。也就是说，每一个房地产税务规划方案的设计和实施，都会从三个领域抽调若干名人员临时组成一个战斗小分队。

第四节 "三务合一"理论的专业化本质

在本篇第一章阐述税务规划三大原则中的专业性原则时，阐明了一个道理，那就是任何一名税务规划工作者，都只可能成为某一个行业（如房地产、建筑施工、金融证券、高科技、互联网、生物工程、人工智能等）的高手，而不可能在所有行业都是税务规划高手。

在本章第二节阐述"三务合一"理论中三务之间的关系时，阐明了"三务合一"中的"三务"以行业实务为"纲"，以税收实务和法律实务为"目"，并且，纲举目张、目随纲走。也就是说，任何一个税务规划团队，一旦选定了某一个行业，税收实务和法律实务就要以这个行业为统领，并随之而行。例如，房地产税务规划团队，对房地产行业专业知识的熟悉和实践经验的丰富是占据领导地位的，按照纲举目张、目随纲走的原则，税收实务的主要任务就是熟悉与房地产有关的税法文件和实际执行中的执行口径，法律实务的主要任务就是熟悉与房地产相关的法律法规和相关判例。

在本章第三节阐述"三务合一"理论的人才构成时，阐明了"三务合一"理论指导下的税务规划团队是以多体融合的方式，分别由精通房地产实务、税收实务和法律实务的专业人员组成，并且以"一精两粗"的知识和实践结果，来实现三务合为一体的最终目标。

由以上三部分内容，我们得出一个重要的结论："三务合一"的本质就是税务规划的专业化。而这个税务规划专业化的具体内容也正是上述三层意思。

第五节 "三务合一"理论的历史必然性

如上所述，"三务合一"理论的本质是税务规划的专业化。所以，所谓"三务合一"理论的历史必然性，其实就是税务规划专业化的历史必然性。而税务规划专业化的历史必然性又表现在实践和理论两个方面。

一、我国税务规划的实践历程充分展示了税务规划专业化的历史必然性

回顾我们国家税务规划实践历程，可以分为三个阶段。第一阶段笔者称为做账思维阶段。这第一个阶段最大的特点就是拘泥于财务做账的狭窄思路，只是在收入和成本上做文章，但是，由于思路狭窄合法节税数额极其有限，在这一阶段有很多人就滑向了违法犯罪的泥潭。时至今日，房地产行业买真发票进行成本造假的现象还十分普遍，勘察、设计、建安几乎都是重灾区，虽然税务机关年年将房地产建筑施工行业作为稽查重点，但买真票造假成本的情形还是屡禁不止。

第二阶段笔者称为点子思维阶段。这第二个阶段的特点是，税务规划方案往往是集中在税收政策某一个点，就像窗户纸，厚度不够一点就破，属于点子型税务规划。与第一阶段相比，虽然这第二阶段跳出了财务做账的思维牢笼，但主要还是在税收政策上做文章。换句话说，熟悉税收政策文件是税务规划的充分条件。即使如此，在这第二阶段税务界还是涌现出很多赫赫有名的人物，不少人成为游学大家，拥有数量不菲的粉丝。而这些大家不约而同地采取全面涉猎税法通吃的"万金油"战术，在及时研读税收政策和贩卖税务信息的同时，为客户提供点子型税务规划方案。

第三阶段笔者称为专业化思维阶段。这第三阶段的特点是，将税务规划市场进行专业化细分，在每一个细分的专业市场里，任何一个税务规划方案都以深入研究相关行业的专业知识、实践经验和商业模式为基础，并借助税收和法律专业人员的专业知识和实践经验，并持续不断地进行创造性的思维，从而设计出结构复杂、节税效果比较显著的税务规划方案，从而使客户的价值感受有了显著的提高。显然，在这第三阶段，熟悉税收政策文件已经不再是税务规划的充分条件而退化为必要条件了，税务规划的专业化特性，表现得越来越抢眼。

从第一阶段的做账思维，到第二阶段的点子思维，再到第三阶段的专业化思维，从实践角度清晰地演示了我国税务规划专业化的进化过程，用行动展示了我国税务规划专业化的历史必然性。

二、律师行业专业化的前世今生，是税务规划专业化的一个绝佳参照物

笔者作为一个从业二十多年的法律工作者，有幸经历并正在经历中国律师行业专业化的历史进程。下面笔者就主要从理论层面，把律师行业专业化的前世今生、来龙去脉做一个全面详尽的阐述，从而使现在和未来从事税务规划工作的战友们对法律服务专业化的历史必然性，有一个深刻的认识，最终为税务规划专业化树立一个参照物。

（一）中国律师行业的发展历程

新中国成立后，我们国家律师业的发展，走过了一条非常曲折的道路。从笔者个人理解大约经历了以下三个大的阶段：

一是从解放初到 20 世纪 60 年代中期的萌芽阶段。这一阶段我们国家的律师业有了初步的发展，但律师人数很少，律师业务范围也很窄，律师的身影往往在刑事案件中才能看到，有的群众甚至认为，律师是专门替坏人说话的人。

二是从"文化大革命"开始到 20 世纪 90 年代初期的艰难成长阶段。这一阶段中的"文化大革命"时期，由于众所周知的原因，律师业遭受了空前的浩劫，直到改革开放初期才得到了恢复，1986 年正式实施了全国律师资格统一考试制度，正是这一具有划时代意义考试制度的实施，吸引了数以万计的优秀人才加入到律师队伍中来，到 20 世纪 90 年代初期律师业已得到了很大的发展，律师队伍不断壮大，律师对人们生活的影响越来越明显，但律师的业务范围还局限于诉讼业务，即俗称的打官司。

三是从 1992 年邓小平同志"南方谈话"开始到今天的空前发展阶段。这一阶段律师业得到了迅猛的发展，到今天，律师几乎成了中国最热门的职业之一，律师的从业人数也达到了洋洋三十六万之众。尤其值得注意的是，这一阶段律师的业务范围随着市场经济的发展，发生了巨大而深刻的变化，即以诉讼业务为主逐步转为以非诉讼业务为主，使中国律师业踏上了专业化的历史征程。

（二）律师不只是帮人打官司

现实生活中笔者上百次地遇到不同的人说同样的话：哎呀，你是律师

啊！等我打官司的时候，一定麻烦你。可见，中国人有一个根深蒂固的观念：律师就是帮人打官司的人。

其实，这是对律师的一种误解，因为律师的主要业务不一定是帮人打官司。

我国《律师法》第二条规定：律师是依法取得执业证书，为社会提供"法律服务"的执业人员。这里的"法律服务"包括两种：一是诉讼业务（俗称打官司），二是非诉讼业务（简称非诉业务）。其中，诉讼业务因为是律师的传统业务而为广大民众所熟知，但是，自20世纪90年代以来，随着我国市场经济的发展，随着人们对法律服务要求的提高，律师的非诉业务得到了异常迅猛的发展。自21世纪以来，在一、二线城市甚至经济发达的三线城市，律师的非诉业务已经完全超过诉讼业务，成为律师的最主要业务。

但是，目前我们国家对律师非诉讼业务重要性的认识，还停留在初级阶段。在很多公众的心目中，律师就是帮助别人打官司的人。这就需要我们全社会共同努力，扭转人们的这种错误认识。

（三）为什么说非诉业务是律师的核心业务

到底什么是非诉业务？非诉讼业务的外延范围多大？目前，我国法学界谁也说不清楚。有关非诉业务的定义，是针对诉讼业务而言的，诉讼就是人们经常说的打官司，而非诉讼业务简单说就是，除了打官司以外的业务。换句话说就是，当你与他人产生纠纷时需要律师提供的法律服务就是诉讼业务（含调解和仲裁），当你与他人没有任何纠纷时需要律师提供的法律服务就是非诉讼业务。最常见的非诉讼业务有以下几类：房地产、证券、金融、公司并购、专利、商标、著作权、劳动、医疗、婚姻、环保以及涉外业务等。可以说律师的非诉讼业务的范围，涉及人们生活的每一个角落，因为法律的触角延伸到哪儿，律师的非诉讼业务就跟进到哪儿。因此，非诉讼业务是律师最主要的业务，是律师的核心业务。

如果把诉讼业务比喻为"救火"的话，那么非诉讼业务就是"防火"。俗话说，隐患险于明火，防火重于救火。同理，律师的非诉讼业务也应成为律师的最主要的业务，在市场经济成熟的国家，60%以上的律师业务都是非诉讼业务，只有40%的律师业务才是诉讼业务。

（四）专业化是律师从事非诉业务的必然选择

当前，律师专业化的浪潮波涛汹涌，势不可当。但是，仍然有为数不少的律师，故步自封，采取四方通吃，剜到篮里就是菜的业务模式，业内称为"万金油"律师。笔者认为，"万金油"律师，应顺应潮流，及早改弦更张，走专业化之路，否则，什么都懂什么都不精的人，必将成为市场的弃儿。

律师在精通法律知识的基础上，必须精通客户行业知识，是律师提供有效法律服务的必然要求。律师只有实现法律知识和客户行业知识的有机统一，律师的法律知识才能真正发挥作用。试想，一名对税务有很深造诣的律师，如果对房地产开发的流程技巧和建筑施工的专业术语一窍不通，怎么可能为房地产企业提供高端的法律服务，为其化解深层次的法律风险呢？显然，税务律师不钻研房地产行业实务只懂税务知识，只能提供"隔靴搔痒"式的低效法律服务，让客户产生鸡肋式的专业价值感受。

律师作为社会个体时间和精力的客观有限性，决定了律师在既精通法律又精通行业知识的道路上，只能走专业分工之路。在当今社会中，我们每一个人都只能是市场经济这架庞大机器中的一个小部件，我们每一个人都不可能面面俱到包揽这架庞大机器的全部功能，因为一个人的时间和精力都是有限的。同样，律师的非诉讼业务也像是一架庞大机器，而从事非诉讼业务的每一位律师也只能是其中的一个小部件，任何一位试图包揽全部非诉讼业务的律师都是可笑的。试想，以一人之力，怎么可能精通房地产、证券、金融、公司兼并收购、专利、商标、著作权、劳动、医疗、婚姻、环保以及涉外业务等如此众多的法律知识和相应行业知识并同时具有丰富的实践经验呢？因此，专业化是律师从事非诉业务的必然选择，就像医生分为脑科医生、骨科医生、神经科医生、内科医生、外科医生等专业医生一样，从事非诉业务的律师也理所当然地分为房地产律师、证券律师、金融律师、并购律师、婚姻律师等专业律师。

律师只有专业化，才能最大限度地发挥协同作战的优势，产生规模效应。在市场经济的今天，分工只是手段，协作才是目的；没有协作，分工就是无本之木；一切分工都是为了合作，只有合作才能产生规模效应。当前在规模效应问题上，律师界有一种很肤浅、很幼稚的认识，认为一个律师事务所只要律师人数增加，就一定能产出规模效应。试想，1万名"万金油"律师组成一个律师事务所，肯定不能产生规模效应，根源在于每一名"万金油"律师干的活都一样。正如，1万只小木船堆在一起，造不出航空母舰一样！

（五）专业化律师的地位缺憾

根据国外市场经济成熟国家的经验，一位训练有素的专业律师，作为首席法律顾问，实际上是企业老板的法律信托人或法律总监。具体体现在，首席法律顾问知晓企业的最高机密，老板的终身大事（如遗嘱）都由首席法律顾问事先安排，老板若暂时丧失掌控企业能力（如被捕或生病）会依据事先授权暂时代管企业，企业的重要会议邀请首席法律顾问参加或征询意见，企业重大谈判均由首席法律顾问跟踪参与，企业所有法律文件均由首席法律顾问签字（一般在老板之前总经理之后）才能生效，老板适时听取首席法律顾问的工作建议或意见，企业高层不断接受法律培训，企业内部法律人员在首席法律顾问领导下工作等。

中国律师专业化之路，自1992年邓小平同志"南方谈话"发端，经过二十几年的探索和发展，在各个专业涌现出了一批又一批才华横溢、训练有素的高素质律师。但十分遗憾的是，跟"万金油"律师相比，这些真正的专业化律师，在客户中的地位还有待提高。大部分时间，只是提供一些业务咨询，草拟、审查业务合同及偶尔处理几个诉讼业务，与律师对接的企业人员，一般都是法务总监或办公室主任。笔者认为，造成这种局面的原因主要有两个：

首要的最根本的原因在于律师本身。如没有从企业发展的战略层面进行法律思考，没有及时了解老板的所思所想（如适时了解一些行业的战略和经营层面的知识），没有及时跟老板见面沟通的意识和技巧，没有逐步引导老板学会和善于使用专业化律师等。可以说，中国并不缺少具有高度的市场竞争意识和战略眼光的企业家，也不缺少才华横溢、训练有素的专业律师，缺少的是善于将二者对接的专业律师。

其次的原因是社会法治大环境的限制。时下的中国，从本质上说，笔者倾向于认为不是法治的国家，而更多具备人治社会的特征。从政府官员到企业领导，从司法人员到普通市民，法律至上的理念尚很淡漠，法律的尊严并未树立；尤其是在维护稳定大旗之下，法律的尊严更是受到了前所未有的损伤。在这种政治体制和司法改革空前滞后的历史时期，企业家迷信长官意志，轻视法律的心理，对弥补专业律师的地位缺憾，不可避免地产生了一定的影响。

综上所述，非诉业务的异军突起，律师专业化浪潮的兴起，是当代律师的历史性机遇。因为，诉讼业务在中国已经发展得非常成熟，后加入的律师具有很大的后发展劣势，要在短期内有很大的发展，已是非常困难；相反，非诉业务领域还处于历史性的抢跑期，属于时势造英雄的年代。十年、二十年后，我们在回顾这段激动人心的历史时期，我们必然会发现，几乎所有专业领域的大律师、社会栋梁甚至是国家领导人，都是这一历史时期的律师专业化先行者。所以，当代律师，应该做出历史的抉择，义无反顾地踏上专业化之路。

三、律师行业在税务规划领域扇动专业化的翅膀必将掀起会计师和税务师行业的专业化飓风

在国外没有注册税务师的概念（少数国家的税务师制度与我们国家注册税务师制度也完全不是一回事），在税务规划领域主要是律师事务所和会计师事务所的竞争，是一种"二人转"式的市场竞争格局。在我们国家从事税务规划的机构主要是指律师事务所、会计师事务所和税务师事务所，是个"三国演义"式的市场竞争态势。而无论是国外的"二人转"还是国内的"三国演义"，本质上都一样，都是在市场竞争的环境中提供税务规划专项服务，因此，其内在发展逻辑是完全一样的。

唯其如此，在律师行业专业化浪潮席卷之下的中国，税务师和会计师行业的专业化必然是如影随形、如火如荼。也就是说，在我国"三国演义"式的市场竞争过程中，竞争的重中之重就是专业化速度和深度的竞争，律师、税务师和会计师三方中的任何一方在专业化问题上，稍有迟疑必然会在市场竞争中败下阵来，留下历史性遗憾。据笔者个人观察和体验，虽然在我国税务师和会计师是税务规划业务最早的耕耘者，律师是税务规划业务的后来者，但是，在专业化的速度和深度上，律师行业却比税务师和会计师行业略胜一筹，所以，随着已经完成专业化的大批律师涌入税务规划领域，律师专业化的优势必将迅速转化为巨大竞争优势，面对律师这个极有可能后来居上的竞争者，税务师和会计师行业必将掀起一波快速专业化的浪潮，否则，必将在"三国演义"式的市场竞争过程中，成为21世纪的"蜀国"或"吴国"。

所以，国内税务师事务所和涉税会计师事务所的发展将进入一个新阶段，主要表现在各个行业的细分市场越来越成为事务所新的收费增长点，单纯从事某个行业税务规划的专业化事务所或团队会越来越吃香，并且在市场竞争中显现出强大的竞争优势。

综上所述，笔者大胆地做一回预言帝：笔者坚信，在不久的将来，在律师、税务师和会计师百万之众的共同努力之下，在"三务合一"税务规划理论的引领下，中国必将出现由众多不同行业的专业化税务规划团队组成的国际性的超级"航空母舰"，从而彻底结束在中国税务规划领域以"四大"为尊的尴尬局面。但不知，谁会是面对"四大"打响指的那个灭霸呢?！

第二篇

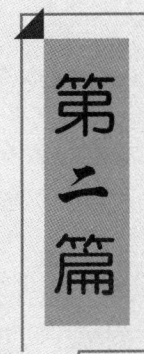

房地产实务

第三章 房地产概述

第一节 中国大陆房地产市场发生了历史性变化

自 1998 年启动以来，时至今日，中国大陆房地产市场已经发生了历史性的变化，因为房地产市场的内在发展逻辑发生了彻底改变。内在发展逻辑发生了什么样的改变呢？

回顾历史，展望未来。笔者把波澜壮阔的房地产发展历程分为两个阶段，暂且称为上半场和下半场。

从 1998 年底到 2017 年底算上半场。在这个上半场，房地产企业都干啥呢？无非是拿地、找钱、卖房子、再拿地、再找钱、再卖房子，而造房子的事不用房地产企业操心，因为有专门建筑施工企业和监理单位负责。这个上半场的最大特点就是房子是奇缺商品，老百姓买房子的热情如洪水般势不可当。这种奇缺和热情表现在房价上就是上涨、上涨、再上涨，无数空头专家被反复打脸。但是，有心人不难发现，房价翻了好多番，可是建筑安装材料和人工费用的价格却稳坐钓鱼台根本不为所动（这就不难解释为啥那么多的聪明的施工企业都做开发商了）。显然，房价上涨的主要爆点在土地价格的蹿升。现在，回顾历史做事后诸葛亮，会看得很清楚：这种土地价格的蹿升是房地产开发企业和地方政府联合用力的结果，笔者不妨举两个例子。

首先举一个房地产企业例子。大约 2004 年一个非居民房地产企业在北方某市以 160 万元摘牌一宗住宅用地，由于该宗地的前身是个工业企业，因新厂建设速度等问题，导致政府拖了半年多也未能交付土地给房地产企业。房地产开发企业认为政府严重违约，反复交涉未果，想要起诉市政府，笔者作为常年法律顾问怎么劝也不行，还振振有词地说在国外政府也不能恣意违约。正在这时，市政府在该宗地一街之隔的地方又出让了一宗地，虽然位置稍微差了点但每亩价格却飙升到了 330 万元，该非居民房地产企业闻讯顿时转怒为喜，没想到政府帮咱拖延了一段时间地价却翻了一番，既如此再拖延一段时间又何妨呢。当然，起诉市政府的想法也就灰飞烟灭了。

再举一个地方政府的例子。实际上，地方政府推高地价的动力并不亚于房地产企业。不信就看看下面这个例子。大约2003年，顺驰地产（据说是现在排名前十的著名房企的前世）到某北方城市，以220万元一亩的价格摘牌一宗住宅用地，从而一举成名，因为该宗地当时的公认价格也就是100多万元。市政府首长闻讯十分高兴。不幸的是由于太过激进，顺驰地产资金链很快就断裂了，该地块也仅仅开发了1/3，剩余的2/3土地又吐回给市政府了。市政府首长闻讯十分懊恼。大约2006年，剩余2/3土地重新挂牌，以近400万元每亩的价格成交。市政府首长闻讯十分不悦，甚至质问为什么成交价这么低（因为刚刚有一宗相应地段土地成交价是近600万元），并责令查一查是不是有权钱交易（后来得知摘牌企业是国有企业，权钱交易一说也就不了了之了）。

显然，房地产市场上半场最大的特点是土地价格不断飙升支撑下的房价飙升，也就是说，房地产企业享受房价飙升红利的根源在于土地价格的飙升。所以，笔者把房地产市场的上半场称为土地红利时代。在这个土地红利时代，只要能拿到土地就等于锁定红利，房地产企业的正确姿势必然是拼命加杠杆拼命抢地，谁还想着控制负债率不敢加杠杆谁就是傻子。

1998~2017年，经过了近20年的疯狂上升，中国大陆几乎所有城市的土地价格都上涨了10~20倍不等。尤其是2016年底中国大陆房价又经历了一波让所有人都目瞪口呆的上涨，笔者认为土地红利时代基本结束了，地价上涨已成明显的强弩之末的态势，中国大陆房地产市场已经悄然进入下半场。笔者把这个下半场称为房屋红利时代。

显然，这个房屋红利时代的到来，必然导致房地产市场的内在发展逻辑发生彻底改变。在土地红利时代房地产企业靠地赚钱，在房屋红利时代房地产企业改为靠房赚钱啦；在土地红利时代房地产企业以量取胜，在房屋红利时代房地产企业以质取胜；在土地红利时代房地产企业以规模为王，在房屋红利时代房地产企业以现金为王；在土地红利时代房地产企业以加杠杆为荣，在房屋红利时代房地产企业以低负债为本；在土地红利时代房地产企业面对的是卖方市场，在房屋红利时代房地产企业面对的是买方市场；在土地红利时代房地产企业往往是售光卖尽自持物业极少，在房屋红利时代房地产企业自持物业会越来越多；在土地红利时代房地产具备融资和销售能力即可，在房屋红利时代房地产企业还要具备投资和运营能力；

在土地红利时代中小房地产企业只要抢到地就活得很滋润，在房屋红利时代中小房地产企业可能抢到地就没法活，运气好的被并购，运气差的只能混吃等死；在土地红利时代房地产企业数量众多已超六位数，在房屋红利时代房地产企业数量会急剧减少到三位数，随着房地产企业数量的急剧减少，空前的房地产并购浪潮必然会席卷整个神州大地。

以上是站在供给端（主要是房地产开发企业）角度，来解析中国大陆房地产市场的内在发展逻辑发生了彻底改变。反过来，站在需求端（主要是居民购买住宅）角度，中国大陆房价的增长动力是否强劲呢？

众所周知，站在需求端的角度，房价增长动力是否强劲的晴雨表是普通居民的加杠杆能力的强弱。虽然在狂风暴雨般的房价暴涨面前，中国的普通居民很快摒弃了以既无外债也无内债为荣的落后消费观念，以前无古人后无来者的勇气和决心，义无反顾地加大负债杠杆。但是，笔者认为经过了20年的漫长旅程，普通居民的加杠杆能力已经呈现出明显的强弩之末的态势。以往普通居民加杠杆能力没有得到完全释放时，其购房热情基本随着贷款利率而呈现出三年一个周期的波动，如2009年、2012年和2015年的购房高潮不约而同都是由于贷款利率降低，普通居民趁低入市的结果。特别值得警惕的是，以2015年为起点，三年后的2018年，普通居民的购房高潮却没能如约而至。可见，在"六个钱包付首付"的今天，中国大陆普通居民的资产负债率已经达到一个很高的水平，可以预见，央行只要降低按揭贷款利率就会引来一波购房高潮的时代已经一去不复返了。因为中国大陆普通居民需要很长时间来重新积蓄购买力，修复其资产负债表，所以，从需求端来说，中国大陆房地产市场的内在发展逻辑也同样发生了彻底改变。

综上所述，无论是站在供给端还是站在需求端的角度，从上半场到下半场，从土地红利时代到房屋红利时代，房地产市场的内在发展逻辑可以说是发生了颠覆性的变化，房地产企业的发展战略也需要随之进行深刻的调整；否则，不能因势而变逆潮流而动的后果，只能是末路狂奔至死方休。

第二节 融资和拿地是房地产企业的永恒主题

首先说融资。我们国家把房地产企业俗称为开发商，给人的感觉好像房地产企业属于典型的第二产业，干的就是造房子和卖房子的活。其实不然。因为现实生活中，造房子和卖房子的活都有专门的勘察、设计、监理、施工和销售公司代替房地产企业干了，只有一个活没人代替必须由房地产企业亲自来干，那就是没人替房地产企业出钱必须由房地产企业用自有资金或向别人融资来支付各项开发费用。也就是说，实际上房地产企业既不造房子也不卖房子，只是拿出一笔钱让别人代替它造房子和卖房子，然后收回更大的一笔钱；之后，房地产企业再拿这笔更大的钱，让别人代替它造更多的房子和卖更多的房子，收回第二笔钱。显然，房地产企业真正干的事只是投资、回笼资金，再投资、再回笼资金，从这个角度我们不难看出，房地产企业名为开发实为金融，属于第三产业中的金融投资行业。所以，融资能力是房地产企业的首要和核心能力，类金融的投资属性是房地产企业的本质属性。唯其如此，笔者在十几年的房地产专业服务生涯中特别关注房地产企业的融资服务，并且专门为此跑到清华大学被继续教育了一番。仅仅是房地产企业的融资途径，笔者就总结了很多种，例如开发贷款、按揭贷款、并购贷款、经营性物业贷款、私募基金、信托借款、公司债、夹层融资、债务重组、债权转让、应收账款收益权转让、资产证券化、资管计划、定向增发、委托贷款、银行承兑等不一而足。尤其是自2016年10月以来，房地产市场风云突变，融资难度骤然上升。房地产企业顿感寒风阵阵，冬天骤至，其金融属性更是凸显无遗。但究竟这方面的内容与本书企业并购房地产税务规划这一主题的紧密度，比之房地产企业拿地的方式和途径要稍逊风骚，所以，这方面的内容就不在此赘述了。

　　房地产业内人士可能会说，把房地产企业的本质属性定位为金融投资有失偏颇，因为拿起能力也是房地产企业的最根本生存能力。实际上在中国大陆确实如此，这是由极具中国特色的土地一级市场的供应体制决定的。因为在中国大陆土地一级市场的供应者只有地方政府一家，呈现出一派极其怪异的"独此一家别无分店"的超级垄断景象。在这种一对多的一级土地市场环境里，拿地（学名叫取得建设用地）必然成为房地产企业的永恒主题。那么房地产企业取得建设用地的方式有几种呢？取得建设用地的具体途径又有多少呢？笔者窃以为，要想成为企业并购房地产税务规划的一流高手，必须对房地产企业取得建设用地的方式和具体途径有深入准确的把握，因为所谓房地产并购十有其九拿地就是其唯一目标。相反，如果对房地产企业取得建设用地的方式和具体途径一知半解甚至一无所知，就敢常年进行企业并购房地产税务规划方案设计，笔者总觉得有点盲人骑瞎马的味道呢。

　　下面笔者就结合十几年房地产专业实践经验，把房地产企业拿地方式和拿地途径做一个相对详尽的介绍，希望对读者朋友在企业并购房地产税务规划过程中能有所帮助。

第四章　建设用地取得方式

要准确深入地把握建设用地使用权的取得途径，有必要对我国一级土地市场建设用地使用权的取得方式和建设用地使用权取得方式的历史演变过程，做一个系统的回顾。

第一节　我国一级土地市场建设用地使用权的五种取得方式

当前我国一级土地市场建设用地使用权的取得方式有五种：划拨、出让、租赁、作价投资（入股）、授权经营。

（1）划拨，是指县级以上人民政府依法批准，在土地使用者缴纳补偿、安置等费用后将该幅土地交付使用（称为相对划拨），或者将建设用地使用权无偿交付给土地使用者使用的行为（称为绝对划拨）。

现实生活中，一说"划拨"就与"招拍挂"没有任何关系啦。

（2）出让，是指国家将国有建设用地使用权在一定年限内出让给土地使用者，由土地使用者向国家支付建设用地使用权出让金的行为。

出让分为协议出让和公开出让。所谓公开出让，方式有三种：招标、拍卖和挂牌，通常简称为"招拍挂"。

土地交易为何叫作出让而不叫买卖？土地管理法第二条规定土地不得买卖。通常认为买卖转移的是所有权，而土地交易的是使用权而非所有权，因此不叫买卖而是叫作出让。同时土地出让的价款不叫地价，而叫土地出让金。

（3）租赁，是指政府作为出租人将国有建设用地出租给承租人使用，由承租人向出租人支付租金的行为，是一级市场行为。

目前，租赁在各个地方普遍受到冷遇，原因在于它不能像出让那样，可一次性收取最高达70年的土地出让金，以最大限度地增加财政收入。

在房住不炒的口号喊得震天响的当下，政府一方面要求房地产企业要自持建成后的住房用于租赁不要沿袭以往的做法售光卖尽，另一方面在土地一级市场却绝口不提土地租赁供地的话头。笔者脑袋转了三圈，也没转明白其中的道理。

（4）作价投资（入股），是指国家以一定年期的国有建设用地使用权作价，作为出资投入股份有限公司或者有限责任公司，相应的建设用地使用权转化为国家对企业出资的国家资本金或股本金的行为。建设用地使用权由该股份有限公司或有限责任公司持有，可以依照土地管理法律、法规关于出让建设用地使用权的规定转让、出租、抵押。

这种方式适用于企业改制时，新股东买不起土地的情况。

（5）授权经营，是指由政府或国有资产管理机构，按照有关规定，将国有资产授权给一些新成立或由其选定的机构，使其能够代表国家持有一般企业中的产权，并相应地行使资本投资、营运和管理等权力，承担国有资产保值增值责任的一种国有资产经营形式。即被授权经营的单位通过委托协议，以合同方式履行出资人职责，在法律范围内明确享有出资人权益。

这种方式适用于企业改制时，新股东既买不起土地又不能作价入股的情况。不能作价入股的原因常见的有二：一是因为土地占股份额度太大而不合法（《公司法》第27条货币不低于30%），二是因为属于国退民进的行业国家不便入股。如某省会飞机场，土地证上即载明是授权经营。

综上所述，当前我国建设用地使用权的取得方式，最主要、最常见的有两种，即划拨和出让，而出让主要就是"招拍挂"。

问题1　土地使用权和建设用地使用权哪个名字更准确？

我国土地一级分类，分为三种，即农用地、建设用地和未利用地。用于房地产开发建设的土地使用权必须是建设用地使用权，建设用地使用权又分为国有建设用地使用权和集体建设用地使用权。我国《物权法》使用的就是国有建设用地使用权和集体建设用地使用权的称谓。多年来，经常使用的国有土地使用权和集体土地使用权，必将随着2007年10月1日《物权法》的正式实施，退出历史舞台。最明显的切身感受就是，今后我们手中的《国有土地使用权证书》，将改名为《国有建设用地使用权证书》。

问题2　房地产开发的"五证"具体是指什么？

房地产开发的"五证"分别是指：

（1）国有建设用地使用权证。该证后面配有宗地图，以确认土地的具体坐标。

（2）建设用地规划许可证。该证后面配有总平图，以确认总建筑规模，和各个楼座的具体位置。

(3) 建设工程规划许可证。该证应该配有施工图, 以确认具体施工的程序和工程量。

(4) 建筑工程施工许可证。该证俗称为开工证。

(5) 预售许可证。取得该证之前的商品房买卖合同没有法律约束力。

第二节 我国建设用地使用权取得方式的历史演变过程

我们国家的建设用地使用权取得方式, 经历了一个漫长的历史演变过程。大体可分为以下三个阶段:

一、1990年5月19日前的国家划拨阶段

众所周知, 新中国成立后, 企业和个人使用的国有土地全部由国家划拨取得, 社会上根本不存在任何土地交易行为。直到1990年5月19日, 国务院颁布并实施了具有历史意义的国务院第55号令, 即《中华人民共和国城镇国有土地使用权出让和转让暂行条例》(以下简称55号令)。55号令的实施, 标志着土地使用权不能作为商品进入市场的时代彻底结束了。

二、1990年5月19日至2002年7月1日的协议出让阶段

随着55号令的实施, 建设用地使用权开始交易, 但交易的方式还仅仅局限于双方签订协议的单一模式。直到2002年5月9日, 国土资源部签发了《招标拍卖挂牌出让土地使用权规定》(以下简称11号令), 11号令在一定程度上叫停了沿用多年的土地协议出让方式, 要求从2002年7月1日起, 所有经营性开发的项目用地都必须通过招标、拍卖或挂牌方式进行公开交易。2004年3月30日, 国土资源部、监察部联合下发了《关于继续开展经营性土地使用权招标拍卖挂牌出让情况执法监察工作的通知》(以下简称71号令), 要求各省市在2004年8月31日之后, 不得再以历史遗留问题为由采用协议方式出让经营性开发的项目用地(所谓"8·31大限")。至此, 协议出让经营性土地的做法彻底画上了句号。11号令和71号令的颁布实施,

被业界称为新一轮"土地革命"的开始。

三、2002年7月1日至今的"招拍挂"为主阶段

11号令规定，商业、旅游、娱乐和商品住宅等各类经营性用地，必须以招标、拍卖或者挂牌方式出让。非经营性用地的供地计划公布后，同一宗地有两个以上的意向用地者的，也应当采用招标、拍卖或者挂牌方式出让。可见，11号令尤其是71号令实施后，招标、拍卖或者挂牌已经成为国家供地的最主要方式。

自2016年底开始的这一轮调控，发誓要打破房地产调控越调越涨的怪圈，试着在房屋市场建立租购同权的制度，并建立一系列房地产调控的长效机制。但是，这里所说的租售同权不是指土地的租赁，所以说"招拍挂"仍然是今后经营性用地的主要出让方式。

综上所述，我国建设用地使用权的取得，经历了一个漫长的演变过程。11号令尤其是71号令实施后，引起了社会的普遍关注。遥想当年，"8·31大限"之声不绝于耳，重构楼市格局、市场重新洗牌之语如风声鹤唳。"手头有钱"的地产商普遍成了"心里最慌"的人，似乎"8·31大限"之后，"招拍挂"便成了地产商取得建设用地使用权的唯一途径，要想通过其他途径取得建设用地使用权简直难于上青天。笔者认为这种想法有失偏颇，无论政策怎么变，房地产市场也还得按照其固有的规律演变下去。只要潜心研究其演变规律，就一定能找到解决问题的方法。

第五章　房地产企业取得建设用地途径总汇

如前所述，十有其九的房地产并购，是以取得建设用地作为唯一或最主要目标的。那么，在房地产企业运营过程中，到底有多少种取得建设用地途径呢？每一种取得建设用地途径的法律依据和注意事项又有哪些呢？

由于房地产企业取得建设用地的途径很多，笔者把这些途径分成九个板块，以便于读者把握。希望读者在把握了这些途径之后，能够对企业在并购房地产税务规划方案的设计过程中有所裨益。

第一节　与招拍挂有关的十种途径

一、典型开发

以"招拍挂"方式，公开取得建设用地使用权之后，自行进行投资建设。

问题3　什么是"招拍挂"？

出让分为协议出让和公开出让。2002年前，土地出让都是采取协议出让，即政府和用地者私下签订协议。2002年7月1日正式实施的国土资源部《招标拍卖挂牌出让土地使用权规定》（业内简称11号令）规定，商业、旅游、娱乐和商品住宅等经营性用地的出让，一律停止协议出让，到土地有形市场进行公开出让。公开出让的具体方式有三种：招标、拍卖和挂牌，业内简称为"招拍挂"。总之，"招拍挂"就是公开出让建设用地使用权的三种方式的简称。

问题4　"招拍挂"的主要法律依据有哪些？

2002年7月1日正式实施的国土资源部《招标拍卖挂牌出让土地使用权规定》规定，招拍挂的范围为经营性用地，包括商业、旅游、娱乐和商品住宅，但工业用地除外。

2004年颁布实施的《国务院关于深化改革严格土地管理的决定》（国发［2004］28号）和《国务院关于加强土地调控有关问题的通知》（国发［2006］31号）一致规定，工业用地也纳入招拍挂的范围。但是，由于工业用地的特殊性，在招拍挂过程中出现激烈竞争的情形极其罕见。

2006年8月1日实施国土部颁布实施的《招标拍卖挂牌出让国有土地使用权规范》和《协议出让国有土地使用权规范》（业内简称两规范），在实务层面上，对招拍挂和协议出让的具体界限，做了进一步的厘清。

二、收储摘牌

房地产企业先与原土地使用权人（通常是工业企业）签订协议或控股该企业，再将该工业地交由政府收购储备，最后房地产企业在公开交易市场参与竞买。

问题5 收储摘牌的基本逻辑是什么？

收储摘牌的基本逻辑是，抓住收购储备过程中溢价分成的机制弱点，使房地产企业在公开竞价的时候，享有竞价上的特别优势，从而排挤其他竞争对手。如政府和原土地使用权人全地价四六分成，则房地产企业由于享有六成的出让金，价格达到一定程度，房地产企业在竞买时出价一元，实际上只出四毛钱。

收储摘牌的妙处在于，出让价格适中时可顺利取得建设用地使用权，若出让价格过高则放弃建设用地使用权，坐享分成之利。

问题6 收储摘牌需要特别注意哪些问题？

收储摘牌有两个前提，一是只适用于拍卖和挂牌，而不适用于招标；二是政府向原土地使用权人支付的收购储备价格不是固定数额，而是按比例溢价分成。

需特别注意参与竞买的主体和原土地使用权人签订协议的主体一定不能是同一个企业法人，否则，收储摘牌的法律基础就会产生问题，一旦产生纠纷，后患无穷。

另外还要注意账号控制及资产保全（隐性债务）等具体问题。

三、毛地出让

政府在公开出让建设用地使用权时，仅仅确认土地出让金中的政府收益部分，而不考虑土地出让金中拆迁成本，该部分拆迁成本由作为新土地使用权人的房地产企业按实际发生额自行承担。

问题7　毛地与净地以及生地与熟地有何不同？

净地的概念是相对于毛地来说的，毛地和净地都是俗称。从形态上看，毛地指城市旧区范围内，尚未经过拆迁安置补偿等土地开发过程，不具备基本建设条件的土地。净地是指完成基础设施配套，场地内达到开工条件的土地。

生地是指完成土地征收，未经开发，不可直接作为建设用地的农用地或未利用地。

熟地是指完成土地转用，具备基本建设条件的土地。毛地和生地不是一个概念，净地和熟地意思差不多。实践中，毛地和净地常用，生地和熟地比较少见。

问题8　毛地出让的主要缺陷是什么？

毛地出让有两大缺陷，一是产权重叠问题。因为在拆迁安置补偿前，该宗地上的旧产权并未注销，而政府又将该宗地的建设用地使用权，出让给新的主体。如此，势必产生"一地二主"的现象，违反一物一权的物权法基本原则。二是毛地出让的模式，拆迁成本由房地产企业自担，这必然导致房地产企业产生降低成本的极大冲动，并由此产生的暴力拆迁，激化社会矛盾的事件不断产生。

正是由于上述两个原因，《国务院办公厅关于控制城镇房屋拆迁规模严格拆迁管理的通知》（国办发［2004］46号文）规定，"严禁未经拆迁安置补偿，收回原土地使用权而直接供应土地，并发放建设用地批准文件"。那么，46号文是否彻底叫停了毛地出让呢？笔者所在律师事务所曾就此问题，当面咨询国土资源部的相关人员，得到的答复是：毛地出让是可以的，有人认为不可以是对46号文理解有误。因为46号文本意是避免出现权利重叠的问题，文件提到的"建设用地批准文件"是指出让合同和建设用地批准书，实务中可在公开出让时，不与中标人或竞得人办理上述手续，等到拆迁清场完成三通一平后，再办理上述手续，这样在法律上就不存在权利重叠的问题。

但是，随着拆迁由行业问题上升为社会问题，随着各地方财政的日益充盈，目前毛地出让的身影越来越难得一见了。细想极对，土地溢价的蛋糕只能由政府独享，岂能仍由房地产企业通过拆迁的方式叼走一块。

四、一级开发

房地产企业先中标进行土地拆迁整理,将毛地变成净地,待日后政府净地招拍挂时,顺势取得建设用地使用权。

问题9 什么叫一级开发?什么叫二级开发?

一级开发是指将毛地变成净地的拆迁整理过程。

二级开发是指取得净地的开发权,进行开发建设的过程。

一级开发主要适用旧城改造(如城中村和旧区改造)项目,目前只有北京、石家庄等少数城市制订了具体的实施办法。

笔者认为一级开发是毛地出让的变通模式,其本质还是毛地出让。虽然从法律上,政府不能像毛地出让一样,向房地产企业承诺,只要你把毛地变成净地,就肯定能取得净地开发权,但由于房地产拆迁和开发的复杂性,房地产企业总能在一级开发过程中找到发挥主观能动性的地方。

五、危陋改造

房地产企业与房屋所有权人签订房屋改造合约后,进行前期报建,此后通过"招拍挂"方式成为项目改造实施人。

问题10 危陋房改造的步骤和优惠政策有哪些?

危陋改造分为两种,危险房改造和简陋房改造,现实生活中简陋房已经很少见,主要是危险房的改造。此种模式的第一步就是进行危险房和简陋房鉴定,若不符合鉴定标准,就不能列入政府改造计划。

这种途径房地产企业的利润主要来源于多出的存量房部分,虽然利润不是很丰厚,但它享受经济适用房的优惠政策,且比经济适用住房更优惠,也因此受到很多中小房地产企业的青睐。

如河北省石家庄市相关规定就好几个:

《石家庄市加快危陋住宅改造的实施意见》(石政发〔2002〕73号)

《石家庄市人民政府关于完善和落实城市住房保障制度切实解决低收入家庭住房问题的实施意见》(石政发〔2007〕54号)

《关于加快城区危险住房改造的实施意见》(石政发〔2008〕6号)

《石家庄市危陋住宅改造项目房屋权属登记暂行规定》等。

六、军地开发

首先受让军用建设用地，再到地方办理土地登记手续，进而进行项目开发。

问题 11　军用土地开发的主要法律政策有哪些？

军用土地的传统法律政策主要有四个：

1990 年 4 月 20 日《中国人民解放军房地产管理条例》

1992 年 12 月 1 日《军队房地产开发管理暂行规定》

1993 年 7 月 7 日财政部、国家土地管理局、总后勤部《关于军队有偿转让空余军用土地有关问题的通知》

1995 年 5 月 16 日《军用土地使用权转让管理暂行规定》

其中，1993 年 7 月 7 日《关于军队有偿转让空余军用土地有关问题的通知》，首次提到《军用土地补办出让手续许可证》的问题，"用地单位需持解放军土地管理局制发的《军用土地补办出让手续许可证》，按照国家有关规定，到当地县级以上土地管理部门补办土地使用权出让手续，办理土地变更登记。在补办土地出让手续时免交土地出让金。"

1995 年 5 月 16 日《军用土地使用权转让管理暂行规定》，沿用了上述规定。

问题 12　2002 年 11 号令实施以来，军用土地的传统法律政策与"招拍挂"如何对接？

2002 年 7 月 1 日，11 号令实施后，军用闲置土地在军转民的过程中，是否需要"招拍挂"的问题，国土部门始终没有明确的政策，因此一直沿用 1993 年 7 月 7 日《关于军队有偿转让空余军用土地有关问题的通知》中的规定，由军队相关部门直接协议出让，之后到地方办理土地变更登记。

2005 年 9 月 20 日，国土资源部转发了一份辽宁省国土资厅向大连市国土资源和房屋局的复函（《关于军用土地转让有关问题的复函》）（国土资厅函〔2005〕543 号），首次表明了国土部门的态度，即军用闲置土地在军转民的过程中需要办理"招拍挂"手续。该复函明确指出，"对《军用土地补办出让手续许可证》是军用土地转让的前置批准文件。军用土地转让应当首先取得《军用土地补办出让手续许可证》，然后通过土地市场公开竞争确定具体土地使用权人和价款。"但这一态度，并未引起军队相关部门的共鸣。

2007 年 1 月 31 日，国土资源部、财政部和解放军总后勤部联合下发了国土资发〔2007〕29号《关于加强军队空余土地转让管理有关问题的通知》（简称29号文），29号文明确规定，"经依法批准，可以依法转让的军队空余土地，其土地面积、用途、开发利用和规划设计条件、转让方式、交易结果等信息，在当地土地有形市场和中国土地市场网等相关媒体上公布。凡属于商业、旅游、娱乐、商品住宅和工业用途的，必须在当地统一的土地市场公开转让，按价高者得的原则，确定土地使用权人"。"本通知下发之前，已领取《军用土地补办出让手续许可证》的，可按原有规定办理，并在2007年6月30日前办理完毕。"至此，军用闲置土地军转民协议出让的大门，终于勉强关闭，媒体称之为军用土地的"6·30"大限。

为什么说"勉强关闭"而不是"彻底关闭"呢？因为29号文又规定"军队空余土地转让可采用以下三种模式：（一）由当地政府收购储备，再由政府统一出让；（二）直接在当地的土地有形市场公开转让，由军队与土地所在地的市、县人民政府国土资源管理部门协商一致后共同实施，招标拍卖挂牌的具体事务性工作可由当地国土资源管理部门承办；（三）由军队单位按照总后勤部的有关规定组织公开转让，确定受让人，市、县国土资源管理部门按规定与受让人签订《国有土地使用权出让合同》，按市场价格核定土地出让收益。具体采用哪种模式，由军队单位与土地所在地的市、县国土资源管理部门协商后，在申报军队空余土地转让计划时一并上报总后勤部审批。"显然，军队单位自行组织招拍挂的规定，与"必须在当地统一的土地市场公开转让"的规定，互相矛盾。

29号文正式实施，"6·30"大限已过，房地产企业要想得到军用土地的开发权，"招拍挂"是不是成了自古华山一条路呢？笔者认为，显然未必！因为，29号文规范的仅仅是军用土地的"转让"问题，如果房地产企业和军队单位进行"军地合作"，29号文就鞭长莫及了。1993年7月7日财政部、国家土地管理局、总后勤部联合颁布的《关于军队有偿转让空余军用土地有关问题的通知》中，明确规定可以"军地合作"呀。

七、土地租赁

房地产企业在土地一级市场上以承租人的身份取得建设用地使用权。

问题13　土地使用权租赁、出租及转租有何区别？

土地使用权租赁是指国家以土地所有者的身份，将国有建设用地使用权在一定年限内租与土地使用者，并由土地使用者向国家支付租金的行为。

属于土地一级市场行为。

土地使用权出租是指土地使用者（可以不是承租人）作为出租人将土地使用权随同地上建筑物、其他附着物租赁给承租人使用，由承租人向出租人支付租金的行为。土地使用权转租是承租人再次将土地使用权出租的行为。可见，土地使用权转租是土地使用权出租的一种特例。二者均属于二级市场行为。

问题14　土地租赁为何不受待见？

土地租赁的模式在全国各地普遍受到冷遇，处于停滞状态。其根本原因在于，对于增加地方财政收入提供GDP方面来说，地租要一年一年地收，远没有土地出让一下收70年租金解渴、过瘾。

现在吆喝地响彻宇宙的租售同权是专指房屋销售阶段，与土地租赁没半毛钱关系。

八、联合竞买

与其他企业联合投标或竞买建设用地使用权，之后共同进行投资建设。

问题15　土地出让金全部缴清才能颁发用地证书的法律依据何在？

根据国土资源部［2007］39号令的规定，土地出让金要全部缴清，才能颁发国有土地使用权证书。像以前那样，交点钱拿一小证，再交点钱再拿一小证，碎敲牛皮糖式的所谓滚动开发的模式，被彻底禁止。

显然，在地价不断跳高的今天，对于任何企业来说，招拍挂后土地出让金要全部缴清，都是不小的资金压力，因此，联合招拍挂共同开发，不失为一条明智之路。

九、合作转售

在取得某宗土地使用权之前，与其他单位、个人签订相关合同，提前得到部分资金用于缴纳土地出让金，之后取得建设用地使用权，达到预售条件后，转成商品房买卖合同。

问题16　为什么土地交易不叫买卖叫出让？

民法理论认为买卖转移的是所有权，而在中国大陆土地交易转移的是使用权而非所有权，因此不能叫买卖，而起了个新名字叫作出让。当然，土地交易的价款也就不能叫地价，而叫土地出让金。

问题 17　土地出让金和全地价是什么关系？

所谓土地出让金就是全地价，它主要包括土地成本（主要是拆迁、征收和收储三种）和政府收益两部分。有人认为，只有政府收益才叫出让金，而土地成本不能叫出让金，这种认识是错误的。之所以有这种错误认识，是由于中国大陆房地产方兴未艾之时，政府主要搞毛地出让，而毛地出让时只挂政府收益，而土地成本不包含在挂牌的土地出让金总价里由摘牌企业自行消化，所以人民群众形成了一个只有政府收益才叫出让金的认识。实际上，由于毛地出让的恶性案例此起彼伏、屡禁不止，《国务院办公厅关于控制城镇房屋拆迁规模严格拆迁管理的通知》（国办发［2004］46 号文）明确规定，"严禁未经拆迁安置补偿，收回原土地使用权而直接供应土地，并发放建设用地批准文件"。此后，毛地出让很快进入冰冻期，全国各地基本上都只搞净地出让了，自然土地出让金也必须包含土地成本了。如果有人铁齿铜牙硬要说只有政府收益才叫出让金而土地成本不能叫出让金，那只能说明他的专业知识随着毛地出让一块儿进入冰冻期了，脑子也结冰了。

问题 18　合作转售产生的背景是什么？

对于房地产企业来说，这种途径的本质是一种融资手段，只不过房地产企业为拿到这笔融资，分两个阶段签订两种协议，第一阶段先签订《合作开发协议》，第二阶段签订《商品房买卖合同》。

地价不断上涨，房地产企业连买地的钱都凑不齐；房价一劲儿上蹿，老百姓做梦都想买便宜房。于是，大量的单位号召自己的几百甚至上千职工，先把买房款交给房地产企业，以解其燃眉之急；房地产企业作为回报，按微利价甚至成本价收取职工的价款。

在这场游戏中，可谓各得其所，皆大欢喜。职工买了便宜房，房地产企业得了廉价融资。虽然房地产企业没有在职工身上挣多少钱，但可以通过出售职工之外的商品房，取得丰厚的回报，所谓借鸡生蛋，何乐不为。

问题 19　合作转售有非法预售的法律风险吗？

其实，在这场看似完美的游戏中，蕴含了巨大的法律风险。它的最大法律风险在于，有非法预售之嫌，合同有无效之虞。《最高人民法院关于审理商品房买卖合同纠纷案件适用法律若干问题的解释》自 2003 年 6 月 1 日起施行。该《解释》第二条明确规定，"出卖人未取得商品房预售许可证明，与买受人订立的商品房预售合同，应当认定无效"。

针对上述风险，法律界曾经提出了诸多的对策，如委托开发、委托建房、定向开发、投资协议、名为借款实为买卖等。但笔者经过反复比较、不断摸索，最终认为能有效规避非法预售法律风险的法律方案只有两种，一是信托投资，二是合作转售。这第二种方式有人称之为"团购"，但笔者认为"团购"一词不太符合这种方式的本质含义，更要命的是没有取得《商品房预售许可证》就与他人签订"团购"合同，显属自杀合同，断无采用之理。

当然，规避非法预售法律风险的上策是，依托信托公司销售信托产品，因为它有非常明确具体的法律支撑。可惜的是，时间成本太高，颇有远水不解近渴之感。当然，随着2016年底开始的这轮史无前例的大调控，资金通过信托公司这一通道流向房地产的传统玩法也受到了前所未有的挑战。

至于合作转售可谓中策，也不失为一种切实可行的法律方案。它虽然没有明确具体的法律支撑，但它巧妙地到达了一个法律暂未禁止的领地，即法律没有规定房地产开发合作各方的人数上限。也就是说，两方或三方签订协议合作开发一个项目合法，一个房地产企业与一千名职工签订协议（实践中往往只与职工的一个共同受托人签订）合作开发一个项目，肯定也不违法。因为法无禁止即自由，是民事法律适用的一个基本原则。

合作转售模式，经过数年的研究和探索，以笔者为首的律师团已经有了非常成熟、完备的做法，系统详尽的法律文件经过实践的不断冲刷已经日臻完善。在此，限于篇幅，细节问题只能一带而过。

如果作为房地产企业的顾问律师，重点关注处理需要按揭贷款职工的按揭贷款提前补足的问题。

如果作为单位或职工的顾问律师，除了将《合作开发协议》转为名为合作实为买卖的性质外，重点关注处理摘牌失败、资金担保、账户共管及防止意外查封等问题。

问题20 合作转售有非法集资的法律风险吗？

有人提出合作转售还有两种法律风险，一是房地产企业有非法集资的风险，二是职工单位若为党政机关，则有党政机关利用职权或其影响，搞集资合作建房的问题。为此，笔者仔细研读了《国务院办公厅关于依法惩处非法集资有关问题的通知》（国办发明电［2007］34号）及2006年8月14日建设部、监察部、国土资源部三部委联合下发的《关于制止违规集资合作建房的通知》（简称196号文）等文件，结论是，风险不大，无须研究采取特别的防范措施。

十、个人合作

若干个自然人合作建房、自建自住时，可代理其取得土地、立项、规划设计、报建、施工管理、备案登记，从中取得一定的利润。

问题21　个人合作建房是如何产生的?

进入21世纪，中国大陆的房价如有神助，一路飙升。老百姓是看在眼里，急在心里。终于有一天，有一个人说，又想买房又嫌房贵的举手，咱们搭伙买地盖房去，自建自住，不买开发商的房了，行不行？回答：好。

可见，从房地产市场层面上看，一是房价过高，超出了居民的心理预期和经济承受力，并且还在高速上涨；二是房地产企业利用其优势地位，有意无意地损害消费者利益的事情时有发生，致使消费者对房地产企业的不满度不断上涨，从这个角度说，个人合作建房是消费者对极不规范的房地产市场的反抗。

其实，这种自建自住的建设模式在我国早已有之，例如最常见的单位职工集资建房，就是典型的自建自住模式。与单位职工集资建房等传统的模式相比，现在所说的个人合作建房有两大特点：一是没有现成的土地；二是业主之间没有天然的同事关系，而是通过媒体尤其是通过网络认识，在现实生活中并不认识或熟悉。从这两个意义上说，也可以说个人合作建房是个新生事物。

在美国、瑞典、德国等欧美国家，个人合资建房的整体比例占30%左右。但笔者认为，不能因为据此断定，个人合作建房在我国就会很快如火如荼地发展起来。因为目前的个人合作建房，与发达国家的个人合作建房，至少有两点不同：一是发达国家的合作建房更多处于个性化的要求（例如我在美国偏要建北欧风格），并不是像我国目前的个人合作建房，把力求便宜作为首要目标。二是发达国家的个人合作建房往往针对高收入者，因为只有高收入者才对品质和个性感兴趣。因此，可以说发达国家的个人合作建房是一种"富人的游戏"。相反，我国个人合作建房的那个群体是一个稳定的中低收入群体，是为了追求低房价才走到一起的。

2005年上半年这种途径曾被媒体炒得沸沸扬扬。个人合作建房由北京的于某罡、石家庄的宋某建等有识之士发起，之后，在全国各大城市迅速蔓延，眨眼之间已成燎原之势：北京、石家庄、上海、沈阳、西安、重庆、武汉、杭州、南京等城市都迅速加入到个人合作建房的行列中，并且还有很多城市正在紧随其后，源源不断地加入到这一行列中来。但是，到目前为止由于各种原因，并没有出现具有重大开拓意义的真正的个人合作建房模式，即不依靠任何外界力量，个人出钱成立法人实体并且进行房地产建设；而是退而求其次，纷纷寻求与房地产企业的合作，以求把个人合作建房"嫁接"到房地产企业身上。国家建设部对这一事件，相当重视，向全国五大城市派出了五个调研组，以求在第一时间，掌握第一手资料。

问题22　个人合作建房的主要法律障碍是项目实施主体的问题吗？

笔者认为，个人合作建房主要有三方面的风险。一是法律风险。我国现行法律对个人合作建房规定几近空白，许多重大的问题，甚至连个人合作建房的主体、性质都没有明确的规定。二是管理风险。我所说的管理风险有两方面意思：首先是合作者自我管理的风险，试想，在现实生活中素未谋面的几百人甚至上千人，要把几十年的积蓄合到一块儿，盖成房子，其难度可想而知；其次是项目管理的风险，例如质量管理、成本管理、财务管理等，这些很专业的任务，都落在了合作者的肩上，稍有不慎便会产生严重的后果。三是金融风险。项目融资、按揭贷款、施工垫资等无不存在着巨大的风险。可以说，金融是房地产的血液，没有金融支持的房地产项目，是不可想象的。对国家房地产金融的政策把握和实践操作，是关乎项目成败的大事。

三大风险的第一风险是法律风险，而法律风险的首要问题就是项目实施主体问题。可以说，项目实施主体的问题，是摆在全国律师面前的一大难题。

在现有的法律框架内，众多个人要想在同一块的上建造房屋，必须组成一个法人实体，作为项目人进行立项。从当初全国各地的情况来看，项目人实体主要有两种意见，一是南方省市律师团建议：成立住宅合作社，二是北京律师团的建议：成立公司，可以是房地产有限公司，也可以是非房地产有限公司（如建房俱乐部、建房会、咨询公司等）。

成立有限公司肯定不妥，因为《公司法》明确规定，有限公司的股东最多不能超过50个。北京的做法是，将业主分为50组，只有组长才能登记为股东。这种做法的本质，将"组长"作为显名股东，将"组员"作为隐名股东。

所谓住宅合作社呢？笔者经过了一番研究。

住宅合作社是合作社组织的一种形式。按照国务院住房制度改革领导小组、建设部、国家税务局在1992年发布的《城镇住宅合作社管理暂行办法》中对住宅合作社做的定义,"住宅合作社,是指经市(县)人民政府房地产行政主管部门批准,由城市居民、职工为改善住房条件而自愿参加,不以盈利为目的的公益性合作经济组织,具有法人资格。住宅合作社的主要任务是发展社员,组织本社社员合作建造住宅,负责社内房屋的管理、维修和服务,培育社员互助合作意识;向当地人民政府有关部门反映社员的意见和要求;兴办为社员居住生活服务的其它事业。"

显然,还不能说,住宅合作社为首选模式。因为住宅合作社所建住宅是一种过渡产品,它不走市场路线。个人集资合作建房与"住宅合作社"有着本质的不同。"住宅合作社"当时是为满足一些无法享受国家福利分房,又无力承担市场上商品房、经济适用房等住房价格的社会中低收入者的需求而出现的,一般采用国家扶持、企业补助和个人出资三位一体的合作方式,由于所用的土地是无偿划拨的,房主只有使用权没有产权,因此不可能上市流通,加上具体操作程序上的烦琐,它在我国很快便失去了应有的活力。也就是说,土地必须划拨和产权严重缺损是1992年《城镇住宅合作社管理暂行办法》创制的住宅合作社制度的两大缺憾,也正是这两大缺憾严重损伤了这一制度的生命力。

南方少数城市现在仍然在进行住宅合作社制度的探索,但大都突破了1992年《城镇住宅合作社管理暂行办法》的规定,例如在房屋产权上就大大突破了《城镇住宅合作社管理暂行办法》的规定。各地住宅合作社所建住宅实行的产权主要有三类:由个人承担全部房款费用的,为社员全部产权;由单位资助30%以内的,为社员有限产权;单位个人对等出资的,产权以及共有设施和配套为共有,由单位或合作社保管产权。笔者认为,住宅合作社虽然是集体经济组织,但所建住宅产权应归个人所有,根据出资额的标准,界定不同的产权,并适当控制作住宅进入房地产市场的节奏,温和地刺激房地产市场,并调动建房的积极性。2004年5月13日,由建设部、国家发改委、国土资源部、中国人民银行联合颁布的《经济适用住房管理办法》中,已将集资、合作建房纳入经济适用房的范畴。然而,关于集资房、合作房建设的一些具体细则并没有随之出台,集资房、合作房由谁开发,土地如何获得等,法律上还存在空白的区域。

而国务院住房制度改革领导小组、建设部、国家税务局在1992年发布的《城镇住宅合作社管理暂行办法》虽然以住宅合作社的方式,对合作房做了比较详尽的规定,但由于《城镇住宅合作社管理暂行办法》的先天不足,使其无法起到规范现阶段合作建房的作用。

更为重要的是，如果将合作建房制度，划入经济适用房的范畴，那么所有的合作建房都必须通过划拨的方式取得土地才合法。问题是，由于现实生活中，要取得划拨土地比较困难，现在已有为数众多的个人合作建房者，已经或正在通过"招拍挂"的方式，取得出让土地，并在出让土地上建造合作房屋。因为，根据国土资源部11号令，即2002年7月1日实施的《招标拍卖挂牌出让国有土地使用权规定》，个人合作建房者或者其组织完全有资格参加投标或竞买，进而依据规则取得出让土地的使用权。

总之，住宅合作社建造的房屋是经济适用房还是商品房？住宅合作社取得土地的方式是必须划拨还是出让也可？这些重大的问题还不十分明朗，有待于国家的法律作出明确的规定。

尽管折腾了好多年，由于各种原因，全国也未能出现具有重大开拓意义的真正的个人合作建房的成功案例。一场轰轰烈烈的个人合作建房运动，迅速转入了低潮。2006年11月，温州个人合作建房者曾以1.04亿元的价格，成功取得建设用地使用权，但不知何故，竟无疾而终。

2005年10月，笔者曾应邀在报纸上发表有关个人合作建房的文章，记得题目是《个人合作建房：朝阳初起？还是昙花一现？》，如今看来，朝阳未能初起，昙花只堪一现，可谓心比天高、命比纸薄。

问题23　个人合作建房项目实施主体问题最终解决了没有？

2005年初，石家庄有一个叫宋某建的年轻人，成为石家庄个人合作建房第一个吃螃蟹的人，并迅速组建了合作建房小组。此后，经过银河网、都市报、晚报、青年报等媒体的宣传，很快在石家庄掀起了一股个人合作建房热潮，吸引了众多的行政机关工作人员、开发商、学者、专家、律师的参与，一时之间，可谓人才济济，群星璀璨。

宋某建通过比较最终选择了以笔者为首的律师顾问团。

律师顾问团以高度的社会责任感，免费为个人合作建房小组设计了切实可行的完全合法的操作方案。该操作方案是全国唯一的彻底攻克了项目实施主体这一法律难题的方案，律师顾问团称之为"个人合作建房石家庄模式"。这一模式，将业主分为两种类型，一种是股东业主，即有少于50人的骨干业主作为股东成立房地产公司；另一种是合作人业主，即房地产公司成立后，所有非股东业主与房地产公司签订《合作开发协议》，从而成为合作人业主。如此，便巧妙地突破了业主众多和《公司法》有限公司股东不高于50人的法律障碍。另外，为了切实保障合作人业主的利益，方案还设定，房地产公司要将建设用地使用权抵押给全体合作人业主，彻底防止股东业主非法预售卷款潜逃的可能。十分遗憾的是，由于各种原因，石家庄的个人合作建房小组未能取得实际的建设用地使用权，该方案也只能深锁闺中，未能容于悦己者，成为一大憾事！

问题 24　个人合作建房在"二次房改"的 2018 年会柳暗花明吗？

2018 年 6 月 5 日，深圳市出台了《关于深化住房制度改革加快建立多主体供给多渠道保障租购并举的住房供应与保障体系的意见（征求意见稿）》，在多主体供应方面有进步。提出了包括房地产开发企业、住房租赁经营机构、市区政府、人才住房专营机构等八大供应渠道。其中，"支持社区股份合作公司和原村民，通过'城中村'综合整治和改造，提供各类符合规定的租赁住房"，以及"支持社会组织等各类主体，建设筹集具有公益性质的各类住房"值得期待，但突破到多大程度，还需要看具体操作。

第二节　名为买房实为买地的八种途径

一、受让开发

房地产企业先将房产买断，再拆旧建新。

问题 25　受让开发还需要招拍挂吗？

土地若为出让地，只要有房产证或在建工程前期报建手续，即可直接转让，无须招拍挂。

土地若是划拨地，不但要有房产证或在建工程手续，而且必须走招拍挂程序，具体步骤如下：

第一，由原土地使用权人提出划拨土地使用权转让申请；

第二，国土、规划部门拟定、审查协议出让方案，市、县政府审批协议出让方案；

第三，到有形市场公开转让，以确定受让人和成交价格，并签订转让合同；

第四，达成转让交易 10 日内，到国土部门办理协议出让手续，并由受让人与国土部门签订《国有土地使用权出让合同》，缴纳土地使用权出让金。

二、拍卖开发

留意人民法院或拍卖行的土地拍卖信息，在公开拍卖时，以竞买人身份取得土地使用权。

问题 26　人民法院有权拍卖划拨地吗？

土地若是出让地，只要有房产证或在建工程前期保健手续，即可直接竞买。

土地若是划拨地，法院无权单独处置，除地上附着物一定要有房产证和前期报建手续之外，还必须走招拍挂程序，具体步骤分为四步：

第一，由原土地使用权人提出划拨土地使用权转让申请；

第二，国土、规划部门拟定、审查协议出让方案，市、县政府审批协议出让方案；

第三，到有形市场公开转让，以确定受让人和成交价格，并签订转让合同；

第四，达成转让交易10日内，到国土部门办理协议出让手续，并由受让人与国土部门签订《国有土地使用权出让合同》，缴纳土地使用权出让金。

问题 27　《拍卖法》能适用到土地拍卖过程中吗？

依据《拍卖法》规定拍卖行无权拍卖土地（房地产管理法明确规定只有土地部门有权）。但是2006年8月1日实施的《招标拍卖挂牌出让国有土地使用权规范》做出明确规定：土地部门有权委托相应资质的交易代理中介机构承办。所以，笔者认为，土地由土地部门自行拍卖时，不适用拍卖法。由土地部门委托拍卖企业拍卖时，适用拍卖法。

三、国资竞买

涉及国企改制的国有资产到国资委下属的有形市场上竞买，若有合适建设用地，房地产企业可积极参与。

问题 28　竞买改制企业的土地是否需要招拍挂有特殊程序吗？

土地若是出让地，只要有房产证或在建工程前期保健手续，即可直接竞买，无须招拍挂。

土地若是划拨地，分两种情况：

第一，土地虽然是划拨地，但是，不仅仅是处置划拨地及地上附着物，而是依据企业改制的相关政策法规，将企业整体出售，受让人除了购买企业的土地房屋等财产外，还负责安置企业职工。这种情况，有国有资产管理部门，依据国有资产管理的相关规定处理即可，而不必到国土资源局下属的土地交易有形市场，走招拍挂程序。

第二，土地不但是划拨地，而且仅仅是处置划拨地及地上附着物，并不涉及职工安置等问题，则国有资产管理部门无权单独处置，而必须到国土资源局下属的土地交易有形市场，走招拍挂程序具体步骤分为四步：

第一，由原土地使用权人提出划拨土地使用权转让申请；

第二，国土、规划部门拟定、审查协议出让方案，市、县政府审批协议出让方案；

第三，到有形市场公开转让，以确定受让人和成交价格，并签订转让合同；

第四，达成转让交易10日内，到国土部门办理协议出让手续，并由受让人与国土部门签订《国有土地使用权出让合同》，缴纳土地使用权出让金。

四、不良资产

资产管理公司手中的不良资产（包括国资委回购部分），若有适合房地产开发的，可考虑参与竞买。

问题29　不良资产涉及国有划拨地的情况怎么办？

土地若是出让地，只要有房产证或在建工程前期保健手续，即可直接竞买。

土地若是划拨地，分两种情况：

第一，土地虽然是划拨地，但是，不仅仅是处置划拨地及地上附着物，而是依据企业改制的相关政策法规，将企业整体出售，受让人除了购买企业的土地房屋等财产外，还负责安置企业职工。这种情况，有不良资产管理部门，依据国有资产管理的相关规定处理即可，而不必到国土资源局下属的土地交易有形市场，走招拍挂程序。这种情况，在不良资产处置时，多发生在国资委回购部分。

第二，土地不但是划拨地，而且仅仅是处置划拨地及地上附着物，并不涉及职工安置等问题，则不良资产管理部门无权单独处置，而必须到国

土资源局下属的土地交易有形市场,走招拍挂程序具体步骤分为四步:

第一,由原土地使用权人提出划拨土地使用权转让申请;

第二,国土、规划部门拟定、审查协议出让方案,市、县政府审批协议出让方案;

第三,到有形市场公开转让,以确定受让人和成交价格,并签订转让合同;

第四,达成转让交易10日内,到国土部门办理协议出让手续,并由受让人与国土部门签订《国有土地使用权出让合同》,缴纳土地使用权出让金。

五、抵押开发

抵押权人将作为抵押物的土地或房产变现时,房地产企业可取得相应的建设用地使用权。

问题30　为什么说抵押开发要特别注意合同有效性问题?

这种途径土地即使是出让地,也要特别注意主合同的有效性的问题,如果企业之间签订借款合同用土地作抵押,还是要特别注意。虽然2015年9月1日实施的最高人民法院《关于审理民间借贷案件适用法律若干问题的规定》第十一条对于企业之间借款合同的效力给予了肯定,彻底否定了1991年最高人民法院《关于人民法院审理借贷案件的若干意见》的相关企业之间借款合同无效的规定,但这一新规定还有一个大前提,那就是企业之间的借款必须是以生产经营为目的。也就是说,企业之间借贷若属于经常性借贷,背离了生产经营之目的,合同还是有极大的无效的可能。一旦这种情况出现,合同又无特别约定的话,抵押合同必然无效,所谓抵押开发顿成无源之水、无本之木,岂不悔之晚矣。怎么办呢?笔者认为可变通一下,不要走企业之间借款合同,而是通过银行等金融机构进行委托贷款。

土地若是划拨地,分两种情况:

第一,拟受让土地房产的房地产企业,本身就是抵押合同中的债权人。笔者认为,这种情况下,无论是委托拍卖还是以物抵债,土地管理部门均应办理土地变更登记手续。但实务中,土地管理部门审查特别严格,以求杜绝名为抵押还债实为土地过户的虚假登记情况的发生,所以,这时候不能耍小聪明把抵押权人的债权转给拟受让土地房产的房地产企业,企图让拟受让土地房产的房地产企业作为债权人直接办理土地变更登记手续。

第二，拟受让土地房产的房地产企业，不是抵押合同中的当事人，只是拍卖程序中的竞买参与人。显然，这时的拍卖组织者，不能是抵押权人委托的拍卖行，而只能是国土资源局下属的土地交易有形市场，具体拍卖步骤如下：

第一，由原土地使用权人提出划拨土地使用权转让申请；

第二，国土、规划部门拟定、审查协议出让方案，市、县政府审批协议出让方案；

第三，到有形市场公开转让，以确定受让人和成交价格，并签订转让合同；

第四，达成转让交易10日内，到国土部门办理协议出让手续，并由受让人与国土部门签订《国有土地使用权出让合同》，缴纳土地使用权出让金。

问题31　自然人能作为抵押权人办理抵押登记吗？

2018年4月8日，石家庄市政府《完善土地二级市场，健全便民服务体系》明确规定，放宽对抵押权人的限制。按照债权平等原则，自然人、企业均可作为抵押权人依法申请以国有建设用地使用权及其地上房屋等建筑物、构筑物所有权办理不动产抵押登记。有行业管理规定的从其规定。

六、平地过户

受让开发时，为避免地上附着物过户产生大笔税费，可自行拆除附着物，之后以法院判决的方式进行土地过户。

问题32　平地过户必须要提取诉讼吗？

显然，平地（只是物理意义上的平地，只有具备了开发配套条件的地才可称其为净地）过户模式具有双重目的，房地产企业在取得建设用地使用权的同时，还要实现省去地上附着物过户产生的税费的财务目的。

实务中一般都是，事先策划、有计划地拆除房屋，并且以房屋灭失为由，积极到房屋管理部门办理房屋注销登记。但笔者也接触过，凭着对法律的一知半解，一时冲动就把房子扒掉的当事人，房子扒完后被土地管理部门告知，没有地上附着物的土地不予办理过户登记！怎么办？难道还把刚刚扒掉的房子盖起来不成？这时才火急火燎地寻求专业律师的帮助。

土地管理部门不予办理过户登记，有法律依据吗？有。我国现行《城市房地产管理法》第三十九条第一款明确规定"以出让方式取得土地使用权的，转让房地产时，应当符合下列条件：（一）按照出让合同约定已经支付全部土地使用权出让金，并取得土地使用权证书；（二）按照出让合同约定进行投资开发，属于房屋建设工程的，完成开发投资总额的百分之二十五以上，属于成片开发土地的，形成工业用地或者其他建设用地条件。"

怎么办呢？笔者的经验是，可提起诉讼，拿上判决要求土地管理部门依据生效判决，办理过户登记。当然，虚假诉讼入刑以后，这一步骤要刑事专业律师特别把关，否则，万一搞砸了，为了规避一个民事责任而承担一个刑事责任可就赔大了。

但是，需要特别注意的是，由于平地过户的诀窍在于，通过法院判决的强制力要求土地管理部门办理过户登记，所以，只能适用于出让地。因为，如"12. 拍卖开发"所述，法院根本无权处置划拨地及地上附着物，否则，如果以划拨地为标的物到法院打官司，只能浪费诉讼费，即使拿地判决也是一纸空文。当然，如果先把划拨地变成出让地再打官司，是为慧者。

七、裁判开发

可利用法院的生效判决的强制力，来获得建设用地使用权，进而进行房地产开发建设。

问题33　裁判开发适用范围是什么？

这种途径不适用于划拨地，因为，法院无权处置划拨地及划拨地上的房产。

如果是出让地，则裁判开发适用于多种情况，适用的范围非常宽泛。"15. 抵押开发""16. 平地过户"均不同程度地用到了裁判开发的内容，是裁判开发的特例。

以2010年为介点，之前有部分开发商和原土地使用权人通过土地使用权转让纠纷诉讼裁判过户，之后法院对此类案件立案审查趋严，尤其2012年民事诉讼法修改后第一百一十二条增加虚假诉讼承担责任之规定，更是彻底断绝了此种方式过户的可能，现在项目转让的合法途径只能按照《房地产管理法》规定最低完成开发投资总额的25%后进行在建工程转让。

八、附加资质

非房地产企业名下有地，可考虑变更非房地产企业名称、增加房地产开发经营范围，而不是必须把土地过户到房地产企业名下，徒增大笔税费。

问题34　为什么附加资质时要特别注意企业类型？

特别需要注意的是，拟附加资质的企业（即原土地使用权人），必须是公司类型的企业，而不能是民营独资企业，因为，工商管理部门不能将非公司类型的企业直接变成房地产"公司"，只能将民营独资企业注销，再重新注册成立新的房地产"公司"。如此，上不着天下不着地，岂不悔之晚矣。

实践中，变身房地产开发公司后还需要办理股权转让给真正的买家，从而间接实现取得建设用地使用权的目的，并且避掉了数额不菲的土地增值税。

九、规划缩减

国家依法审批的规划条件因特殊原因发生改变，致使建筑规模缩减，依惯例政府应拿另一宗地开发权作为补偿。

问题35　作为补偿的建设用地还要招拍挂吗？

理论上讲，因政府原因致使建筑规模缩减，显然是政府在建设用地使用权出让合同这一法律关系中的违约行为。依照一般民事理论，政府可以退还部分出让金减少部分配套赔偿部分损失，但是依国际惯例政府一般不会退钱，更乐意拿另一宗建设用地使用权作为抵顶。

问题是，作为抵顶的建设用地使用权用走招拍挂吗？笔者认为，从法理上讲应走协议出让。否则，事先确定土地使用权人的招拍挂，还能称其为招拍挂吗？对于这个问题，2006年8月1日国土资源部颁布实施的《协议出让国有土地使用权规范（试行）》（国土资发［2006］114号）并未涉及。笔者的一个顾问单位就因为铁路建设占了其90多亩地，后政府又在另一个地方找了一宗建设用地。

第三节 | 需要与他人合作的七种途径

一、合作开发

合作开发，是指当事人订立以提供土地使用权、资金等作为共同出资，共享利润、共担风险合作开发房地产为基本内容的协议,并依据协议联合进行项目开发。

问题36　合作开发必须共同管理吗?

合作开发是房地产实务中最为常见和最为重要的开发模式,可以说,作为房地产企业如果不熟悉合作开发,就不是一个完整的房地产企业。

很明显依据上述界定,所谓合作开发就是"三个共同",即共同出资、共享利润、共担风险。而传统的观点是"四个共同",即共同出资、共同管理、共享利润、共担风险。差别就在四个字"共同管理"。可见,传统观点认为不共同管理,就不能称其为合作,但上述界定却认为,合作的本质不在于共同管理,而在于共担风险。

笔者认为,上述界定是科学的,而传统的观点反而有失偏颇,它一再强调"共同管理",在一定程度上将合作与联营混为一谈。因为,要求双方"共同经营",不符合当前房地产发展的客观实践。实际上,多数出地的一方出于对自身管理经验和能力不足的考虑,一般不参与经营管理,这符合当事人意思自治的原则,且不违法,应予尊重。

需要注意的是,以划拨土地使用权作为投资与他人合作开发房地产,签订合同时必须经有权机关批准,否则,就存在合同无效的巨大法律风险。

问题37　合作开发的法律依据就一个条文吗?

实践中,合作开发最鲜明的特点就是"一少一多"。

所谓"一少"就是合作开发的法律依据特别少。多年来,关于合作开发房地产的法律依据,只有一条!即我国《城市房地产管理法》第二十七条:依法取得的土地使用权,可以依照本法和有关法律、行政法规的规定,作价入股,合资、合作开发经营房地产。但是,有关合作开发的"有关法律、行政法规的规定",从来没有进一步明确。直到2005年8月1日《最高人民法院关于审理涉及国有土地使用权合同纠纷案件适用法律问题的司法解释》正式实施,才打破了这种尴尬局面。

问题38　四种常见的虚假合作都是什么?

所谓"一多"就是合作开发在实践中的合作方式是特别多,可说是五花八门,无奇不有。正是由于合作开发的法律依据只有一条,并且又特笼统、特原则,根本不具有操作性,导致实践中产生了巨大的混乱,所谓合作开发简直成了一只不折不扣的万花筒,各种各样、千奇百怪的合同,都冠以合作之名,产生了大量的虚假合作合同。经过多年的实践总结,最常见的虚假合作主要有以下四种情况:一是合作合同约定提供土地使用权的当事人不承担经营风险，只收取固定利益。二是合作合同约定提供资金的当事人不承担经营风险，只分配固定数量的房屋。三是合作合同约定提供资金的一方不承担经营风险，只收取固定数额的货币。四是合作合同约定提供资金的一方不承担经营风险，只以租赁或其他方式使用房屋。虽然上述四种虚假合作表现方式各有不同，但却有一个共同的本质，即无论合作的结果是盈是亏，都不影响某一方当事人固定回报的获取。这种条款统称为"保底条款"。

问题39　四种虚假合作合同一定无效吗？

如上所述，我国传统的民法理论，把合作和联营是混为一谈的，而有关合作的法律依据又只有一个可怜的没有任何操作性的条文，因此，法院在司法实践中处理纷至沓来的大量的合作开发纠纷时，往往会错误地适用有关联营的法律规定。主要是最高人民法院经发［1990］27号《关于审理联营合同纠纷案件若干问题的解答》（以下简称27号解答）。按照27号解答，凡"保底条款"一律认定无效，上述四种最常见的虚假合作一旦产生纠纷诉至法院，都难逃合同无效的厄运。这种误把"合作"当"联营"的张冠李戴式的法律适用，在现实生活中产生了严重的不良后果，土地方和资金方在履行合作合同过程中，稍有矛盾，就以双方签有"保底条款"为由，诉至法院请求合同无效，结果造成大量的"烂尾"工程。

2005年8月1日实施的最高人民法院法释［2005］5号《关于审理涉及国有土地使用权合同纠纷案件适用法律问题的解释》（以下简称5号解释），彻底打破了凡是"保底条款"一律认定无效的错误做法，起到了拨乱反正的作用。

第一种情况名为合作实为土地使用权转让。因为，土地方只收取固定利益方式，虽名为合作，但当事人的真实意思表示是转让土地使用权，应转性为土地使用权转让合同。只要起诉前取得国有土地使用权证书即可认定有效。

第二种情况名为合作实为房屋买卖。因为，资金方只分配固定房屋方式，虽名为合作，但当事人的真实意思表示在于以"投入"的资金获取固定数量的房屋，应转性为房屋买卖合同。那么，转性后的房屋买卖合同是否有效？按最高法意思，倾向有效，理由一是该房屋不是向社会公开出售的房屋，故不属于商品房，理由二是受让人不是不特定的社会公众几乎不属于违反预售许可制度的行为。

第三种情况名为合作实为借款。因为，资金方只收取固定数额的货币方式，虽名为合作，但当事人的真实意思在于融资进行开发建设，应为转性借款合同。同样，问题的关键是转性后的借款合同是否有效。传统的观点认为，企业之间借贷，违反了有关金融法规，应当认定为无效。否则，如果允许非金融企业之间相互借贷，一些企业就会放弃原有业务，向金融企业转化。笔者在北京参加房地产疑难问题研讨班时，最高法院同志明确表示，《合同法》实施后，认定合同无效只能依据全国人大及其常委会制定的法律和国务院制定的行政法规。况且，若将借款合同认定无效，则无疑使用资金的一方获得了极其廉价的资金来源，有失公允。基本认同认定合同有效。

第四种情况名为合作实为房屋租赁。因为，资金方只以租赁或其他方式使用房屋，虽名为合作，但当事人的真实意思在于使一方当事人所提供的资金成为其使用约定面积建成房屋的对价，应转性为房屋租赁合同。但这种租赁合同不是普通租赁合同，因为用于租赁的房屋在合同签订时尚未兴建或尚未建成，故称之为房屋预租合同，从整体上没有问题，只是涉及租期超过20年部分无效的问题。

二、新设开发

其他企业已经取得建设用地使用权，但资金匮乏，可一方出地、一方出钱组建新公司，进而进行开发建设。

问题40 项目公司在法律上是怎么规定的？跟普通房地产公司有区别吗？

这种途径已经非常普遍，新组建的公司即所谓项目公司。这样做，最大的好处在于，在项目公司和股东公司之间竖起了一道法律风险的防火墙，防止一旦项目公司涉诉连带股东公司一块遭殃。

"项目公司"一词由来已久，它的第一次出现是在1993年12月1日实施的《房地产开发企业资质管理规定》，"以开发项目为对象从事单项房地产开发经营的项目公司不定资质等级，由项目所在地建设行政主管部门核发一次性资质证书"。但此后由于对项目公司缺乏有效监管手段，项目公司的一次性开发带来了很多问题。2000年新的《房地产开发企业资质管理规定》（建设部［2000］77号），取消了有关项目公司的条款，同时规定未取得开发资质证书的企业，不得从事房地产开发经营业务。至此，项目公司与普通房地产公司在法律上已经没有任何区别。

三、代建开发

土地使用权人没有能力开发或没有开发资质时（主要是机关、企事业单位和村集体），房地产企业可代替项目人进行前期报建并投入资金，从中取得固定的利润或分配部分房屋。

问题41 代建的取费方式和标准怎样说？

实践中，房地产企业有三种取得利润的方式，一是按总投资的比例，如总投资3%；二是按建筑面积计算单价，如20元/平方米；三是包干。实践中常用的是第一种，但是第一种带来很多麻烦，最主要就是项目干完了总投资说不清了，双方为此找笔者咨询的不在少数。

四、改建扩建

在原有项目基础上，不改变土地使用权的性质，进行扩建改建。

问题42 退距问题是改建扩建需要特别注意的点吗？

这种途径相应的建设用地使用权面积往往都不大，因此，要注意由多层改建高层及四邻不签字，都有可能产生退距的问题，退距之后用地面积缩水，面积是否够用是最常见的问题。

五、土地安置

在城中村土地由集体转为国有时，依法必须安置村民，拿国有建设用地使用权而不是货币作为对村民的安置，是国家越来越提倡的安置方式，房地产企业可趁机与村委会合作，共同开发建设。

问题43 用于安置的建设用地只能搞商业吗？

这种途径目前最大的问题是，行政机关倾向于作为村民安置的建设用地，只能搞商业，而不主张搞住宅。行政机关的本意是，搞住宅一卖就没了，搞商业可常年出租，细水长流。笔者认为，在工业反哺农业的今天，国家对农民的政策宜宽不宜严，不要处处限制农民的权利。

同样的问题是，作为安置的建设用地使用权用走招拍挂吗？笔者认为，不用，应走协议出让。否则，事先确定土地使用权人的招拍挂，还能称其为招拍挂吗？对于这个问题，2006年8月1日国土资源部颁布实施的《协议出让国有土地使用权规范（试行）》（国土资发［2006］114号）同样并未涉及。

问题44　土地征收过程中的"一书四方案五补偿"都是什么意思？

理解这种途径需要明白，土地征收过程中的"一书四方案五补偿"。所谓"一书"是指建设用地项目呈报说明书。所谓"四方案"是指农用地转用方案、补充耕地方案、征收土地方案和供地方案。其中，征收土地方案里涉及"五补偿"，即土地补偿费、安置补助费、地上物补偿费、青苗补偿费和社会保险补偿费。

"五补偿"中安置补助费，既可以是货币，也可以是建设用地使用权。至于作为安置的建设用地使用权，农民如何持有，是合作社，还是股份制公司，需要在实践中积极探索。

问题45　如何准确区分征收与征用？

土地征收是指为了公共利益的需要，国家把农民集体所有的土地强制地征归国有；土地征用是指为了公共利益的需要，强制性使用农民集体所有的土地。土地征收和土地征用的主要区别在于：征收是所有权的改变，征用只是使用权的改变。土地征收是国家从农民集体那里取得了所有权，发生了所有权的转移；征用则是在紧急情况下对农民集体所有土地的强制性使用，在紧急情况结束后，要把被征用的土地归还给农民集体。

2004年以前，我国征收和征用的概念非常混乱，甚至土地管理部门的各种文件表格，都将集体土地改变所有权改为国家所有的行为，错误地称为征用。2004年修正的《宪法》第10条第3款规定："国家为了公共利益的需要，可以依照法律规定对土地实行征收或者征用并给予补偿。"2004年8月28日修改的《土地管理法》第2条第4款规定："国家为了公共利益的需要，可以依法对土地实行征收或者征用并给予补偿。"此后，国土资源部专门下文，指导征收和征用概念的正确使用，由此可以想象这两个概念在实践中的混乱级别。

六、沿街开发

企业利用已有的工业用地，在其沿街的地方建设商务办公楼，房地产企业可与之联合。

问题46　工业用地中附属设施用地的占比是多少？

工业项目用地主要有四个使用条件：建筑密度、容积率、投资强度和附属设施限制。这种途径涉及的"商务办公楼"属于工业企业的附属设施建设。依据《工业项目建设用地投资管理办法》的要求,附属设施用地占企业用地总面积的比例,最高为7%。但是,实践中行政管理部门掌握得不是很严格。后来,就干脆取消这个限制。

这种途径显然只能进行商业项目建设,不能搞住宅建设。

七、出租开发

与有关机关(含军事机关)、事业单位或集体组织合作,利用其拥有的划拨土地或集体土地建设房屋,但房地产企业只取得房屋一定年限的租赁权。

问题47 出租开发的缺点是什么?

这种途径房地产企业的资金回笼较慢,房地产企业取得的不是房屋所有权,不能通过销售房屋一次性回笼资金,只能将房屋转租,逐年回笼资金。因此,要求相关宗地必须临街,否则房屋租赁价值太低,投资回收更会变得遥遥无期。

第四节 | 土地性质需要变通的五种途径

一、商服变性

先以商业服务用地名义取得商服出让地,在报建时改为其他建设用地(通常是住宅),从而按照改变后土地性质进行开发建设。

问题48 商业用地和商服用地哪个称呼是对的?

根据国土资源部颁布2002年1月1日起实施的《全国土地分类》(国土资发[2001]255号),全国土地进行三级分类,其中,一级分为3类(农用地、建设用地和未利用地),二级分为15类,三级分为81类。其中,二级15类中的"商业用地"改称为"商服用地"。因此,写字楼、企业商业性办公楼等用地,不再称为"商业用地",而改称为"商服用地",读者感觉最明显的变化就是《国有土地使用权证》中的变化。

问题49 商服用地变性为住宅用地有法律依据吗?

出让土地用途由商服改为住宅,业内称为"小变性"。

根据2006年8月1日实施的《协议出让国有土地使用权规定（试行）》（国土资发〔2006〕114号）第8条的规定，出让土地要进行"小变性"，具体步骤如下：

一是原土地使用权人提出申请。

二是经国土和规划管理部门同意。

三是签订《国有土地使用权出让合同变更协议》或重新签订《国有土地使用权出让合同》。

四是原土地使用权人按照合同约定，补缴出让金，办理土地登记。

但是，有两种例外。一是原《国有土地使用权出让合同》约定，一旦土地使用权人改变土地用途，土地收回。二是法律、法规、规章规定和地方政府规定（如各地方的土地收购储备办法），应当收回土地使用权招标拍卖挂牌出让的，一律收回。

由于多年来限购只是限购住宅而不限购商业，由此导致全国各地商服用地普遍供大于求，商铺与住宅价格倒挂的现象已成燎原之势。人民群众买了商铺实指望一铺养三代，没成想成了一铺害三代了。房地产企业见状，配建商业的用地宁可闲置也不愿再重蹈盖一栋赔一栋的覆辙了。在这种大背景下，自2016年以来，各地方政府陆续出台了商服用地改住宅用地的具体政策。

二、工业变性

先以工业用地名义取得工业出让地，在报建时改为其他建设用地（通常是住宅），从而按照改变后土地性质进行开发建设。

问题50　工业用地改变为住宅用地有法律依据吗？

出让土地用途由工业改为住宅，业内称为"大变性"。这个途径有一个大前提，就是现状是工业企业的宗地，按照城市利用总体规划必须是住宅用地。

同上，根据2006年8月1日实施的《协议出让国有土地使用权规定（试行）》（国土资发〔2006〕114号）第8条的规定，出让土地要进行"小变性"，具体步骤如下：

一是原土地使用权人提出申请。

二是经国土和规划管理部门同意。

三是签订《国有土地使用权出让合同变更协议》或重新签订《国有土

地使用权出让合同》。

四是原土地使用权人按照合同约定，补缴出让金，办理土地登记。

但是，有两种例外。一是原《国有土地使用权出让合同》约定，一旦土地使用权人改变土地用途，土地收回。2008年《国有建设用地使用权出让合同》的示范文本中，就给出了收回和依法变性两种选择，由出让方和转让方自由约定。二是法律、法规、规章规定和地方政府规定（如各地方的土地收购储备办法），应当收回土地使用权招标拍卖挂牌出让的，一律收回。

三、综合用地

工业企业中的综合用地，在重新登记时，可登记为商业用地，从而完成工业到商业的变性，按商业进行开发。

问题51 《全国土地分类》中根本没有的综合用地，是从哪冒出来的？

"综合用地"是我国土地分类不规范的历史痕迹，现在，只能在20世纪颁发的土地证中见到它的身影。

根据国土资源部颁布2002年1月1日起实施的《全国土地分类》（国土资发〔2001〕255号），全国土地进行三级分类，一级分为3类（农用地、建设用地和未利用地），二级分为15类，三级分为81类。其中，并无"综合用地"土地类别，可见，所谓"综合用地"只是历史的产物，随着土地分类的规范化建设，"综合用地"的记载，已经离我们的生活渐行渐远，步入历史的怀抱。

四、房屋改用

取得土地使用权后，先以某一用途立项、建设，但销售时改变房屋用途。

问题52 房屋改变用途法律是怎样规定的？

这一途径最典型的表现方式就是住宅改商业。如此，同样是写字楼，别人只有40年土地使用权，自己却有70年土地使用权，何愁卖不动呢？

当然，依据我国《物权法》规定，房屋要改变用途，须经全体利害关系人同意，并且这个利害关系人比左邻右舍的范围要大，因为，《物权法（草案）》中的用词是"相邻关系人"，正式出台的《物权法》变成了"利害关系人"。

这种途径，特别需要注意的是，电梯的设计数量一定要按远高于住宅的商业设置，否则，每天上班时间都上演一梯难求的剧情，岂能长久。当然，停车位也要适当增加。

实践中，有的业主想自己住，但看到左邻右舍都是陌生人开的公司，也只能"随大溜"把房子当写字楼租出去了。当然，在商服用地泛滥成灾的当下，住宅变商业的风景越来越难得一见。

五、旅游开发

在山区进行旅游项目的整体开发，搭车建设住宅和商业项目。

问题53 "泛地产"是什么意思？

在"泛地产"概念炙手可热的今天，旅游项目的开发必将迎来一个高峰。据说在消费领域旅游消费已经坐上第二把交椅，仅次于大健康消费。

什么是"泛地产"？它是针对传统地产（即住宅地产）而言的，商业地产、旅游地产、休闲地产、教育地产、体育地产、商业物流、新型工业区、城市基础建设、城乡统筹等，凡是跟人们的生产、生活息息相关的各种固定场所，都可能支撑起房地产一个新的空间。比如，有房地产商在中国西部，在丝绸之路，甚至是在茶马古道建设驿站，每个驿站有酒吧、网吧、有加油站，并提供服务非常到位的汽车旅馆。

笔者认为，中国房地产由住宅地产市场化主导的时代将逐渐退出历史的舞台，未来十年，传统的住宅地产，恐怕最少要将半壁江山拱手让人。

本书的"泛地产"概念从主体上来讲，主要包括以下四种类型的已上市或拟上市企业：

（1）传统房地产开发企业：主要从事住宅和商服用地开发的房地产开发企业。

（2）产业房地产开发企业：主要从事文旅、养老、医疗、教育、仓储、物流、产业园区、特色小镇以及管理代建等非传统的新型产业开发企业。

（3）相关金融机构：银行、保险、证券、信托、私募基金、期货、不良资产以及政府融资平台等对上述两类房地产开发企业有股权或债权投资的金融机构。

（4）其他涉房地产并购企业：上述三种类型企业之外的涉及房地产并购业务的企业。

第五节 非建设用地开发的五种途径

一、土地转用

房地产企业拟开发某宗地，虽然现状不是建设用地，但属于预留建设用地，可通过土地转用程序转为建设用地，进而进行开发建设。

问题54　房地产开发首先要查的"两个规划"是什么规划？

所有的房地产开发用地，必须是建设用地。所以，房地产企业如果拟定了开发土地，必查"两个规划"即土地利用总体规划和城市总体规划。查土地利用总体规划的目的在于，了解拟开发土地是不是建设用地，若确定不是建设用地，那必须属于预留建设用地，如果连预留建设用地也不是，基本上属于难于上青天的项目了；查城市总体规划的目的在于，进一步了解拟开发土地属于建设用地中的商服用地还是住宅用地。

可见，"两规划"土地规划是"纲"，城市总体规划是"目"，"目"必须服从于"纲"。法律规定也正是如此。2005年1月5日建设部《关于加强城市总体规划修编和审批工作的通知》中明确指出，"要完善城市总体规划与土地利用总体规划修编工作的协调机制。城市总体规划的修编必须与土地利用总体规划的修编相互协调"，"城市总体规划中建设用地的规模、范围与土地利用总体规划确定的城市建设用地规模、范围应一致"。

问题55　非建设用地通过什么程序可以转为建设用地呢？

我国土地一级分类分为三类，即农用地、建设用地和未利用地。如果不是建设用地（最常见的是农用地，未利用地现实生活中很少见，倒是影视节目中经常看到茫茫沙漠和杳无人烟的戈壁滩），必须经过法定程序转为建设用地。

非建设用地转为建设用地，有五条路可走，分别走五种法定程序。第一种情况是，拟开发的土地，虽然现状是农用地，但是属于预留建设用地，此时需要走的法定程序是"土地转用"；土地转用是农用地转为建设用地的最常用的程序，是阳关大道，以下"土地置换"和"指标折抵"两种程序，偶尔使用，属羊肠小径。

土地转用虽说是阳关大道，但却是房地产企业取得建设用地使用权的重中

— 65 —

之重、难中之难。因为我国人多地少，是地球上建设用地控制最严格的国家。

问题56　为什么说"预留建设用地"肯定不是建设用地？

我国土地一级分类，将所有现状土地分为三种类型，即农用地、建设用地和未利用地。但是，国家为了将来建设的需要，以土地利用总体规划的形式，提前在农用地范围内画一条线，线内区域将来可依据需要改为建设用地，线外区域一律不准搞非农建设，业内将线内区域称为预留建设用地。业内常说的红线内或红线外，指的就是预留建设用地的"线"。

可见，所谓预留建设用地就是，国家允许转成建设用地的那部分农用地。也就是说，预留建设用地根本不是建设用地，只是可以通过法定程序变为建设用地的农用地而已。

二、土地置换

房地产企业拟在某宗预留建设用地上搞开发，除了走土地转用程序外，可寻找另外相当面积的建设用地作为置换用地，将拟开发用地"置换"为建设用地，进而开发建设。

问题57　用于置换的土地应该符合哪些条件呢？

土地置换是土地转用的一种特例。因其能盘活建设用地，达到节约用地的目的，备受政府推崇。

土地置换的关键是，寻找符合条件的置换用地。那么，置换用地应符合哪些条件呢？

2007年2月14日《河北省人民政府办公厅关于贯彻落实国家土地调控政策的实施意见》（冀政办〔2007〕2号）规定，"已经取得集体建设用地批准书或建设用地土地证（现状仍为农用地），或1996年土地利用现状图标为集体建设用地且实际勘察为工矿废弃地且缴纳一定费用（现状已经不是农用地，缴费是为了复垦）的，均可用于置换。置换后新的建设用地，遵循不占基本农田、农用地和耕地不减少、建设用地不增加的原则，且严格执行征地程序和标准，需要调规的需符合调规条件"。

说白了，就是已经取得建设用地指标的土地，因故不再需要该建设用地了（主要是20世纪80年代停产废弃的农村砖厂瓦窑等乡镇企业），可以在把该建设用地复垦为农用地的前提下，把建设用地指标等量置换给需要建设用地指标的房地产企业。这样，政府就在确保不减少耕地的前提下，倒腾出了一些建设用地。

三、指标折抵

房地产企业拟在某宗预留建设用地上搞开发,除了走土地转用程序外,可考虑将其他地方的闲置土地或未利用土地开垦或整理为耕地,取得折抵建设用地的指标,达到占用拟开发用地进行房地产开发的目的。

问题58　指标折抵的关键是什么?

指标折抵是土地转用的一种特例。指标折抵的关键是,复垦或整理的土地需经市人民政府土地、农业行政主管部门验收合格后,由市土地管理部门下达折抵建设用地指标。可见,置换也罢,折抵也罢,弄来弄去总是万变不离其宗,即不能减少耕地面积不能违反占补平衡的土地管理基本原则。

这种途径由于实践中出现种种问题,曾被部分地方政府叫停。

2007年2月14日《河北省人民政府办公厅关于贯彻落实国家土地调控政策的实施意见》(冀政办〔2007〕2号)规定,"停止执行土地折抵政策。今后不再批准新的用于折抵指标的农用地整理项目。已经通过省国土资源厅立项的用于折抵指标的农用地整理项目,可以改为用于占补平衡或者总量平衡的土地整理项目。已经通过省国土资源厅验收的农用地整理项目新增耕地所折抵的建设用地指标,只能用于在土地市场治理整顿中清理出来的且在土地变更调查中已经变更为建设用地的违法用地补办手续,不得用作新增建设用地指标。"

2005年,曾有房地产企业老总向笔者咨询,正在与一家国有科研单位合作,拟将一宗一百多亩的国有科研农用地搞住宅开发,主管农业的部门早就批了,就是农用地转建设用地的指标批不来,怎么办?笔者所出策划方案核心即四个字:指标折抵。说白了就是,找一宗闲置用地或未利用地把它整理成耕地不就有了指标了嘛,然后找土地部门走指标折抵程序。

四、土地调规

房地产企业拟在某宗农用地或未利用地搞开发,可惜该宗地连预留建设用地都不是(也就是业内说的不在线内),那只能考虑让土地调规,将拟开发宗地调入预留建设用地的范围。

问题59　为什么说土地调规难度很大?

土地调规中的"规"指的是土地利用总体规划。它的关键是,并不增加土地利用总体规划中的建设用地规模,只是调整建设用地的空间布局。

土地调规的法律依据非常明确，即我国《土地管理法》第26条，"经批准的土地利用总体规划的修改，须经原批准机关批准；未经批准，不得改变土地利用总体规划确定的土地用途。经国务院批准的大型能源、交通、水利等基础设施建设用地，需要改变土地利用总体规划的，根据国务院的批准文件修改土地利用总体规划。经省、自治区、直辖市人民政府批准的能源、交通、水利等基础设施建设用地，需要改变土地利用总体规划的，属于省级人民政府土地利用总体规划批准权限的，根据省级人民政府的批准文件修改土地利用总体规划。"

土地调规分为三种，即项目调规、集中连片调规和计划调规。其中项目调规主要是能源、交通、水利、矿山、军事等基础设施项目，2007年以后房地产开发项目要单独做项目调规已不可能，也就只能搭一搭集中连片调规和计划调规的顺风车了。

五、土地修编

房地产企业拟在某宗农用地或未利用地搞开发，可惜该宗地不属于预留建设用地，可利用土地利用总体规划修编之机，调成预留建设用地，以便进一步报批。

问题60　土地修编多少年一次？

所谓土地修编是指土地利用总体规划的修改和编制。它的关键是，不仅仅调整建设用地的空间布局，往往要改变建设用地的预留规划，扩大建设用地的规模。

如果房地产企业拟开发土地，经查不属于预留建设用地，需要走土地修编程序，一般应考虑放弃，因为土地利用总体规划的修编时间是15年，时间成本太高了，除非现在已经是第14年了，下次土地修编正在酝酿之中。

第六节　间接取得建设用地使用权的六种途径

一、项目转让

有些企业前期报建手续已经齐备，并且进行了部分投资，达到了《城市房地产管理法》规定的项目转让条件，但由于各种原因萌生退意，可考虑以项目转让的方式接手项目，进而进行建设。

问题 61　项目转让的法定条件是什么？

拟转让项目用地若是出让地，必须达到我国《城市房地产管理法》第39条规定转让条件，即"以出让方式取得土地使用权的，转让房地产时，应当符合下列条件：（一）按照出让合同约定已经支付全部土地使用权出让金，并取得土地使用权证书；（二）按照出让合同约定进行投资开发，属于房屋建设工程的，完成开发投资总额的百分之二十五以上，属于成片开发土地的，形成工业用地或者其他建设用地条件。转让房地产时房屋已经建成的，还应当持有房屋所有权证书。"

拟转让项目用地若是划拨地，必须达到我国《城市房地产管理法》第40条规定转让条件，即"以划拨方式取得土地使用权的，转让房地产时，应当按照国务院规定，报有批准权的人民政府审批。有批准权的人民政府准予转让的，应当由受让方办理土地使用权出让手续，并依照国家有关规定缴纳土地使用权出让金。以划拨方式取得土地使用权的，转让房地产报批时，有批准权的人民政府按照国务院规定决定可以不办理土地使用权出让手续的，转让方应当按照国务院规定将转让房地产所获收益中的土地收益上缴国家或者作其他处理。"

实践中，完全达到法定转让条件的项目转让，很少见。试想，最难的土地出让金已经全部交清了，且在建工程投资也达到了25%，只要施工企业再垫资，不就可以买房子了吗？这时候还卖项目，除非家里着火了。

二、土地转让

有些房地产企业急于转让项目，但又达不到《城市房地产管理法》规定的项目转让条件，双方仍然可以签订项目转让合同。

问题 62　达不到项目转让法定条件的转让合同一定无效吗？

这种途径的转让由于没有达到项目转让法定条件，其实质就是转让土地，因此命名为"土地转让"。在此，仅指项目用地是出让地的情况，划拨地的项目转让不再赘述。

这种突破法律规定的"违法"转让，竟然成了现实生活中"项目转让"最主要、最常见的方式，这种千军万马竞相"违法"的景象，简直成了房地产开发领域的一大法律奇观，成为房地产专业律师和房地产企业必须关注、研究的对象。下面就从这种现象产生的法律根源、负面影响和法律对策方面做一个简要的回顾和分析：

（一）项目转让的法定条件过于苛刻，是产生这一现象的法律根源。

我国《城市房地产管理法》，自 1995 年 1 月 1 日起施行。其中，第 38 条（经 2007 年修改现为第 39 条，以下对修改前的第 38 条简称为"改前 38 条"）规定，以出让方式取得土地使用权的，转让房地产时，必须符合三个条件：

一、按照出让合同约定已经支付全部土地使用权出让金。

二、取得土地使用权证书。

三、按照出让合同约定进行投资开发，属于房屋建设工程的，完成开发投资总额的百分之二十五以上，属于成片开发土地的，形成工业用地或者其他建设用地条件。

第三个条件"投资限制"需要特别注意两点，一是专指房屋建设工程，非房屋建设工程自然不受此限制。如加油站。二是开发投资总额理解：分母：计划投资总额，分子：取得土地的费用肯定不算，问题是前期费用算不算？经咨询国土资源部，最后答复是：算。

上述转让条件的立法本意是好的，在于防止只炒地不投资的恶意炒卖地皮现象，但是对于我国刚刚起步的房地产市场和房地产企业来说，显然过于苛刻。

（二）转让条件的严格实施，在实践中出现了严重的负面影响。

法律法规具有罕见的操作性，按说应该一路顺风啊，但事与愿违，项目转让过程中纠纷层出不穷。更为严重的是，法院在处理项目转让纠纷案件时又出现了严重的问题。

2003 年 9 月 18 日，南宁桂馨源公司与柳州全威公司、超凡公司于签订《土地开发合同》约定，桂馨源公司以 2860 万元受让全威公司位于柳州市柳石路 153 号 51.9979 亩土地作为房地产开发用地，桂馨源公司在 2003 年 9 月 30 日前将定金 200 万元支付给全威公司，合同即为生效。之后分两次，土地转让时 1400 万元，处理完毕善后再 1200 万元。合同签订后，桂馨源公司按期支付了定金 200 万元。后柳州方反悔，强烈要求土地转让后的 1200 万元提供担保措施，南宁方不同意，要求严格履行合同。依合同约定，全威公司必须在合同生效后两个月内办理完成将该宗土地转让给桂馨源公司或桂馨源公司法定代表人控股的、在柳州新成立的公司，并给予今年或明年上半年土地开发计划指标，但全威公司已逾期四十日仍不向土地管理部门办理过户手续，且于2003年12月29日函告桂馨源公司终止《土地开发合同》，使合同无法履行，给桂馨源公司造成和即将继续造成巨大的损失。

2004年1月13日，桂馨源公司向一审法院提起诉，请求判令2003年9月18日签订的《土地开发合同》合法有效，全威公司与超凡公司应当继续履行。

超凡公司请求确认《土地开发合同》无效。主要理由：1. 其中国有土地出让金至今未全部付清，尚欠292.5万元职工经济补偿金和97万余元土地收益金；2. 当事人对该块"工业用地"至今没有投入开发资金，更未达到25%的投资标准；3. 虽然本案土地在诉讼前取得土地使用权证，但在合同签订时并未取得。总之，本案土地使用权转让合同，违反了改前38条的强制性规定，应认定无效。

广西壮族自治区高院判决的结果是，合同无效，合同不必履行，双方互相返回。判决依据正是上述改前38条的强制性规定。

可见，改前38条的强制性规定，简直成了鼓励毁约、不讲诚信的法律保护伞，严重影响了房地产项目交易的安全性。

（三）破解转让条件法律难题的法律对策

2004年8月31日，最高人民法院针对上述，南宁桂馨源公司与柳州全威公司、超凡公司《土地开发合同》纠纷一案，作出最高院（2004）民一终字第46号民事判决书。判决书认为：1. 签订国有土地使用权转让合同时，当事人取得开发用地证后未足额缴纳土地出让金的，属转让标的物的瑕疵，不影响转让合同的效力。2. 转让的土地未达到25%以上的投资，属合同标的物的瑕疵，不影响转让合同的效力。3. 签订国有土地使用权转让合同时，转让人虽未取得国有土地使用权证，但在诉讼前已经取得该证的，应认定转让合同有效。

具有重大实践指导意义的是，最高人民法院进一步认为，改前38条关于土地转让的规定，不是认定土地使用权转让合同效力的法律强制性规定，而是对土地使用权转让合同标的物设定的物权（最高法就是牛啊，物权法还没出台就开始用物权法的立法精神判案子了，高！）变动时的限制性条件。此后，各级法院不能再以当事人违反改前38条为由，判决房地产项目转让合同无效。

可惜的是，最高人民法院的司法判例法律层位较低，不足于彻底对抗改前38条，有待于全国人大加快立法的调研和分析，修订出让国有土地使用权转让的条件，促进经营性用地的市场流转。

终于，2007年10月1日，我国第一部《物权法》正式实施。《物权法》的正式实施，彻底削平了改前38条对房地产项目转让的负面法律影响。

《物权法》第十五条规定，"当事人之间订立有关设立、变更、转让和消灭不动产物权的合同，除法律另有规定或者合同另有约定外，自合同成立时生效；未办理物权登记的，不影响合同效力。"据此，改前38条不能作为判定房地产转让合同无效的法律依据，只是进行房地产项目过户登记的法律依据！至此，房地产转让法定条件的法律难题被彻底破解！正因如此，《物权法》第十五条被法律界称为"不动产物权变动的原因和结果区分原则（简称区分原则）"与物权法定原则、一物一权原则和物权公示原则，被统称为《物权法》的四大原则。

2018年4月8日，石家庄市政府《完善土地二级市场，健全便民服务体系》二、投资总额未达到百分之二十五的在建工程，可以按照"先投入后转让"的原则，允许交易双方签订国有建设用地使用权转让合同后，依法办理预告登记，待开发投资达到转让条件时，再办理不动产转移登记手续。

三、企业兼并

有些项目不具备项目转让条件，则可考虑兼并项目人企业，从而达到控制项目的目的。

问题63　兼并与合并是一回事吗？

兼并在法律上又称为合并，分为吸收合并和新设合并。它的最大特点是兼并完成后，被兼并企业将不复存在。

四、股权收购

有些项目不具备项目转让条件，可考虑收购项目人企业的股权，成为企业的控股股东，从而达到控制项目的目的。

问题64　税收因素是股权收购的重中之重吗？

股权收购是股权转让的最常见的方式，实践中使用频率最高。

与项目转让相比，这种途径的显著优点就是避税功能，不用缴纳土地增值税和契税。但是，股权转让溢价的所得税和后期开发土地增值税问题，是企业并购房地产税务规划的重中之重，本书后续章节有详尽解释，恭请读者且听下面分解吧。

至于需要规避的法律问题，各专业律师都有非常成熟的法律方案予以解决。

五、参股开发

有些项目，项目人虽无力开发但又不想放弃，则可考虑以参股的方式介入项目，以求获得项目的部分收益。

问题65　参股开发的本质什么？

参股开发与股权收购的主要区别就是，只能成为一个小股东，不能收购全部或大部股权成为控股股东，它的本质是合作开发。房地产实践中，房地产企业两极分化的今天，地方小房企为了借助大型开发企业的品牌效应和管理经验，小股操盘的参股合作模式越来越多。

六、作价入股

有些项目，项目人虽无力开发但又不想放弃，可考虑将项目作价入股到房地产企业名下，进而共同进行项目开发。

问题66　作价入股一方往往是非房地产企业？

作价入股因为需要变更建设用地使用权人，跟参股开发相比必然增加税收负担。正因如此，实践中作价入股方往往是没有房地产开发资质的非房地产企业。

第七节　与经济适用住房相关的五种途径

一、安居工程

先获得经济适用房指标，然后依靠政府划拨土地，进行经济适用住房开发建设。

问题67　安居工程就是经济适用房吗？

"安居工程"一词最早见于《建设部1994年实施"安居工程"意见》，

以后多年"安居工程"一词却始终是经济适用住房的代名词。

这种途径是典型的经济适用住房开发模式。传统的观点认为，经济适用住房与商品房最根本的区别就在于，经济适用住房是划拨供地，而商品房只能是出让供地，而且往往需要走招拍挂程序。

众所周知，我国的经济适用住房制度在产生开始，就因价格、售房对象等问题，广受诟病。后一直走走停停不断修改，中间甚至传出废止和完善的争论。时至今日，对于售房对象问题，现行的《经济适用住房管理办法》（建住房［2007］258号）并未彻底解决，因为258号文刚刚公布，温家宝总理在新加坡访问时就对售房对象做出了扩大性的解释。

笔者认为，中央政府忽左忽右、飘摇不定，地方官员缺乏激励、积极性极差，是我国经济适用住房制度始终不能"多云间晴"的根源所在。

二、单位集资

企事业单位为了解决职工住房，利用自有闲置工业地，以职工集资建房的名义取得建设用地使用权，房地产企业可积极介入，以存量房为目标获取投资回报。

问题68　单位集资建房经历了怎样的发展历程？

这种途径属于广义的经济适用住房范畴，享受经济适用房优惠政策。它的法律依据主要是现行的《经济适用住房管理办法》（建住房［2007］258号）第三十四条至第四十条。

这种途径的资源基础就是数量庞大的国有企业的工业划拨地。但随着企业改制的不断深入，大部分企业不再符合划拨供地的要求，工业划拨地自然也就变成了工业出让地。如此，问题就来了，工业出让地能搞职工集资建房吗？！如果不能，职工马上会问：我改制了，土地变成出让地了，就不能搞集资建房了。他没有改制，土地仍为划拨地，就可以搞集资建房。同样是老国企职工这公平吗？！为此，笔者咨询国土资源部得到的答复是，凡是划拨地可以搞的项目，出让地都可以搞，因此，出让地完全可以搞集资建房；道理很简单，我国出让地的成本明显高于划拨地。但地方国土管理部门认为有一些技术层面的问题，需要进一步厘清，如有工业出让地变成住宅出让地如何补缴出让金？

遗憾的是，由于经济适用住房制度又一次修改，各地方政府不约而同地大力限制职工集资建房的建设，即所谓"体内循环，封闭运作"。《河北省人民政府关于完善和落实城市住房保障制度切实解决低收入家庭住房问题的若干意见》（冀政发［2007］95号）规定，"集资建房单位只能利用本单位1978年12月31日前征用的土地进行集资建房。并且规定了集资建房的参加人，必须是本单位符合经济适用住房购买条件的职工，并取得市、县（市）住房保障管理部门发放的《经济适用住房准购证》。"

存量房要力争按照商品房自由上市是这种途径的关键，否则，如果存量房也按经济适用住房的政策，必须卖给持有《经济适用住房准购证》的人，房地产企业根本不能取得正常的投资回报。

当然，自2016年底租售同权成为房地产调控定海神针以来，人们就不约而同地追问，那么多租赁房从哪里来呢？据路透社内部消息，国有企业存量土地要至少承担20%的租赁房源任务。如此，单位集资建房又将迎来柳暗花明的春天？让我们广大吃瓜群众拭目以待吧。

三、单位合作

按照《经济适用住房管理办法》规定，住房困难户较多的工矿区和困难企业，可利用单位自用土地进行合作建房。

问题69　单位合作可操作性怎么样？

这种途径属于广义的经济适用住房范畴，享受经济适用房优惠政策。它的法律依据主要是现行的《经济适用住房管理办法》（建住房［2007］258号）第三十四条至第四十条。

现阶段关于合作建房的一些具体细则还没出台，合作房由谁开发，土地如何获得等，法律上还存在空白的区域。有兴趣的朋友可深入探讨。笔者需要特别说明的是，这里说的单位合作建房和2005年兴起的媒体上炒得沸沸扬扬的"个人合作建房"是完全不同的两个概念，二者之间也没有任何关联关系。

四、改制开发

以适当的方式，参与企业改制成为企业的控股股东，进而利用企业土地进行住宅建设。

问题70　改制开发适用非经济适用房项目吗？

由于招拍挂等一系列重大土地改革措施的出台，导致这种途径只有在经济适用住房方向上，才具有可操作性。当然，由于经济适用住房政策实施"体内循环，封闭运作"，大部分房地产企业已兴趣大减。

五、回迁安置

房地产企业以建设旧城改造（如城中村改造、旧村改造）回迁房的名义取得住宅划拨地，以存量房为目标获取投资回报。

问题 71　回迁安置多出来的存量房怎么办？

这种途径享受经济适用房的优惠政策。

同样，存量房要力争按照商品房自由上市是这种途径的关键，否则，如果存量房也按经济适用住房的政策，必须卖给持有《经济适用住房准购证》的人，房地产企业根本不能取得正常的投资回报。

第八节 | 与集体建设用地流转相关的六种途径

问题 72　集体建设用地流转经历了怎样的好事多磨的历程？

所谓集体建设用地流转是指，在所有权不变的前提下，由集体建设用地所有权人直接出让、出租、转让、转租和抵押集体建设用地使用权，且流转收益绝大部分由集体建设用地所有权人享有的行为。

可以说集体建设用地流转，是一个古老而年轻的话题。说古老是因为，我国 1988 年《宪法》即明文规定，集体建设用地和国有建设用地一样可以流转。此后，国有建设用地的流转工作推进十分迅猛，不到一年的时间就出台了具有历史意义的 55 号令，拉开了国有土地作为商品进入市场的历史大幕。但令人遗憾的是，集体建设用地的流转问题，却犹如泥牛入海般的无声无息了。如此，农民集体土地要想实现转让价值，只能卖给国家，而价格还得国家说了算。

说他年轻是因为，近年来由于各地在购买农民集体建设用地的过程中，由于征收补偿标准普遍偏低，农民由于土地征收的群体性上访事件，愈演愈烈，迅速成为社会热点问题。2004 年国务院 28 号文才旧事重提，强调集体建设用地可以流转。2005 年 10 月广东省率先出台了全国第一个省级的集体建设用地流转办法，2008 年 9 月河北省集体建设用地流转办法也正式亮相。

但是，令人遗憾的是，综观建设用地流转的规定，明显存在两大硬伤。一是通过流转取得的集体建设用地不得用于商品住宅开发。二是流转的范围过于狭窄，主流观点是城市建成区之外才可流转，更有甚者连建制镇都不允许流转。对于第一大硬伤，据说是怕成为尾大不掉的小产权房的浇火之油，但笔者认为这种担心纯属反弹琵琶算倒账，因为小产权房多年来之所以屡禁不止造成今天法不责众的壮观局面，根源就在于集体建设用地的流转停滞没有合法的疏通渠道，而今天来之不易的集体建设用地流转，正是建立合法渠道，进行有效疏导的大好时机。至于第二大硬伤，笔者认为，应该不折不扣地遵循法律面前人人平等和同地同权的法律基本原则，做到凡是集体建设用地均可流转。事实上，由于这两个硬伤的存在，集体建设用地流转并无像样的起色，少数省份一时冲动制定的流转办法也基本上束之高阁了。

从2008年到2018年的今天，转眼十年时间一晃而过，最高层又开始吆喝集体建设用地流转了，并且这次比以往任何时候都吆喝得更响亮，更让人相信集体建设用地流转这个响了几十年的楼梯，这次真的有人要下来了。笔者强烈呼吁，城市化和工业化是我国农民摆脱贫困的千年等一回的机遇，给予农民最宽松的政策，是任何一届胸怀大志有责任感的政府的历史责任。虽然空前绝后的房地产红包雨已经下了20年，但当下让集体建设用地自主流转，也算亡羊补牢聊胜于无吧，也算给历史一个说法。

苍天不负有心人，在1988年宪法规定整整30年后的2018年底，《土地法》修改征求意稿，传来了集体建设用地入市重大利好消息，集体建设用地流转终于迎来了它的春天。这是我们国家划时代的大事，每一个房地产企业都应该感到欢欣鼓舞，并积极寻找这一历史进程中的商机。

本章涉及的集体建设用地六种取得途径，是最表面、最直接、最典型的六种情形。其实，前面提到的关于国有建设用地的四十余种途径，几乎每一种都可以站到集体建设用地的角度，重新审视、揣摩，以达触类旁通之效。

一、集体出让

集体建设用地所有权人，以土地所有者的身份，将其所有的土地使用权在一定年限内让与房地产企业，并由房地产企业进行开发建设。

问题73　乡（镇）人民政府是集体建设用地所有权人吗？

集体建设用地所有权人主要包括农村集体经济组织（如村委会或生产

小组)、乡(镇)集体经济组织。若没有乡(镇)集体经济组织,则乡(镇)人民政府为所有权人。

集体建设用地出让有两大前提,一是符合土地利用总体规划和城乡建设规划;二是所有权人、使用权人依法取得土地所有权或者使用权证书。因此,抓紧落实规划和颁发集体建设用地所有权或者使用权证书,是当前集体建设用地出让的当务之急,行政机关应尽快将这两笔历史欠账补上。

问题 74 集体建设用地使用权出让与国有建设用地出让主要不同点是什么?

一是出让集体建设用地使用权可以采用招标、拍卖、挂牌或者协议出让的方式。而国有建设用地使用权出让几乎全部招拍挂了。

二是集体建设用地使用权出让必须经本集体经济组织村民会议 2/3 以上成员或者 2/3 以上村民代表同意。出让乡(镇)农民集体所有的集体建设用地使用权的,必须经乡(镇)集体经济组织或者乡(镇)人民政府同意。

二、集体转让

集体建设用地使用人,达到法定条件后,将集体建设用地使用权转让给房地产企业,由房地产企业继续进行开发建设。

问题 75 集体建设用地使用权转让的条件和程序是什么样的?

土地转让是取得土地的二级市场行为,不存在招拍挂的问题。

土地转让必须达到以下两个条件之一:

一是房屋建设工程的投资额达到投资总额的 25% 以上;

二是已开发土地面积达到应开发面积的 1/3 以上。

其中,第一种条件需要特别注意两点,一是该限制条件只适用于房屋建设工程,非房屋建设工程自然不受此限制。如加油站。二是开发投资总额理解:分母:计划投资总额,分子:取得土地的费用肯定不算,问题是前期费用算不算?经咨询国土资源部,最后答复是:算。

双方当事人应当持土地使用权证书和相关合同,到设区的市或者县(市)土地行政主管部门申请办理土地登记,并将转让情况告知所有权人。

集体建设用地使用权转让的,其地上建筑物和其他附着物随之转让。集体建设用地上的建筑物和其他附着物转让的,其占用范围内的集体建设用地使用权随之转让。

三、集体租赁

集体建设用地所有权人，以土地所有者的身份，将其所有的土地使用权在一定年限内租与房地产企业，并由房地产企业进行开发建设。

问题 76 集体建设用地租赁的最高年限能超过合同法的 20 年吗？

土地租赁和土地出让一样，都是取得土地的一级市场行为。

土地租赁实施过程中，最大的困惑就是租赁的最高年限，而困惑的根源主要来源于我国《合同法》"租赁期限不得超过 20 年"（第 214 条第一款）的硬性规定。

笔者认为，法律是为实践服务的，当法律成为实践的障碍时，就需要有人勇敢地超越法律，成为下一步完善法律的开拓者。土地租赁既然是取得土地的一级市场行为，那么，它的最高年限自然应该参照土地出让的规定。可喜的是，好多省级（广东、辽宁、青海等）的《国有土地使用权租赁办法》和《集体建设用地使用权办法》都规定，"土地租赁期限最长不得超过法律规定同类用途土地出让的最高年期。"但也有少数地方法规和规章，仍然做出了刻舟求剑式的呆板规定，限定集体建设用地的租赁期限不得超过 20 年。

问题 77 集体建设用地租赁和出让的程序规定一样吗？

集体建设用地所有权人主要包括农村集体经济组织（如村委会或生产小组）、乡（镇）集体经济组织。若没有乡（镇）集体经济组织，则乡（镇）人民政府为所有权人。

集体建设用地租赁有两大前提，一是符合土地利用总体规划和城乡建设规划；二是所有权人、使用权人依法取得土地所有权或者使用权证书。

集体建设用地使用权租赁与国有建设用地租赁主要有两点不同：

一是租赁集体建设用地使用权可以采用招标、拍卖、挂牌或者协议的方式。而国有建设用地使用权租赁几乎全部招拍挂了。

二是集体建设用地使用权租赁必须经本集体经济组织村民会议三分之二以上成员或者三分之二以上村民代表同意。租赁乡（镇）农民集体所有的集体建设用地使用权的，必须经乡（镇）集体经济组织或者乡（镇）人民政府同意。

四、集体转租

集体建设用地使用人，在达到法定条件后，将集体建设用地使用权转租给房地产企业，由房地产企业继续进行开发建设。

问题78　土地出租、转租和租赁有什么区别？

土地转租又称土地出租。它与土地转让一样，是取得土地的二级市场行为，不存在招拍挂的问题。土地一级市场叫土地租赁。

未按土地使用权出让合同规定的期限和条件投资开发、利用土地的，土地使用权不得出租。

问题79　土地转租和土地转让的法律规定区别大吗？

土地转租必须达到以下两个条件之一：

一是房屋建设工程的投资额达到投资总额的百分之二十五以上；

二是已开发土地面积达到应开发面积的三分之一以上。

其中，第一种条件需要特别注意两点，一是该限制条件只适用于房屋建设工程，非房屋建设工程自然不受此限制。如加油站。二是开发投资总额理解：分母：计划投资总额，分子：取得土地的费用肯定不算，问题是前期费用算不算？经咨询国土资源部，最后答复是：算。

双方当事人应当持土地使用权证书和相关合同，到设区的市或者县（市）土地行政主管部门申请办理土地登记，并将转让情况告知所有权人。

集体建设用地使用权转租的，其地上建筑物和其他附着物随之转租。集体建设用地上的建筑物和其他附着物转租的，其占用范围内的集体建设用地使用权随之转租。

五、集体抵押

集体建设用地所有权人或使用权人与房地产企业签订合同，用集体建设用地使用权设定抵押担保，当二者不履行到期债务或者发生约定的其他情形时，房地产企业可以折价方式取得集体建设用地。

问题80　集体建设用地使用权地为何分为所有权人抵押和使用权人抵押？

这种途径分为两种情况，一是集体建设用地所有权人用集体建设用地使用权，为其债务设定抵押担保；二是集体建设用地使有权人用集体建设用地使用权，为其债务设定抵押担保。我们将前者称为"所有权人抵押"，后者称为"使有权人抵押"。

问题81　发生抵押权实现的情形时能通过折价的方式取得集体建设用地使用权吗？

建设用地使用权不得单独抵押，必须随地上附着物一并抵押。

债务人不履行到期债务或者发生当事人约定的实现抵押权的情形时，抵押权人可以与抵押人协议以抵押的集体建设用地使用权折价或者以拍卖、变卖抵押的集体建设用地使用权所得的价款优先受偿。抵押权人与抵押人未就抵押权实现方式达成协议的，抵押权人可以依法请求人民法院拍卖、变卖抵押的集体建设用地使用权。

集体建设用地租赁有两大前提，一是符合土地利用总体规划和城乡建设规划；二是所有权人、使用权人依法取得土地所有权或者使用权证书。

抵押双方当事人应当持土地所有权、使用权证书，债务合同，抵押合同以及当事人的身份证明，向设区的市或者县（市）土地行政主管部门办理抵押登记。

集体建设用地使用权抵押的，其地上建筑物和其他附着物随之抵押。集体建设用地上的建筑物和其他附着物抵押的，其占用范围内的集体建设用地使用权随之抵押。

问题82　所有权人抵押有特殊规定吗？

集体建设用地使用权设定抵押权必须经本集体经济组织村民会议三分之二以上成员或者三分之二以上村民代表同意。租赁乡（镇）农民集体所有的集体建设用地使用权的，必须经乡（镇）集体经济组织或者乡（镇）人民政府同意。

六、集体改性

房地产企业先取得其他性质（如工业）的集体建设用地使用权，再依法改变土地使用性质（如住宅），进行房地产开发建设。

问题83　改变集体建设用地使用性质的具体步骤是什么样的？

一是原土地使用权人提出申请。

二是必须经所有权人和设区的市、县（市）土地行政主管部门、城乡规划主管部门同意，报原批准用地的人民政府批准。

三是签订《国有土地使用权出让合同变更协议》或重新签订《国有土

地使用权出让合同》。

四是原土地使用权人按照合同约定，补缴出让金，办理土地登记。

其中，第二步中的"经所有权人同意"，是集体建设用地改变使用性质所独有的。

第九节 | 取得建设用地使用权的其他三种途径

本章提到的取得建设用地使用权的三种途径，是所谓的"野路子"，也就是在当前法律框架内，是得不到法律的明确支持的路子。但是，由于现实生活中不时闪现它们的身影，故特以展示。

笔者认为，房地产行业是高风险行业，动用资金动辄数以亿计，如果没有法律的明确支撑做基础，无异于在流沙之上建大楼，随时都有崩塌的可能。故房地产企业若想使用本章三种途径以身犯险，需做好愿赌服输心理准备。当然了，很多时候对于企业家来说，所谓企业管理实际上就是违法成本和经营收益反复衡量后的无奈抉择。

一、附带开发

政府若急需进行市内道路等基础建设投资时，房地产企业可垫资为政府进行投资建设，条件是与基础设施相邻的部分（如道路两旁），要由房地产企业进行开发建设，土地出让金与垫资抵顶。

问题84　附带开发在哪些项目上用到？

这种途径的本质是捆绑招拍挂，把两种或两种以上不同性质的项目一次性招拍挂。多见于这几年雨后春笋般发展的地铁建设，地铁两旁相邻宗地的开发主要用于弥补地铁建设资金缺口和今后运营补助，也是无奈之举。

当然这几年如火如荼的特色小镇和产业融合项目也能看到它的影子。

二、无证开发

先无证建设，待相关机关行政处罚后，补办各种手续。

问题85　基本农田是无证开发的死穴吗？

可见，人民群众对政策执行的想象力，是取之不尽、用之不竭的。

实践中，有的企业先以自用名义将非经营性用地（如工业）改为经营性用地（如商业）进行建设，建设完成后再主动要求补交罚款。但随着卫星日夜巡航和大数据的运用，似乎这种途径的危险系数已达到五星级，可能建设工程刚刚动工，停工通知书就飘然而至。

但更有甚者，实践中有的企业竟然占用基本农田进行无证建设，并且还做着处罚办证的美梦。如此，无异于痴人说梦。因为，即使占用一分地的基本农田，也要跑到国务院去办手续。难道国务院是咱家开的？

三、村证开发

在集体建设用地上建住宅，建成后卖给村集体经济组织之外的人。

问题86　小产权房的出路到底在哪里？

这种途径就是大名鼎鼎的小产权房，也叫村证房。

在全国各地城乡接合部，这种小产权房可说是遍地开花，愈演愈烈，现在几乎成为法不责众的尴尬局面。

小产权房的最终出路，笔者认为只有一条路可走，修改法律，改邪归正。因为，综观世界各国的历史和现状，当某部法律被大多数人破坏时，解决之道不约而同：修改法律！唯一可能不同的是，如何修改法律。

笔者认为，集体建设用地流转时，应该充分考虑这一问题，并且掌握宜宽不宜松的人性化原则，只要不严重违反总体规划就应该高抬贵手。

综上所述，笔者特别需要强调的是，所谓本章取得建设用地的56种途径，只是笔者为了研究问题方便，而人为地强行地进行划分，而现实生活中绝不可能按所谓56种途径一一排列。相反，开发实践中的很多项目，往往是以上两种甚至两种以上途径的综合运用，需要随机应变、综合把握，切不可按"途"索骥、削足适履。例如：某贸易公司有一商业出让地，欲与房地产企业合作搞住宅开发，则起码涉及56种途径中的一系列思路，是商业改住宅？企业兼并？作价入股？项目转让？附加资质？新设开发？还是……

第三篇

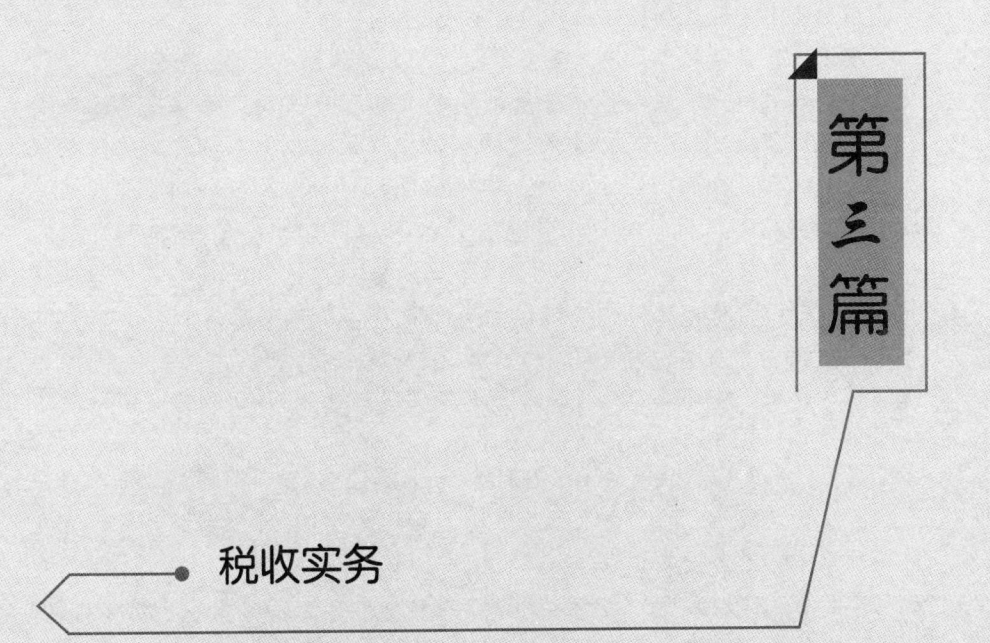

税收实务

本篇税收实务是本书的重中之重，系统介绍企业并购房地产税务规划可能用到的108种税务规划工具。

那么，什么是税务规划工具呢？

正如本书第一章第二节税务规划的两大原理中所说：税收要素的改变会造成两种可能性，一是会导致纳税人的应纳税额减少，二是会导致纳税人的应纳税额不减少，甚至增加。作为纳税人和扣缴义务人，当然愿意选择由商业模式改变而引发的税收要素的改变，朝着对其有利的方向前进，即导致其应纳税额减少的方向前进。在税务规划实践中，通过长期的实践和摸索，人们必然会发现和总结出一系列导致应纳税额减少的商业模式改变手段。

税务规划界就把这一系列能够导致应纳税额减少的商业模式改变手段，称为税务规划工具。

当然，本篇即将展开的108种税务规划工具，仅仅是针对企业并购房地产税务规划领域而言的。由于税务规划工具数量有108个之多，为免读者觉得杂乱无章，笔者将其分为五个板块，即组织架构、资产转让、股权转让、后期抵扣和其他；其中资产转让和股权转让两个板块，因其工具数量众多，又进一步分了小板块。本篇依照上述板块进行了详细阐述。

第六章 组织架构

一、组织设计

不少房地产企业，尤其是大的集团公司都实施了组织设计一体化战略，设立与房地产开发相关的一系列公司，以实现权益的最大化。

问题87 房地产企业设立的公司一般有哪些？

如设立原材料、设备等资源供应公司、苗木基地、绿化工程公司、装修公司、广告代理、工程管理、商务咨询、设计公司和施工企业等。

随着全球一体化的推进，这些相关公司国际化倾向日益凸显。例如，许多房地产公司都由境外设计公司完成方案设计，星级酒店大多聘请境外酒店管理公司进行管理。由于境外公司对于服务类合同通常要求中国境内税收由买方承担，所以，是否构成常设机构就成为房地产公司最关心的问题。

问题88 房地产企业设立相关公司的唯一目的就是税收利益最大化吗？

当然不是。例如，很多房地产企业设立供应公司，主要在于实现集团化采购，对供应商有更大的选择权，议价能力更强，实现规模效应，从而使得货源更有保障，进货成本更低。当然不可否认，可以通过合理提高价格将利润留在供应公司，以降低房地产企业税负，也是房地产企业考虑的因素之一。当然，将供应公司设立在税收洼地，获得更多的税收优惠，就更具有中国特色了。

问题89 房地产公司设立相关公司一定是关联公司吗？

肯定不是。实践中，恰恰相反，一般都要避免设立的相关公司成为房地产企业的关联公司。因为，关联企业之间交易的定价问题一直是反避税的一个焦点，极易成为让人谈虎色变的金三系统的捕捉对象。当然，道高一尺魔高一丈，有人为了规避金三系统而把相关公司设在国外，不能不令人佩服；其实，打扮成这个样子虽然能一定程度上屏蔽金三系统，但并不能阻止转让定价调查程序的启动。

问题90　一方在另一方没有股份时也可能构成关联关系吗？

根据国家税务总局《关于完善关联申报和同期资料管理有关事项的公告》（国税总局［2016］42号）第二条规定，企业与其他企业、组织或者个人具有下列关系之一的，构成本公告所称关联关系：

（一）一方直接或者间接持有另一方的股份总和达到25%以上；双方直接或者间接同为第三方所持有的股份达到25%以上。

（二）双方存在持股关系或者同为第三方持股，虽持股比例未达到本条第（一）项规定，但双方之间借贷资金总额占任一方实收资本比例达到50%以上，或者一方全部借贷资金总额的10%以上由另一方担保（与独立金融机构之间的借贷或者担保除外）。

（三）双方存在持股关系或者同为第三方持股，虽持股比例未达到本条第（一）项规定，但一方的生产经营活动必须由另一方提供专利权、非专利技术、商标权、著作权等特许权才能正常进行。

（四）双方存在持股关系或者同为第三方持股，虽持股比例未达到本条第（一）项规定，但一方的购买、销售、接受劳务、提供劳务等经营活动由另一方控制。

（五）一方半数以上董事或者半数以上高级管理人员（包括上市公司董事会秘书、经理、副经理、财务负责人和公司章程规定的其他人员）由另一方任命或者委派，或者同时担任另一方的董事或者高级管理人员；或者双方各自半数以上董事或者半数以上高级管理人员同为第三方任命或者委派。

（六）具有夫妻、直系血亲、兄弟姐妹以及其他抚养、赡养关系的两个自然人分别与双方具有本条第（一）至（五）项关系之一。

（七）双方在实质上具有其他共同利益。

综上所述，只有双方或多方存在以上关系之一，并达到以上条件的才构成法律意义上的关联关系。

二、项目公司设立

房地产企业大部分项目在公司注册地之外，异地经营时如何选择经营主体是一个无法回避的问题。分公司和子公司是最常见的两种选择，而这种选择，需要考虑的因素很多，例如，外资还是内资、投资总额和注册资本、设立手续、税负、融资、政策优惠和灵活性等多个因素。

实践中，虽然分公司的企业所得税汇总缴纳至机构总部住所地，从而互相弥补经营亏损，但是，少数项目所在地的地方政府不受理分公司的房地产手续，当然更多的情况是规定只有法人公司才能享受财政奖励。

三、资本弱化

注册资本金额的选择是公司设立过程中难以回避的问题。从税收角度，加大股东借款金额减少注册资本金额以进行资本弱化，有利于股东借款利息进行企业所得、土地增值税前扣除，减少企业税负，并且这种借款数额的增加，在很大程度上并不增加增值税负担。

问题91　股东借款和注册资本的比例高于2∶1利息不得扣除的规定适用于房地产企业吗？

《关于企业关联方利息支出税前扣除标准有关税收政策问题的通知》（财税〔2008〕121号）明确规定：

一、在计算应纳税所得额时，企业实际支付给关联方的利息支出，不超过以下规定比例和税法及其实施条例有关规定计算的部分，准予扣除，超过的部分不得在发生当期和以后年度扣除。企业实际支付给关联方的利息支出，除符合本通知第二条规定外，其接受关联方债权性投资与其权益性投资比例为：（一）金融企业为5∶1；（二）其他企业为2∶1。

二、企业如果能够按照税法及其实施条例的有关规定提供相关资料，并证明相关交易活动符合独立交易原则的；或者该企业的实际税负不高于境内关联方的，其实际支付给境内关联方的利息支出，在计算应纳税所得额时准予扣除。

上述第一条和第二条规定联系起来理解，不难得知，只要企业满足两个条件，债权性投资与权益性投资比例高于5∶1或2∶1利息也可以进行扣除：一是关联企业之间融资利息，符合税法有关规定；二是关联企业双方税收负担相同。也就是说，121号文的立法本意是为了防止关联企业在税负不同的情况下，利用境内外地区优惠税率或减免政策，来借融资转移利润，减少税负。

所以，笔者以为，只要满足上述两个条件，121号文所规定的债权性投资（往往表现为股东借款）与其权益性投资（往往表现为注册资本）比例高于2∶1利息不得扣除的规定，就不适用于普通房地产企业。这种理解，与国家税务总局公告2017年第6号公告第三十八条的规定，完全吻合。

另外，上述资本弱化的安排，基本不增加增值税负担。主要法律依据有三：一是财税〔2016〕36号文附件三第十九项第7小项明确规定，企业集团符合条件的统借统还业务免征增值税财税。二是财税〔2019〕20号文第三条明确规定，对企业集团内单位之间的资金无偿借贷行为，免征增值税。三是国市监企注〔2018〕139号明确规定取消企业集团核准登记，不再核发《企业集团登记证》，放宽企业集团名称使用条件。

四、组织形式改变

企业组织形式改变是指有限责任公司（含一人公司）和股份公司之间以及企业法人和合伙企业、个人独资企业之间的相互转换。

问题92　企业法律形式改变和企业组织形式改变有何区别？

企业法律形式改变是指企业注册名称、住所以及企业组织形式等的简单改变。

显然，企业组织形式改变只是企业法律形式改变的情形之一。

本书后面提到的"公司迁址"也属于企业法律形式改变的情形之一。

问题93　企业由法人转变为个人独资企业、合伙企业等非法人组织需要进行清算缴税吗？

税总〔2009〕59号文第四条第一款规定，"企业重组，除符合本通知规定适用特殊性税务处理规定的外，按以下规定进行税务处理：

企业由法人转变为个人独资企业、合伙企业等非法人组织，或将登记注册地转移至中华人民共和国境外（包括港澳台地区），应视同企业进行清算、分配，股东重新投资成立新企业。企业的全部资产以及股东投资的计税基础均应以公允价值为基础确定。"

问题94　企业有限责任公司改为股份公司需要清算吗？

税总〔2009〕59号文第四条第二款规定，企业发生由法人转变为非法人企业之外的其他法律形式简单改变的，可直接变更税务登记，除另有规定外，有关企业所得税纳税事项（包括亏损结转、税收优惠等权益和义务）由变更后企业承继，但因住所发生变化而不符合税收优惠条件的除外。

问题95　个人独资企业、合伙企业等非法人组织转变为企业法人需要缴纳契税和土地增值税吗？

税总〔2018〕17号文第一条规定，"企业按照《中华人民共和国公司法》有关规定整体改制，包括非公司制企业改制为有限责任公司或股份有限公司，有限责任公司变更为股份有限公司，股份有限公司变更为有限责任公司，原企业投资主体存续并在改制（变更）后的公司中所持股权（股份）比例超过75%，且改制（变更）后公司承继原企业权利、义务的，对改制（变更）后公司承受原企业土地、房屋权属，免征契税。"税总[2018]57号文第一条规定，"按照《中华人民共和国公司法》的规定，非公司制企业整体改制为有限责任公司或者股份有限公司，有限责任公司（股份有限公司）整体改制为股份有限公司（有限责任公司），对改制前的企业将国有土地使用权、地上的建筑物及其附着物（以下称房地产）转移、变更到改制后的企业，暂不征土地增值税。"

据此，个人独资企业和合伙企业整体改建为有限责任公司或者股份有限公司，对改建前的企业将国有土地使用权、地上的建筑物及其附着物（以下称房地产）转移、变更到改建后的企业，无须缴纳契税和土地增值税。

当然，也有人认为非公司制企业仅仅是指全民所有制企业、集体所有制企业、股份合作制企业等法人类型的企业，不包括个人独资企业和合伙企业非法人企业。笔者觉得，这明显有点作茧自缚的味道。

五、公司迁址

根据公司住所地和经营地可以分开的原理，公司住所地迁到税收洼地，以便享受洼地税收优惠。

问题96　迁址公司能在迁出地申请增值税留抵税额退税吗？

根据《国家税务总局关于一般纳税人迁移有关增值税问题的公告》（国税总局[2011]71号）规定，一般纳税人迁移并涉及改变税务登记机关，需要办理注销税务登记并重新办理税务登记的，在迁达地保留增值税一般纳税人资格，办理注销税务登记前尚未抵扣的进项税额允许继续抵扣。

因此，有增值税留底税额的一般纳税人在向迁出地主管税务机关办理异地迁移注销时，不能申请留抵税额退税，但一定要取得该税务机关出具的《增值税一般纳税人迁移进项税额转移单》，及时到迁达地主管税务机关办理存续抵扣手续，并申报抵扣。

问题97　企业办理地址迁出，是否需要进行企业所得税清算？

根据《财政部　国家税务总局关于企业清算业务企业所得税处理若干问题的通知》（财税[2009]60号）的规定，企业清算的所得税处理，是指企业在不再持续经营，发生结束自身业务、处置资产、偿还债务以及向所有者分配剩余财产等经济行为时，对清算所得、清算所得税、股息分配等事项的处理。下列企业应进行清算的所得税处理：（一）按《公司法》《企业破产法》等规定需要进行清算的企业；（二）企业重组中需要按清算处理的企业。因此，企业虽然迁出但企业继续经营时，且未对资产、债务进行处置，未向所有者分配剩余财产的，不需要进行企业所得税清算。

综上分析，企业在境内发生异地迁移，并改变主管税务机关的，不需要进行所得税清算，但需要结清应纳税款、多退（免）的税款以及滞纳金、罚款等，一般纳税人存在留抵税额的，可以通过《增值税一般纳税人迁移进项税额转移单》在迁入地存续抵扣。

六、企业注销

办理企业注销时，要先注销流转税，以便流转税在企业所得税税前扣除；要注意避免，先注销企业所得税，导致流转税无法在企业所得税税前扣除的情况发生。

需要说明的是，涉及房地产并购筹划方案时，更多关注的是企业注销时股东所得税的处理。

问题98　企业注销可以走简易注销程序吗？

注册容易注销难，这一难题一直困扰着吃瓜群众，僵尸企业已经成为广为诟病的社会热点问题，老百姓热切期盼税务机关和工商部门能联合起来，出台企业简易注销程序的相关政策。2018年1月15日，工商总局与税务总局近日联合下发《关于加强信息共享和联合监管的通知》（工商企注字[2018] 11号），该通知对简易注销程序、简易注销的企业范围以及税务部门可提出异议的情形等做出了具体规定，从而建立起了我们国家的简易注销制度。

第七章 资产转让

第一节 资产转让之多税种

一、工程转让

在转让取得《施工许可证》的在建工程时，转让方和受让方涉及的土地增值税和增值税等都有一系列重大问题需要准确把握科学决策。

问题99 工程转让属于"转让无形资产"还是属于"销售不动产"？

财税〔2003〕16号文规定，"二、关于适用税目问题（七）单位和个人转让在建项目时，不管是否办理立项人和土地使用人的更名手续，其实质是发生了转让不动产所有权或土地使用权的行为。对于转让在建项目行为应按以下办法征收营业税：1.转让已完成土地前期开发或正在进行土地前期开发，但尚未进入施工阶段的在建项目，按'转让无形资产'税目中'转让土地使用权'项目征收营业税。2.转让已进入建筑物施工阶段的在建项目，按'销售不动产'税目征收营业税。在建项目是指立项建设但尚未完工的房地产项目或其它建设项目"。

注意，上述16号文对"转让土地使用权"和"销售不动产"的划分标准，是以是否进入施工阶段为标准，笔者觉得也就是以是否取得《施工许可证》为标准。显然，这种划分标准与房屋建设工程完成投资总额25%的标准产生了明显的矛盾，而这个房地产业界家喻户晓的25%的出身却是很高贵。它出自1995年1月1日起施行的《中华人民共和国城市房地产管理法》第39条（2007年修改前为第38条）规定。《城市房地产管理法》第39条规定"以出让方式取得土地使用权的，转让房地产时，应当符合下列条件：（一）按照出让合同约定已经支付全部土地使用权出让金，并取得土地使用权证书；（二）按照出让合同约定进行投资开发，属于房屋建设工

— 93 —

程的，完成开发投资总额的百分之二十五以上，属于成片开发土地的，形成工业用地或者其他建设用地条件。转让房地产时房屋已经建成的，还应当持有房屋所有权证书"。按照国家税务总局16号文只要取得《施工许可证》就算是"销售不动产"，按照《房地产管理法》第39条取得《施工许可证》还得投资达到25%才能算"销售不动产"！

矛盾了，怎么办？当然，作为法律专业工作者，这根本不应该成为问题，因为按照《立法法》下位法服从上位法的法律适用原则，当然是全国人大的《房地产管理法》第39条碾压国家税务总局的16号文。但是，笔者这次违背法律专业精神要力挺16号文，不支持25%。原因如下：一是1995年《房地产管理法》第39条有关25%的规定，是在1993年海南房灾刚刚平定还心有余悸的心态下匆忙出台的，患有严重的过犹不及之症。试想，企业如果真的已经拿到《施工许可证》且投资已达到25%了，马上就要卖房子了（现实中是更多的人还没有《施工许可证》却早就开始卖房子了），谁还转让项目啊，除非是傻子。二是该25%可操作性太差，在实践中引起了很多麻烦甚至混乱，这一点在本书第二章房地产实务中已经有详细介绍，这里就不再赘述了。三是以是否取得《施工许可证》为标准，简单易行可操作性甚好。

综上所述，取得《施工许可证》的在建工程转让本书称之为"工程转让"；而没有取得《施工许可证》的在建工程转让，其本质属于土地使用权转让，故本书称之为"土地转让"。当然，本书第二章房地产实务中，并不是这么划分的。

问题100　土地增值税有什么样的世界版图和发展史？

土地增值税是工程转让需要考虑的首要问题，从下面几个问题着手，笔者先把土地增值税的基础知识做一全面介绍，以利于读者在工程转让实务中，抓住土地增值税这个工程转让之"锚"。要想研究工程转让的税务规划，必须先搞明白很多土地增值税的基础知识。

土地增值税最早产生在中国青岛，1898年德国在青岛德租界开征土地增值税，1904年，德国本土正式开征土地增值税，过了7年，在德联邦推广。英国在德联邦推广的前一年开征土地增值税，日本在1923年开征土地增值税，中华民国也在20世纪30年代一度开征了土地增值税。然而由于各种原因，很多国家取消了土地增值税，其主要原因是房子涨价停止，不需要征土地增值税，当然也有其他的原因。现在全球有四个国家或地区还在征收土地增值税，即中国大陆、意大利、韩国和中国台湾地区。开征土地增值税的国家或地区在具体征收上也有不同，一是征收对象上，中国大陆和意大利相同，包括土地和建筑物、附着物，房子和地都作为课税收入（对象），中国台湾和韩国则仅针对土地增值进行课税。

1993年因为遇到海南的房价暴涨。朱镕基总理上台之后断然采取各项严厉措施，包括土地增值税的横空出世，海南的房价也就应声而落。海南房价迅速下降后，土地增值税的征收管理基本处于停滞状态。其实这个税种出来后，知道怎么征这个税的人并不多，几乎没怎么征。

在2004年中国大陆的房价像脱缰的野马而一骑绝尘之际，土地增值税自然就二次出山了。但大家都不知道怎么征，也没有做提前准备。所以基本上都以核定征收来征。这种情况直到2007年才得到改观。2007年国家出台了一个标志性文件，国税发〔2006〕187号文，这是土地增值税的第一个关于清算的具体文件，其在土地增值税清算领域一统江湖的地位直到今天也无人撼动。

时至今日，这个被称为"房地产第二企业所得税"的税种，因其税率高，征管程序复杂，已经成为广大纳税人和税务人员关注的热点税种。甚至有人喊出了"中国房地产企业的税务总监就是土增总监"的口号。

问题101 土地增值税的最大特点是什么？

虽然说土地增值税的课税对象很明确，即主要是对转让国有土地使用权、地上建筑物及其附属物征收，但是，其税种归类却十分困难。如果说是流转税应该没错，因为是在流转环节征税；如果说是所得税也没错，因为有扣除项目，扣除标准，是对所得征税；如果说是行为税也对，因为是对土地课税。

问题102 为什么要针对房地产征收土地增值税？

几乎所有行业的利润来源主要是靠产品的质量和服务，即产品的增值，这种增值的本质特点是，靠流血流汗的劳动所得。例如餐馆的利润来源，是餐馆的饭菜做得好；宾馆的利润来源，是宾馆的服务搞得好。但是，房地产作为特殊产业，却有两个利润来源，即除产品增值这个各个行业都有的利润来源之外，还有一个特殊的利润来源，即土地增值，前文说过，在房地产行业的土地红利时代，土地增值甚至长期成为房地产的主要利润来源。

这个土地增值是从哪里来的呢？这中间不可否认有房地产企业投资的因素，但更多的是国家利用纳税人的钱建设基础设施，包括道路、公园、医院、学校，从而使土地价值不断增加。所以，国家对房地产这部分土地增值的利润进行征税，也是顺理成章的事。

问题 103 为什么国家要专门针对土地增值税地征收设计一个"加计扣除"的制度？

我们先来看看"加计扣除"制度的法律依据。

国务院令1993年138号《土地增值税暂行条例》第六条规定了土地增值税的扣除项目：1. 取得土地使用权所支付的金额；2. 开发土地的成本、费用；3. 新建房及配套设施的成本、费用，或者旧房及建筑物的评估价格；4. 与转让房地产有关的税金；5. 财政部规定的其他扣除项目。其中，第5项就隐含了我们通常所说的"加计扣除"项目。

《土地增值税暂行条例实施细则》（财法字〔1995〕6号）第七条对《土地增值税暂行条例》第六条进行了解释和明确：1. 取得土地使用权所支付的金额，是指纳税人为取得土地使用权所支付的地价款和按国家统一规定缴纳的有关费用。2. 开发土地和新建房及配套设施（以下简称房地开发）的成本，是指纳税人房地产开发项目实际发生的成本（以下简称房地开发成本），包括土地征用及拆迁补偿费、前期工程费、建筑安装工程费、基础设施费、公共配套设施费、开发间接费。（其中：土地征用及拆迁补偿费，包括土地征用费、耕地占用税、劳动力安置费及有关地上、地下附着物拆迁补偿的净支出、安置动迁用房支出等）……6. 根据条例第六条（五）项规定，对从事房地产开发的纳税人可按本条1、2项规定计算的金额之和，加计20%的扣除。

可见，所谓"加计扣除"就是国家专门制定制度，允许纳税人在计算土地增值税纳税所得时，重复扣除部分成本，从而降低纳税所得，最终达到减少纳税人缴税数额的目的。

为什么国家应该全部吃到嘴里的肉，一定要硬生生地吐出来一小块呢？换句话说，加计扣除制度的内在逻辑是什么呢？

上文说过，房地产有两个利润来源。第一个是产品增值，其本质是流血流汗劳动所得；第二个是土地增值，本质是不用流血流汗的资本利得。而土地增值税把上边这两个利润来源的哪一个作为课税对象呢？顾名思义，土地增值税当然只能对土地增值进行课税，也就是说，只针对第二个利润来源征税，而不针对第一个利润来源（产品增值）征税。

试想一下，假如土地增值税的计算方法跟其他所得税一样，纳税所得等于收入减去成本，那么，这时的这个纳税所得显然既包含房地产的土地增值也包含房地产的产品增值，也就是说，这种算法既把房地产的第二个利润来源征了税，也把本来不想征税的第一个利润来源给征了税。所以，国家要想真正体现土地增值税的征收本意，就应该把本来不想征税的第一个利润来源给剔除出去才是正理。问题是，第一个利润来源如何量化呢？所得基数如何计算？利润率如何衡量？这时候，国家想把复杂问题简单化，别费力地量化第一个利润来源了，干脆纳税人在成本扣除时重复扣除一块成本得了，如此一来，纳税人无端增加了一块成本，在收入不变的情况下不就少缴税了，所谓糊涂算账糊涂了。至于重复扣除多少成本呢？冒估一下，就按取得土地使用权所支付的金额与开发土地的成本、费用两项项成本之和的20%重复扣除吧。

税务界把这种以房地产企业少缴税为目的，用重复扣除成本代替少算利润的特殊计算方法称之为"加计扣除"。

问题104　工程转让的转让方能否享受加计扣除政策？

虽然转让方没有把项目开发完就把项目给卖了，但转让时完成投资总额已经达25%，按照财税〔2003〕16号文规定，在建工程转让应该按照"销售不动产"进行税务处理。所以，转让方直接比照转让商品房清算进行加计扣除，计算增值额和增值率，使用对应税率。

问题105　受让方后续开发建设能否再次加计扣除？

目前税务机关及税务界主流观点是若转让方在转让时进行了加计扣除，则受让方在后续销售时就不能再次加计扣除。主要理由是一个土地资产在土地增值税清算链条中只能做一次加计扣除。

笔者认为这个理由不能成立。原因有二，一是所谓一个土地资产在土地增值税清算链条中只能做一次加计扣除，必须满足一个前提条件，即在于同一纳税主体下。对不同的两个纳税主体，因上一主体享受了加计扣除，而否认下一主体享受的加计扣除待遇，于法于理不通。二是加计扣除政策的真正目的是要避免对产品增值部分的利润进行征税。按照这个目的理解，任何一个主体只要对房屋进行了投资对产品增值部分的利润做出了贡献，就应该有权利享受加计扣除政策待遇。这也完全符合国家税务总局国税函发1995年110号《土地增值税宣传提纲》第六条前三项规定之精神。否则，投资25%的转让方都享受了加计扣除待遇，后续投资75%的受让方反而不能享受加计扣除待遇。如此执法，不但于法于理不通，于情更是何堪呢？

有人也许要说了，按照你这个逻辑，难道转让十次就要加计扣除十次不成？笔者觉得，加计扣除次数多少不是本质所在，只要符合法律规定和土地增值税的征收逻辑和原理，即使加计扣除一百次"歌照唱、马照跑、舞照跳"。再者说，转一次交一次税，转两次交两次税（可不仅限于土地增值税，还有企业所得税、增值税和契税），税务机关恐怕高兴还来不及！当然，也没人闲得慌老转项目，一遍又一遍地争做光荣的纳税人。

问题106　为什么国家要针对房地产企业制定"差额扣除"政策？

　　我们都知道，虽然在中国政府是土地一级市场的唯一供应方，但政府按照规定程序出让土地使用权，收取土地出让金，不可能开具增值税专用发票供房地产企业（笔者也没想明白，政府既然已经下场做生意了，并且土地使用权出让合同已经被法院定性为民事合同，为什么就不给交易伙伴发票呢）用于进项额抵扣。可是，土地成本却是房地产企业最重要的成本项目，若不能抵扣必将给房地产行业带来不利影响。为此，《财政部、国家税务总局关于全面推开营业税改征增值税试点的通知》（财税〔2016〕36号）附件2《营业税改征增值税试点有关事项的规定》第一条第（三）项规定：房地产开发企业中的一般纳税人销售其开发的房地产项目（选择简易计税方法的房地产老项目除外），以取得的全部价款和价外费用，扣除受让土地时向政府部门支付的土地价款后的余额为销售额。说白了，就是房地产企业算销售额时，不按收到的全部价款计算，可以先把交给政府出让金的数额刨出去，也就是把全部销售价款减去土地出让金后的"差额"作为销售额。如此一来，通过减少销售额代替增加进项额的办法，等于变相把没有专用发票的土地出让金数额做了抵扣，从而达到了不让房地产企业吃亏的立法目的。这也应了那句话，办法总比困难多。

　　问题是，虽然住建部已经三令五申不让搞毛地出让，但还是有房地产企业购买毛地或生地用于房地产开发。在前文书（本书第二章房地产实务中）详细说过，毛地出让的土地使用权出让合同中土地出让金的全额只是政府收益部分，而数额更大的拆迁成本支出却无法在土地使用权出让合同中体现。如果只有出让合同中的土地出让金可以"差额扣除"，而最大量的拆迁成本不能享受"差额扣除"待遇，那么，毛地开发房地产企业的税负必然高于购买熟地的房地产企业。

　　为了解决房地产实务中出现的这一问题切实体现公平税负立法正义，《财政部、国家税务总局关于明确金融、房地产发、教育辅助服务等增值税政策的通知》（财税〔2016〕140号）第七条规定，《营业税改征增值税试点有关事项的规定》（财税〔2016〕36号）第一条第（三）项第10点中"向政府部门支付的土地价款"，包括土地受让人向政府部门支付的征地和

— 98 —

拆迁补偿费用、土地前期开发费用和土地出让收益等。房地产开发企业中的一般纳税人销售其开发的房地产项目（选择简易计税方法的房地产老项目除外），在取得土地时向其他单位或个人支付的拆迁补偿费用也允许在计算销售额时扣除。纳税人按上述规定扣除拆迁补偿费用时，应提供拆迁协议、拆迁双方支付和取得拆迁补偿费用凭证等能够证明拆迁补偿费用真实性的材料。说白了，就是毛地开发的房地产企业的拆迁成本即使没有可抵扣发票也可以抵扣，只不过要用拆迁协议和支付凭证等证明拆迁费用的真实性，而不能弄虚作假乘机揩国家之油。

税务界把这种不把全部销售价款作为销售额，而是把减去土地出让金后的"差额"作为销售额的特殊计算方法称之为"差额扣除"。

显然，"差额扣除"政策跟"加计扣除"政策最主要的区别就是二者的适用范围不同。"加计扣除"政策是专门针对土地增值税量身定做的，只有在征收土地增值税时才适用。而"差额扣除"政策，则主要针对增值税而言，当然，凡是涉及销项额的税种（如增值税、企业所得税）都可以适用"差额扣除"政策。只不过增值税和企业所得税在适用"差额扣除"政策时，在具体算法上有所区别，具体区别这里就不展开阐述了。

问题107　在建工程转让方计算增值税销售额时能否享受差额扣除政策？

在笔者看来，这个问题根本就不应该产生争议。因为，既然在建工程转让适用税目是"销售不动产"，而国家税务总局2016年第18号公告第四条规定，"房地产开发企业中的一般纳税人销售自行开发的房地产项目，适用一般计税方法计税，按照取得的全部价款和价外费用，扣除当期销售房地产项目对应的土地价款后的余额计算销售额。"尤其是该18号公告第三条特别强调，"房地产开发企业以接盘等形式购入未完工的房地产项目继续开发后，以自己的名义立项销售的，属于本办法规定的销售自行开发的房地产项目。"这两条联合起来理解，在建工程转让方享受差额扣除政策就是顺理成章的事情。否则，一方面由于国土部门不给开具发票无法扣除土地成本，另一方面又要求房地产企业全额开具发票给下家，这不是既让马儿跑又不让马吃草吗？天理何在？

令人十分诧异的是，实践中征纳双方对这个问题产生了巨大的争议，甚至好多税务大咖或含糊其辞或故弄玄虚。于是，这个本不是问题的问题，竟演变脱胎成了一代"网红"问题，大有成为"世纪之问"之势。

只是最近，一道寒光使这个问题现了原形：2018年4月27日，国家税务总局举办第二季度税收政策解读视频会上，有网友提问：一家房地产企业，近期准备转让一个尚未完工的在建工程项目，这个项目适用增值税一般计税方法。转让该在建工程项目，对应的土地价款允不允许差额扣除？如何扣除？国家税务总局货物和劳务领导答复：房地产开发企业一次性转让尚未完工的在建工程，该工程项目适用一般计税方法的，以取得的全部价款和价外费用，一次性扣除向政府部门支付的土地价款后的余额计算缴纳增值税。

问题108　在建工程受让方还能享受差额扣除政策吗？

按照财税［2003］16号文规定，在建工程转让适用税目为"销售不动产"，且"销售不动产"属于普通交易，所以，受让方完全没理由考虑差额扣除。

国家税务总局关于发布《房地产开发企业销售自行开发的房地产项目增值税征收管理暂行办法》（国税总局［2016］18号）第一章第三条规定，房地产开发企业以接盘等形式购入未完工的房地产项目继续开发后，以自己的名义立项销售的，属于本办法规定的销售自行开发的房地产项目。第二章第四条规定，房地产开发企业中的一般纳税人销售自行开发的房地产项目，适用一般计税方法计税，按照取得的全部价款和价外费用，扣除当期销售房地产项目对应的土地价款后的余额计算销售额。这第三条和第四条连起来看，也就是说在建工程转让的二手项目计算销售额时也要扣除土地价款，这就是差额扣除。即这两个法律条文联合起来理解是可以得出在建工程转让的二手项目也适用差额扣除政策的结论。

但问题是，工程转让有转让方和受让方两个当事人，是两个当事人都适用差额扣除呢？还是只有受让方适用而转让方不适用？抑或是只有转让方适用而受让方不适用？这个，18号公告法律条文虽没有明说，但笔者觉得法律条文的本意，只能是只有转让方适用而受让方不适用。因为，既然这两个条文是针对差额扣除制度而产生的，那么，我们要想准确把握立法本意必须结合差额扣除制度的设计逻辑和根源。差额扣除制度之所以产生是因为企业作为下手在支付了土地价款之后却拿不到上手国土部门的发票进行抵扣，是一种无可奈何之下的特殊制度。换句话说就是，如果作为下手的企业能够拿到上手的进行抵扣的发票就没必要考虑适用差额扣除制度的问题。

综上所述，在建工程转让适用税目为"销售不动产"，属于普通交易，转让方依法应该给受让方开具增值税发票，以便受让方进行进项抵扣，所以，受让方完全没理由享受差额扣除政策。换一句话说就是，所谓差额扣除政策是由于国土部门在土地使用权出让过程中无法开具增值税发票而引发的，现在转让方都给开具了增值税发票了，依法进行进项抵扣就可以了。比喻一下就是，咱都有进项抵扣的馒头了为啥还老惦记着差额扣除那块窝头呢？

问题109　受让方无法取得发票能否用法院判决书作为扣除凭据享受差额扣除政策？

《纳税人转让不动产增值税征收管理暂行办法》（国税总局〔2016〕14号）第八条规定：纳税人按规定从取得的全部价款和价外费用中扣除不动产购置原价或者取得不动产时作价的，应当取得符合法律、行政法规和国家税务总局规定的合法有效凭证。

上述凭证是指：

（一）税务部门监制的发票。

（二）法院判决书、裁定书、调解书，以及仲裁裁决书、公证债权文书。

（三）国家税务总局规定的其他凭证。

由于工程转让的适用税目是"销售不动产"，自然上述14号公告的规定就可以适用。也就是说，受让方拿不到发票，能拿到法院判决书也成。

问题110　在建工程转让能享受企业所得税特殊税务处理优惠吗？

在经济全球化的背景下，企业并购重组作为一种直接投资方式，已成为各国经济发展不可忽视的力量。2008年全球金融危机以来，中国企业并购重组不断发展，已成为企业加强资源整合、实现快速发展和提高竞争力的有效措施，房地产行业处于两极分化的历史时期，并购重组更是高潮迭起甚至达到了白热化的程度。

税收政策作为企业兼并重组政策的重要组成部分，在促进并购重组过程中发挥着积极作用。由此，2009年4月30日业界赫赫有名的59号文《财政部国家税务总局关于企业重组业务企业所得税处理若干问题的通知》应运而生，且特别明确该59号文的规定自2008年1月1日开始实施，国家对并购重组支持的力度之大可见一斑。

根据59号文第三条规定"企业重组企业所得税的税务处理区分不同条件分别适用一般性税务处理规定和特殊性税务处理规定"。

根据59号文第五条以及与之配套的109号文的规定，在建工程转让要想适用企业所得税特殊性税务处理规定，需要同时满足以下条件：

(1) 具有合理的商业目的，且不以减少，免除或者推迟缴纳税款为主要目的。

(2) 受让企业收购的资产不低于转让企业全部资产的50%。

(3) 企业重组后的连续12个月内不改变重组资产原来的实质性经营活动。

(4) 受让企业在该资产收购发生时的股权支付金额不低于其交易支付总额的85%。

(5) 企业重组中取得股权支付的原主要股东（"原主要股东"一词，只能用于股权转让的情况，资产转让应表述为"转让企业或一方"），在重组后连续12个月内不得转让所取得的股权。

其中"企业重组后连续12个月内"是指自重组日起计算的连续12个月内；"原主要股东"是指原持有转让企业或被收购企业20%以上股权的股东。

房地产实务中特别需要注意的是，如果重组交易是分期分批进行的，那么，只有在重组发生前后12个月内满足上述50%和85%，也视为满足符合特殊重组法定条件，享受相应特殊税务处理的政策优惠。这样做的法律依据是59号文第十条的规定，"企业在重组发生前后连续12个月内分步对其资产、股权进行交易，应根据实质重于形式原则将上述交易作为一项企业重组交易进行处理"。

根据59号文第六条的规定，符合上述五个法定条件适用特殊税务处理的在建工程转让，其股权支付部分可以选择按以下规定处理企业所得税：

(1) 转让企业取得受让企业股权的计税基础，以被转让资产的原有计税基础确定。

(2) 受让企业取得转让企业资产的计税基础，以被转让资产的原有计税基础确定。

说白了，就是由于股权支付部分没有产生现金流，无论是收到股权的一方还是收到资产的一方，都实行等价转让都不用缴纳企业所得税了。

根据59号文第三条第三款的规定，不能满足特殊税务处理法定条件的在建工程转让，只能适用一般性税务处理来缴纳企业所得税：

(1) 被收购方应确认资产转让所得或损失。

(2) 收购方取得资产的计税基础应以公允价值为基础确定。

(3) 被收购企业的相关所得税事项原则上保持不变。

说白了，在建工程转让一般性税务处理就是视同销售，税一个也不能少。

根据《国务院关于取消非行政许可审批事项的决定》（国发［2015］27号）的附件《国务院决定取消的非行政许可审批事项目录》第47项，企业符合特殊性税务处理规定条件业务的核准已被取消。同时，根据国税［2015］48号公告，财税［2009］59号文规定的备案和国税［2010］4号文规定请求税务机关确认的做法已不再执行，而是直接改为年度所得税汇算清缴时进行申报并提交相关资料的方式。但是，拟实施重组交易的企业在适用特殊性税务处理等税收优惠政策时仍然要注重依照相关规定向税务机关履行申报和报告义务，避免因程序不合规而导致适用税收优惠政策存在瑕疵的风险。

二、土地转让

没有取得《施工许可证》的在建工程转让，其本质是土地使用权转让，转让方和受让方涉及的土地增值税和契税等都有一系列重大问题需要准确把握科学决策。

问题111 土地转让属于"转让无形资产"还是属于"销售不动产"？

财税［2003］16号文规定，"二、关于适用税目问题（七）单位和个人转让在建项目时，不管是否办理立项人和土地使用人的更名手续，其实质是发生了转让不动产所有权或土地使用权的行为。对于转让在建项目行为应按以下办法征收营业税：1. 转让已完成土地前期开发或正在进行土地前期开发，但尚未进入施工阶段的在建项目，按'转让无形资产'税目中'转让土地使用权'项目征收营业税。2. 转让已进入建筑物施工阶段的在建项目，按'销售不动产'税目征收营业税。在建项目是指立项建设但尚未完工的房地产项目或其它建设项目。"

前文书刚刚说过，虽然这个财税［2003］16号文与《房地产管理法》第39条矛盾了，但笔者支持财税［2003］16号文。所以，取得《施工许可证》的在建工程转让本书称之为"工程转让"；而没有取得《施工许可证》的在建工程转让，其本质属于土地使用权转让，故本书称之为"土地转让"。也就是说，土地转让应该按"转让无形资产"税目中"转让土地使用权"项目征税。

问题112 土地转让国土部门能给办理土地过户手续吗？

实践中，国土部门严格按照《房地产管理法》第39条的规定执行，所以，土地转让由于投资没达到25%不能办理过户手续。但是，不能过户只是在《物权法》层面不能完成物权变动，而《合同法》层面双方签订的合同却是合法有效的。所以，有些转让方和受让方手持法院生效判决，要求国土部门给予办理过户手续，这时国土部门一般会尊重法院判决给予办理。

值得注意的是，在司法实践中，以2010年为界，之前有部分转让方和受让方通过土地使用权转让纠纷诉讼裁判过户，之后法院对此类案件立案审查趋严，尤其在2012年民事诉讼法修改后第一百一十二条增加虚假诉讼承担责任之规定，更是吓退了很多想通过诉讼裁判过户的当事人。

问题113　土地转让国土部门不给办理土地过户手续，有什么其他好的办法打消受让方"既出了钱又得不到土地"的疑虑吗？

实际上，根据《物权法》预告登记制度可以很好地解决这个问题。所谓预告登记就是在国土部门做一个初步登记，这个登记虽然不算过户土地，但却具有法定的排他性，排除了地球上其他人再来过户该宗土地的可能性。如此，受让方在合同有效的基础上，又多了一道法律保险，可以彻底打消转让方私底下一地多卖的企图，从此可以放心大胆进行投资，等达到25%以后再办理正式土地过户。也就是说，2007年10月1日实施的《物权法》通过预告登记制度，对《房地产管理法》第39条的规定做出了补救。但不知为什么，好多地方不办理预告登记业务，明目张胆地违法，不能不令人慨叹司法权威颜面何在。但也有的地方政府十分自觉，并且出文支持。2018年4月8日，石家庄市政府出台《完善土地二级市场，健全便民服务体系》，其中明确规定"二、投资总额未达到百分之二十五的在建工程，可以按照'先投入后转让'的原则，允许交易双方签订国有建设用地使用权转让合同后，依法办理预告登记，待开发投资达到转让条件时，再办理不动产转移登记手续"。

问题114　土地转让的转让方和受让方能否享受加计扣除政策？

如前，能否加计扣除主要是看对产品利润是否做出了投资；按照国家税务总局关于印发《土地增值税清算鉴证业务准则》的通知（国税发［2007］132号）的说法叫"是否进行实质性改良或开发"。

按照这个立法本意，受让方加计扣除当无争议。

问题是，转让方取得了《国有建设用地使用权证》后，找设计院进行了施工图设计甚至做了招投标工作，尤其是办理《工程规划许可证》需要缴纳各个行政口大量的公共配套费用，这一系列工作够不够得上"进行实质性改良或开发"？笔者觉得，应该够得上。如此，转让方也应该享受加计扣除政策。

第七章 资产转让

问题115　土地转让的转让方能否享受差额扣除政策?

实践中，2016年5月1日之前老项目净地转让可以享受增值税差额扣除政策。有的税务机关认为，2016年5月1日之后，一般纳税人的新项目净地转让就不能差额扣除了，理由是不符合"自行开发"的概念。笔者觉得这不符合差额扣除的本意，因为差额扣除的根本原因在于土地一级市场的供应者未能提供发票，所以，只要企业没能取得土地成本增值税发票，不管是老项目还是新项目都应该可以差额扣除。否则，这时候不让差额扣除，受让方由于可以取得转让方的增值税发票，又不需要差额扣除，难道土地已转让差额扣除就"不翼而飞"了不成？

至于土地增值税和企业所得税转让方也应该享受差额扣除政策。

问题116　土地转让和工程转让是否以产权登记为纳税的形式要件?

我国《物权法》第九条第一款规定"不动产物权的设立、变更、转让和消灭，经依法登记，发生效力；未经登记，不发生效力，但法律另有规定的除外。"该条款与第二十三条在法律界称之为"物权公示原则"，属于《物权法》四大原则之一。此处的"法律另有规定的除外"中的"法律"专门指的是全国人大及其常委会出的条文（如《物权法》第二十八条、第二十九条和第三十条），连国务院出台的文件都不能对抗，当然国家税务总局出台的文件更不能对抗。

跟现在这个问题相关的是《物权法》第二十八条的规定"因人民法院、仲裁委员会的法律文书或者人民政府的征收决定等，导致物权设立、变更、转让或者消灭的，自法律文书或者人民政府的征收决定等生效时发生效力。"也就是说，现实生活中发生了上述这三种情况，可以不适用《物权法》第九条第一款规定，说白了就是，这三种情况下即使没有进行登记也算物权变动完成了。从税务机关角度说，就是虽然没登记也产生依法缴纳土地增值税和契税等义务。国税[2005]1103号《国家税务总局关于以房抵债未办理房屋产权过户手续征收营业税问题的批复》，就准确地体现了这种立法精神。

但是，令人十分诧异的是，就在《物权法》颁布（2007.3.16）后实施（2007.10.01）前的2007年6月14日国家税务总局"又"对四川省地方税务局出了一个批复，《国家税务总局关于未办理土地使用权证转让土地有关税收问题的批复》，也就是一石激起千层浪引发巨大争议而一举成名的国税函[2007]645号。该645号文明确指出，"土地使用者转让、抵押或置换

— 105 —

土地，无论其是否取得了该土地的使用权属证书，无论其在转让、抵押或置换土地过程中是否与对方当事人办理了土地使用权属证书变更登记手续，只要土地使用者享有占有、使用、收益或处分该土地的权利，且有合同等证据表明其实质转让、抵押或置换了土地并取得了相应的经济利益，土地使用者及其对方当事人应当依照税法规定缴纳营业税、土地增值税和契税等相关税收。"显然，上述说法明显与《物权法》第九条第一款相矛盾，理论上说一个批复连部门规章都算不上，却去碰撞全国人大出的《物权法》，无疑是鸡蛋碰石头，因为若法律规定出现矛盾，下位法必须服从上位法的规定是法律适用的基本原则，但现实是，征纳双方按照645号文办事的不在少数，已成主流之势。

如果撇开营业税和土地增值税，但就契税而言，国税函[2007]645号如此规定也有一定的上位法支撑，那就是国务院出台的《中华人民共和国契税暂行条例》，该条例第八条规定，"契税的纳税义务发生时间，为纳税人签订土地、房屋权属转移合同的当天，或者纳税人取得其他具有土地、房屋权属转移合同性质凭证的当天。"但是，笔者觉得，在税收法定喊得震天响的当下，国务院这个所谓上位法，应该得到旗帜鲜明的否定。因为在全国人大的《物权法》第九条第一款面前，国务院的《契税暂行条例》就不能称其为上位法，反而称为下位法了。

问题117 土地转让还没有土地证就把项目卖了是否存在缴纳两次契税的风险？

按照上述国税函[2007]645号文，转让方虽然没有进行登记取得土地证，但是按照实质重于形式原则应该缴纳一道契税。然后，受让方受让二手地当然也要缴纳契税。如此，则需要缴纳两次契税。

当然，按照税收法定原则，我国《物权法》第九条第一款的规定，土地转让应该以产权登记为缴纳契税的形式要件。如此，这两次"转让"，没有进行不动产登记的那次"转让"就不应该定性为转让土地使用权，应该定性为转让方把合同的权利义务概括转让给了受让方；而进行不动产登记的那次"转让"应该定性为转让土地使用权。如此，则只需缴纳一次契税。

问题118 土地转让能享受企业所得税特殊税务处理优惠吗？

从理论上来说，只要是企业在日常经营活动以外发生的经济结构重大改变的交易，都属于企业重组行为，都有可能适用59号文特殊税务处理的规定。所以，无论是在建工程转让还是投资没有达到25%土地转让，在能否适用特殊税务处理这一问题上应该无区别对待，一律给予适用特殊税务处理的权利。至于土地转让投资没达到25%违反《城市房地产管理法》第39条的规定，这跟能否适用特殊税务处理没有关系。

至于适用特殊税务处理的五大法定条件和税务优惠政策，可参见本书"在建工程转让"的相关内容，这里就不再赘述了。

三、分公司经营

若房地产项目在分公司名下，可考虑转让分公司的经营权，进而达到转让房地产项目的目的，前提是当地税务机关认可分公司可领发票并进行土地增值税的清算。

问题119　分公司领发票进行土地增值税清算的法律依据何在?

按照我国现行税收征管的相关规定，对这一问题并没有明确的规定。按照"有法律从法律没法律从法理"法律适用原则，这一问题应该从法理上寻求答案。在税务实践中，母公司持有子公司100%股权的情况下，子公司可以领发票进行土地增值税清算。依照《公司法》理论，母分公司之间的"血缘"关系，要明显比母子公司之间的"血缘"关系更近。如此，既然子公司都可以领发票进行土地增值税清算，那么分公司就更应该可以了。

问题120　分公司领发票进行土地增值税清算的做法占主流吗?

实践中，大部分税务机关认为，分公司不能领发票，只能总公司领发票，且土地增值税清算前，必须把分公司的土地（往往在外地）过户到总公司，然后再进行土地增值税的清算，笔者认为这种做法从根本上搞乱了分公司与母公司之间的法律本质，也给房地产企业造成了不小的累赘。但是，还是有少数税务机关认为分公司依法是可以领发票的，笔者觉得这些税务机关应该获得肯定。

问题121　分公司增值税和企业所得税也能在分公司所在地缴纳吗?

笔者认为增值税按照属地管辖可以在分公司所在地缴纳。2017年版《增值税暂行条例》第二十二条规定"增值税纳税地点：（一）固定业户应当向其机构所在地的主管税务机关申报纳税。总机构和分支机构不在同一县（市）的，应当分别向各自所在地的主管税务机关申报纳税；经国务院财政、税务主管部门或者其授权的财政、税务机关批准，可以由总机构汇总向总机构所在地的主管税务机关申报纳税。"

但企业所得税却不能。依据2007年《中华人民共和国企业所得税法》第五十条第二款规定"居民企业在中国境内设立不具有法人资格的营业机构的，应当汇总计算并缴纳企业所得税。"国家税务总局关于《跨地区经营汇总纳税企业所得税征收管理办法》（国税发［2012］57号）第七条规定"企业所得税分月或者分季预缴，由总机构所在地主管税务机关具体核定。"

四、执行拍卖

房地产企业通过人民法院强制执行拍卖方式竞买项目时，要特别注意税费的承担、发票的取得及价格是否明显偏低等问题对后续纳税的影响。

问题122　执行拍卖能否享受财税［2011］59号文特殊税务处理的优惠政策？

根据财税［2011］59号文第三条规定"企业重组企业所得税的税务处理区分不同条件分别适用一般性税务处理规定和特殊性税务处理规定"。

根据财税［2011］59号文第五条以及与之配套的财税［2014］109号文的规定，要想适用企业所得税特殊性税务处理规定，需要同时满足以下条件：

（1）具有合理的商业目的，且不以减少，免除或者推迟缴纳税款为主要目的。

（2）受让企业收购的资产不低于转让企业全部资产的50%。

（3）企业重组后的连续12个月内不改变重组资产原来的实质性经营活动。

（4）受让企业在该资产收购发生时的股权支付金额不低于其交易支付总额的85%。

（5）企业重组中取得股权支付的原主要股东，在重组后连续12个月内不得转让所取得的股权。

其中"企业重组后连续12个月内"是指自重组日起计算的连续12个月内；"原主要股东"是指原持有转让企业或被收购企业20%以上股权的股东。

特别需要注意的是，如果重组交易是分期分批进行的，那么，只有在重组发生前后12个月内满足上述50%和85%，也视为满足符合特殊重组法定条件，享受相应特殊税务处理的政策优惠。这样做的法律依据是59号文第十条的规定，"企业在重组发生前后连续12个月内分步对其资产、股权进行交易，应根据实质重于形式原则将上述交易作为一项企业重组交易进行处理。"当然，执行拍卖这种情况相对较少。

根据财税［2011］59号文第六条的规定，符合上述五个法定条件适用特殊税务处理的在建工程转让，其股权支付部分可以选择按以下规定处理企业所得税：

（1）转让企业取得受让企业股权的计税基础，以被转让资产的原有计税基础确定。

（2）受让企业取得转让企业资产的计税基础，以被转让资产的原有计税基础确定。

说白了，就是由于股权支付部分没有产生现金流，无论是收到股权一方还是收到资产的一方，都实行等价转让都不用缴纳企业所得税。

根据财税〔2011〕59号文第三条第3款的规定，不能满足特殊税务处理法定条件的在建工程转让，只能适用一般性税务处理来缴纳企业所得税：

（1）被收购方应确认资产转让所得或损失。

（2）收购方取得资产的计税基础应以公允价值为基础确定。

（3）被收购企业的相关所得税事项原则上保持不变。

说白了，在建工程转让一般性税务处理就视同销售。

问题123 有关企业重组涉及企业所得税的法律文件除了财税〔2011〕59号文还有哪些？

2009年，财政部、国家税务总局联合发布了《关于企业重组业务企业所得税处理若干问题的通知》，即业界赫赫有名的财税〔2009〕59号文，这个文件的地位甚至到了"言企业重组必称59号文"的程度。

2010年，国家税务总局出台了《企业重组业务企业所得税管理办法》（国家税务总局〔2010〕4号）。

2014年3月，国务院下发《关于进一步优化企业兼并重组市场环境的意见》（国发〔2014〕14号）。

2014年底，财政部、国家税务总局联合发布了《关于促进企业重组有关企业所得税处理问题的通知》（财税〔2014〕109号），特别注意的是，该116号文将适用特殊性税务处理的股权收购和资产收购中被收购股权或资产比例由不低于75%调整为不低于50%。该109号文于2014年12月25日发布、2015年1月1日实施。

2014年底，财政部、国家税务总局联合发布了《关于非货币性资产投资企业所得税政策问题的通知》（财税〔2014〕116号）。该116号文2014年12月31日发布、2015年1月1日实施。

2015年，国家税务总局根据"放管服"改革要求，发布了《企业所得税优惠政策事项办理办法》（国税总局〔2014〕76号），特别值得一提的是，该76号公告全面取消对企业所得税优惠事项的审批管理，一律实行备案管理。根据《办法》规定，企业所得税优惠事项全部采用"自行判别、申报享受、相关资料留存备查"的办理方式。企业在年度纳税申报及享受优惠事项前无须再履行备案手续、报送《企业所得税优惠事项备案表》《汇总纳税企业分支机构已备案优惠事项清单》和享受优惠所需要的相关资料，原备案资料全部作为留存备查资料，保留在企业，以备税务机关后续核查时根据需要提供。

问题124　税务稽查机关能否以价格偏低为由对拍卖项目核定应纳税额？

这个问题实际是两个问题，一是税务稽查局对拍卖价格监督一事是否具有独立的执法主体资格；二是税务稽查局是否有权以价格偏低为由对拍卖项目核定应纳税额。关于这两个问题，2017年4月7日出台的《最高人民法院广州德发房产建设有限公司诉广东省广州市地方税务局第一稽查局再审案件行政判决书》（简称"德发案最高法判决书"）给出了明确的答案。

德发案历经七年，在税务界搞得沸沸扬扬，甚至有人称之为"中国税法诉讼第一案"，但最终还是在2017年4月7日以最高法的一纸判决而尘埃落定。德发案最高法判决书的主要指导意义就在于对上述两个问题给出了权威答案。

首先，关于广州税稽一局是否具有独立的执法主体资格的问题。2001年修订前的税收征管法未明确规定各级税务局所属稽查局的法律地位，2001年修订后的税收征管法第十四条规定："本法所称税务机关是指各级税务局、税务分局、税务所和按照国务院规定设立的并向社会公告的税务机构。"2002年施行的税收征管法实施细则第九条进一步明确规定："税收征管法第十四条所称按照国务院规定设立的并向社会公告的税务机构，是指省以下税务局的稽查局。"据此，相关法律和行政法规已经明确了省以下税务局所属稽查局的法律地位，省级以下税务局的稽查局具有行政主体资格。因此，广州税稽一局作为广州市地方税务局所属的稽查局，具有独立的执法主体资格。虽然最高人民法院1999年10月21日做出的《对福建省高级人民法院〈关于福建省地方税务局稽查分局是否具有行政主体资格的请示报告〉的答复意见》明确"地方税务局稽查分局以自己的名义对外作出行政处理决定缺乏法律依据"，但该答复是对2001年修订前的税收征管法的理解和适用，2001年税收征管法修订后，该答复因解释的对象发生变化，因而对审判实践不再具有指导性。

其次，关于广州税稽一局行使税收征管法第三十五条规定的应纳税额核定权是否超越职权的问题。此问题涉及税收征管法实施细则第九条关于税务局和所属稽查局的职权范围划分原则的理解和适用。税收征管法实施细则第九条除明确税务局所属稽查局的法律地位外，还对税务稽查局的职权范围做出了原则规定，即专司偷税、逃避追缴欠税、骗税、抗税案件的查处，同时授权国家税务总局明确划分税务局和稽查局的职责，避免职责交叉。国家税务总局据此于2003年2月28日作出的《国家税务总局关于稽查局职责问题的通知》（国税函〔2003〕140号）进一步规定："《中华人民共和国税收征管法实施细则》第九条第二款规定'国家税务总局应当明确划分税务局和稽查局的职责，避免职责交叉'。为了切实贯彻这一规定，保证税收征管改革的深化与推进，科学合理地确定稽查局和其它税务机构的职责，国家税务总局正在调查论证具体方案。在国家税务总局统一明确之前，各级稽查局现行职责不变。稽查局的现行职责是指：稽查业务管理、税务检查和税收违法案件查处；凡需要对纳税人、扣缴义务人进行账证检查或者调查取证，并对其税收违法行为进行税务行政处理（处罚）的执法活动，仍由各级稽查局负责。"从上述规定可知，税务稽查局的职权范围不仅包括偷税、逃避追缴欠税、骗税、抗税案件的查处，还包括与查处税务违法行为密切关联的稽查管理、税务检查、调查和处理等延伸性职权。虽然国家税务总局没有明确各级稽查局是否具有税收征管法第三十五条规定的核定应纳税额的具体职权，但稽查局查处涉嫌违法行为不可避免地需要对纳税行为进行检查和调查。特别是出现税收征管法第三十五条规定的计税依据明显偏低的情形时，如果稽查局不能行使应纳税款核定权，必然会影响稽查工作的效率和效果，甚至对税收征管形成障碍。因此，稽查局在查处涉嫌税务违法行为时，依据税收征管法第三十五条的规定核定应纳税额是其职权的内在要求和必要延伸，符合税务稽查的业务特点和执法规律，符合《国家税务总局关于稽查局职责问题的通知》关于税务局和稽查局的职权范围划分的精神。在国家税务总局对税务局和稽查局职权范围未另行作出划分前，各地税务机关根据通知确立的职权划分原则，以及在执法实践中形成的符合税务执法规律的惯例，人民法院应予尊重。本案中，广州税稽一局根据税收征管法第三十五条规定核定应纳税款的行为是在广州税稽一局对德发公司销售涉案房产涉嫌偷税进行税务检查的过程中作出的，不违反税收征管法实施细则第九条的规定。德发公司以税收征管法实施细则第九条规定"稽查局专司偷税、逃避追缴欠税、骗税、抗税案件的查处",本案不属于"偷税、逃避追缴欠税、骗税、抗税"的情形为由,认为广州税稽一局无权依据税收征管法第三十五条的规定对德发公司拍卖涉案不动产的收入重新核定应纳税额,被诉税务处理决定超出广州税稽一局的职权范围,应属无效决定的理由不能成立。

实践中,拍卖行的委托人可能是行政机关、司法机关和企事业单位,但笔者认为无论委托人为谁,都应该按照德发案最高法判决书的判决精神执行。

问题125 拍卖公告中"一切税费均由买受人承担"的约定会导致什么税收风险?

近年来,通过法院强制执行拍卖被执行人资产的数量也逐年增长。为了保证拍卖环节的税款征收,目前各地通行的做法是,在拍卖公告中载明"一切税费均由买受人承担",这就意味着本应被执行人承担的税费由买受人承担了。如此,则产生了一个税收风险,即受让人这部分额外承担的税费不能在企业所得税前进行扣除。原因有二,一是《中华人民共和国企业所得税法》第八条及《中华人民共和国企业所得税法实施条例》第二十七条的规定,企业实际发生的与取得收入有关的、合理的支出,准予在计算应纳税所得额时扣除。买受人替被执行人承担的相关税费本应该由被执行人的承担,该部分税费不符合"与取得收入有关""合理"的法定要求。二是即使买受人承担了原本应该由被执行人承担的税费,税务机关开具的完税凭证上的纳税人仍是被执行人。从而导致买受人承担相关税费后,不能在企业所得税前进行列支。

问题126 买受人承担了本应由债务人承担的税费之后,有哪些补救措施以弥补损失?

当然最理想的做法是让债务人开具发票,但实践中债务人往往由于欠税、黑户和失信等原因已经无法开具发票。这种情况下,首先要力争让法院出具收据,以抵扣土地增值税和企业所得税,增值税当然就不用奢望抵扣了;再不济,也应该让债务人开收据,看能否抵扣企业所得税。

问题127 通过拍卖收购在建工程之后,为了后期的进项税抵扣,要不要补交前期税款?

一般要补。否则,所得税和土地增值税都无法抵扣。

问题128 无法计算原值的拍卖房产,如何计征个人所得税?

《国家税务总局关于个人取得房屋拍卖收入征收个人所得税问题的批复》(国税函〔2007〕1145号)规定:"根据《国家税务总局关于加强和规

范个人取得拍卖收入征收个人所得税有关问题的通知》(国税发[2007]38号)和《国家税务总局关于个人住房转让所得征收个人所得税有关问题的通知》(国税发[2006]108号)规定精神,个人通过拍卖市场取得的房屋拍卖收入在计征个人所得税时,其房屋原值应按照纳税人提供的合法、完整、准确的凭证予以扣除;不能提供完整、准确的房屋原值凭证,不能正确计算房屋原值和应纳税额的,统一按转让收入全额的3%计算缴纳个人所得税。"

问题129　执行拍卖过户前是否必须先交税?

企业通过法院拍卖程序取得不动产,可以先过户后缴税,这是与普通不动产转移的主要区别。但是,2019年1月1日实施的新修订的《个人所得税法》第十五条第二款规定"个人转让不动产的,税务机关应当根据不动产登记等相关信息核验应缴的个人所得税,登记机构办理转移登记时,应当查验与该不动产转让相关的个人所得税的完税凭证"。所以,如果受让人是个人,这个先过户后缴税的做法,恐怕就凶多吉少了。

五、破产拍卖

房地产企业在人民法院强制破产案件中通过破产拍卖的方式竞买项目时,要特别注意税费的承担、发票的取得及价格是否明显偏低等问题对后续纳税的影响。

问题130　执行拍卖需要注意的问题在破产拍卖时也适用吗?

在理论上强制执行拍卖和破产拍卖统称为司法拍卖,都是通过严格的司法程序来拍卖债务人的财产以清偿债权人的债权的司法活动,所以,执行拍卖中需要注意的税务问题,破产拍卖中同样应该注意。这里就不再重复了。

但是,破产拍卖却有一些特殊的问题,是执行拍卖中所不会遇到的。

问题131　在破产拍卖过程中为了提高竞买成功率,一般采取什么措施?

实践中,有竞买人收购债权成为债务人最大的债权人,然后推动破产,以求一逞。

问题132　破产企业不能提供完整财务资料,能否核定征收土地增值税?核定征收率如何确定?

实践中,部分企业破产时可能已经不能提供完整的成本资料、收入凭证等,难以确定转让收入或扣除项目金额,依法可以核定征收土地增值税。

至于征收率的确定，根据《国家税务总局关于加强土地增值税征管工作的通知》（国税发［2010］53号）第四条的规定，核定征收率原则上不得低于5%。但笔者觉得，如破产项目的实际增值额很小，可考虑按不低于预征率的标准核定征收土地增值税。

当然土地增值税之外的其他税种，也只能核定征收了。

问题133　承受破产企业土地、房屋是否缴纳契税？

根据《财政部　税务总局关于继续支持企业事业单位改制重组有关契税政策的通知》（财税［2018］17号）规定：企业依照有关法律法规规定实施破产，债权人（包括破产企业职工）承受破产企业抵偿债务的土地、房屋权属，免征契税；对非债权人承受破产企业土地、房屋权属，凡按照《中华人民共和国劳动法》等国家有关法律法规政策妥善安置原企业全部职工规定，与原企业全部职工签订服务年限不少于三年的劳动用工合同的，对其承受所购企业土地、房屋权属，免征契税；与原企业超过30%的职工签订服务年限不少于三年的劳动用工合同的，减半征收契税。

六、收储转让

房地产开发企业可以通过受让工业企业建设用地之后，再改变土地用途补缴出让金的方式取得住宅用地。但这种方式往往税负较高，可考虑改变思路，房地产企业先与工业企业签订协议或控股该企业，再将该工业地交由政府收购储备，最后房地产开发企业在公开交易市场通过招拍挂参与竞买该宗住宅用地。

七、资产划拨

资产划拨是指当地政府为盘活国有资产，将行政单位的资产划拨到国有独资企业名下，同时办理产权过户手续。

问题134　资产划拨属于应税行为吗？

笔者认为按照上述资产划拨的定义，从法理上讲资产划拨显然不属于应税行为，故，无效缴纳增值税、企业所得税、土地增值税和契税等。当下，由于资产划拨的行为已经很少，导致资产划拨的税法文件也难觅踪迹了。其中，关于增值税的一个省级规范性文件，虽不能算法律文件，但也表明了税务机关的态度。江西省国家税务局营改增领导小组办公室关于下发《江西省国家税务局关于全面推开营改增试点政策问题解答二（综合管理类）》的通知（赣国税营改增办发［2016］50号）：十八、当地政府为盘活本地的国有资产，将部分行政单位的不动产划拨到一家国有资产管理公司（国有独资企业），划拨的同时办理产权过户手续。国有资产管理部门认为该类转让业务，不动产转让方（部分行政单位）未从国有资产管理公司获取收益及相关利益，属于行政指令性划拨，不属于有偿转让不动产行为。请问该项资产划拨是否属于增值税应税行为？答：不属于增值税应税行为，也不得开具增值税发票。

八、资产调拨

资产调拨是指在同一法律主体（如总分公司之间）内部处置资产，资产的所有权未发生转移，也不需要支付对价，本质上不属于转让。

问题135 资产调拨是否因同一法律主体内部处置资产的缘故而不属于应税行为呢？

由于"资产调拨"不属于权属变更行为，根据《国家税务总局关于企业处置资产所得税处理问题的通知》（国税函［2008］828号）第一条第（四）项的规定，企业将资产在总机构及其分支机构之间转移，除将资产转移至境外以外，由于资产所有权属在形式和实质上均不发生改变，可作为内部处置资产，不视同销售确认收入，相关资产的计税基础延续计算。故，无须计征企业所得税。

《国家税务总局关于企业所属机构间移送货物征收增值税问题的通知》（国税发［1998］137号）规定，《增值税暂行条例实施细则》第四条视同销售货物行为的第（三）项所称的用于销售，是指受货机构发生以下情形之一的经营行为：一、向购货方开具发票；二、向购货方收取货款。而总分公司之间移送固定资产的行为，并未发生上述两项情形之一，不属于增值税条例实施细则第四条第（三）款规定的视同销售行为。故，无须计征增值税。

总分公司之间划拨房屋建筑物、土地使用权等，由于资产权属并未发生变更，故，划出方无需缴纳土地增值税，划入方也无须缴纳契税。

九、资产划转

资产划转是指企业投资人与其100%直接控股的居民企业之间，按账面净值划转股权或资产，从而依法享受税收优惠政策的行为。资产划转是税务规划方案设计的一个重要工具。

问题 136　资产划拨、资产调拨和资产划转主要区别在哪儿？

三者的主要区别在于行为主体不同。资产划拨是行政机关将其资产向国有企业转移，资产调拨是作为同一法律主体的总公司和分公司之间的财产转移，而资产划转是企业投资人与其控股企业或企业内部成员之间的财产转移。

其中，资产划拨和资产调拨属于纯粹的无偿行为。而资产划转作为一种广义的资产重组形式，将资产从一家划转至另一家时，虽然可能没有获得股权或非股权对价支付，但是，在财务处理上一方减少资产或资本另一方增加资产或资本，也就是说资产划转即使没有获得对价支付实际上也需要以权益工具作为对价，并非纯粹的"无偿"。所以，有人将资产划转称为资产无偿划拨，是不太妥当的。

另外，《财政部　国家税务总局关于继续支持企业事业单位改制重组有关契税政策的通知》（财税〔2018〕17号）第六条第一款规定："对承受县级以上人民政府或国有资产管理部门按规定进行行政性调整、划转国有土地、房屋权属的单位，免征契税。"注意，这里的用词"是行政性调整、划转"而没用"划拨"一词，但是，笔者坚持认为行政机关的行为应该称之为"划拨"，不宜称为"划转"，一来跟《城市房地产管理法》和《土地管理法》有关"划拨"称谓保持一致，二来也把"划拨"和"划转"做一个明确的区分：行政机关的行为叫"划拨"，企业内部成员的行为叫"划转"。

问题 137　资产划转主要表现为哪些情形？

资产划转原来是仅为国有企业而设定的政策，财税〔2014〕109号文将资产划转业务拓展至包括国企、民营、混合所有制在内的所有企业，为集团公司内部资源整合提供了新的路径。实践中，主要表现为母公司与子公司或子公司与母公司之间，相同股东所属全资子公司之间，同一自然人与其设立的个人独资企业以及一人有限公司之间按账面净值划转其持有的股权或资产。

问题 138　《国家税务总局关于资产（股权）划转企业所得税征管问题的公告》（国税〔2015〕40号）列举了哪四种资产划转的常见形式？

40号公告将资产划转扩展到符合条件的所有居民企业之间，而不仅限于国有企业，文件列举了资产划转的四种形式。

（1）100%直接控制的母子公司之间，母公司向子公司按账面净值划转其持有的股权或资产，母公司获得子公司100%的股权支付。

（2）100%直接控制的母子公司之间，母公司向子公司按账面净值划转其持有的股权或资产，母公司没有获得任何股权或非股权支付。

（3）100%直接控制的母子公司之间，子公司向母公司按账面净值划转其持有的股权或资产，子公司没有获得任何股权或非股权支付。

（4）受同一或相同多家母公司100%直接控制的子公司之间，在母公司主导下，一家子公司向另一家子公司按账面净值划转其持有的股权或资产，划出方没有获得任何股权或非股权支付。

问题139 资产划转企业所得税如何处理？

资产划转企业所得税处理分为特殊税务处理和一般税务处理。

依据109号文件第三条及40号公告规定，对100%直接控制的居民企业之间，以及受同一或相同多家居民企业100%直接控制的居民企业之间按账面净值划转股权或资产，凡具有合理商业目的，不以减少、免除或者推迟缴纳税款为主要目的，股权或资产划转完成日起连续12个月内不改变被划转股权或资产原来实质性经营活动（生产经营业务、公司性质、资产或股权结构等），且划出方企业和划入方企业均未在会计上确认损益的，可以选择按以下规定进行特殊性税务处理：

（1）划出方企业和划入方企业均不确认所得。

（2）划入方企业取得被划转股权或资产的计税基础，以被划转股权或资产的原计税基础确定。

（3）划入方企业取得的被划转资产，应按其原计税基础计算折旧扣除。

进行特殊性税务处理的股权或资产划转，交易双方应在协商一致的基础上，采取一致处理原则统一进行特殊性税务处理。

资产划转的交易双方需在企业所得税年度汇算清缴时，分别向各自主管税务机关报送《居民企业资产（股权）划转特殊性税务处理申报表》和相关资料。

以上是资产划转企业所得税的特殊性税务处理办法，若不符合特殊性税务处理条件，则改按一般性税务处理办法，具体情形如下：

（1）母公司向子公司划转资产。母公司按国税函〔2008〕828号文件规定视同按公允价值转让股权、资产计算资产转让所得，也可以依据财税〔2014〕116号文件"以非货币性资产对外投资确认的非货币性资产转让所得，可在不超过5年期限内，分期均匀计入相应年度的应纳税所得额，按规定计算缴纳企业所得税"的规定，选择按五年平均确认资产转让所得；子公司取得股权或资产的计税基础按照公允价值确定。

（2）子公司向母公司划转资产。子公司按国税函〔2008〕828号文件规定视同按公允价值转让股权、资产计算资产转让所得，也可以依据财税〔2014〕116号文件规定选择按五年平均确认资产转让所得；母公司取得股权或资产的计税基础按照公允价值确定，同时母公司减资应按国税总局〔2011〕34号的规定确认股息所得、股权转让所得。

（3）母公司将一家全资子公司的资产划转至另一家全资子公司。划出方按国税函〔2008〕828号文件规定视同按公允价值转让股权、资产计算资产转让所得，也可以依据财税〔2014〕116号文件规定选择按五年平均确认资产转让所得；划入方取得股权、资产的计税基础按照公允价值确定；母公司从划出方以公允价值减资按照国税总局〔2011〕34号确定股息所得、股权转让所得，同时以公允价值增加对划入方子公司投资的计税基础。

问题140 资产划转增值税如何处理？

资产划转若涉及负债、劳动力的转移，不动产、土地使用权划转则适用《营业税改征增值税有关事项的规定》（财税〔2016〕36号附件二）关于资产重组涉及不动产、土地使用权不征增值税的规定，存货、设备等动产的划转也可适用《关于纳税人资产重组有关增值税问题的公告》（国税总局〔2011〕13号）不征增值税的规定，即无论是母子公司之间划转资产或股权，还是子公司之间划转资产或股权，均不征增值税。

问题141 资产划转契税如何处理？

《财政部　国家税务总局关于继续支持企业事业单位改制重组有关契税政策的通知》（财税〔2018〕17号）第六条第二款规定："同一投资主体内部所属企业之间土地、房屋权属的划转，包括母公司与其全资子公司之间，同一公司所属全资子公司之间，同一自然人与其设立的个人独资企业、一人有限公司之间土地、房屋权属的划转，免征契税。"

多年来，对于母公司将房屋、土地投资给全资子公司是否可以适用上述条款免征契税争议较大，但财税〔2018〕17号第六条第三款将这一争议彻底画上了句号："母公司以土地、房屋权属向其全资子公司增资，视同划转，免征契税。"

问题142 自2003年开始，空当接龙式的支持改制重组有关契税的法律文件共有多少个了？

（1）《财政部　国家税务总局关于企业改制重组若干契税政策的通知》（财税〔2003〕184号），有效期为2003年1月1日至2005年12月31日。

(2)《财政部　国家税务总局关于延长企业改制重组若干契税政策执行期限的通知》(财税〔2006〕41号)，有效期为2006年1月1日至2008年12月31日。

(3)《财政部　国家税务总局关于企业改制重组若干契税政策的通知》(财税〔2008〕175号)，有效期为2009年1月1日至2011年12月31日。

(4)《财政部　国家税务总局关于企业事业单位改制重组契税政策的通知》(财税〔2012〕4号)，有效期为2012年1月1日至2015年12月31日。

(5)《财政部　国家税务总局关于进一步支持企业事业单位改制重组有关契税政策的通知》(财税〔2015〕37号)，有效期为2015年1月1日至2017年12月31日。

问题143　资产划转土地增值税如何处理?

令人遗憾的是，虽然都是支持企事业单位兼并重组的涉税文件，但契税17号文和所得税59号文对资产划转都给出了明确的优惠规定，而土地增值税57号文对资产划转却只字未提。有人提出，既然"资产划转"属于契税和所得税重组文件中的优惠事项，那么"资产划转"是否也可以免征土地增值税? 试想，同一个兼并重组业务，契税和所得税为贯彻落实上述14号文给予了优惠，到了土地增值税却卡壳了，于理不通。

笔者认为这种说法有一定道理。前面说过，在无明确条文的情况下依据法理来判断法律文件的立法本意，进而依据立法本意来解决实际问题，是法律适用的重要原则。那么，支持企事业单位兼并重组的一系列涉税收文件的立法本意何在? 不难看出，无论是契税17号文和所得税59号文还是土地增值税57号文，这些税收文件出台的初衷都是为了贯彻落实《国务院关于进一步优化企业兼并重组市场环境的意见》(国发〔2014〕14号)的相关规定，即"有利于企业兼并重组的金融、财税、土地、职工安置等政策进一步完善，企业兼并重组融资难、负担重等问题逐步得到解决，兼并重组服务体系不断健全。"也许有人要问，为什么国务院唯独要求税务机关对并购重组业务"另眼相看照顾有加"? 道理其实也很简单，因为兼并重组交易虽然在法律形式上会产生资产或股权的转移，符合征税的构成要件，但往往缺乏现金流，从经济实质观察交易前后并没有产生本质改变，有别于正常的交易。如果对其征税，就会阻碍企业通过重组的方式优化组织和业务结构。

另外，57号文第四条明确规定，"单位、个人在改制重组时以房地产作价入股进行投资，对其将房地产转移、变更到被投资的企业，暂不征土地增值税。"如此，如果改制重组时"资产划转"要征土地增值税的话，那么企业干脆改入股投资就好了。

综上所述，无论母公司子公司之间划转资产还是子公司之间划转财产，笔者倾向于不征土地增值税。

针对上述情形，笔者有一个大胆的想法：以系统性较强的所得税59号文为蓝本，把契税、增值税和土地增值税还有印花税各个税种有关企事业单位兼并重组的内容，整理归纳为一个法律文件，彻底结束现在所得税、契税、增值税和土地增值税自说自话甚至于对兼并重组的定义内容都各自随意表述的混乱局面，减少由于税收立法各个税种自为一体而给基层税务机关和纳税人双方人为造成海量争议的窘境。由此看来，税收法定一定要立法先行。

问题144　资产划转优惠政策适用合作社组织的改制重组吗？

实践中，大量的农村信用合作联社要改制重组为农村商业银行，涉及大量不动产转移，企业所得税、增值税、契税和土地增值税能否享受改制重组的税收优惠成了改制成败的关键。

从法律血缘上说母子公司之间、子子公司和个人与独资企业之间存在"投资或入股"的血缘关系，合作社各个成员之间只是"合作"关系，确实没有"投资或入股"的血缘关系，但是，农村信用合作联社要改制重组为农村商业银行显然符合《国务院关于进一步优化企业兼并重组市场环境的意见》（国发〔2014〕14号）规定的相关精神，即合作社改制成商业银行跟企业事业单位改制重组一样，虽然在法律形式上会产生资产的转移，符合征税的构成要件，但往往缺乏现金流，从经济实质观察交易前后并没有产生本质改变，有别于正常的交易。如果对其征税，就会阻碍企业通过重组的方式优化组织和业务结构。

综上所述，从贯彻国发〔2014〕14号文的角度出发，农村信用合作联社要改制重组为农村商业银行应该参照企业事业单位改制给予税收优惠，但各个税务机关顾虑重重。

十、转让定价

房地产企业通过转让定价，转移应税所得，实现降低交易一方税负的目的。

问题145　转让定价是什么意思？

转让定价是指两个或两个以上有经济利益联系的经济实体为共同获得更多利润而在销售活动中进行的价格转让，即以高于或低于市场正常交易价格进行的交易。这种价格的制定一般不决定于市场供求，而只服从于公司整体利润的要求。

关联企业之间交易的定价问题一直是反避税的一个焦点。其中一个关键点是确定一个公平的价格，以此来衡量纳税人是否通过转让定价方式，压低或抬高价格来规避税收。如果价格超越了独立交易原则确定的标准，税务部门将依法实施转让定价调查。

问题146　金三系统上线对转让定价有何影响？

金三系统上线且国地税合并的大背景下，直接在关联企业之间转移应税所得，肯定会被抓到，但中间隔一层非关联方情况就会有所改观。当然，有的企业把非关联方搞到国外，在经济全球化的今天也不算什么怪事。

十一、预约定价安排

房地产企业利用预约定价安排制度，对今后三到五年的关联交易定价原则和计算方法与税务机关达成协议，以避免税务机关对转让定价进行调整，达到企业纳税确定性的目的。

问题147　所谓预约定价安排是什么意思？

预约定价安排是企业就其未来年度关联交易的定价原则和计算方法，向税务机关提出申请，与税务机关按照独立交易原则协商、确认后达成的协议。

显然，预约定价安排制度的本质是，企业和税务机关的一种双赢。

问题148　什么样的企业有资格进行预约定价安排？

根据国税〔2016〕64号文的规定，预约定价安排一般需要同时满足以下条件：1. 年度发生的关联交易金额在4000万元人民币以上。2. 依法履行关联申报义务。3. 按规定准备、保存和提供同期资料。

十二、资质变更

有些税收优惠政策特别规定不适用房地产企业，可考虑把企业房地产资质注销变为非房地产企业或先用非房地产企业进行交易，以便达到适用优惠政策的法定条件。

问题 149　注销资质后项目销售怎么办？

这个思路一般适用全自持项目，尤其是文化旅游和工业等产业项目。至于享受优惠政策之后再重新申请恢复房地产开发资质进而销售的筹划，就纯属掩耳盗铃。至于先把房地产公司变成非房地产公司再分立或合并的想法，也得具体情况具体分析。

十三、政府返还

被并购的房地产项目若涉及政府返还土地利益的，要特别注意返还的事由和返还的主体，以便最大限度地享受相关的税收优惠。

问题 150　政府返还土地利益常见的事由有几种？各自节税效果如何？

房地产实务中政府返还土地利益的常见事由主要有以下几种：

一是就地建设安置房，这种情况节税效果不太明显。

二是一级开发的拆迁补偿等，这种情况可计入土地增值税和企业所得税进行税前扣除项目。

三是建设红线内公配，如变电站、热力站、派出所、幼儿园等。

四是红线外道路、供排水、燃气热力防洪等，这种情况节税效果比较明显。

五是政府招商引资补贴或奖励，这种情况不涉及土地增值税，但征企业所得税。

六是依据《出让合同》直接返还土地出让金，这种情况房地产实践中争议较大。

问题 151　返还的土地出让金能否计入"取得土地使用权所支付的金额"，从而不冲减土地成本以降低土地增值税纳税额，各地政府是怎么规定的？

2014 年吉林省全省土地增值税清算工作会议上明确土地增值税有关业务问题，对各级政府财政部门返还的款项有协议约定的，按协议约定的内容抵减相应的扣除项目。

2016 年《贵州省土地增值税清算管理办法》第四十七条规定，房地产开发企业以各种名义取得的政府返还款（包括土地出让金市政建设配套费、税金等），在确认扣除项目金额时应当抵减相应的扣除项目金额，房地开发企业取得不能区分扣除项目的政府返还款应抵减"取得土地使用权所支付的金额"。

2017年《安徽省地方税务局土地增值税清算管理办法》第三十七条规定，以扶持、奖励、补助、改制或其他形式返还、支付、拨付给纳税人或其控股方、关联方的金额应从取得土地使用权所支付的金额中剔除。

不难看出，各地政府主流做法是，以冲减土地成本（增加土地增值税纳税额）为原则，以不冲减土地成本（不增加土地增值税纳税额）为例外。当然有的专业人士坚持认为，政府返还给房地产企业的土地出让金，其本质是地方财政给予房地产企业的财政补贴，与计入开发成本的土地成本无关，并且进一步认为税务机关应该按照"实质重于形式"的课税原则，允许企业将财政返还资金计入"营业外收入"科目，确保土地增值税纳税额不增加。否则，一方面政府以返还出让金的方式给予企业优惠，另一方面又以增加土地增值税的方式把给予的优惠"没收"，政府信用何在？

笔者认为，在这个问题上大可不必老是拘泥于"返还"的本质，是否可以开拓一下思路，在返还的主体上做点文章呢？

问题152　在计算企业所得税时，返还的土地出让金是否并入收入总额，各地政府是怎么规定的？

江苏国税2010年度企业所得税汇算清缴政策解答，除符合总局关于不征税收入条件的，否则应并入应纳税所得额。

山东青岛国税2012年度企业所得税汇算清缴若干业务问题解答，符合《财政部国家税务总局关于专项用途财政性资金企业所得税处理问题的通知》（财税〔2011〕70号）规定，可以作为不征税收入。

山东青岛地税2010年所得税问题解答，企业招拍土地后，政府给予的土地返还款不得冲减土地成本，而应当并入收入总额缴纳企业所得税。

浙江国税2014年度企业所得税政策及征管问题解答，不能冲减土地历史成本，应并计收入。土地返还款收入如符合《财政部　国家税务总局关于专项用途财政性资金企业所得税处理问题的通知》（财税〔2011〕70号）三个条件的，可以作为不征税收入。

综上所述，各地政府在征收企业所得税时，都倾向于政府返还的土地出让金不能冲减土地成本，而应当并入收入总额缴纳企业所得税。除非符合《财政部　国家税务总局关于专项用途财政性资金企业所得税处理问题的通知》（财税〔2011〕70号）规定的可以作为不征税收入的三个条件：（一）企业能够提供规定资金专项用途的资金拨付文件；（二）财政部门或其他拨付资金的政府部门对该资金有专门的资金管理办法或具体管理要求；（三）企业对该资金以及以该资金发生的支出单独进行核算。

显然，在政府返还的土地出让金能不能冲减土地成本这个问题上，各地政府在土地增值税和企业所得税两个税种上，采取了截然相反的做法：征收土地增值税时要求企业冲减土地成本，以达到增加土地增值税纳税额的目的；征收企业所得税时要求企业不能冲减土地成本，以达到不减少企业所得税纳税额的目的。

看来税收法定的路还很漫长，因为税收法定的一个重要标志就是，法律对现实生活中发生的某一个行为，不能做出相互矛盾的定性。

问题153　减免土地出让金会减免契税吗？

这个问题，国家税务总局《关于免征土地出让金出让国有土地使用权征收契税的批复》（国税函［2005］436号）给出了明确答案。

北京市地方税务局：你局《关于对政府以零地价方式出让国有土地使用权征收契税问题的请示》（京地税地［2005］166号）收悉，批复如下：根据《中华人民共和国契税暂行条例》及其细则的有关规定，对承受国有土地使用权所应支付的土地出让金，要计征契税。不得因减免土地出让金，而减免契税。

十四、红线外支出

被并购项目涉及红线外公共设施（如道路、供排水、燃气、热力、防洪、公园等）建设支出而政府又不能返还情况时，应该特别注意这些红线外的建设支出能否计入项目成本的问题。

问题154　红线外支出能否计入成本的关键在哪儿？

实践中，除少数地方政府"一刀切"地规定"项目规划范围之外的，其开发成本、费用一律不予扣除"之外，大部分地方政府认为，如果红线外支出与房地产项目存在直接关联则可以计入成本。至于是否存在直接关联则需要具体情况具体分析，但有一种做法笔者认为属于典型的直接关联：把红线外为政府建设公共设施或其他工程作为招拍挂拿地时的附带条件。该种情况下，红线外支出相当于土地成本的一部分。当然，也有少数红圈房地产企业在招商引资之初，就把红线外支出允许抵扣作为进驻地方的条件，并让地方政府以红头文件的形式给予承诺。

十五、债务重组

债务重组,是指在债务人发生财务困难的情况下,债权人按照其与债务人达成的书面协议或者法院裁定书,就其债务人的债务作出让步的安排。

问题155 债务重组能享受企业所得税特殊税务处理优惠吗?

根据59号文第三条规定"企业重组企业所得税的税务处理区分不同条件分别适用一般性税务处理规定和特殊性税务处理规定"。

根据59号文第五条以及与之配套的109号文的规定,债务重组要想适用企业所得税特殊性税务处理规定,需要同时满足以下条件:

(1) 具有合理的商业目的,且不以减少、免除或者推迟缴纳税款为主要目的。

(2) 受让企业重组资产不低于转让企业全部资产的50%。

(3) 企业重组后的连续12个月内不改变重组资产原来的实质性经营活动。

(4) 受让企业在该资产收购发生时的股权支付金额不低于其交易支付总额的85%。

(5) 企业重组中取得股权支付的原主要股东,在重组后连续12个月内不得转让所取得的股权。

其中"企业重组后连续12个月内"是指自重组日起计算的连续12个月内;"原主要股东"是指原持有转让企业或被收购企业20%以上股权的股东。

特别需要注意的是,如果重组交易是分期分批进行的,那么,只有在重组发生前后12个月内满足上述50%和85%,也视为满足符合特殊重组法定条件,享受相应特殊税务处理的政策优惠。这样做的法律依据是59号文第十条的规定,"企业在重组发生前后连续12个月内分步对其资产、股权进行交易,应根据实质重于形式原则将上述交易作为一项企业重组交易进行处理。"

根据59号文第六条的规定,符合上述五个法定条件适用特殊税务处理的债务重组,其股权支付部分可以选择按以下规定处理企业所得税:

企业债务重组确认的应纳税所得额占该企业当年应纳税所得额50%以上,可以在5个纳税年度的期间内,均匀计入各年度的应纳税所得额。

可见59号文对债务重组只是做出了延迟纳税的优惠安排,相比之下对资产收购、资产转让、分立、合并等重组行为优惠的力度更大，做出了等价转让免税的优惠安排。

根据59号文第三条第3款的规定，不能满足特殊税务处理法定条件的在建工程转让，只能适用一般性税务处理来缴纳企业所得税：

（1）以非货币资产清偿债务，应当分解为转让相关非货币性资产、按非货币性资产公允价值清偿债务两项业务，确认相关资产的所得或损失。

（2）债务人应当按照支付的债务清偿额低于债务计税基础的差额，确认债务重组所得；债权人应当按照收到的债务清偿额低于债权计税基础的差额，确认债务重组损失。

（3）债务人的相关所得税纳税事项原则上保持不变。

问题156 债务重组何时确认收入？

《国家税务总局关于贯彻落实企业所得税法若干税收问题的通知》（国税函〔2010〕79号）第二条明确规定，"企业发生债务重组，应在债务重组合同或协议生效时确认收入的实现"。

十六、留抵结转

增值税一般纳税人在资产重组过程中，将全部资产、负债和劳动力一并转让给其他增值税一般纳税人，并按程序办理注销税务登记的，其在办理注销登记前尚未抵扣的进项税额可结转至新纳税人处继续抵扣。

问题157 留抵结转适用部分转让的情形吗？

按照国税〔2012〕55号公告《关于纳税人资产重组增值税留抵税额处理有关问题的公告》之规定，增值税一般纳税人在资产重组过程中，必须把全部而不是部分资产、负债和劳动力一并转让给其他增值税一般纳税人（以下称"新纳税人"），而且必须是按程序办理注销税务登记的，才可以将留抵增值税结转新纳税人抵扣。

对于企业只是将部分资产、负债和劳动力一并转让给其他增值税一般纳税人，是不能进行留抵税额的结转抵扣的。

问题158 留抵税额能抵税的文件还有哪些？

国税发〔2004〕112号《关于增值税一般纳税人用进项留抵税额抵减增值税欠税问题的通知》：

为了加强增值税管理，及时追缴欠税，解决增值税一般纳税人（以下简称"纳税人"）既欠缴增值税，又有增值税留抵税额的问题，现将纳税人用进项留抵税额抵减增值税欠税的有关问题通知如下：

一、对纳税人因销项税额小于进项税额而产生期末留抵税额的，应以期末留抵税额抵减增值税欠税。

二、纳税人发生用进项留抵税额抵减增值税欠税时，按以下方法进行会计处理：

（一）增值税欠税税额大于期末留抵税额，按期末留抵税额红字借记"应交税金——应交增值税（进项税额）"科目，贷记"应交税金——未交增值税"科目。

（二）若增值税欠税税额小于期末留抵税额，按增值税欠税税额红字借记"应交税金——应交增值税（进项税额）"科目，贷记"应交税金——未交增值税"科目。

国税函［2004］1197号《国家税务总局关于增值税进项留抵税额抵减增值税欠税有关处理事项的通知》：

抵减欠缴税款时，应按欠税发生时间逐笔抵扣，先发生的先抵。抵缴的欠税包含呆账税金及欠税滞纳金。确定实际抵减金额时，按填开《通知书》的日期作为截止期，计算欠缴税款的应缴未缴滞纳金金额，应缴未缴滞纳金余额加欠税余额为欠缴总额。若欠缴总额大于期末留抵税额，实际抵减金额应等于期末留抵税额，并按配比方法计算抵减的欠税和滞纳金；若欠缴总额小于期末留抵税额，实际抵减金额应等于欠缴总额。

国税函［2005］169号《国家税务总局关于增值税一般纳税人将增值税进项留抵税额抵减查补税款欠税问题的批复》：

增值税一般纳税人拖欠纳税检查应补缴的增值税税款，如果纳税人有进项留抵税额，可按照《国家税务总局关于增值税一般纳税人用进项留抵税额抵减增值税欠税问题的通知》（国税发［2004］112号）的规定，用增值税留抵税额抵减查补税款欠税。

问题159　留抵税额能抵滞纳金吗？

可以抵滞纳金，这一点是没有问题的。

十七、特殊组织

职工持股会和事业单位（如学校）属于其他组织，如进行资产转让或股权转让理论上都应该到税务机关登记，但实务中税务机关并不要求这些特殊组织做税务登记。

十八、融资租赁

转让人先将拟转让的不动产过户到金融租赁公司名下，由受让方向金融租赁公司支付金融租赁费，待金融租赁费支付完毕，再将不动产由金融租赁公司过户到受让人名下。

问题 160　不动产金融租赁涉及哪些税种？

不动产金融租赁主要针对商业不动产。涉及的税种共计六种，分别为企业所得税、增值税、土地增值税、契税、房产税和印花税。其中，契税还收两次，一次是不动产由转让人转移至金融租赁公司，再一次是不动产由金融租赁公司转移至受让人名下。

正因为税负过重，不动产金融租赁已经是举步维艰，基本上处于停滞状态，只是针对有了预售许可还没有不动产产权原始登记的预售商铺做些业务。笔者认为，至少有两种税负是明显不合理偏高的，一是契税应该收一次而不是两次，因为金融租赁是一种特殊的融资性回租行为，表面上看是产生了两次资产转移，实质上真正的转移只产生了一次，按照"实质重于形式"课税原则，不应该征收第二次契税。另外，金融租赁的增值税税率按照财税［2016］36 号文附件 1《营业税改征增值税试点实施办法》融资性售后回租属于（五）金融服务项中的贷款服务，依本附件第十五条第一款规定，应当按照 6% 的税率缴纳增值税，而不是租赁服务的 10% 税率。

第二节　资产转让之所得税

一、政策性搬迁

涉及企业搬迁的房地产项目，如果符合政策性搬迁的法定条件，则可享受相关的税收优惠政策。

问题 161　什么是政策性搬迁？

《企业政策性搬迁所得税管理办法》（国家税务总局 2012 年第 40 号公告）规定："由于社会公共利益的需要，在政府主导下企业进行的整体搬迁或部分搬迁，为政策性搬迁。企业由于下列需要之一，能够提供相关文件证明资料的搬迁，属于政策性搬迁：（一）国防和外交的需要；（二）由政府组织实施的能源、交通、水利等基础设施的需要；（三）由政府组织实施的科技、教育、文化、卫生、体育、环境和资源保护、防灾减灾、文物保护、社会福利、市政公用等公共事业的需要；（四）由政府组织实施的保障性安居工程建设的需要；（五）由政府依照《中华人民共和国城乡规划法》有关规定组织实施的对危房集中、基础设施落后等地段进行旧城区改建的需要；（六）法律、行政法规规定的其他公共利益的需要。"

问题162　企业政策性搬迁有哪三个税收优惠？

政策性搬迁与非政策性搬迁的主要区别体现为：一是企业取得搬迁补偿收入，不立即作为当年度的应税收入征税，而是在搬迁周期内，扣除搬迁支出后统一核算；二是给予最长五年的搬迁期限，即政策性搬迁取得的收入可有五年的缓缴期；三是企业以前年度发生尚未弥补的亏损的，搬迁期间从法定亏损结转年限中减除。

问题163　政策性搬迁涉及的三个法律文件有什么特殊关联？

政策性搬迁涉及法律文件主要有三个，依次为《国家税务总局关于企业政策性搬迁或处置收入有关企业所得税处理问题的通知》（国税函〔2009〕118号）、《企业政策性搬迁所得税管理办法》（国税〔2012〕40号）和《国家税务总局关于企业政策性搬迁所得税有关问题的公告》（国税〔2013〕11号公告）。

依据国税函〔2009〕118号的规定，政策性搬迁有三个法定要件：一是搬迁原因是政府城市规划、基础设施建设等政策性要求；二是具备政府相关政策性搬迁批文；三是企业有搬迁行为。

国税〔2012〕40号文，进一步严格了政策性搬迁的法定要件，在118号函的基础上又增加了两个要件：搬迁资金独立核算和按规定时间及时申报。特别值得注意的是，国税〔2012〕40号公告第26条规定，只要在2012年10月1日没有完成搬迁的，一律按照国税〔2012〕40号公告规定执行，即只要在2012年10月1日没有完成搬迁的，必须在符合118号函三个法定条件的前提下，还要符合两个新条件：搬迁资金独立核算和按规定时间及时申报。显然，这条规定与我国法不溯及既往的法律适用基本原则相违背。

令人欣慰的是，2013年3月12日发布的国税〔2013〕11号公告，明确纠正了国税〔2012〕40号公告第26条的立法错误。该文件第三条废止了国税〔2012〕40号公告第26条。并且，国税〔2013〕11号公告第一条第2自然段也同时明确，只有在国税〔2012〕40号公告生效后签订搬迁协议的政策性搬迁项目，才能按国家税务总局公告2012年第40号有关规定执行。也就是说，老项目符合三个条件就可认定为政策性搬迁，新项目才需要五个条件方可认定为政策性搬迁，享受相关优惠政策。

问题164　政策性搬迁需要缴纳土地增值税吗？

根据《土地增值税暂行条例》第8条规定，因国家建设需要依法征用、收回的房地产免征土地增值税。《土地增值税暂行条例实施细则》第11条进一步规定：此处所称的因国家建设需要依法征用、收回的房地产，是指因城市实施规划、国家建设的需要而被政府批准征用的房产或收回的土地使用权。根据《土地增值税暂行条例实施细则》第11条规定，符合上述免税规定的单位和个人，须向房地产所在地税务机关提出免税申请，经税务机关审核后，免予征收土地增值税。由上述规定可知，企业从政府收到的搬迁补偿款项，在绝大多数情况下是免征土地增值税的，但是此类情况下的免征应以原房地产所在地税务机关的批文为准。

问题165　政策性搬迁需要缴纳增值税吗？

《国家税务总局关于单位和个人土地被国家征用取得土地及地上附着物补偿费有关营业税的批复》（国税函［2007］969号）规定，"国家因公共利益或城市建设规划需要收回土地使用权，对于使用国有土地的单位和个人来说是将土地使用权归还土地所有者。根据营业税税目注释（试行稿）（国税发［1993］149号）的规定，土地使用者将土地使用权归还给土地所有者的行为，不征收营业税。因此，对国家因公共利益或城市规划需要而收回单位和个人所拥有的土地使用权，并按照《中华人民共和国土地管理法》规定标准支付给单位和个人的土地及地上附着物（包括不动产）的补偿费不征收营业税"。

营改增之后，因为财税［2016］36号文没有对房屋拆迁补偿是否该交增值税予以界定，同时《税收征管法》第三条规定：税收的开征、停征以及减税、免税、退税、补税，依照法律的规定执行，法律授权国务院规定的，依照国务院制定的行政法规的规定执行。所以税务机关在没有上位法支撑的情况下，不能要求被拆迁企业缴纳增值税。

二、称号优惠

房地产项目由于使用新材料和新技术，获得某些荣誉称号，可按相关政策执行优惠税率来缴纳企业所得税。

问题 166　因获得荣誉称号而执行优惠税率能试举一例说明吗？

例如，因最终获得"绿色生态住宅小区"称号及鼓励类似产业批复的政府文件，主管税务机关同意重庆某地产公司在 2012 年 1 月 1 日至 2020 年 12 月 31 日期间执行西部大开发 15%优惠税率来征收企业所得税。

三、涉外违约

中国居民企业因合同违约向境外企业支付违约金的，中国作为来源国无征税权，该违约金最高按 10%扣缴预提所得税，而不再执行居民企业 25%的企业所得税税率。

四、股东借款

个人股东从公司借款，如果超过法定期限就产生纳税风险，也是房地产并购过程中需要注意的问题。

问题 167　个人股东借款"超过一年"产生个人所得税风险，来源于哪几个法律文件的规定？

财税〔2003〕158 号规定，"纳税年度内个人投资者从其投资企业（个人独资企业、合伙企业除外）借款，在该纳税年度终了后既不归还，又未用于企业生产经营的，其未归还的借款可视为企业对个人投资者的红利分配，依照'利息、股息、红利所得'项目计征个人所得税。"这个文件强调的"年度终了"为借款最后的期限规定，显然不科学：难道个人股东 12 月 30 日借款 12 月 31 日不还，就要承担个人所得税吗？

国税发〔2005〕120 号放弃了"年度终了"的概念，代之以"超过一年"的概念。国税发〔2005〕120 号第三十五条第四款规定，"加强个人投资者从其投资企业借款的管理，对期限超过一年又未用于企业生产经营的借款，严格按照有关规定征税（即依照'利息、股息、红利所得'项目计征个人所得税）"。按照"后法优于先法"的法律适用基本原则，应该适用"超过一年"的规定，放弃执行"年度终了"的规定。

《财政部、国家税务总局关于企业为个人购买房屋或其他财产征收个人所得税问题的批复》（财税〔2008〕83 号）规定，"企业投资者个人、投资者家庭成员或企业其他人员向企业借款用于购买房屋及其他财产，将所有权登记为投资者、投资者家庭成员或企业其他人员，且借款年度终了后未归还借款的应依法征税。同时规定，对个人独资企业、合伙企业的个人投资者或其家庭成员取得的上述所得，视为企业对个人投资者的利润分配，按照'个体工商户的生产、经营所得'项目计征个人所得税；对除个人独资企业、合伙企业以外其他企业的个人投资者或其家庭成员取得的上述所得，视为企业对个人投资者的红利分配，按照'利息、股息、红利所得'项目计征个人所得税；对企业其他人员取得的上述所得，按照'工资、薪金所得'项目计征个人所得税"。在这个文件中，既没有采纳"年度终了"的概念，也没有沿用"超过一年"的规定，又创造了一个新概念即借款年度终了。但这个文件的一大进步是将借款人范围扩大了。

问题168 个人股东从企业列支消费支出，是否也产生个人所得税纳税风险？

《国家税务总局关于切实加强高收入者个人所得税征管的通知》（国税发〔2011〕50号）再次强调了，"对投资者本人及其家庭成员从法人企业列支消费支出和借款的，应认真开展日常税源管理和检查，对其相关所得依法征税。涉及金额较大的，应核实其费用凭证的真实性、合法性。"这个文件的一大进步是将消费支出和借款一样也列入征收监管范围。

问题169 若企业处于亏损状态，个人股东从企业借款或列支消费支出超过一年，也有缴纳个人所得税的风险吗？

笔者觉得，个人股东从企业借款或列支消费支出，超过一年不还应按照股息分红依法纳税的立法本意应该是：打击企业有红可分而个人股东故意不分所采取长期借款不还或列支消费支出的方式来规避个人分红纳税的现象。按照这个立法本意，如果企业处于亏损状态，根本就没有分红的可能，那么即使个人股东从企业借款或列支消费支出，也不能断定个人股东有规避个人分红纳税的主观故意，因此，在企业处于亏损的情况下，税务机关也就不能以借款超过一年未还或列支消费支出为由要求个人股东按照股息分红纳税了。也许有人说，企业都亏损了个人股东还随便借款长期不还甚至于还肆无忌惮地列支消费支出，就不应该承担法律责任吗？当然不是，如果构成个人侵占还有可能要承担刑事责任，但这不属于税务机关的管辖范围，税务机关自然也就不能越俎代庖代替公安机关"为民除害"了。

五、高管薪酬

企业高管劳动报酬可分为工薪和股权投资所得，其中工薪部分适用于最高达45%的个人所得税税率，股权投资所得部分可选择适用20%的个人所得税税率。

第三节 资产转让之增值税

一、债权转让

实践中时常出现债权转让的行为，虽说这种行为不属于转让金融资产，笔者认为由于形成债权的原因行为已经缴纳过增值税了，那么，债权转让就不应该再交增值税了。

二、开发权转让

房地产项目开发权转让虽然表现为合同项下收益权转移，但其本质是具体合同的债权转让，所以，不应该缴纳增值税。

问题170　开发权转让需要缴纳所得税吗？

无论是个人所得税还是企业所得税，开发权转让可能适用的税目也只有"转让财产所得"，与其他税目无关。那么转让开发权是否属于转让财产呢？从法律角度说，开发权转让本质是合同法意义上的债权，所以，债权是否属于法律意义上的"财产权"就成了关键。也就是说，如果债权属于法律意义上的财产权，那么转让债权（此处专指转让开发权）就属于转让财产的范畴，就应该按照"转让财产所得"的税目缴纳所得税；相反，如果债权不属于法律意义上的财产，那么转让债权（此处专指转让开发权）就不属于转让财产的范畴，就无法适用"转让财产所得"的税目，而其他所得税的税目又跟开发权转让无关，那么开发权的转让就因为没有可适用的税目而无须缴纳所得税。

债权是否属于法律意义上财产权呢？答案是肯定的。因为，从民法理论上讲，财产权分为四大类，即物权、债权、有价证券和知识产权。显然，转让债权（此处专指转让开发权）所得属于典型的转让财产所得，理应缴纳所得税。当然也有税务专业人士认为开发权不属于企业所得税的缴税范围，原因是找不到可适用的税目，笔者认为这种说法是站不住脚的。

问题171　开发权转让取得的发票能否计入土地增值税加计扣除成本？

应该不能。

三、一并转让

纳税人在资产重组过程中，通过合并、分立、出售、置换等方式，将全部或者部分实物资产以及与其相关联的债权、负债和劳动力一并转让给其他单位和个人，其中涉及的不动产、土地使用权转让行为，不征收增值税。

问题172　整体收购的被收购方能开具发票吗？

应该不能。

问题173　整体收购涉及的税收政策文件有哪些？

（1）国税发〔2011〕13号《关于纳税人资产重组有关增值税问题的公告》。

（2）国税发〔2013〕66号《关于纳税人资产重组有关增值税问题的公告》。

（3）财税〔2016〕36号文附件二《营业税改增值税试点有关事项的规定》。

问题174　企业整体转让不征收增值税的同时，是否应单独对资产包中的土地使用权或不动产征收土地增值税？

主流观点认为应该单独对资产包中的土地使用权或不动产征收土地增值税，理由是资产转让（即使是资产整体转让）不属于企业重组，不应该享受免征土地增值税的优惠政策。如《内蒙古自治区地方税务局关于企业资产整体转让征免土地增值税的批复》（内地税字〔2015〕140号）明确，赤峰市地方税务局：你局《关于企业资产整体转让是否征收土地增值税的请示》（赤地税发〔2015〕51号）收悉。经请示国家税务总局，现批复如下：博天糖业有限公司赤峰分公司与赤峰众益糖业有限公司签订业务转让协议，将博天糖业有限公司赤峰分公司的全部资产、债权、债务和劳动力一并转让给赤峰众益糖业有限公司，该业务转让的收款方为博天糖业有限公司。此项交易的实质是博天糖业有限公司将其赤峰分公司整体转让给赤峰众益糖业有限公司，并不属于企业兼并的情形，不应按《财政部　国家税务总局关于土地增值税一些具体问题规定的通知》（财税字〔1995〕48号）第三条"在企业兼并中，对被兼并企业将房地产转让到兼并企业中的，暂免征收土地增值税"的规定予以减免。此项交易涉及的房产、土地应当依法缴纳土地增值税。

当然也有税务机关认为，不应该征收土地增值税。云南地税局曾以云地税一字〔2001〕1号〔66〕号文向保山市地税局批复："对企业是由人

（企业劳动者和经营管理者）和物（企业货币资金、机器设备、原材料、建筑物及其占有的土地）组成的统一体，并非仅仅是不动产所有权、土地使用权和原材料等物资所有权发生转移，而是整个企业（包括人和物）的产权发生转移。因此，根据现行税法规定，对企业整体资产出售或整个企业所有权转移的行为，不征收土地增值税。"

四、一二级联动

一二级联动是指一级土地整理和二级房地产开发的主体是同一家企业或同一家企业实际控制的关联企业。这种情况应该注意将一级开发的投资主体和实际实施拆迁、安置补偿等一级开发行为的主体分开，从而使投资主体享受投资行为免征增值税的优惠。而实际实施一级开发行为的主体，应尽量选择小规模纳税人，且其拆除建筑物和平整土地的收入属于"建筑服务"税目，代政府支付拆迁补偿费的行为属于"经纪代理"税目。

第四节 | 资产转让之土地增值税

一、集体土地

在集体建设用地上进行房地产项目开发，按现行的税法规定，不征收土地增值税。

问题175 小产权房是否征收土地增值税，法律是如何规定的？

所谓小产权房是指在集体建设用地上进行房地产建设并向集体组织成员之外的个人或单位进行销售的房屋。

1994年1月1日起施行的《中华人民共和国土地增值税暂行条例》第二条规定，转让国有土地使用权、地上的建筑物及其附着物（以下简称转让房地产）并取得收入的单位和个人，为土地增值税的纳税义务人（以下简称纳税人）。1995年出台的《土地增值税宣传提纲》也规定，如果转让的不是国有土地使用权，那就是非法转让，应由有关部门去纠正非法行为。

遍布全国的小产权房作为违反建筑拆除已经是不可能的选项，如何让小产权房"转正"，是一个重大的税法问题，随着商品房价格的一路攀升，这个问题变得越来越棘手。在"房住不炒"的大背景下,在集体建设用地上建设的长租房如何征税,是一个迫在眉睫的问题。

其实,除小产权房之外,在集体建设用地上还有数量惊人的商业用房等待着命运的裁决。

二、清算对象

在进行房地产项目土地增值税清算时,清算对象的划分和确认的不当,会造成土地增值税提前缴纳甚至是超额缴纳的现象。

问题176　划分清算对象的标准和法律依据有哪些?

《土地增值税暂行条例实施细则》第八条规定:土地增值税以纳税人房地产成本核算的最基本的核算项目或核算对象为单位计算。

《国家税务总局关于房地产开发企业土地增值税清算管理有关问题的通知》(国税发〔2006〕187号)规定:土地增值税以国家有关部门审批的房地产开发项目为单位进行清算,对于分期开发的项目,以分期项目为单位清算。开发项目中同时包含普通住宅和非普通住宅的,应分别计算增值额。

《土地增值税清算管理规程》(国税发〔2009〕91号)第十七条规定:清算审核时,应审核房地产开发项目是否以国家有关部门审批、备案的项目为单位进行清算;对于分期开发的项目,是否以分期项目为单位清算;对不同类型房地产是否分别计算增值额、增值率,缴纳土地增值税。

《国家税务总局关于修订财产行为税部分税种申报表的通知》(税总发〔2015〕114号)规定,从事房地产开发的纳税人清算适用的申报表应区分普通标准住宅、非普通标准住宅和其他类型三列填报。

问题177　房地产项目分期开发的确认标准在实践中如何把握?

在这个问题上,虽然各地做法不一,但总体大同小异。可大体分为以下两个判断标准。

一是以规划部门下发的《建设工程规划许可证》作为房地产项目的分期的确认标准;

二是依据《建设工程规划许可证》难以确认分期开发项目的,由主管地税机关依据《建设用地规划许可证》《建设工程规划许可证》以及相关《建筑工程施工许可证》《预售许可证》及预售资金回笼等情况,经调查核实、集体审议,综合认定分期开发项目。

三、地下车库

在进行房地产项目土地增值税清算时，地下车库是继清算对象划分之后的又一个关键因素，其中涉及众多税收问题。

问题178　地下面积是否分摊土地成本税法如何规定？

目前，地下车库是否分摊土地成本，国家并没有统一规定。一般把握原则是，如果地下建筑计入容积率的，则分摊土地成本，否则不予分摊。如《湖北省地方税务局关于进一步规范土地增值税征管工作的若干意见》（鄂地税发［2013］44号）第六条规定，"房地产开发项目在取得土地使用权时，申报建设规划含地下建筑，且将地下建筑纳入项目容积率的计算范畴，并列入产权销售的，其地下建筑物可分摊项目对应的土地成本。其他不纳入项目容积率计算范畴或不能提供与取得本项目土地使用权有关联证明的地下建筑物，不得进行土地成本分摊"。

问题179　地下面积分摊土地成本一定要取得发票吗？

国家税务总局关于印发《房地产开发经营业务企业所得税处理办法》的通知（国税发［2009］31号）第32条，除以下几项预提（应付）费用外，计税成本均应为实际发生的成本……（二）公共配套设施尚未建造或尚未完工的，可按预算造价合理预提建造费用。此类公共配套设施必须符合已在售房合同、协议或广告、模型中明确承诺建造且不可撤销，或按照法律法规规定必须配套建造的条件。根据上述公共配套设施可以按照预算成本全额计提的规定，地下车库可以按照预算成本进行税前扣除。也就是说，企业所得税没有发票也可以扣除。

国家税务总局关于印发《土地增值税清算管理规程》的通知（国税发［2009］91号）第二十一条"（二）扣除项目金额中所归集的各项成本和费用，必须是实际发生的"。没有对取得发票做出具体规定。实践中各地税务机关主流应当取得但未取得合法凭据的不得扣除。

问题180　无产权的人防地下车位预售款需要预缴土地增值税吗？

房地产实务中，人防地下车位虽然产权不在房地产企业名下，但《中华人民共和国人民防空法》第五条规定，国家对人民防空设施建设按照有关规定给予优惠。国家鼓励、支持企业事业组织、社会团体和个人，通过多种途径，投资进行人民防空工程建设；人民防空工程平时由投资者使用管理，收益归投资者所有。因此，实践中，房地产企业不约而同地将这些人防地下车位"使用权"进行转让。

房地产企业"转让"不能办理权属登记手续的人防地下车位的使用权的行为，实质上是一种"出租"行为，只不过预"出租"的标的物还没有建设完毕，法学理论上属于"预出租"行为，就像房屋预售一样，其预售的房屋并不存在。

《国家税务总局关于房地产开发企业土地增值税清算管理有关问题的通知》（国税发〔2006〕187号）第三条第（二）款规定，房地产开发企业将开发的部分房地产转为企业自用或用于出租等商业用途时，如果产权未发生转移，不征收土地增值税，在税款清算时不列收入，不扣除相应成本和费用。

综上所述，取得无产权的人防地下车位预售款无须预缴土地增值税。

问题181　无产权的人防地下车位可以扣除相应成本和费用吗？

如上所述根据《中华人民共和国人民防空法》第五条规定，人民防空工程平时由房地产企业使用管理，收益归房地产企业所有。如此，地下人防车位不符合国税发〔2006〕187号第四条第三款规定的"建成后无偿移交给政府、公用事业单位用于非营利性社会公共事业的，其成本、费用可以扣除"之规定，故不扣除相应成本和费用。

问题182　在无偿赠送人防地下车位的销售合同中如何约定才能避免缴纳增值税？

人防地下车位若作为房屋的附送产品，合同一定不要出现"无偿"或"赠送"等字眼，是应该约定，房屋销售单价中含地下车库。否则，税务机关有权认为无偿赠送的地下车库属于销售，依法应缴纳增值税。

四、安置房

安置房以房地产企业名义报建，无偿移交时应按视同销售缴纳增值税。若增值税的计算基础能以市场价计算，则有利于将来土地增值税的抵扣；若增值税的计算基础能以成本价计算，则不利于将来土地增值税的抵扣。

问题183　房地产企业名下安置房增值税的计算基础是市场价还是成本价，税法是如何规定的？

在营改增前，应当按照《中华人民共和国营业税暂行条例》的有关法规，就其取得的营业额计征营业税，即对偿还面积与拆迁建筑面积相等的部分，由当地税务机关按同类住宅房屋的成本价核定计征营业税……

营改增后，《财政部国家税务总局关于明确金融房地产开发教育辅助服务等增值税政策的通知》(财税〔2016〕140号)仅提及"房地产开发企业中的一般纳税人销售其开发的房地产项目(选择简易计税方法的房地产老项目除外),在取得土地时向其他单位或个人支付的拆迁补偿费用也允许在计算销售额时扣除。"按此规定,对货币补偿的问题便于处理,但对房地产企业对被拆迁人提供房屋补偿时,是以成本价还是市场价作为视同销售的增值税的计税基础这一问题并无明确答案。

问题184 村委会名下安置房需要交纳增值税吗?

当然,实践中,为数不少的安置房并没有立项在房地产企业名下,而是立项在城改办或村委会名下。立项在村委会名下的,通常是由居民所在村委会代表村民,以村委会名义立项报建,并由村委会代表委托房地产企业代建,相关建筑成本票据抬头开给村委会,项目竣工后整体移交给村委会,再由政府分别给村民办理房屋产权登记。此种方式,对村委会不征收增值税。房地产企业仅就取得的代建费用缴纳增值税。

问题185 房地产企业名下安置房多余的存量房如何处理?

在房地产实践中,很多城市还存在就地安置的情况,本着集约用地的原则,房地产企业建设的安置房不可能与安置房的需求量一一对应,往往会比实际需求多出一些存量房。如果房地产企业销售这些存量房时,应该按实际销售价格缴纳增值税。

五、应付账款

纳税人如有充足的证据证明应付账款的债务并未灭失,在可预见的将来必须偿还,则逾期应付未付款可以不并入当期应纳税所得。

问题186 应付账款超过三年就要并入应纳税所得吗?

《企业财产损失所得税前扣除管理办法》(国税总局〔2005〕13号)第五条的规定"企业已申报扣除的财产损失又获得价值恢复或补偿,应在价值恢复或实际取得补偿年度并入应纳税所得。因债权人原因确实无法支付的应付账款,包括超过三年以上未支付的应付账款,如果债权人已按本办法规定确认损失并在税前扣除的,应并入当期应纳税所得依法缴纳企业所得税。"这就是三年之说的法源。

《企业资产损失税前扣除管理办法》(国税发〔2009〕88号)全文找不到上述条款:"因债权人原因确实无法支付的应付账款,包括超过三年以上未支付的应付账款,如果债权人已按本办法规定确认损失并在税前扣除的,应并入当期应纳税所得依法缴纳企业所得税。"

可惜上述两个文件已废止，虽然现行《企业所得税法实施条例》第二十二条规定，《企业所得税法》第六条第（九）项所称其他收入，包括确实无法偿付的应付款项……但这两条规定也仍然没有明确应付款挂账年限，代之以"确实无法偿付"的原则性规定。所以，三年以上应付款项并入应纳税所得额的法律依据似乎已经消失了。

国家税务总局关于发布《企业资产损失所得税税前扣除管理办法》的公告（国税总局［2011］25号）第二十三条规定"企业逾期三年以上的应收款项在会计上已作为损失处理的，可以作为坏账损失，但应说明情况，并出具专项报告"。本公告对债务人是否并入应纳税所得额没有规定。

但是，在实践中，各地税务机关纷纷依据上述25号文出台地方规定，年限不再"一刀切"三年之规定。如《贵州省国家税务局 贵州省地方税务局关于企业所得税有关业务问题的公告》（贵州省国税局、贵州省地方税务局［2013］7号）四条规定："关于超过五年未支付的应付款项问题企业因债权人原因确实无法支付或超过五年（60个月）未支付的应付款项，应并入当期应纳税所得额缴纳企业所得税。企业如果能够提供确凿证据（指债权人主管税务机关出具未税前扣除的证明等有效证据）证明债权人未在税前扣除的，可以不并入当期应纳税所得额。对并入应纳税所得额的应付款项在以后支付的，允许税前扣除。"

河北省地方税务局公告2014年第4号《河北省地方税务局关于企业所得税若干业务问题的公告》第十条规定："关于三年以上未支付的应付账款的税务处理问题：企业因债权人原因确实无法支付的应付账款，包括超过三年未支付的应付账款以及清算期间未支付的应付账款，应并入当期应纳税所得额缴纳企业所得税。企业若能够提供确凿证据（指债权人承担法律责任的书面声明或债权人主管税务机关的证明等，能够证明债权人没有按规定确认损失并在税前扣除的有效证据以及法律诉讼文书）证明债权人没有确认损失并在税前扣除的，可以不并入当期应纳税所得额。已并入当期应纳税所得额的应付账款在以后年度支付的，在支付年度允许税前扣除。"

当然，跨区域关联企业恶意长期将应付款项挂往来账的行为不在本问题讨论之列。笔者认为，随着金三系统的上线，这种做法会受到极大的遏制。

六、成本分摊

房地产并购的成本分摊主要关注点在于土地成本的合理分摊，以利于土地增值税的清算。

问题187 企业所得税层面的成本分摊和土地增值税层面的成本分摊有何不同？

企业所得税层面的成本分摊，更多地关注企业与关联方共同开发、受让无形资产或接受劳务时，各自分摊的成本占比的合理性。比如一家跨国公司由母公司和数家子公共同开发一项新产品，那么，这项新产品的开发费用就应该由这家母公司和数家子公司根据彼此签订的成本分摊协议按合理比例分摊。所有违背独立交易原则进行的"安排"，都属于避税行为，将面临税务机关的纳税调整。可见，对成本分摊协议是否符合独立交易原则进行审核和调查，是税务机关对企业所得税进行有效管理的重要工作。

七、自用出租

房地产开发企业将开发的部分房地产转为企业自用或用于出租等商业用途时，如果产权未发生转移，不征收土地增值税。这也是房地产并购税务规划特别需要关注的问题之一。

问题188 自用或出租不征收土地增值税的法律依据何在？

2009年5月20日，国家税总发布《土地增值税清算管理规程》，其中第十九条第二款规定："房地产开发企业将开发的部分房地产转为企业自用或用于出租等商业用途时，如果产权未发生转移，不征收土地增值税，在税款清算时不列收入，不扣除相应的成本和费用。"

当然，在税务规划时不能只是考虑这种情况下永久性规避掉土地增值税的问题，还需要考虑房产税的不利因素，因为，房产税对于以自持出租为主的商业地产项目而言，是仅次于增值税及企业所得的第三大税种，占据着重要地位。

八、价格临界

土地增值税采用的是超率累进税率，增值额越高税率越高。当增值额在税率级差的临界点时，可能收入稍高一点会造成增值额超过临界点而适

— 141 —

用更高一级的税率，直接增加 10% 的增值税额。所以在定价时可进行周密测算，以避免发生这种情况。

问题 189　价格临界筹划适用预售房屋吗？

实践中，对这一筹划原理在已经竣工后尾盘现房销售和房地产二手市场具有实操性，没有争议。但在预售房屋阶段是否可以操作的争议较大。笔者觉得在预售房屋阶段，由于施工尚在进行，随时可能因为签证或索赔而改变工程造价，从而导致最终的扣除成本金额无法确认，也就是说，多少增值额适用哪一级的税率根本无从计算，故上述筹划原理也就很难落实。

问题 190　价格临界筹划适用普通住宅增值低于 20% 免征土地增值税的情形吗？

根据《土地增值税暂行实施细则》第 11 条规定，增值额未超出扣除金额 20% 免征土地增值税；超过 20% 全额征增值税。利用土增税税率临界点进行筹划原理，在于避免因增加极少的增值额而适用更高一级税率从而增加更多的土地增值税。同理，避免因增加极少的收入而超出扣除金额的 20% 而产生缴纳土地增值税义务，也同样适用上述筹划原理。实践中，有极个别的税务机关暗示或明示企业增值率不能低于 20%，以确保往年已经预缴的土地增值税不进行退税，这对于想做上述筹划的企业来说，也只能是徒劳了。

九、企业改制

在企业改制过程中，满足法定条件的，对改制后公司承受原企业土地、房屋权属的，免征契税、土地增值税等。

问题 191　企业改制免契税的法定条件和法律依据何在？

《财政部、国家税务总局关于企业事业单位改制重组契税政策的通知（已过期）》（财税〔2012〕4 号）《财政部、国家税务总局关于进一步支持企业事业单位改制重组有关契税政策的通知（已过期）》（财税〔2015〕37 号）以及《财政部　税务总局关于继续支持企业事业单位改制重组有关契税政策的通知》（财税〔2018〕17 号）均明确规定，对非公司制企业改制为公司制企业（有限责任公司或股份有限公司）、有限责任公司改制为股份有限公司、股份有限公司改制为有限责任公司的三种情形，满足以下条件的，对改制后公司承受原企业土地、房屋权属的，免征契税：

（1）原企业投资主体存续并在改制后的公司中所持股权或股份比例超

过 75%的（相比较而言，与整体改制的免土地增值税持股 100%不同，免契税只要求原投资主体持股在 75%以上）；

(2) 改制后的公司承受原企业的权利、义务。

问题 192　个人独资企业改制为一人公司需要缴纳契税吗？

虽然《财政部　税务总局关于继续支持企业事业单位改制重组有关契税政策的通知》（财税〔2018〕17 号）第一条没有明确规定，但是，笔者认为不需要缴纳契税。因为，上述第一条所说的"非公司制企业"应该包括合伙企业和个人独资企业。

问题 193　企业改制免土地增值税的法律依据何在？

财政部　国家税务总局《关于企业改制重组有关土地增值税政策的通知》（财税〔2015〕5 号）已经于 2017 年 12 月 31 日到期，2018 年 5 月 16 日财政部　税务总局发布了《关于继续实施企业改制重组有关土地增值税政策的通知》（财税〔2018〕57 号），该 57 号文规定，"为支持企业改制重组，优化市场环境，现将继续执行企业在改制重组过程中涉及的土地增值税政策通知如下：一、按照《中华人民共和国公司法》的规定，非公司制企业整体改制为有限责任公司或者股份有限公司，有限责任公司（股份有限公司）整体改制为股份有限公司（有限责任公司），对改制前的企业将国有土地使用权、地上的建筑物及其附着物（以下称房地产）转移、变更到改制后的企业，暂不征土地增值税。二、按照法律规定或者合同约定，两个或两个以上企业合并为一个企业，且原企业投资主体存续的，对原企业将房地产转移、变更到合并后的企业，暂不征土地增值税。三、按照法律规定或者合同约定，企业分设为两个或两个以上与原企业投资主体相同的企业，对原企业将房地产转移、变更到分立后的企业，暂不征土地增值税。四、单位、个人在改制重组时以房地产作价入股进行投资，对其将房地产转移、变更到被投资的企业，暂不征土地增值税。五、上述改制重组有关土地增值税政策不适用于房地产转移任意一方为房地产开发企业的情形。"

第五节　资产转让之契税

一、个体经营

个体工商户的经营者将其个人名下的房屋、土地权属转移至个体工商户名下，或个体工商户将其名下的房屋、土地权属转回原经营者个人名下，免征契税。

问题194　合伙企业和个人独资企业能享受个体经营税收优惠政策吗？

根据《财政部　国家税务总局关于企业以售后回租方式进行融资等有关契税政策的通知》（财税〔2012〕82号）第六条的规定，合伙企业的合伙人将其名下的房屋、土地权属转移至合伙企业名下，或合伙企业将其名下的房屋、土地权属转回原合伙人名下，免征契税。

既如此，个人独资企业更应该享受这个优惠政策。

二、等价交换

在房地产并购过程中，企业通过签订等价交换合同，可以享受免征契税的优惠政策，实现节税目的。

问题195　等价交换免征契税的法律依据何在？

根据《中华人民共和国契税暂行条例》第四条第（三）项规定："土地使用权交换、房屋交换为所交换的土地使用权、房屋的价格的差额。"《中华人民共和国契税暂行条例细则》（财法字〔1997〕52号）第十条规定："土地使用权交换、房屋交换，交换价格不相等的，由多交付货币、实物、无形资产或者其他经济利益的一方缴纳税款。交换价格相等的，免征契税。土地使用权与房屋所有权之间相互交换，按照前款征税。"基于以上政策法律依据，如果两个企业相互购买对方的土地使用权或房屋，或者一方购买另一方的土地使用权（房屋），而另一方购买对方的房屋（土地使用权），一定要签订交换合同，而不能签订购买合同。

三、转让无效

在建工程转让后，该转让行为又被认定为无效的，已经缴纳的契税应该返还。

问题196　转让认定无效返还缴纳契税的法律依据何在？

《国家税务总局关于无效产权转移征收契税的批复》（国税函〔2008〕438号）明确，对经法院判决的无效产权转移行为不征收契税。法院判决撤销房屋所有权证后，已缴契税款应予退还。

根据上述法律规定，在建工程转让后被法院认定无效的，已经缴纳的契税自然也应该返还。

实践中，还有一个特殊机关也有权力认定合同无效，这个特殊机关就是各地的仲裁委员会，其做出的裁决和法院的判决具有同等的法律效力。所以，仲裁委员裁决在建工程转让无效后，已经缴纳的契税应予返还。

四、转让返还

在建工程转让后，该在建工程又被当事人返还且没有办理完毕权属变更登记的，已经缴纳的契税应该返还。

问题197　转让返还导致契税返还的法律依据何在？

《财政部、国家税务总局关于购房人办理退房有关契税问题的通知》（财税〔2011〕32号）规定："对已缴纳契税的购房单位和个人，在未办理房屋权属变更登记前退房的，退还已纳契税；在办理房屋权属变更登记后退房的，不予退还已纳契税。"

根据上述法律规定，在建工程转让后又被当事人返还且没有办理完毕权属变更登记的，已经缴纳的契税自然也应该返还。但是，在办理房屋权属变更登记后又要返还在建工程的，已经缴纳的契税就应不予退还。

五、市政配套费

市政配套费是否作为受让土地使用权契税的计税基础，是一个普遍存在并受到业界关注的问题。

问题198　市政配套费是否作为受让土地使用权契税的计税基础为何成为热点问题？

实际上，笔者认为这个问题本来就不应该成为问题。因为，这个问题虽然没有明确的法律条款，但很容易从法理上（契税的定义）得出结论：凡是为取得土地使用权而支付的费用都应该作为契税的计税基础，反之则不然。按照这个结论，不难看出市政配套费不应作为契税的计税基础，因为它显然不是为取得土地使用权而支付的费用，而是在取得土地使用权后颁发《建设工程规划许可证》的时候才缴纳的费用。

但是，在实践中，由于没有明确的条款对此进行说明，所以税务机关倾向于该收，房地产企业认为不该收。经过各地征纳双方的博弈，最终业界形成一个主流的折中做法：以《出让合同》为准绳，即合同载明土地成交价格不含市政配套费则不交，反之就要交。当然，按照"法无授权不可为"的行政法原则，税务机关也为这种做法找到了法律依据，即《中华人民共和国契税暂行条例细则》第九条规定："成交价格是指土地、房屋权属转移合同确定的价格。"但企业对此并不认同。

问题199 市政配套费是否作为受让土地使用权契税的计税基础，国家税务总局对此有何看法？

2017年4月17日，成都市国家税务局对这一问题发表看法：

各区（市）县地方税务局市局第三直属税务分局：

针对成都市建筑面积收取的特大地市市政基础设施配费是否计入契税计税依据的问题我处请示了省局，省局根据国家税务总局口头答复，回复了我处。现将相关问题通知如下：

总局和省局均认为，房地产开发商在取得土地使用权后按开发的房产建筑面积向建委缴纳的城市基础设施配套费（一般计入开发成本）是在取得土地使用权之后环节发生的费用，该费用不是为取得土地使用权而支付的，应暂缓征收契税。

据此我市从2007年4月1日起，暂缓将成都市建委收取的特大城市市政基础设施配套费纳入契税计税依据。对于2017年4月1日前，已在税收日常检查、执法监督、税务稽查中被发现的，未将特大城市市政基础设施配套费纳入契税计税依据的纳税人，均暂缓补征或追征其该部分契税，对于已将特大城市市政基础设施配套费纳入契税计税依据并已将契税缴纳入库的纳税人，在上级部门明确以前，不予退税。

成都市地方税务局财产与行为税处
2017年4月17日

六、事业改制

在事业单位改制过程中，满足法定条件的，对改制后公司承受原事业单位土地、房屋权属的，分情况减免契税。

问题200 事业单位改制减免契税的法定条件和法律依据何在？

《财政部国家税务总局关于企业事业单位改制重组契税政策的通知》（财税〔2012〕4号）《财政部国家税务总局关于进一步支持企业事业单位改制重组有关契税政策的通知（已过期）》（财税〔2015〕37号）以及《财

政部　税务总局关于继续支持企业事业单位改制重组有关契税政策的通知》（财税〔2018〕17号）均明确规定，对事业单位改制为企业的情形，分三种情况处理：

（1）原投资主体存续并在改制后企业中持有的股权或股份比例超过50%的，对改制后企业承受原事业单位土地、房屋权属，免征契税；

（2）原投资主体存续并在改制后企业中持有的股权或股份比例不足50%的，且改制后企业妥善安置原事业单位全部职工，与原事业单位全部职工签订服务年限不少于三年的劳动用工合同的，对其承受原事业单位的土地、房屋权属免征契税；

（3）原投资主体存续并在改制后企业中持有的股权或股份比例不足50%的，且改制后企业与原事业单位超过30%的职工签订服务年限不少于三年劳动用工合同的，对其承受原事业单位的土地、房屋权属减半征收契税。

问题201　事业单位改制免土地增值税吗？

令人诧异的是，虽然都是支持企事业单位兼并重组的涉税文件，契税17号文对事业单位改制给出了明确的优惠规定，而到了土地增值税57号文对事业单位改制却只字未提。但是，笔者认为，事业单位改制土地增值税也应该参照针对企业57号文给予优惠，否则，同一事业单位改制契税优惠，土地增值税不优惠，也于理不通。

另外，57号文第四条明确规定："单位、个人在改制重组时以房地产作价入股进行投资，对其将房地产转移、变更到被投资的企业，暂不征土地增值税。"如此，如果事业单位改制要征收土地增值税的话，可采用入股投资的方法来避免此事情的发生。

第六节　分立合并

本书所称的资产间接转让是相对于直接转让而言的。直接转让就是针对转让标的物直接过户交易，标的物可以是在建工程、土地、债权等，过户方式可以是协议、拍卖、划转等。而间接转让是把拟转让标的物与企业其他财产分立到一个独立的企业主体里，再转让标的物资产或转让标的物资产所在企业的股权或合并标的物所在的企业。笔者把这种通过分立或合并间接达到资产转让目的方式称之为间接转让。下面分别一一介绍。

一、一般分立

一般分立是指不能享受特殊税务处理优惠政策的企业分立，属于一般重组的范畴。虽然一般分立程序烦琐、税负较重，但是在特殊情况下，也不失为房地产并购税务规划的一个可选对象。

问题 202　一般分立需要取得债权人同意吗？

1993 版《公司法》第一百八十五条规定："公司分立，其财产作相应的分割。公司分立时，应当编制资产负债表及财产清单。公司应当自作出分立决议之日起十日内通知债权人，并于三十日内在报纸上至少公告三次。债权人自接到通知书之日起三十日内，未接到通知书的自第一次公告之日起九十日内，有权要求公司清偿债务或者提供相应的担保。不清偿债务或者不提供相应的担保的，公司不得分立。公司分立前的债务按所达成的协议由分立后的公司承担。"

2005 版《公司法》对上述规定进行了颠覆性修改，现行 2013 版《公司法》沿用了 2005 版的规定，其中第一百七十五条规定："公司分立，其财产作相应的分割。公司分立，应当编制资产负债表及财产清单。公司应当自作出分立决议之日起十日内通知债权人，并于三十日内在报纸上公告。"第一百七十六条规定："公司分立前的债务由分立后的公司承担连带责任。但是，公司在分立前与债权人就债务清偿达成的书面协议另有约定的除外。"也就是说根据现行《公司法》，债权人已经不能以债务人没有清偿债务或者提供担保为理由阻止债务人的分立行为。只有当债务人没有按《公司法》第一百七十五条的分立程序运作的时候，才能以程序不合法的要求法院确定债务人分立无效。从立法的角度来看债权人以丧失阻止债务人分立的权利所换取的是分立前的债务由分立后的企业承担连带责任。可见，法律也要与时俱进，一成不变的法律往往会成为社会进步的绊脚石。

但是，在实践中，债权人以债务人未清偿债务或提供担保而阻止其分立的商业习惯还有一定的市场，尤其是一些金融机构利用其强势地位，在相关协议中强行约定债务人分立其有权要求提前还款或提供强担保。这种名为"约定"实为"规定"的霸王条款，能否适用现行《公司法》第一百七十六条"但书"（但是，公司在分立前与债权人就债务清偿达成的书面协议另有约定的除外）的规定从而合法化，还有待司法实践的检验，有兴趣的专业金融诉讼律师可作为一个专题进行研究，本书就到此为止。

问题 203　一般分立增值税、土地增值税、契税和企业所得税的缴纳是如何规定的？

《国家税务总局关于纳税人资产重组有关增值税问题的公告》（国税发〔2011〕13号）规定："纳税人在资产重组过程中，通过合并、分立、出售、置换等方式，将全部或者部分实物资产以及与其相关联的债权、负债和劳动力一并转让给其他单位和个人，不属于增值税的征税范围，其中涉及的货物转让，不征收增值税。"财税〔2016〕36号文附件2第一条第（二）项规定："在资产重组过程中，通过合并、分立、出售、置换等方式，将全部或者部分实物资产以及与其相关联的债权、负债和劳动力一并转让给其他单位和个人，其中涉及的不动产、土地使用权转让行为，不征收增值税。"除上述情况之外，不涉及负债、劳动力的转移的分立，应依法缴纳增值税。

《财政部　税务总局关于继续实施企业改制重组有关土地增值税政策的通知》（财税〔2018〕57号）第三条规定："按照法律规定或者合同约定，企业分设为两个或两个以上与原企业投资主体相同的企业，对原企业将房地产转移、变更到分立后的企业，暂不征土地增值税。"但是，第五条特别规定："上述改制重组有关土地增值税政策不适用于房地产转移任意一方为房地产开发企业的情形。"这个对房地产企业的特别限制性规定，笔者觉得有违反税收法定原则的嫌疑。因为既然是"不征税"事由，那么，对各个行业应该一视同仁；如果是"免税"事由，税务机关可以酌情对不同行业做出相应的限制性规定。

《财政部　国家税务总局关于继续支持企业事业单位改制重组有关契税政策的通知》（财税〔2018〕17号）第四条规定："公司依照法律规定、合同约定分立为两个或两个以上与原公司投资主体相同的公司，对分立后公司承受原公司土地、房屋权属，免征契税。"

《财政部　国家税务总局关于企业重组业务企业所得税处理若干问题的通知》（财税〔2009〕59号）第四条第5款的规定："企业分立，当事各方应按下列规定处理：1.被分立企业对分立出去资产应按公允价值确认资产转让所得或损失。2.分立企业应按公允价值确认接受资产的计税基础。3.被分立企业继续存在时，其股东取得的对价应视同被分立企业分配进行处理。4.被分立企业不再继续存在时，被分立企业及其股东都应按清算进行所得税处理。5.企业分立相关企业的亏损不得相互结转弥补。"可见，一般分立过程中对分立出去的资产是按视同销售进行税务处理的。

问题 204　一般分立业务中的分立流程是怎样的？

按照被分立企业在分立后是否存续，企业分立分为存续分立与新设分立。现在以存续分立为例介绍相应的流程。

（1）根据《公司法》规定，应当由公司董事会拟定分立方案并交由公司股东审议通过。若拟分立公司涉及国有独资公司的，则需要获得履行出资人职责的国资监管机构决定。

（2）到工商部门办理分立后新设公司的名称预核准。

（3）确立分立基准日，编制资产负债表及财产清单、通知债权人，并于三十日内在报纸上公告。

（4）聘请评估机构对拟分立的资产进行评估。

（5）存续公司、分立公司及分立公司的股东签署分立协议。

（6）到税务有关部门进行汇算清缴。

（7）办理公司设立工商登记以及存续公司变更登记。

（8）根据分立方案，分割公司业务、资产、负债及人员。

二、特殊分立

特殊分立是指在符合法定条件的前提下享受特殊税务处理优惠的分立，属于企业特殊重组的范畴。特殊分立因其税收优惠的特点，而成为税务规划方案设计的追逐目标。

问题 205　特殊分立与一般分立最主要的区别在哪里？

特殊分立与一般分立在是否征得债权人同意、分立流程和增值税、契税、土地增值税等一系列问题上跟一般分立基本一致。主要就企业所得税上二者有显著的区别。

问题 206　特殊分立能否享受财税［2009］59 号文特殊税务处理的优惠政策？

根据财税［2009］59 号文第三条规定："企业重组的税务处理区分不同条件分别适用一般性税务处理规定和特殊性税务处理规定"。

根据财税［2009］59 号文第五条以及与之配套的财税［2009］109 号文的规定，企业分立要想适用企业所得税特殊性税务处理规定，需要同时满足以下条件：

（1）具有合理的商业目的，且不以减少、免除或者推迟缴纳税款为主要目的。

(2) 分立企业和被分立企业分立后的连续12个月内均不改变原来的实质经营活动。

(3) 被分立企业所有股东按原持股比例取得分立企业的股权。

(4) 被分立企业股东在该企业分立发生时取得的股权支付金额不低于其交易支付总额的85%。

(5) 企业分立中取得股权支付的原主要股东，在企业分立后连续12个月内，不得转让所取得的分立企业的股权。

其中"企业重组后连续12个月内"是指自重组日起计算的连续12个月内；"原主要股东"是指原持有转让企业或被收购企业20%以上股权的股东。

特别需要注意的是，如果重组交易是分期分批进行的，那么，只有在重组发生前后12个月内满足上述85%，也视为满足符合特殊重组法定条件，享受相应特殊税务处理的政策优惠。这样做的法律依据是财税［2009］59号文第十条的规定："企业在重组发生前后连续12个月内分步对其资产、股权进行交易，应根据实质重于形式原则将上述交易作为一项企业重组交易进行处理。"

根据财税［2009］59号文第六条的规定：被分立企业所有股东按原持股比例取得分立企业的股权，分立企业和被分立企业均不改变原来的实质经营活动，且被分立企业股东在该企业分立发生时取得的股权支付金额不低于其交易支付总额的85%，可以选择按以下规定处理：

(1) 分立企业接受被分立企业资产和负债的计税基础，以被分立企业的原有计税基础确定。

(2) 被分立企业已分立出去资产相应的所得税事项由分立企业承继。

(3) 被分立企业未超过法定弥补期限的亏损额可按分立资产占全部资产的比例进行分配，由分立企业继续弥补。

(4) 被分立企业的股东取得分立企业的股权（以下简称"新股"），如需部分或全部放弃原持有的被分立企业的股权（以下简称"旧股"），"新股"的计税基础应以放弃"旧股"的计税基础确定。如不需放弃"旧股"，则其取得"新股"的计税基础可从以下两种方法中选择确定：直接将"新股"的计税基础确定为零；或者以被分立企业分立出去的净资产占被分立企业全部净资产的比例先调减原持有的"旧股"的计税基础，再将调减的计税基础平均分配到"新股"上。

根据财税［2009］59号文第四条第5款的规定，不能满足特殊税务出法定条件的企业分立，只能适用一般性税务处理来缴纳企业所得税：

（1）被分立企业对分立出去资产应按公允价值确认资产转让所得或损失。

（2）分立企业应按公允价值确认接受资产的计税基础。

（3）被分立企业继续存在时，其股东取得的对价应视同被分立企业分配进行处理。

（4）被分立企业不再继续存在时，被分立企业及其股东都应按清算进行所得税处理。

（5）企业分立相关企业的亏损不得相互结转弥补。

三、反向分立

在条件允许的情况下，把拟转让的房地产项目留在存续的被分立企业里，把其他资产放在分立企业里，这样在适用企业所得税的特殊税务处理的同时，突破企业分立后连续12个月内不得转让所取得的股权的规定。

问题207　为什么说反向分立可以突破特殊税务处理中12个月内不得转让所取得的股权的规定？

在实践中，很多当事人找到律师事务所都是想分立房地产项目之后立马转让股权，但根据财税［2009］59号文的规定分立企业的股权在分立后12个月之内不得转让，否则不能适用特殊税务处理优惠政策。如此，很多当事人因为不能承担12个月的时间成本而束手无策。但是，有人提出把拟转让的房地产项目留在存续的被分立企业里，把其他资产放在分立企业里，之后转让被分立企业股权应该不受财税［2009］59号文12月的期限限制，从而解决当事人的时间成本问题。因为，财税［2009］59号文12月的期限限制针对的是分立企业的"新股"，而被分立企业的"旧股"不存在12个月期限的问题。

四、一般合并

一般合并是指不能享受财税［2009］59号文特殊税务处理政策的企业合并，属于一般重组的范畴。一般合并尤其是吸收合并在特殊情况下，可以作为房地产并购税务规划的一个可选对象。

问题 208　一般合并需要取得债权人同意吗？

现行《公司法》第一百七十三条规定："公司合并，应当由合并各方签订合并协议，并编制资产负债表及财产清单。公司应当自作出合并决议之日起十日内通知债权人，并于三十日内在报纸上公告。债权人自接到通知书之日起三十日内，未接到通知书的自公告之日起四十五日内，可以要求公司清偿债务或者提供相应的担保。"

可见，无论是吸收合并还是新设合并，都需要经过债权人同意才能实施。但是，债权人必须在四十五日内作出明确的意思表示。

问题 209　一般合并增值税、土地增值税、契税和企业所得税的缴纳是如何规定的？

《国家税务总局关于纳税人资产重组有关增值税问题的公告》（国税发［2011］13号）规定："纳税人在资产重组过程中，通过合并、分立、出售、置换等方式，将全部或者部分实物资产以及与其相关联的债权、负债和劳动力一并转让给其他单位和个人，不属于增值税的征税范围，其中涉及的货物转让，不征收增值税。"财税［2016］36号文附件2第一条第（二）项规定，"在资产重组过程中，通过合并、分立、出售、置换等方式，将全部或者部分实物资产以及与其相关联的债权、负债和劳动力一并转让给其他单位和个人，其中涉及的不动产、土地使用权转让行为，不征收增值税。"除上述情况之外，不涉及负债、劳动力的转移的分立，应依法缴纳增值税。

《财政部　税务总局关于继续实施企业改制重组有关土地增值税政策的通知》（财税［2018］57号）第二条规定："按照法律规定或者合同约定，两个或两个以上企业合并为一个企业，且原企业投资主体存续的，对原企业将房地产转移、变更到合并后的企业，暂不征土地增值税。"但是，第五条特别规定："上述改制重组有关土地增值税政策不适用于房地产转移任意一方为房地产开发企业的情形。"这个对房地产企业的特别限制性规定，笔者认为有违反税收法定原则的嫌疑。因为既然是"不征税"事由，那么，对各个行业应该一视同仁；如果是"免税"事由，税务机关可以酌情对不同行业做出相应的限制性规定。

《财政部　税务总局关于继续支持企业事业单位改制重组有关契税政策的通知》（财税［2018］17号）第三条规定："两个或两个以上的公司，依照法律规定、合同约定，合并为一个公司，且原投资主体存续的，对合并后公司承受原合并各方土地、房屋权属，免征契税。"

《财政部 国家税务总局关于企业重组业务企业所得税处理若干问题的通知》（财税〔2009〕59号）第四条第（四）项规定："企业合并，当事各方应按下列规定处理：1.合并企业应按公允价值确定接受被合并企业各项资产和负债的计税基础。2.被合并企业及其股东都应按清算进行所得税处理。3.被合并企业的亏损不得在合并企业结转弥补。"

五、特殊合并

特殊合并是相对一般合并而言的，主要是指能够享受财税〔2009〕59号文特殊税务处理优惠政策的房地产企业合并。

问题210　特殊合并与一般合并最主要的区别在哪里？

特殊合并与一般合并在是否征得债权人同意和增值税、契税、土地增值税等一系列问题上跟一般合并基本一致。主要区别就在于企业所得税上二者有显著的差异。

问题211　特殊合并能否享受财税〔2009〕59号文特殊税务处理的优惠政策？

根据财税〔2009〕59号文第三条规定："企业重组的税务处理区分不同条件分别适用一般性税务处理规定和特殊性税务处理规定"。

根据财税〔2009〕59号文第五条以及与之配套的财税〔2009〕109号文的规定，企业合并要想适用企业所得税特殊性税务处理规定，需要同时满足以下条件：

（1）具有合理的商业目的，且不以减少，免除或者推迟缴纳税款为主要目的。

（2）企业重组后的连续12个月内不改变重组资产原来的实质性经营活动。

（3）企业股东在该企业合并发生时取得的股权支付金额不低于其交易支付总额的85%，或者同一控制下且不需要支付对价的企业合并。

（4）企业重组中取得股权支付的原主要股东，在合并后连续12个月内不得转让所取得的股权。

其中"企业重组后连续12个月内"是指自重组日起计算的连续12个月内；"原主要股东"是指原持有转让企业或被收购企业20%以上股权的股东。

特别需要注意的是，如果重组交易是分期分批进行的，那么，只有在重组发生前后 12 个月内满足上述 85%，也视为满足符合特殊重组法定条件，享受相应特殊税务处理的政策优惠。这样做的法律依据是财税〔2009〕59 号文第十条的规定："企业在重组发生前后连续 12 个月内分步对其资产、股权进行交易，应根据实质重于形式原则将上述交易作为一项企业重组交易进行处理。"

根据财税〔2009〕59 号文第六条的规定，企业股东在该企业合并发生时取得的股权支付金额不低于其交易支付总额的 85%，以及同一控制下且不需要支付对价的企业合并，可以选择按以下规定处理企业所得税：

（1）合并企业接受被合并企业资产和负债的计税基础，以被合并企业的原有计税基础确定。

（2）被合并企业合并前的相关所得税事项由合并企业承继。

（3）可由合并企业弥补的被合并企业亏损的限额=被合并企业净资产公允价值×截至合并业务发生当年年末国家发行的最长期限的国债利率。

（4）被合并企业股东取得合并企业股权的计税基础，以其原持有的被合并企业股权的计税基础确定。

根据财税〔2009〕59 号文第四条第 4 款的规定，不能满足上述条件的企业合并，只能适用一般性税务处理来缴纳企业所得税：

（1）合并企业应按公允价值确定接受被合并企业各项资产和负债的计税基础。

（2）被合并企业及其股东都应按清算进行所得税处理。

（3）被合并企业的亏损不得在合并企业结转弥补。

问题 212　母子公司合并能否适用特殊重组享受特殊税务处理优惠政策？

特殊税务处理的立法本意是对缺乏足够现金流的重组交易给予税收支持，从这个角度讲母子公司合并适用特殊性税务处理是理所应当的事，因为这个交易本身缺乏足够的现金流。但恰恰就是这个理所应当的事，在实践中却产生了极大的争议。

从国家税务总局的消息层面来说，在母子公司合并是否适用特殊重组这一问题上是互相矛盾的，这反映出对于同样的问题，即使立法者的意见也未必统一。从地方税务机关的消息层面来讲，上海是非常坚定的否定派，业界都知道母子公司合并要想在上海适用特殊税务处理那是难于上青天的事，除上海之外的地方税务机关对这一问题的态度各有偏好。

理论界有人认为不可以适用，其内在逻辑思路是归谬法：母子公司合并适用特殊性税务处理的前提是，被合并企业（即子公司）的资产并入合并方（即母公司），而且合并方（即母公司）要向被合并企业的股东发行股份以满足股份支付的条件，也就是说如果允许母子公司合并能适用特殊重组享受特殊税务处理，那么势必造成合并方（母公司）要向自己发行股份的情况发生。但是，笔者认为我国《公司法》并没有禁止这种行为。

第七节 合作建房

合作建房或合作开发房地产是房地产行业最富有争议和最具热点的话题，由于法律规定的空白和矛盾，在实践中引发了无数遐想并出现了许多做法。

合作开发房地产是指当事人以提供出让土地使用权、资金等作为共同投资，共享利润、共担风险合作开发房地产的行为。这是最高人民法院《关于审理涉及国有土地使用权合同纠纷案件适用法律问题的解释》（法释〔2005〕5号）第十四条给出的"合作建房"的定义。

合作建房，是指由一方提供土地使用权，另一方提供资金，合作建房。这是国家税务总局《关于印发〈营业税问题解答（之一）〉的通知》（国税发〔1995〕156号）文件第十七条给出的"合作建房"的定义。

就这两个"合作建房"的定义比较而言，还是最高人民法院的定义更准确和严谨。因为，由最高人民法院的这个定义可以推导出"合作建房"的判断标准：共同投资、共享利润、共担风险。也就是说，凡是符合这"三个共同"的都是"合作建房"。相反，凡是不符合这"三个共同"的，即使名义上为"合作"，也不能认定其为合作。其中"共担风险"是最核心和最本质的判断标准。唯其如此，最高人民法院《关于审理涉及国有土地使用权合同纠纷案件适用法律问题的解释》（法释〔2005〕5号）进一步明确：合作开发房地产合同约定提供土地使用权的当事人不承担经营风险，只收取固定利益的，应当认定为土地使用权转让合同；合作开发房地产合同约定提供资金的当事人不承担经营风险，只分配固定数量房屋的，应当认定为房屋买卖合同；合作开发房地产合同约定提供资金的当事人不承担经营风险，只收取固定数额货币的，应当认定为借款合同；合作开发房地产合同约定提供资金的当事人不承担经营风险，只以租赁或者其他形式使用房屋的，应当认定为房屋租赁合同。简单理解就是，共担风险的就是"合作"，有一方不共担风险的就是"买卖"（租赁在一定程度上也是特殊的"买卖"，买卖的标的是一定年限的房屋使用权）。这四个"合同变性"的规定,是最高人民法院法释［2005］5号最大的亮点,当年受到法律界的极大推崇,因为之前法院都是一看见合同有不共担风险的条款,一律判合作合同无效,误伤了不少遵纪守法的良民。

依据上述"合作建房"的定义,结合多年的房地产实践,笔者将"合作建房"主要分为三种情况:一是作为股东一方以土地使用权出资而另一方以资金出资成立新的合营法人企业进行房地产开发,本书称为"合营法人合作";二是房地产法人企业提供土地使用权,另一个合作方提供所需资金合作开发房地产项目,本书称之为"旧法人合作";三是房地产企业与其他合作方签订《合作开发协议》,合作或合资开发房地产项目,且该项目不成立独立法人企业,本书称为"协议合作"。

一、合营法人合作

合作各方按照共同投资、共享利润和共担风险的原则成立新的房地产企业共同开发房地产项目。

问题213　在合营法人合作模式下,合作建房有什么税收优惠呢?

《国家税务总局关于印发〈营业税问题解答(之一)〉的通知》(国税发［1995］156号)文件第十七条规定,对此种形式的合作建房,则要视具体情况确定如何征税:房屋建成后如果双方采取风险共担,利润共享的分配方式,按照营业税"以无形资产投资入股,参与接受投资方的利润分配,共同承担投资风险的行为,不征营业税"的规定,对甲方向合营企业提供的土地使用权,视为投资入股,对其不征营业税;只对合营企业销售房屋取得的收入按销售不动产征税;对双方分得的利润不征收营业税。

财政部、国家税务总局《关于土地增值税一些具体问题规定的通知》(财税字［1995］48号)第二条规定:"对于一方出地,一方出资金,双方合作建房,建成后按比例分房自用的,暂免征收土地增值税;建成后转让的,应征收土地增值税。"《土地增值税清算规程》(国税发［2009］91号)第十九条规定,非直接销售和自用房地产的收入确定(一)房地产开发企业将开发产品用于职工福利、奖励、对外投资、分配给股东或投资人、抵偿债务、换取其他单位和个人的非货币性资产等,发生所有权转移时应视同销售房地产,其收入按下列方法和顺序确认:1.按本企业在同一地区、同一年度销售的同类房地产的平均价格确定;2.由主管税务机关参照当地当年、同类房地产的市场价格或评估价值确定。(二)房地产开发企业将开发的部分房地产转为企业自用或用于出租等商业用途时，如果产权未发生转移，不征收土地增值税，在税款清算时不列收入，不扣除相应的成本和费用。需要注意的是，税法在土地增值税层面对合作建房"共享利润"的概念，做出了较为宽泛的解释，即股东直接分配房屋自用或出租视为"共享利润"的一种特殊方式。故可享受免征土地增值税的税收优惠。

显然，上述法律规定的立法本意是股东投资所得房产，只有在自用和出租时才能免征土地增值税。

财政部　国家税务总局《关于土地增值税若干问题的通知》（财税[2006]21号）规定，对于以土地（房地产）作价入股进行投资或联营的，凡所投资、联营的企业从事房地产开发的，或者房地产开发企业以其建造的商品房进行投资和联营的，均不适用《财政部、国家税务总局关于土地增值税一些具体问题规定的通知》（财税[1995]48号）第一条暂免征收土地增值税的规定。

广东省广州市地税局《关于印发土地增值税清算工作若干问题处理指引（续二）的通知》（穗地税函[2010]170号）第十二条规定：对于以下合作建房形式开发房地产项目的，如何确认有关收入和扣除项目金额问题（一）一方出地、一方出资合作开发房地产项目，双方不成立合营企业，合作中出地方以转让部分土地使用权（房地产）为代价，换取部分房地产所有权，出资方以转让部分房地产所有权为代价，换取部分土地使用权（房地产）。对于上述地方以转让部分土地使用权（房地产）为代价，换取部分房地产所有权的，按"187号文"第三条第一项确认收入，对于出资方以转让部分房地产所有权为代价，换取部分土地使用权（房地产）的，按"187号文"第三条第一项分别确认收入和取得部分土地使用权所支付金额。（二）出地方以土地使用权（房地产）、出资方以货币资金作价入股，成立合营企业，从事房地产开发，建成后双方采取分配方式为：1.风险共担，利润共享的；2.按销售收入一定比例提成或提取固定利润的；3.按一定比例分配房地产的。对于上述合营企业，以出地方土地使用权（房地产）作价入股时确认的评估价值作为取得土地使用权所支付金额；对于出地方，以土地使用权（房地产）作价入股时确认的评估价值作为转让土地使用权（房地产）所取得收入。根据《财政部、国家税务总局关于土地增值税若干问题的通知》（财税[2006]21号）第六条规定：对于2006年3月2日以后发生的，出地方以土地使用权（房地产）作价入股，成立合营企业从事房地产开发的，应征收土地增值税。

《财政部 国家税务总局对河南省财政厅〈关于契税有关政策问题的请示〉的批复》(财税〔2000〕14号)明确指出:关于甲乙单位合作建房契税纳税人和计税依据的确定问题。甲单位拥有土地,乙单位提供资金,共建住房。乙单位获得了甲单位的部分土地使用权,属于土地使用权权属转移,根据《中华人民共和国契税暂行条例》的规定,对乙单位应征收契税,其计税依据为乙单位取得土地使用权的成交价格。

问题214 股东不按出资比例分配利润而按照固定金额或比例提成的方式分配利润合法吗?能享受合作建房的税收优惠吗?

我国法律并没有规定股东必须按出资比例分配房地产项目利润。所以,如果公司章程中约定分配项目利润时,一方按固定金额取得项目利润,并不违法。

但是,前提是该股东必须承担项目风险,而不能约定不论房地产项目盈亏,该股东都按固定金额取得利润,否则当事各方的法律关系就会发生"变性",各项税收都需要按照"变性"后的法律关系来重新考虑。

《国家税务总局关于印发〈营业税问题解答(之一)〉的通知》(国税发〔1995〕156号)文件第十七条规定,对此种形式的合作建房,则要视具体情况确定如何征税:房屋建成后甲方如果采取按销售收入的一定比例提成的方式参与分配,或提取固定利润,则不属营业税所称的投资入股不征营业税的行为,而属于甲方将土地使用权转让给合营企业的行为,那么,对甲方取得的固定利润或从销售收入按比例提取的收入按"转让无形资产"征税;对合营企业按全部房屋的销售收入依"销售不动产"税目征收营业税。

特别需要指出的是,结合国税发〔1995〕156号上下文,此处专指不共担风险的情况,因为上文用语是"房屋建成后如果双方采取风险共担,利润共享的分配方式",按照立法行文的习惯,此处所说"房屋建成后甲方如果采取按销售收入的一定比例提成的方式参与分配,或提取固定利润"应该是专指甲方在不承担风险的前提下而"提取固定利润"或"比例提成"。也就是说,如果甲乙双方明确约定"共担风险",即使"甲方如果采取按销售收入的一定比例提成的方式参与分配,或提取固定利润"也应该视为"房屋建成后如果双方采取风险共担,利润共享的分配方式"的一种具体体现,同样给予合作建房的税收优惠。而不应该机械呆板的适用上述的规定。

问题215 合营法人合作模式下股东按一定比例分配房屋的如何征税?

《国家税务总局关于印发〈营业税问题解答(之一)〉的通知》(国税发〔1995〕156号)文件第十七条规定,对此种形式的合作建房,则要视具体情况确定如何征税:"如果房屋建成后双方按一定比例分配房屋,则此种经营行为,也未构成营业税所称的以无形资产投资入股,共同承担风险的不征营业税的行为。因此,首先对甲方向合营企业转让的土地,按'转让无形资产'征税,其营业额按实施细则第十五条的规定核定。因此,对合营企业的房屋,在分配给甲乙方后,如果各自销售,则再按'销售不动产'征税。"需要注意的是,与土地增值税相反,税法在营业税层面对合作建房"共享利润"的概念,做出了较为严格的解释,即股东直接分配房屋即使是自用或出租,也不能算作"共享利润"的一种特殊方式。不能享受"以无形资产投资入股共同承担风险的不征营业税"优惠政策。从而导致合作各方建成后分房,在营改增后税务机关倾向于认定为视同销售行为,按规定征收增值税。

二、旧法人合作

旧法人合作是在现存的房地产企业提供土地使用权,合作方提供资金或房屋,以共同投资、共享利润、共担风险为原则合作开发房地产项目的行为。

合营法人合作的相关税收优惠,对旧法人合作也基本适用,这里就不再赘述了。下面只针对旧法人合作的几个特别情况做一个解答。

问题216 旧法人合作模式下,甲方提供土地使用权,乙方提供所需资金,以甲方名义合作开发房地产项目的行为,一定不属于合作建房吗?

按照《国家税务总局关于合作建房营业税问题的批复》(国税函[2005] 1003号)的说明,这个问题没有什么争议,项目开发建设过程中,土地使用权人和房屋所有权人均为甲方,未发生《中华人民共和国营业税条例》规定的转让无形资产的行为。因此,甲方提供土地使用权,乙方提供所需资金,以甲方名义合作开发房地产项目的行为,不属于合作建房,不适用《国家税务总局关于印发〈营业税问题解答(之一)〉的通知》(国税发 [1995] 156号)第十七条有关合作建房征收营业税的规定。

令人纳闷的是,这个国税函 [2005] 1003号批复内容和上面提到的《财政部国家税务总局对河南省财政厅〈关于契税有关政策问题的请示〉的批复》(财税 [2000] 14号)的内容(甲单位拥有土地,乙单位提供资金,共建住房。乙单位获得了甲单位的部分土地使用权,属于土地使用权权属转移,对乙单位应征收契税)完全相反。

即便如此,笔者认为,上述国税函 [2005] 1003号文是专指甲方单独立项的情况。从房地产实务来看,如果甲乙双方共同进行房地产项目立项,其土地使用权人和房屋所有权人就由甲方变成了甲乙双方共有。如此，就发生了转让无形资产的行为，符合合作建房的法定税收优惠条件了。所以，这种情况理应属于合作建房。

另外，房地产实务中，更为大量出现的是，乙方以股权形式投入资金，成为旧法人（甲方）的新股东。这种情况应该视同成立合营法人的一种具体体现，按照合营法人合作的情形征税，也属于合作建房。

问题217　旧法人合作模式下，以物易物分为哪两类？

根据《国家税务总局关于印发〈营业税问题解答（之一）〉的通知》（国税发〔1995〕156号）第十七条的规定，以物易物分为以地换房和租地换房两类：合作建房的方式一般有两种，第一种方式是纯粹的"以物易物"。具体的交换方式也有以下两种：（一）土地使用权和房屋所有权相互交换，双方都取得了拥有部分房屋的所有权。在这一合作过程中，甲方以转让部分土地使用权为代价，换取部分房屋的所有权，发生了转让土地使用权的行为；乙方则以转让部分房屋的所有权为代价，换取部分土地的使用权，发生了销售不动产的行为。因而合作建房的双方都发生了营业税的应税行为。对甲方应按"转让无形资产"税目中的"转让土地使用权"子目征税；对乙方应按"销售不动产"税目征税。由于双方没有进行货币结算，因此应当按照实施细则第十五条的规定分别核定双方各自的营业额。如果合作建房的双方（或任何一方）将分得的房屋销售出去，则又发生了销售不动产行为，应对其销售收入再按"销售不动产"税目征收营业税。（二）以出租土地使用权为代价换取房屋所有权。例如，甲方将土地使用权出租给乙方若干年，乙方投资在该土地上建造建筑物并使用，租赁期满后，乙方将土地使用权连同所建的建筑物归还甲方。在这一经营过程中，乙方是以建筑物为代价换得若干年的土地使用权，甲方是以出租土地使用权为代价换取建筑物。甲方发生了出租土地使用权的行为，对其按"服务业-租赁业"征营业税；乙方发生了销售不动产的行为，对其按"销售不动产"税目征营业税。对双方分别征税时，其营业额也按税暂行条例实施细则第十五条的规定核定。

三、协议合作

在房地产项目合作时，各个合作方并不成立法人企业，而是以签订《合作开发协议》的方式进行房地产合作开发。在这种情况下法人合作方按照合同约定分配的项目利润也可以享受免税优惠。

问题218 不成立房地产项目公司法人合作方分配利润免企业所得税的法律依据何在?

《房地产开发经营业务企业所得税处理办法》(国税发〔2009〕31号)第三十六条规定,企业以本企业为主体联合其他企业、单位、个人合作或合资开发房地产项目,且该项目未成立独立法人公司的,按下列规定进行处理:

(一)凡开发合同或协议中约定向投资各方(即合作、合资方,下同)分配开发产品的,企业在首次分配开发产品时,如该项目已经结算计税成本,其应分配给投资方开发产品的计税成本与其投资额之间的差额计入当期应纳税所得额;如未结算计税成本,则将投资方的投资额视同销售收入进行相关的税务处理。

(二)凡开发合同或协议中约定分配项目利润的,应按以下规定进行处理:

(1)企业应将该项目形成的营业利润额并入当期应纳税所得额统一申报缴纳企业所得税,不得在税前分配该项目的利润。同时不能因接受投资方投资额而在成本中摊销或在税前扣除相关的利息支出。

(2)投资方取得该项目的营业利润应视同股息、红利进行相关的税务处理。

按照上述第(二)款第2项的规定,房地产公司和其他公司合作,无论是否成立法人公司,只要它的分配利润符合股息红利性质,就可以实行免税。这为很多房地产项目合作开辟了新的通道。令人惋惜的是,这个规定在实践中只对少数红圈企业一路绿灯,普通房地产企业要想平等地适用这条免税规定,还是有相当难度的。可见,我国"税收法定"的中国梦需要付出很艰辛的奋斗。

其中,上述规定中"合资"的本意应该是只出资但不参与经营管理。果真如此,笔者认为这个"合资"和"合作"并无本质区别。如前文所述"合作开发"本质就是"三个共同",即共同出资、共担风险、共享利润。而传统的观点是"四个共同",即共同出资、共同管理、共担风险、共享利润。差别就在四个字"共同管理"。可见,传统观点认为不共同管理,就不能称其为合作。

合作的本质不在于共同管理,而在于共担风险。而传统的观点反而有失偏颇,它一再强调"共同管理",在一定程度上将合作与联营混为一谈。

因为，要求双方"共同经营"，不符合当前房地产发展的客观实践。实际上，多数出于对自身管理经验和能力不足的考虑，一般不参与经营管理，这符合当事人意思自治的原则，且不违法，理应得到法律的认可和尊重。

问题219　有关合作建房的法律文件总共有哪些？

根据笔者的整理，主要法律文件如下：财税字［1995］48号第二条、国税函［1995］156号第十七条、国税函［2004］241号、国税函［2005］1003号、财税［2006］21号、国税发［2009］31号、财税［2000］14号以及法释［2005］5号。

第八节　委托代建

委托代建与合作建房相比，由于放弃了共担风险的原则，不属于法律意义上的合作，属于委托代理的范畴。房地产领域的代建，又分为民间代建和政府代建。

一、委托建房

受托方接受房地产企业委托为其代建房地产项目，在符合法定条件的前提下，可按照服务业征税。这些年以绿城中国为代表的一批品牌开发企业，大量地接受地方房地产企业的委托提供代建服务，已成为房地产并购过程中不可不关注的事项。

问题220　委托建房需要满足哪四个法定条件？

凡不能同时符合下列四个条件的代建行为，对受托方应以其收入全额按"销售不动产"税目税率征税。

（1）以委托方的名义办理立项及相关手续；
（2）受托方与委托方不发生土地使用权、产权的转移；
（3）与委托方签订委托代建合同；
（4）不以受托方名义办理建安工程结算。

实践中，有的省份还把"受托方不垫付资金"作为委托建房成立的法定条件，但后来又把这一条件除去了。例如，《河北省地方税务局关于房地产业营业税有关政策问题的通知》（冀地税发［2000］93号）就没有把"受托方不垫付资金"作为法定条件。

二、政府代建

政府代建是指房地产企业为地方政府代建保障性住房和公共服务配套设施的行为。这也是房地产并购时常遇到的问题。

在房地产实务中，保障性住房包括经济适用住房、限价房、共有产权住房等；公共配套设施主要包括项目红线内的医院、幼儿园、学校、供水设施、变电站、市政道路以及居委会、派出所用房、会所、停车场（库）、物业管理场所、变电站、热力站、文体场馆、邮电通信等公共设施。

问题 221　房地产企业为政府代建保障房视同销售吗？

房地产企业为政府代建保障房不视同销售，但前提是保障房的大房产证需登记在政府名下。如果房地产企业一时疏忽，把大证登记在了自己名下，这就需要依法纳税。在"限地价竞配套"的拍地新模式下，这一问题，尤其应该引起房地产企业的高度重视。

问题 222　项目内建造的无偿移交给地方政府的公共配套设施如何进行税务处理？

财税〔2016〕36 号文件附件 1《财政部、国家税务总局关于全面推开营业税改增值税试点的通知》第十四条第（二）项规定："单位或者个人向其他单位或者个人无偿转让不动产应视同销售进行增值税处理，但用于公益事业或者以社会公众为对象的除外。"显然，房地产企业项目内建造公共配套设施无偿移交给地方政府，属于用于公益事业或者以社会公众为对象的情况，理应不视同销售，不缴纳增值税。

根据《中华人民共和国土地增值税暂行条例》和《中华人民共和国土地增值税暂行条例实施细则》的规定："土地增值税的纳税义务人是转让国有土地使用权、地上建筑物及其附着物并取得收入的单位和个人，即土地增值税的纳税义务人是指以出售或者其他方式有偿转让房地产的行为，不包括以赠予方式转移房地产的行为。"因此，项目内建造的无偿移交给地方政府的公共配套设施，不属于土地增值税的征税范围，不应确认收入，不征收土地增值税。且符合 187 号文第四条第（三）款规定的，其成本和费用可以扣除。

第八章　股权转让

股权转让与资产转让是房地产并购中最主要的两种方式。根据笔者的经验，通过股权转让方式并购房地产项目的数量要明显高于资产转让。例如，在房地产并购领域的两大著名房企大部分二手项目都是通过股权转让的方式实现拿地的。

股权转让在财税〔2009〕59号文中称为股权收购，笔者认为股权收购是专指取得目标企业控股地位的行为，而股权转让既包括取得控股地位的情形也包括只是参股而不控股的情形，故此，本书采用了股权转让的称谓。在实践中，有的上市房地产企业持股超过34%甚至更低就能满足并表要求，从而产生大量小股操盘的股权转让案例，本书当然不能对这一现象视而不见，自然要把参股而不控股的情形也纳入股权转让的范围。

第一节 | 普通股权转让

一、直接转让

直接转让是指房地产项目公司的旧股东直接将其持有的项目公司股权转让给新股东，由新股东来直接控制项目公司，从而实现房地产项目并购的目的。

问题223　股权转让和资产转让，谁更节税？

如果仅仅从表面上涉及的税种分析，股权转让与资产转让均涉及所得税与印花税，而资产转让涉及的税种却多了三个，即增值税、土地增值税以及契税。如此看来，股权转让显而易见要比资产转让要节税。

实际上，问题远没有这么简单。

在资产转让比股权转让多出的三大税种之中，由于企业在采取一般计税方法计税时，增值税在后续的税款中均可以抵扣，所以增值税带来的影响降低；而最高税率高达60%的土地增值税，势必对股权转让和资产转让的选择产生重大影响。所以在股权转让与资产转让谁更节税的问题上，土地增值税起到关键作用。

1993年底，国务院颁布《土地增值税暂行条例》，规定自1994年1月1日起开征土地增值税。1995年1月，财政部发布《土地增值税暂行条例实施细则》。但由于土地增值税是主要针对房地产企业的特殊税种，且其与房地产企业的企业所得税相竞合，有重复征税的重大嫌疑，是中国税务历史上争议最大的一个税种。从1993年底出台至2007年初，在长达13年的时间里，土地增值税始终处于冻结状态。直到2007年中国的房价上涨迅速，最高层才下决心征收房地产企业的土地增值税，并于2006年12月28日，《国家税务总局关于房地产开发企业土地增值税清算管理有关问题的通知》，这就是土地增值税征税历史的187号文。

为什么房地产企业总认为股权转让比资产转让要节税的答案终于找着了。因为，在2007年以前土地增值税冻结时期，由于土地增值税名存实亡，股权转让完成的房地产项目公司根本不用缴纳高昂的土地增值税。所以，在2007年之前众多房地产企业以合理节税为目的，不约而同地选择以转让100%股权的方式进行房地产项目转让。

但187号文实施以后，这种选择就发生了逆转。因为，在股权转让的交易中，股权的受让方虽然支付了巨额的股权转让金，但这动辄上亿甚至数十亿的资金让股权转让方拿走了，并没有进入标的公司的资产负债表中，在房地产项目开发后期进行土地增值税清算时无法进行抵扣，进而产生缴纳巨额土地增值税的风险。在这个巨额土地增值税面前，因股权转让比资产转让少交的增值税和契税，就小巫见大巫了。所以说，凡是不考虑项目公司后续是否缴纳巨额土地增值税这一致命因素，贸然采用股权转让的方式转让房地产项目的受让方，都是欠考虑的做法。

总之，项目公司后续是否存在缴纳巨额土地增值税的风险，是采取股权转让方式并购房地产项目需要考虑的首要问题。

问题224　直接股权转让的企业股东能享受企业所得税特殊税务处理优惠吗？

根据财税［2009］59号文第三条规定："企业重组的税务处理区分不同条件分别适用一般性税务处理规定和特殊性税务处理规定。"

根据财税［2009］59号文第五条以及与之配套的109号文的规定，股权转让要想适用企业所得税特殊性税务处理规定，需要同时满足以下条件：

（1）具有合理的商业目的，且不以减少、免除或者推迟缴纳税款为主要目的。

（2）收购企业购买的股权不低于被收购企业全部股权的50%。

（3）企业重组后的连续12个月内不改变重组资产原来的实质性经营活动。

（4）受让企业在该股权转让发生时的股权支付金额不低于其交易支付总额的85%。

（5）企业重组中取得股权支付的原主要股东，在重组后连续12个月内不得转让所取得的股权。

其中"企业重组后连续12个月内"是指自重组日起计算的连续12个月内；"原主要股东"是指原持有转让企业或被收购企业20%以上股权的股东。

特别需要注意的是，如果重组交易是分期分批进行的，那么，只有在重组发生前后12个月内满足上述50%和85%的条件，也视为满足符合特殊重组法定条件，享受相应特殊税务处理的政策优惠。这样做的法律依据是财税［2009］59号文第十条的规定："企业在重组发生前后连续12个月内分步对其资产、股权进行交易，应根据实质重于形式原则将上述交易作为一项企业重组交易进行处理。"

根据财税［2009］59号文第六条的规定，符合上述五个法定条件适用特殊税务处理的股权转让，其股权支付部分可以选择按以下规定处理企业所得税：

（1）被收购企业的股东取得收购企业股权的计税基础，以被收购股权的原有计税基础确定。

（2）收购企业取得被收购企业股权的计税基础，以被收购股权的原有计税基础确定。

（3）收购企业、被收购企业的原有各项资产和负债的计税基础和其他相关所得税事项保持不变。

说白了，由于股权支付部分没有产生现金流，收到股权双方都实行等价转让而都不用缴纳企业所得税了。

根据财税［2009］59号文第三条第3款的规定，不能满足特殊税务处理法定条件的股权转让，只能适用一般性税务处理来缴纳企业所得税：

（1）被收购方应确认股权、资产转让所得或损失。

（2）收购方取得股权或资产的计税基础应以公允价值为基础确定。

(3) 被收购企业的相关所得税事项原则上保持不变。

问题225　适用特殊税务处理时用于股权支付的股权，必须是受让企业的股权或受让企业母公司的股权吗？

根据财税［2009］59号文的规定："本通知所称股权支付，是指企业重组中购买、换取资产的一方支付的对价中，以本企业或其控股企业的股权、股份作为支付的形式。"

其中，"其控股企业"的具体含义在实践中产生了很大分歧。有人认为是指"本企业的控股企业"即受让企业的母公司，有人则认为是指"本企业控股的企业"即受让企业的子公司。

但是，主流观点认为应该是指受让企业的母公司。理由是，适用特殊税务处理有一个前提，就是必须保持收购前后被收购资产权益的连续性。显然，要想保持被收购资产权益的连续性，要么用受让企业本身的股权支付，从而使得转让企业仍然直接控制被收购资产，要么用受让企业母公司的股权支付，从而使转让企业仍然可以间接控制被收购资产。相反，如果用受让企业子公司的股权进行支付，那么，转让企业就丧失了对被收购资产的直接或间接的控制权，从而不能保持被收购资产权益的连续性，其本质就变成了普通的非货币性资产交换。

令人十分诧异的是，根据国家税务总局《企业重组业务企业所得税管理办法》（国税发［2010］4号）的规定，控股企业是指"由本企业直接持有股份的企业"，显然，这里把子公司也给包含进来了，并由此开启了以子公司股权作为对价的大幕。但是，据说上述4号公告讨论稿曾表述为："其控股企业"是指由直接持有或控制50%以上本企业股份的企业（即母公司），但不知何故，最终结果却不是这样的。

问题226　企业重组中涉及个人股东的特殊税务处理怎么办？

财税［2009］59号文中仅涉及重组中的企业所得税处理，对于个人所得税的处理则不适用。然而在实务中，企业重组被合并、股权收购或分立的企业，不可能都是企业股东，很多情况下都会涉及个人股东的问题。从法理上讲，个人股东应该参照企业股东享受优惠政策，以便真正实现财税［2009］59号文的立法本意；否则，同一个并购行为双方当事人实行两个计税基础立法的统一性和严肃性何在？果真如此，恐怕实践中会掀起个人股东变企业股东的浪潮，从而浪费了社会资源。

令人欣慰的是，宁波地税在《宁波地税2014年所得税问答》中对于这样棘手的问题给予了明确答复：在第13条问题中，问：甲企业吸收合并乙企业，企业所得税处理符合特殊性重组的条件。其中乙企业股东全部为自然人，合并后乙企业的自然人股东按照净资产公允价值的比例持有合并后企业的股权。请问合并之前乙企业的留存收益是否需要缴纳个人所得税？

答：对甲企业吸收合并乙企业，如企业所得税处理符合特殊性重组条件，乙企业自然人股东所取得甲企业股权按历史成本计价的，暂不征收个人所得税。如不符合上述条件的，对乙企业自然人股东应按"财产转让所得"项目征收个人所得税。

宁波地税以上答复实际明确了，如果整个交易符合财税〔2009〕59号文的特殊性税务处理的条件，个人股东也可以采用特殊性税务处理，实事求是地处理了重组中涉及的个人所得税问题。

问题227　股权转让是否缴纳增值税？

由于投资行为暂不列入增值税的征税范围，故股权转让收入不征收增值税，股息、红利收入也不征收增值税。

但是，股权转让涉及金融资产要缴纳增值税，原因在于其本质由股权转让变成转让金融资产了。问题是，金融资产范围36号只有笼统的规定，《关于资管产品增值税有关问题的通知》（财税〔2017〕56号）也只是针对资管产品进行了列举，总共列举了14种。资管产品之外的金融资产需要进一步明确范围。

问题228　个人股东进行股权变更登记时有的工商机关要求提供完税凭证，这种做法有法律依据吗？

国家税务总局《关于加强股权转让所得征收个人所得税管理的通知》〔全文废止〕（国税函〔2009〕285号）第一条明确规定："股权交易各方在签订股权转让协议并完成股权转让交易以后至企业变更股权登记之前，负有纳税义务或代扣代缴义务的转让方或受让方，应到主管税务机关办理纳税（扣缴）申报，并持税务机关开具的股权转让所得缴纳个人所得税完税凭证或免税、不征税证明，到工商行政管理部门办理股权变更登记手续。"之后67号文明确上述285号文全文废止，虽说上述285号文的主要内容挪移到了67号文，但令人遗憾的是上述股权转让登记提供完税证明的内容却不见踪迹。

显然，在2014年67号文生效且上述285号全文废止后，自然人股东进行股权变更登记时，工商机关要求提供完税证明的做法已经于法无据了。但是，在实践中，大部分工商部门并没有执行上述285号文的规定，但也有少数地方工商机关先后开始要求自然人股东股权转让登记时提供完税证明，并且在上述285号全文被废止后仍然坚持此做法。

2018年1月15日，国家工商行政管理总局 国家税务总局发布《关于加强信息共享和联合监管的通知》（工商企注字〔2018〕11号），但是，该11号文也只是规定："工商部门在企业注册登记时向企业发放涉税事项告知书，提醒企业及时到税务部门办理涉税事宜。对到工商办事大厅注册登记的企业，工商部门直接将告知书发放给企业；对通过全程电子化方式登记的企业，工商部门将告知书内容加载在相关登记界面，供企业阅览和下载。"并无自然人股东股权转让提供完税凭证的规定。

2018年8月31日全国人民代表大会常务委员会对《中华人民共和国个人所得税法》进行了修改，且修改后的《中华人民共和国个人所得税法》自2019年1月1日起正式施行。修改后的《中华人民共和国个人所得税法》第十五条第二款明确规定："个人转让股权办理变更登记的，市场主体登记机关应当查验与该股权交易相关的个人所得税的完税凭证。"并且该第十五条的第一款和第三款对个人信息共享做出了明确规定："公安、人民银行、金融监督管理等相关部门应当协助税务机关确认纳税人的身份、金融账户信息。教育、卫生、医疗保障、民政、人力资源社会保障、住房城乡建设、公安、人民银行、金融监督管理等相关部门应当向税务机关提供纳税人子女教育、继续教育、大病医疗、住房贷款利息、住房租金、赡养老人等专项附加扣除信息。""有关部门依法将纳税人、扣缴义务人遵守本法的情况纳入信用信息系统，并实施联合激励或者惩戒。"

综上所述，在实践中，地方工商机关过户股权要求提供完税凭证的做法，到底有没有法律依据，应该以2019年1月1日为界，在此之前没有法律依据，在此之后完全有了法律依据。

问题229 股权转让的缴税时间是股权转让日还是合同生效日？

国税总局〔2014〕67号文第20条规定，具有下列情形之一的，扣缴义务人、纳税人应当依法在次月15日内向主管税务机关申报纳税：①股权转让协议已签订生效的；②受让方已支付或部分支付股权转让价款的；③受让方已经实际履行股东职责或者享受股东权益的；④国家有关部门判决、登记或公告生效的；⑤其他股权转让行为已完成的：股权被司法或行政机关强制过户，以股权对外投资或进行其他非货币性交易，以股权抵偿债务，其他股权转移行为；⑥税务机关认定的其他有证据表明股权已发生转移的情形。

可见，在个人股东因合同已生效或受让方作为新股东已履责行权时，则发生纳税义务。

国税函〔2010〕79号《国家税务总局关于贯彻落实企业所得税法若干税收问题的通知》规定："企业转让股权收入，应于转让协议生效且完成股权变更手续时，确认收入的实现。转让股权收入扣除为取得该股权所发生的成本后，为股权转让所得。"

可见，企业股东转让协议生效，且完成股权变更手续时，确认收入，并在股权变更完成年度，将收益或损失计入应纳税所得额进行年度汇算清缴。

二、境内间接转让

如果房地产项目公司作为孙公司，项目公司的股东作为子公司，子公司的股东作为母公司，那么其他法律主体就可以通过受让母公司手里的子公司股权实现对子公司直接控制的同时，间接控制了孙公司以及孙公司名下的房地产项目。

笔者把这种不直接转让项目公司（孙公司）股权而是转让项目公司股东（子公司）股权的特殊股权转让称之为间接转让。如果项目公司以及其上面的各个股东都是居民企业，就称为"境内间接转让"，如果项目公司以及其上面的各个股东涉及非居民企业，就称为"境外间接转让"。

问题230 项目公司股东如何避免其他股东通过间接转让的方式"不辞而别"？

随着地价的攀升，两个房地产企业作为项目公司的股东，共同开发房地产项目的情况日益增多。如A公司作为项目公司，B公司和C公司是A公司的两个股东，B公司占股40%，C公司占股60%，C公司的唯一股东为D公司持股100%。

但由于B公司和C公司之间合作不和睦等原因，C公司产生转让60%股权的想法，但是，按照《公司法》的规定，B公司对这60%股权享有优先购买权。这时，D公司把手中持有的100%的C公司的股权卖给了M公司。如此，虽然表面上A公司的股东还是B公司和C公司两个股东，但是，C公司已经"物是人非"，实际上C公司已经通过间接转让股权的方式"不辞而别"了。当年，潘石屹和郭广昌因合作上海某项目而引起旷日持久的诉讼大战就是这样的一段往事。一方认为，C公司以合法形式掩盖非法目的，实质上剥夺了B公司对60%股权的法定优先购买权，认定D公司卖给

M公司100% C公司股权的行为无效。另一方认为，D公司卖给M公司100% C公司股权的行为并无违反法律禁止性规定，所以当然合法有效。最终，两位以诉中调解的方式结束了这次轰动一时的诉讼大战。当然，C公司这种通过D公司卖给M公司100% C公司股权而"不辞而别"的做法，是否侵犯了B公司的优先购买权这一问题仍然是法律上的痛点。

但是，这一轰动一时的案例却让无数人不约而同地追问一个问题：房地产实务中如何避免B公司的尴尬局面呢？其实，很简单，只要B公司持有C公司1%的股权即可（D公司就只能持有C公司99%的股权）。因为D公司想要卖给M公司99%股权时，C公司作为1%股东的法定优先购买权就成了其不可逾越的法律鸿沟。当然，如果B公司和C公司不交叉持股的话，B公司这1%的股权按照惯例应该放弃分红权和表决权。

三、境外间接转让

为了与"境内间接转让"相对应，在间接转让过程中，如果项目公司以及其上面的各个股东涉及非居民企业，就称为"境外间接转让"。在实践中，由于"世界避税天堂"的存在，"境外间接转让"比"境内间接转让"更受到青睐。

问题231 对涉及境外主体的企业重组也能享受财税［2009］59号文特殊税务处理的优惠政策吗？

财税［2009］59号文对涉及境外主体的企业重组具体规定如下：

七、企业发生涉及中国境内与境外之间（包括港澳台地区）的股权和资产收购交易，除应符合本通知第五条规定的条件外，还应同时符合下列条件，才可选择适用特殊性税务处理规定：

（一）非居民企业向其100%直接控股的另一非居民企业转让其拥有的居民企业股权，没有因此造成以后该项股权转让所得预提税负担变化，且转让方非居民企业向主管税务机关书面承诺在3年（含3年）内不转让其拥有受让方非居民企业的股权；

（二）非居民企业向与其具有100%直接控股关系的居民企业转让其拥有的另一居民企业股权；

（三）居民企业以其拥有的资产或股权向其100%直接控股的非居民企业进行投资；

（四）财政部、国家税务总局核准的其他情形。

八、本通知第七条第（三）项所指的居民企业以其拥有的资产或股权向其100%直接控股关系的非居民企业进行投资，其资产或股权转让收益如选择特殊性税务处理，可以在10个纳税年度内均匀计入各年度应纳税所得额。

问题232 外国企业转让外国公司股权给中国企业，中国政府能征收企业所得税吗？

不能。但中国企业二次转让该股权时，中国政府就要征税了。

问题233 间接转让中国应税财产的非居民企业如何判断其是否具有合理的商业目的？

作为国家税务总局《关于加强非居民企业股权转让所得企业所得税管理的通知》（国税函〔2009〕698号）的"升级版"，国家税务总局《关于非居民企业间接转让财产企业所得税若干问题的公告》（国税总局〔2015〕7号）对这个问题做出了比较详尽的规定。

一、非居民企业通过实施不具有合理商业目的的安排，间接转让中国居民企业股权等财产，规避企业所得税纳税义务的，应按照企业所得税法第四十七条的规定，重新定性该间接转让交易，确认为直接转让中国居民企业股权等财产。

……

三、判断合理商业目的，应整体考虑与间接转让中国应税财产交易相关的所有安排，结合实际情况综合分析以下相关因素：

（一）境外企业股权主要价值是否直接或间接来自中国应税财产；

（二）境外企业资产是否主要由直接或间接在中国境内的投资构成，或其取得的收入是否主要直接或间接来源中国境内；

（三）境外企业及直接或间接持有中国应税财产的下属企业实际履行的功能和承担的风险是否能够证实企业架构具有经济实质；

（四）境外企业股东、业务模式及相关组织架构的存续时间；

（五）间接转让中国应税财产交易在境外应缴纳所得税情况；

（六）股权转让方间接投资、间接转让中国应税财产交易与直接投资、直接转让中国应税财产交易的可替代性；

（七）间接转让中国应税财产所得在中国可适用的税收协定或安排情况；

（八）其他相关因素。

……

六、间接转让中国应税财产同时符合以下条件的，应认定为具有合理商业目的：

（一）交易双方的股权关系具有下列情形之一：

1. 股权转让方直接或间接拥有股权受让方80%以上的股权；
2. 股权受让方直接或间接拥有股权转让方80%以上的股权；
3. 股权转让方和股权受让方被同一方直接或间接拥有80%以上的股权。

境外企业股权50%以上（不含50%）价值直接或间接来自于中国境内不动产的，本条第（一）项第1、2、3目的持股比例应为100%。

上述间接拥有的股权按照持股链中各企业的持股比例乘积计算。

（二）本次间接转让交易后可能再次发生的间接转让交易相比在未发生本次间接转让交易情况下的相同或类似间接转让交易，其中国所得税负担不会减少。

（三）股权受让方全部以本企业或与其具有控股关系的企业的股权（不含上市企业股权）支付股权转让对价。

无论是698号文还是7号公告，都针对非居民企业，而没有个人问题，是否值得深究？

四、股借分离

房地产公司股权转让过程中，往往遇到大量股东借款，这时候需要注意的是，新股东支付的全部价款分为股权转让金和偿还股东借款资金两部分，其中，偿还股东借款资金及相应利息应当签订债权转让协议，从而达到大幅降低股权转让金"基数"的目的。

问题234　股借分离能举例说明吗？

某房地产开发公司，实缴注册资本为1000万元。股东为甲乙两位自然人，其中，甲出资800万元，持股80%；乙出资200万元，持股20%。公司名下有约50亩土地，土地出让金以及出让的相关费用均已交清。

为取得该地块，公司向股东甲借款1.2亿元，向股东乙借款0.3亿元。股东借款共计1.5亿元，利息合计0.1亿元。

2018年8月，公司作为新股东以3亿元价格受让甲乙持有的100%股权。

按照股借分离的思路，甲乙持有的100%股权的转让价格不是3亿元，而是1.4亿元。因为新股东应分别与甲乙签订合计1.6亿的债权转让合同和1.4亿元的股权转让合同。

实际上，所谓股借分离的理论基础是公司股权的价格对应的是其净资产而不是总资产。在实践中，公司借款除股东借款之外还有金融机构甚至民间借款，在承债式股权转让模式下，这些负债都应该在股权对价之外，只不过股东借款特殊而已。

五、两次交易

在股权转让过程中，可考虑将股权交易拆分为股权转让交易和非股权转让交易两次交易，从而达到降低股权转让价"基数"的目的。特别应该注意的两点是：一是非股权转让交易的真实存在是前提，否则有虚开之患；二是拆分后两合同的收入均应向税务机关进行依法申报，以从根本上区别于阴阳合同，摆脱逃税之嫌。

其中，非股权交易可以是新旧股东之间，但更多的是项目公司和旧股东或其关联方之间。

六、留存分配

在股权转让前，可以考虑先行分配股东留存收益，从而在旧股东不减少收益的前提下达到降低股权转让价"基数"的目的。

问题235　先行分配股东留存收益会产生新的税负吗？

根据《国家税务总局关于企业所得税若干问题的公告》（国税总局[2011] 34号）第五条规定，投资企业从被投资企业撤回或减少投资，其取得的资产中，相当于被投资企业累计未分配利润和累计盈余公积按减少实收资本比例计算的部分，应确认为股息所得；股息所得为"免税收入"，因此，先分配股东留存收益不会产生新的税负。

七、股东亏损

在成立房地产项目公司时，可由亏损企业担任股东，将来进行股权转让时，股东亏损可用来弥补股权转让所得，以降低企业所得税应纳税额。

合伙企业的合伙人也可由亏损企业担任。

八、换股转让

在特殊情况下，当事各方通过换股的方式进行股权转让，即使不能满足特殊税务处理的条件进行一般重组，也能在房地产并购税务规划时起到意想不到的作用。

九、过桥资金

房地产企业由于土地增值过大，而股权"原值"过小就成为一个突出问题。为了提高被转让股权的"原值"，可以通过引入"过桥资金"，变债权为股权。

十、个人转独资企业

有限公司的个人股东将股权转让给个人独资企业，从而实现将个人股东纳税地点由有限公司所在地变为个人独资企业所在地。

问题236　个人股东将股权转让给个人独资企业需要缴纳个人所得税吗？

从我国《个人所得税法》的规定来看，只有个人与其他人进行交易、产生所得才有缴纳个人所得税的义务。由于个人对个人独资企业承担无限连带责任，故个人向个人独资企业"转让"东西，就相当于自己卖东西给自己，不构成《个人所得税》意义上的交易，所谓自我无交易。因此，大多数税务机关对个人股东将股权转让给个人独资企业不需要缴纳个人所得税的观点持认可态度，其法律依据是67号文第13条第（四）项。

令人感到意外的是，当个人将股权转让给个人独资企业时，工商行政机关不予办理的情况时有发生。

十一、合同生效

自然人股东转让股权时，转让合同应该约定收到第一笔股权转让金（而不是定金）生效，以推迟纳税义务发生时间。

问题237　为什么自然人转让股权合同不宜约定签字按手印生效？

67号文第二十条规定，具有下列情形之一的，扣缴义务人、纳税人应当依法在次月15日内向主管税务机关申报纳税：①股权转让协议已签订生效的。②受让方已支付或部分支付股权转让价款的。③受让方已经实际履行股东职责或者享受股东权益的。④国家有关部门判决、登记或公告生效的。

⑤其他股权转让行为已完成的：股权被司法或行政机关强制过户；以股权对外投资或进行其他非货币性交易；以股权抵偿债务；其他股权转移行为。
⑥税务机关认定的其他有证据表明股权已发生转移的情形。

根据上述规定，即使转让方尚未收到股权转让金，只要股权转让合同已生效，转让方就发生纳税义务，受让方则发生了扣缴义务，这非常不合理。所以，实务中为了防范这种不合理规定产生的税务风险，一般都在股权转让合同中设置附加条件，即生效条款和定金条款。

问题238　个人股东转让股权的纳税地点是自然人住所地还是目标公司注册地？

67号文规定，"个人股权转让所得个人所得税以被投资企业所在地税机关为主管税务机关"。也就是说，个人股东转让股权的纳税地点不是个人股东住所地，而是目标公司注册地。

问题239　为什么企业股权转让合同可以约定盖章签字生效？

《国家税务总局关于贯彻落实企业所得税法若干税收问题的通知》（国税函〔2010〕79号）规定：企业转让股权收入，应于转让协议生效且完成股权变更手续时，确认收入的实现。可见，企业股东是完成股权变更手续才确认收入，不用关心合同生效的时间。

第二节｜特殊股权转让

一、增资扩股

让新股东以增资扩股的方式持有房地产项目公司的股权，稀释了老股东的股权占比，其本质是项目公司股权转让的特殊方式。

问题240　增资就一定是增加注册资本吗？

增资可以是增加注册资本，也可以是增加资本公积金。实践中，以既增加注册资本又增加资本公积金的增资居多。

二、低价增资

新股东由于特殊的原因（往往表现为对公司的非货币贡献），以低于房地产项目公司净资产的价格进行增资,从而持有房地产项目公司股权。

三、高价增资

新股东由于特殊的原因,以高于房地产项目公司净资产的价格进行增资,从而持有房地产项目公司股权。

实践中,业界把低价增资和高价增资统称为不公允增资或不对等增资。

问题241　不对等增资有被税务机关进行特别纳税调整的风险吗?

特别纳税调整(俗称反避税)一词,最早出现在2008年元旦实施的《中华人民共和国企业所得税法》第六章。之后国家陆续出台了一系列反避税的法律法规。按《一般反避税管理办法(试行)》(国税总局 [2014] 32号)第4条、第5条的规定,税务机构对于"形式符合税法规定",但经济实质是避税的行为,可以"按照实质重于形式的原则",对企业的相关安排进行"特别纳税调整",这就存在一个"以增资为手段,以避税为目的"的认定问题。所以,按照税收法定的原则,只要能说明低价或高价增资的合理商业目的和原因,免除以规避纳税为目的的怀疑,就不会受到税务机关的特别纳税调整。

至于有的地方税务机关发文件,要求高价增资时老股东交所得税的做法,笔者觉得十分不妥。一是无上位法支持,属于明显违反税收法定原则的行为;二是违背课税原则,因为无股转让行为,拿什么缴税,以后老股东真正转让股权时所得税怎么办?

四、企业投资溢价增资

房地产目标公司的企业股东将其股权的投资溢价(通常表现为资本公积、盈余公积和未分配利润等)转增为注册资本,也是房地产并购税务规划经常遇到的问题。

问题242　企业投资溢价转增股本是否先缴纳一道企业所得税才能转增呢?

按我国《企业所得税法》《企业所得税法实施条例》、国税函 [2010] 79号等规定,以资本公积转增股本一般不缴纳企业所得税,具体还要看资本公积核算内容的成因。盈余公积、未分配利润在增值股本时,对于股东视同分红属于免税收入,所以盈余公积、未分配利润转增股,不需要缴纳企业所得税。

《企业所得税法》第二十六条规定，"企业的下列收入为免税收入：（一）国债利息收入；（二）符合条件的居民企业之间的股息、红利等权益性投资收益；（三）在中国境内设立机构、场所的非居民企业从居民企业取得与该机构、场所有实际联系的股息、红利等权益性投资收益；（四）符合条件的非营利组织的收入"。

《企业所得税法实施条例》第八十三条规定，"企业所得税法第二十六条第（二）项所称符合条件的居民企业之间的股息、红利等权益性投资收益，是指居民企业直接投资于其他居民企业取得的投资收益。企业所得税法第二十六条第（二）项和第（三）项所称股息、红利等权益性投资收益，不包括连续持有居民企业公开发行并上市流通的股票不足12个月取得的投资收益"。

《国家税务总局关于贯彻落实企业所得税法若干税收问题的通知》（国税函［2010］79号）关于股息、红利等权益性投资收益收入确认问题，企业权益性投资取得股息、红利等收入，应以被投资企业股东会或股东大会作出利润分配或转股决定的日期，确定收入的实现。被投资企业将股权（票）溢价所形成的资本公积转为股本的，不作为投资方企业的股息、红利收入，投资方企业也不得增加该项长期投资的计税基础。

五、个人投资溢价增资

房地产目标公司的个人股东将其股权的投资溢价（通常表现为资本公积、盈余公积和未分配利润等）转增为注册资本，也是房地产并购税务规划经常遇到的问题。

问题243　个人股权投资溢价中的盈余公积和未分配利润转增股本是否先缴纳一道个人所得税才能转增呢？

是的，这一方面在实践中无争议。

《国家税务总局关于股份制企业转增股本和派发红股征免个人所得税的通知》（国税发［1997］198号）第二条规定，股份制企业用盈余公积金派发红股属于股息、红利性质的分配，对个人取得的红股数额，应作为个人所得征税。

《国家税务总局关于盈余公积金转增注册资本征收个人所得税问题的批复》（国税函［1998］333号）规定，青岛路邦石油化工有限公司将从税后利润中提取的法定公积金和任意公积金转增注册资本，实际上是该公司将盈余公积金向股东分配了股息、红利，股东再以分得的股息、红利增加注册资本。

下面一个文件主要是考虑到个人没有现金所得，给出了分期缴纳的优惠政策，但个人股东以未分配利润、盈余公积转增股本的立法本意，并无改变。

《财政部　国家税务总局关于将国家自主创新示范区有关税收试点政策推广到全国范围实施的通知》（财税〔2015〕116号）第三条第一款规定，自2016年1月1日起，全国范围内的中小高新技术企业以未分配利润、盈余公积、资本公积向个人股东转增股本时，个人股东一次缴纳个人所得税确有困难的，可根据实际情况自行制定分期缴税计划，在不超过5个公历年度内（含）分期缴纳，并将有关资料报主管税务机关备案。

问题244　个人股权投资溢价中的资本公积转增股本是否也要先缴纳一道个人所得税才能转增呢？

《国家税务总局关于股份制企业转增股本和派发红股征免个人所得税的通知》（国税发〔1997〕198号）第一条规定，股份制企业用资本公积金转增股本不属于股息、红利性质的分配，对个人取得的转增股本数额，不作为个人所得，不征收个人所得税。

《国家税务总局关于原城市信用社在转制为城市合作银行过程中个人股增值所得应纳个人所得税的批复》（国税函〔1998〕289号）第二条规定，《国家税务总局关于股份制企业转增股本和派发红股征免个人所得税的通知》（国税发〔1997〕198号）中所表述的"资本公积金"是指股份制企业股票溢价发行收入所形成的资本公积金。将此转增股本由个人取得的数额，不作为应税所得征收个人所得税。而与此不相符合的其他资本公积金分配个人所得部分，应当依法征收个人所得税。

可见，个人股东投资溢价免征个人所得税的法定条件有三，一是个人股东必须是股份公司股东（有限公司股东靠边站），二是投资溢价必须是资本公积（盈余公积和未分配利润靠边站），三是这个资本公积必须是股票溢价发行收入所形成的资本公积金（其他收入形成的资本公积靠边站）。

综上所述，只有股份公司个人股东股票溢价发行所形成的资本公积金才能享受免征个人所得税的待遇。其他情况下的股份公司个人股东和所有有限公司的个人股东可就都没这个福气。

正是上述莫名其妙的免税规定，在实践中产生了巨大的反响和麻烦。

几乎是每隔一段时间就要在税务界折腾一番，经久不衰、历久弥新，十分完美地成就了一个永恒的立法传奇。但直到现在，我们也不知道这个法律规定的立法本意是什么。更何况，股份公司个人股东可以免税，有限公司个人股东就无缘免税，这明显违反税收法定原则，因为税收法定原则的一个重要体现就是税收公平和平等。

问题245　个人股权原始投资形成的资本公积转增股本也要缴纳一道个人所得税才能转增吗？

实践中有的公司甚至是上市公司，在个人股东资本公积金转增股本时，把个人股东原始投资形成的资本公积金也计入个人所得税应纳税所得额里。当然，企业这样做也有其税法依据。一是《国家税务总局关于进一步加强高收入者个人所得税征收管理的通知》（国税发〔2010〕54号）规定：加强企业转增注册资本和股本管理，对以未分配利润、盈余公积和除股票溢价发行外的其他资本公积转增注册资本和股本的，要按照"利息、股息、红利所得"项目，依据现行政策规定计征个人所得税。二是《财政部　国家税务总局关于将国家自主创新示范区有关税收试点政策推广到全国范围实施的通知》（财税〔2015〕116号）第三条第一款规定，自2016年1月1日起，全国范围内的中小高新技术企业以未分配利润、盈余公积、资本公积向个人股东转增股本时，个人股东一次缴纳个人所得税确有困难的，可根据实际情况自行制定分期缴税计划，在不超过5个公历年度内（含）分期缴纳，并将有关资料报主管税务机关备案。上述文件事实上可以作为对资本公积转增资本征收个人所得税的法律依据，从而使得各地税务机关对资本公积转增事项普遍行使征税权不再有所顾虑。

依据上述规定，只有一种情况例外，即股票溢价发行形成的资本公积转增注册资本的不需要缴纳个人所得税。

问题246　差别化个人所得税政策是什么意思？

《财政部　国家税务总局　证监会关于上市公司股息红利差别化个人所得税政策有关问题的通知》（财税〔2015〕101号）明确，"经国务院批准，现就上市公司股息红利差别化个人所得税政策等有关问题通知如下：一、个人从公开发行和转让市场取得的上市公司股票，持股期限超过1年的，股息红利所得暂免征收个人所得税。个人从公开发行和转让市场取得的上市公司股票，持股期限在1个月以内（含1个月）的，其股息红利所得全额计入应纳税所得额；持股期限在1个月以上至1年（含1年）的，暂减按50%计入应纳税所得额；上述所得统一适用20%的税率计征个人所得税。四、全国中小企业股份转让系统挂牌公司股息红利差别化个人所得税政策，按照本通知规定执行"。

问题 247 个人投资者收购企业股权后将原资本公积、盈余公积、未分配利润转增股本需要缴纳个人所得税？

《国家税务总局关于个人投资者收购企业股权后将原盈余积累转增股本个人所得税问题的公告》（国税总局［2013］23号）规定，"一名或多名个人投资者以股权收购方式取得被收购企业100%股权，股权收购前，被收购企业账面金额中的'资本公积，盈余公积、未分配利润'等盈余积累未转增股本，而在股权转让时将其一并计入股权转让价格并履行了所得税纳税义务。股权收购后，企业将账面金额中的盈余积累向个人投资者（股东，下同）转增股本，有关个人所得税问题区分以下情形处理：（一）新股东以不低于净资产价格收购股权的，企业原盈积累已全部计入股权转让价格，新股东取得盈余积累转增股本的部分，不征收个人所得税。（二）新股东以低于净资产价格收购股权权的，企业原盈余积累中，对于股权收购价格减去原股本的差额部分已经计入股权转让价格，新股东取得盈余积累转增股本的部分，不征收个人所得税；对于股权收购价格低于原所有者权益的差额部分未计入股权交易价格，新股东取得盈余积累转增股本的部分，应按照'利息、股息、红利所得'项目征收个人所得税"。

六、亲属转股

转让人将股权转让给配偶、父母、子女、祖父母、外祖父母、孙子女、外孙子女、兄弟姐妹以及对转让人承担直接抚养或者赡养义务的抚养人或者赡养人的，依法股权可等价转让。

实践中，有人为适用这个法律规定而结婚，与为了房子而离婚的行为，令人叹为观止，恐怕天上的月老也会顿生自己的法力需要提高的紧迫感。

七、员工激励

本企业员工持有的不能对外转让股权的内部转让，依据法律或企业章程的规定，股权转让收入明显偏低，应视为有正当理由。

八、明股实债

房地产企业作为融资方与投资方签订投资协议，原股东将持有的股权暂时登记在投资方名下，待投资期满或者满足特定投资条件且被投资企业赎回投资或偿还本金后，原股东按照投资协议约定的价格回购股权。这种名义上为股权投资实际上为债权投资的行为业界形象地称之为明股实债，这在房地产实务中是非常普遍的。

问题248 现行企业所得税体制对股权投资和债权投资取得回报的税务处理有何不同？

现行企业所得税体制对股权投资和债权投资取得回报的税务处理是完全不同的。其中，股权投资取得回报为股息收入，投资企业可以免征企业所得税；同时，被投资企业支付的股息不能作为费用在税前扣除。债权性投资取得回报为利息收入，投资企业应当缴纳企业所得税；同时，被投资企业支付的利息也准予在税前扣除。

问题249 明股实债的五个法定条件都是什么内容？

《国家税务总局关于企业混合性投资业务企业所得税处理问题的公告》（国税总局〔2013〕41号）第一条对明股实债的法定条件做出了明确规定：

（一）被投资企业接受投资后，需要按投资合同或协议约定的利率定期支付利息（或定期支付保底利息、固定利润、固定股息，下同）；

（二）有明确的投资期限或特定的投资条件，并在投资期满或者满足特定投资条件后，被投资企业需要赎回投资或偿还本金；

（三）投资企业对被投资企业净资产不拥有所有权；

（四）投资企业不具有选举权和被选举权；

（五）投资企业不参与被投资企业日常生产经营活动。

问题250 在明股实债投资过程中，投资企业和被投资企业是按债权投资做税务处理，还是按股权投资做税务处理？

《国家税务总局关于企业混合性投资业务企业所得税处理问题的公告》（国税总局〔2013〕41号）第二条第（一）项规定，"对于被投资企业支付的利息，投资企业应于被投资企业应付利息的日期，确认收入的实现并计入当期应纳税所得额；被投资企业应于应付利息的日期，确认利息支出，并按税法和《国家税务总局关于企业所得税若干问题的公告》（国税总局〔2011〕34号）第一条的规定，进行税前扣除"。

显然，按照上述41号文的规定，在明股实债投资过程中，投资企业和被投资企业要按债权投资做税务处理。

其实，在房地产实务中，大量存在的不是这样典型和单纯的明股实债投资，而是在明股实债的基础上投资企业最终剩一部分"尾股"，做真正的股权投资，以实现投资的最大化。

问题251 在明股实债投资过程中，投资协议约定的股权回购的价格如果远低于其净资产对应的价值，有无被纳税调整的风险？

在明股实债投资过程中，投资协议约定的股权回购的价格往往就是当初融资时股权转出的价格（即等价回购），而在股权回购时，这个价格往往会明显低于回购股权对应的被投资企业的净资产，因为投资完成时，房地产项目开发已经到了利润回笼期，被投企业的净资产会远远大于融资时的净资产（房地产企业融资时净资产为往往是负值）。

笔者认为，上述等价回购不会有纳税调整的风险。因为，在明股实债投资过程中，其股权转出的本质是股权质押的担保行为，而股权回购的本质是股权质押的解押行为，也就是说，无论是股权的转出还是股权的回购，双方当事人都没有股权转让的真实意思表示。更何况《国家税务总局关于企业混合性投资业务企业所得税处理问题的公告》（国税总局〔2013〕41号）已经明确将明股实债行为定性为债权投资，并要求按照债权投资做税务处理。试问，没有股权转让，何来股权转让价格偏低一说？实质重于形式的课税原则，此时不用，更待何时？

九、企业减资

项目公司可依据《公司法》的相关规定，通过减资的方式达到某一股东减少或消灭其所持项目公司股权的目的。

问题252 我国现行《公司法》对减资是如何规定的？

我国现行《公司法》第一百七十七条规定，"公司需要减少注册资本时，必须编制资产负债表及财产清单。公司应当自作出减少注册资本决议之日起十日内通知债权人，并于三十日内在报纸上公告。债权人自接到通知书之日起三十日内，未接到通知书的自公告之日起四十五日内，有权要求公司清偿债务或者提供相应的担保"。

十、对赌协议

收购方与出让方在达成并购协议时，对于未来不确定的情况（常见的约定是某年某月公司净利润达到某一个数值或公司完成上市）进行一种约定。如果约定的条件如期实现，收购方按照并购协议约定的股权比例行权；如果约定的条件未能实现，则出让方按照并购协议约定比例的溢价回购股权或给予补偿。

显然，对赌协议的核心内容实际上就是一种针对标的公司估值的动态调整机制，所以，对赌协议又称为估值调整协议。

问题253　为什么说股权转让纳税义务时间的规定，成为了对赌协议实施的障碍？

根据《国家税务总局关于企业取得财产转让等所得企业所得税处理问题的公告》（国家税务总局公告［2010］19号）规定，企业取得财产（包括各类资产、股权、债权等）转让收入、债务重组收入、接受捐赠收入、无法偿付的应付款收入等，不论是以货币形式，还是非货币形式体现，除另有规定外，均应一次性计入确认收入的年度计算缴纳企业所得税。《国家税务总局关于贯彻落实企业所得税法若干税收问题的通知》（国税函［2010］79号）第三款规定，企业转让股权收入，应于转让协议生效且完成股权变更手续时，确认收入的实现。据此，税务机关掌握的执行口径是，不管你签订的是普通股权转让协议还是对赌协议，只要完成了股权变更手续，就已经产生了纳税义务。

实际上，对赌协议不同于普通转让协议，其股权对应的转让收入是附条件的，也就是说，当对赌条件实现时，这个转让收入才算是最终确认的收入，一旦对赌失败对赌条件未能实现，这个转让收入还要进行颠覆式的调整。按照上述［2010］19号公告规定，企业取得股权转让收入均应一次性计入"确认收入的年度"计算缴纳企业所得税。如此，针对对赌协议而言，所谓"确认收入的年度"应该是指对赌条件实现的年度。而麻烦出在上述［2010］79国税函又做出了进一步明确具体的规定："企业转让股权收入，应于转让协议生效且完成股权变更手续时，确认收入的实现"，且税务机关普遍按照这样规定执行。如此，使得对赌协议实施产生了不必要的麻烦。因为，一方面收购方需要在对赌条件尚未具备时，按照较高的确认收入，在对赌协议生效且完成股权变更手续的当年缴纳高额企业所得税；另一方面，一旦对赌失败，股权的收入重新确认，势必造成先缴后退的现象，给当事人和税务机关都造成了不必要的麻烦。更何况，缴税易退税难的现实还撞击着收购方的小心脏。

所以，笔者觉得按照上述［2010］19号公告规定执行比较科学，完全符合对赌协议的特殊情况，彻底避免了先缴后退的麻烦。当然，按照后法优于先法的法律适用原则，税务机关优先使用上述国税函［2010］79号也不算错。实际上，有人把对赌协议定性为明股实债来避税，笔者觉得不能成立，因为只有对赌失败时，才有可能成为明股实债，问题是对赌的各方谁是为了输而赌呢？更何况，现实生活中对赌成功皆大欢喜的案例也屡见不鲜。

问题254　为什么对赌协议对目标公司没有法律效力呢？

在法律实务中，对赌协议是否有效还是存在巨大争议的，尤其是涉及外资企业的对赌协议很多法院都倾向无效。但是，这种争议的声音被最高人民法院的又一份明星判决给压下去了。这份明星判决就是最高人民法院［2012］民提字第11号判决书。

该判决书主旨有二：一是目标公司股东之间的对赌协议（包括涉及外资企业的）有效，理应受到法律保护；二是对赌协议对目标公司本身没有法律效力，原因在于对赌协议的承诺的补偿收益，属于脱离了公司业绩的额外补偿，损害了目标公司债权人利益。

十一、解除退税

股权转让合同未履行完毕或已经履行完毕，之后，因执行法院判决或仲裁委员会裁决停止执行原股权转让合同，并按原价收回已转让股权的，未缴纳个人所得税的不再缴纳，已经缴纳的个人所得税应给予退还。

问题255　为什么已经履行完毕的股权转让合同被法院判决或仲裁委员会裁决无效或解除的，已经缴纳的个人所得税款也应该退还？

在税收实践中，这个问题是有争议的，且国家税务总局的相关规定或者不予明确或者相互矛盾，让基层税务机关和广大纳税人无所适从。

首先，《国家税务总局关于纳税人收回转让的股权征收个人所得税问题的批复》（国税函［2005］130号）规定，"股权转让合同履行完毕、股权已作变更登记，且所得已经实现的，转让人取得的股权转让收入应当依法缴纳个人所得税。转让行为结束后，当事人双方签订并执行解除原股权转让合同、退回股权的协议，是另一次股权转让行为，对前次转让行为征收的个人所得税款不予退回"。请注意，上述规定只针对"当事人双方"解除原股权转让合同、退回股权的情况，对于法院判决或仲裁委员会裁决解除原股权转让合同、退回股权的情况，只字未提。另外，对股权转让合同无效的情况，也没有提到。

其次，《国家税务总局关于无效产权转移征收契税的批复》（国税函〔2008〕438号）明确，"对经法院判决的无效产权转移行为不征收契税。法院判决撤销房屋所有权证后，已缴契税款应予退还"。请注意，上述规定只针对法院判决，并没说仲裁委员会裁决的情况怎么办，而且还只是针对"无效产权转移行为"，而对法院判决"解除产权转移行为"是否退还契税也只字未提。

总而言之，笔者觉得国家税务总局的立法本意是，只要是法院判决或仲裁委裁决股权转让合同无效或解除的，就应该退回个人所得税。而当事人双方协商解除股权转让合同的，即使按原价收回已转让股权的，也一律不予退回已经缴纳的个人所得税。但是，这个立法本意，于理不通。因为，是否退还已经缴纳个人所得税的唯一标准应该是转让方转让收入或股权利益是否实现，而不应该以是否有法院判决或仲裁委员会裁决作为是否退回已经缴纳的个人所得税的标准。否则，所有协商解除股权转让合同的纳税人都会产生到法院或仲裁委领取裁判文书的冲动，使得国家税务总局立法目的落空的同时，也造成司法资源的巨大浪费。

所以，应该从行政行为合理性原则出发，无论纳税人是否拥有法院判决或仲裁委员会裁决，只要纳税人转让收入或股权利益最终没有实现，就应该一视同仁，退回已经缴纳的个人所得税。当然，依据新修改的《个人所得税法》，涉及个人年度汇算清缴的个人所得税除外。

问题256 为什么即使股权转让合同被判无效或解除，企业股东因履行股权转让合同而缴纳的企业所得税也不存在退回的问题？

针对股权转让合同被判无效或解除，企业股东因履行股权转让合同而缴纳的企业所得税是否应该退回的问题，国家税务总局一直没有发布任何规范性文件。这个问题实际上是个伪命题，自然也无须发布相关的规范性文件。原因有二，一是企业法人的企业所得税实行的是年度汇算清缴和预缴相结合的税收征管制度，而不像个人股东偶然所得采取一次一清的税收征管制度；二是企业是持续经营的纳税主体，没必要针对某一次纳税行为进行单独退税处理，除了在汇算清缴时给予解决外，还可以在下次转让或注销时，一并给予处理。

第三节 | 股权转让之洼地优惠

一、税收减免

房地产企业与地方政府签订减免税收的协议或直接享受该地方税收减免优惠政策，从而达到降低房地产开发税负的目的。

问题 257　税收减免协议是行政协议还是民事协议？

属于行政协议。《最高人民法院关于适用〈中华人民共和国行政诉讼法〉若干问题的解释》第十一条第一款的规定，"行政机关为实现公共利益或者行政管理目标，在法定职责范围内，与公民、法人或者其他组织协商订立的具有行政法上权利义务内容的协议，属于行政诉讼法第十二条第一款第十一项规定的行政协议"。若产生纠纷，应该依据《中华人民共和国行政诉讼法》提起行政诉讼，而不是提起民事诉讼。

但是，房地产企业与地方政府经常签订《国有建设用地使用权出让合同》却是民事合同。若产生纠纷，则要依据《中华人民共和国民事诉讼法》提起民事诉讼。

问题 258　地方政府签订的税收减免协议是否会因为违反《税收征管法》第三条而无效？

《中华人民共和国税收征收管理法》第三条规定"税收的开征、停征以及减税、免税、退税、补税，依照法律的规定执行；法律授权国务院规定的，依照国务院制定的行政法规的规定执行"。"任何机关、单位和个人不得违反法律、行政法规的规定，擅自作出税收开征、停征以及减税、免税、退税、补税和其他同税收法律、行政法规相抵触的决定。"

根据上述规定，只有依据全国人大和国务院规定签订的税收减免协议才有效，房地产企业依据各个地方政府出台的税收优惠政策与地方政府签订税收减免协议岂不属于无效合同？

事实远非如此。《中华人民共和国税收征收管理法》对税收开征及减免规定了由国务院制定详细的行政法规进行规范，《国务院关于税收等优惠政策相关事项的通知》（国发〔2015〕25号）第二条"各地区、各部门已经出台的优惠政策，有规定期限的，按规定期限执行；没有规定期限又确需调整的，由地方政府和相关部门按照把握节奏、确保稳妥的原则设立过渡期，在过渡期内继续执行"。第三条"各地与企业已签订合同中的优惠政策，继续有效；对已兑现的部分，不溯及既往"。这两条规定对税收减免协议具有普遍约束力。因此，税收减免协议系双方真实意思表示且未违反法律、行政法规强制性规定，应认定为有效。

问题259　全国各地都有哪些闻名遐迩的税收优惠政策？

2008年1月1日起，在深圳、珠海、汕头、厦门、海南经济特区和上海浦东新区内注册的高新技术企业，自取得第一笔生产经营收入所属纳税年度起，第1年至第2年免征企业所得税，第3年至第5年减半征收企业所得税。

自2011年1月1日至2020年12月31日，对设在西部地区的鼓励类产业企业减按15%的税率征收企业所得税。享受地区：重庆市、四川省、贵州省、云南省、西藏自治区、陕西省、甘肃省、宁夏回族自治区、青海省、新疆维吾尔自治区、新疆生产建设兵团、内蒙古自治区和广西壮族自治区、湖南省湘西土家族苗族自治州、湖北省恩施土家族苗族自治州、吉林省延边朝鲜族自治州、赣州市。

其中，西藏自治区的企业统一执行西部大开发战略中企业所得税15%的税率，并且自2015年1月1日起至2017年12月31日止，暂免征收企业所得税中属于地方分享的部分。

2014年1月1日起至2020年12月31日，对于设立在特定地区内的鼓励类产业企业，减按15%的税率征收企业所得税。享受地区：广东横琴新区、福建平潭综合实验区、深圳前海深港现代服务业合作区。

2010年1月1日至2020年12月31日，新疆喀什、霍尔果斯两个特殊经济开发区内新办的属于《新疆困难地区重点鼓励发展产业企业所得税优惠目录》范围内的企业，自取得第一笔生产经营收入所属纳税年度起，五年内免征企业所得税，五年免税期结束后，新疆霍尔果斯地区以奖励的方式，在之后五年返还企业实际上缴企业所得税总金额的40%。

上述，是企业所得税部分洼地。实践中，个人所得税洼地也是屡见不鲜。

二、税收返还

房地产企业与地方政府签订税收先交后返的协议，从而达到降低房地产开发税负的目的。

问题260 税收返还与税收减免，哪个难度低？

随着国务院［2018］62号文和［2018］25号文的相继出台，各地税收减免政策门槛越来越高，甚至连税的字眼也很少提及，取而代之的是政府财政返还或奖励。其法律基础是，财政收入分为中央和地方留存两个部分，如果返还款项是地方留存部分，而且是先交后返，用于市政项目投资补助，该协议约定属于政府职权范围，不违反强制性规定，应认定为有效。至于返还的比例，各个地方也不尽相同。

三、核定征收

在符合法定条件的情况下，税务机关对企业所得税以及个人所得税、土地增值税、增值税等税种，不实行查账征收而改用核定征收的方式进行征税，这种征收方式的改变对房地产并购税务规划具有一定的意义。

问题261 企业所得税核定征收中的"核定"是什么意思？

税务机关所得税的征收方式分为查账征收和核定征收，核定征收又分为核定应税所得率征收和定额征收两种办法。查账征收方式下，应税额＝应纳税所得额×所得税税率；核定应税所得率征收方式下，应税额＝应税收入额×应税所得率×所得税税率；定额征收方式下，应税额就是税务机关定的具体数额，无须计算。其实就是，如果企业会计账目清晰，能计算出准确的利润总额，税务机关就实行查账征收方式，依企业所得税法规定计算出应纳税所得额，再乘以企业所得税税率自然就是应该交的税；如果企业会计账目不太清晰，不能准确计算利润总额，只能列明收入总额，税务机关就实行核定应税所得率征收方式，所谓应税所得率可以理解为利润率，但是因为企业账目不清晰，这个利润率不可能由企业的会计账目计算得来，只能是税务机关给核定的，如此，会计账目中的总收入乘以这个核定应税所得率就得出企业的应税收入额，再乘以企业所得税税率就得出应交的税；如果企业（如理发馆）根本就没有会计账目，那税务机关也没有办法，只能实行定额征收方式，也就是直接给企业估计一个具体数额，视为应交税额。

由于房地产企业属于资金密集型行业，不可能没有会计账目，本书中，针对房地产企业所说的核定征收一般专指核定应税所得率征收方式，而不包含定额征收方式。

综上所述，所谓企业所得税核定征收中的"核定"就是税务机关依法给企业估计一个"利润率"，所得税税法称之为"应税所得率"。

根据《企业所得税核定征收办法》（国税发［2008］30号）的规定，房地产行业适用的应税所得率为10%~30%，具体多少由主管税务机关确定。之后，国家税务总局又发布《关于企业所得税核定征收若干问题的通知》（国税函［2009］377号）和《关于企业所得税核定征收有关问题的公告》（国税发［2012］27号）等规范性文件，作出了进一步的规定。

问题262　核定征收也得进行所得税汇算清缴吗？

根据《企业所得税汇算清缴管理办法》（国税发［2009］79号）规定，除核定定额征收外，以核定应税所得率方式为主的房地产核定征收企业也要进行所得税汇算清缴。

问题263　核定征收有被调整的风险吗？

《国家税务总局关于企业所得税核定征收若干问题的通知》（国税函［2009］377号）规定，主管税务机关要严格按照规定的范围和标准确定企业所得税的征收方式，不得违规扩大核定征收企业所得税范围；对其中达不到查账征收条件的企业核定征收企业所得税，并促使其完善会计核算和财务管理，达到查账征收条件后要及时转为查账征收。随着2018年国地税合并地到来，原来国地税因征管模式不同而采用的核定征税等不规范的模式将会得到规范。

根据《国家税务总局关于印发〈企业所得税核定征收办法〉（试行）的通知》（国税发［2008］30号）第九条的规定："纳税人的生产经营范围、主营业务发生重大变化或者应纳税所得额或应纳税额增减变化达到20%的，应及时向税务机关申报调整已确定的应纳税额或应税所得率。"

问题264　核定征收适用个人所得税吗？

核定征收本来主要适用企业所得税，但随着时间的推移，个人所得税适用核定征收的情况也越来越多。

《股权转让所得个人所得税管理办法（试行）》（国家税务总局公告2014年第67号）第十七条规定："个人转让股权未提供完整、准确的股权原值凭证，不能正确计算股权原值的，由主管税务机关核定其股权原值。"并且，该67号文第十一条和第十四条还对股权转让收入的核定做出了详细的规定。

根据《财政部国家税务总局关于印发〈关于个人独资企业和合伙企业投资者征收个人所得税的规定〉的通知》（财税［2000］91号）的规定，各类企业可核定征收，按照5%~40%的应税所得率核定，再按照5%~35%的税率征收个人所得税，在5%~40%内核定所得的数值，由主管税务机关自主裁定。

《国家税务总局关于企业所得税核定征收有关问题的公告》（国家税务总局公告 2012 年第 27 号）规定：专门从事股权（股票）投资业务的企业，不得核定征收企业所得税。但是，笔者认为该禁止性规定应该不包括合伙企业，也就是说合伙企业仍然可以执行（财税〔2000〕91 号）的规定，对合伙人核定征收个人所得税。

问题 265 核定征收适用土地增值税和增值税吗？

如上所述，核定征收本来主要适用企业所得税，但随着时间的推移，不但个人所得税涉及核定征收，土地增值税和增值税也深陷其中。如 187 号文第七条就专门针对土地增值税的核定征收做出了规定，并且《国家税务总局关于加强土地增值税征管工作的通知》（国税发〔2010〕53 号）第四条还做出了核定征收率不得低于 5% 的原则性规定。《中华人民共和国增值税暂行条例实施细则》第七条也提到了核定征收。

问题 266 核定征收的法源性条款是什么？

法源性条款也有人称之为祖宗条款，核定征收的祖宗条款就是《中华人民共和国税收征管法》第三十五条。

纳税人有下列情形之一的，税务机关有权核定其应纳税额：

（一）依照法律、行政法规的规定可以不设置账簿的；

（二）依照法律、行政法规的规定应当设置账簿但未设置的；

（三）擅自销毁账簿或者拒不提供纳税资料的；

（四）虽设置账簿，但账目混乱或者成本资料、收入凭证、费用凭证残缺不全，难以查账的；

（五）发生纳税义务，未按照规定的期限办理纳税申报，经税务机关责令限期申报，逾期仍不申报的；

（六）纳税人申报的计税依据明显偏低，又无正当理由的。

税务机关核定应纳税额的具体程序和方法由国务院税务主管部门规定。

第四节 股权转让之出资

一、作价入股

企业或个人以土地、房屋作价入股的方式，向目标公司进行增资，成为目标公司股东的同时也将土地或房屋转移到了目标公司。

问题267　作价入股和分立有何共同点和区别?

由于作价入股也能达到将土地或房屋转移到另一个公司的目的,所以,作价入股跟分立一样是资产剥离的重要途径。

所不同的是,根据《公司法》规定,分立企业需要对被分立企业承担无限连带责任,且企业分立的时间成本较高;作价入股虽不存在这两个麻烦,但由于其税负较高,也不常被使用。

问题268　作价入股绝大部分都是母公司向子公司增资吗?

是的。实践中,尤其是房地产并购领域,作价入股基本都是作为资产剥离的手段来使用,所以,作价入股绝大部分都表现为母公司向子公司增资。当然,以土地、房屋向一个非关联企业作价入股的情况也有,但很少。

问题269　土地、房屋作价入股需要缴纳契税吗?

母公司以土地、房屋作价入股至子公司,子公司是否需要缴纳契税?这个问题在实践中争议较大,也是一个热点问题。但是,随着17号文的出台,这种争议画上了句号。17号文第六条新增的第三款规定"母公司以土地、房屋权属向其全资子公司增资,视同划转,免征契税"。

当然也有业界高手一直认为,依据国税函〔2008〕514号文件对"土地、房屋权属划转"的解释,母公司用房地产出资成立全资子公司或对全资子公司增资,属于同一投资主体内部所属企业之间的土地、房屋权属划转,理应免征契税。

值得一提的是,上述17号文不动产增资视同划转免征契税的做法,河北省早在2012年就已经按这个口径掌握执行了。这里,应该给河北省税务机关致敬。

问题270　营改增之后母公司作价入股需要缴纳增值税吗?

营改增前作价入股不征营业税,其根据是《财政部国家税务总局关于股权转让有关营业税问题的通知》(财税〔2002〕191号)第一条规定:"以无形资产、不动产投资入股,参与接受投资方利润分配,共同承担投资风险的行为,不征收营业税。"

但营改增后以如土地使用权、房屋所有权入股投资的行为,很多税务机关却要征增值税。理由是作价入股按销售对待,当然要征增值税。笔者觉得,这个理由不能成立。《增值税暂行条例实施细则》第二条规定"条例第一条所称货物,是指有形动产,包括电力、热力、气体在内"。第四条规定,"单位或者个体工商户的下列行为,视同销售货物:(六)将自产、委托加工或者购进的货物作为投资,提供给其他单位或者个体工商户",显然视同销售不包括土地使用权和房屋所有权。并且在营改增后的财税〔2016〕36号附件1《营业税改征增值税试点实施办法》第十条规定"销售服务、无形资产或者不动产,是指有偿提供服务、有偿转让无形资产或者不动产等",但未将土地使用权和房屋所有权作价入股规定为视同销售的条款。

更何况,降低、至少不增加企业税负是营改增的"初心",砥砺前行时,需不忘"初心"。

问题271　净地作价入股土地管理部门允许过户吗?

实务中,部分地区的土地管理部门(或规土部门)以投资额未达25%违反《城市房地产管理法》为由,而不予办理土地过户手续。但是,很多地方土地管理部门认定为同一控制人,在投资额未超过25%情况下也允许过户。

笔者认为,后者符合现行《城市房地产管理法》第39条的立法本意,之所以规定投资未达到25%不予过户土地的立法本意是,防止炒地皮现象,而同一实际控制人名下两个企业之间过户土地,就相当于土地左兜进右兜,显然不属于炒地皮的范畴。

问题272　母公司作价入股需要缴纳企业所得税吗?

作价入股,顾名思义就是由对土地、房屋进行评估作价和投资入股两个阶段构成。在第一个阶段评估作价过程中,如果评估价格高出土地、房屋的原始价格,那么这高出的部分是否需要缴纳企业所得税呢?从理论上讲,这高出的部分属于以非货币性资产对外投资确认的非货币性资产转让所得,当然应该缴纳企业所得税,但问题是,母公司在作价入股的整个过程中,没有一分钱现金收入,拿什么缴纳这笔理论上的理应缴纳的税款呢?

解决的办法有两个,一是依据财税59号文和109号文件规定,若作价入股符合特殊性重组条件的可以免征企业所得税。二是若不能享受59号文和109号文特殊税务处理的政策优惠,还可以依据财政部　国家税务总局《关于非货币性资产投资企业所得税政策问题的通知》(财税〔2014〕116号)文件规定,选择在不超过5年期限内,分期均匀计入相应年度的应纳税所得额,分期缴纳企业所得税。

问题273　母公司作价入股需要缴纳土地增值税吗?

根据《财政部、国家税务总局关于土地增值税一些具体问题规定的通知》(财税〔1995〕48号)第一条规定:"对于以房地产进行投资、联营的,投资、联营一方以土地(房地产)作价入股进行投资或作为联营条件,将房地产转让到所投资、联营的企业中的，暂免征收土地增值税。对投资、联营企业将上述房地产再转让的，应征收土地增值税。"

但是，根据《财政部　国家税务总局关于土地增值税若干问题的通知》（财税〔2006〕21号）规定："……五、关于以房地产进行投资或联营的征免税问题：对于以土地（房地产）作价入股进行投资或联营的，凡所投资、联营的企业从事房地产开发的，或者房地产开发企业以其建造的商品房进行投资和联营的，均不适用《财政部、国家税务总局关于土地增值税一些具体问题规定的通知》（财税字〔1995〕48号）第一条暂免征收土地增值税的规定。"

可见，土地增值税始终是房地产企业的紧箍咒，时刻不能放松。包括最近出台的财税〔2018〕57号文，再次明确对房地产企业的土地增值税不能免征。但是，笔者认为母公司向100%持股子公司作价入股的情况，相当于资产平移，视同资产划转，并无实质性不动产转让，根本不属于土地增值税的定义范畴，没有征收土地增值税的道理。也就是说，上述财税〔2006〕21号文的规定，在法理上并不应该适用这种特殊情况，不能仅从字面上适用税法条款，不顾法学基本原理进行绝对无差别式的执法。

问题274　个人以房地产作价入股形成的股权转让时是否涉及二次纳税义务？

《财政部、国家税务总局关于个人非货币性资产投资有关个人所得税政策的通知》（财税〔2015〕41号）规定，个人以房地产作价投资，属于个人转让非货币性资产和投资同时发生。对个人转让房地产的所得，应按照"财产转让所得"项目，依法计算缴纳个人所得税，第一次纳税义务产生（可在发生上述应税行为之日起不超过5个公历年度内分期缴纳个人所得税）。

对个人房地产投资形成的股权进行转让时，仍应按照"财产转让所得"项目，依法计算缴纳个人所得税，第二次纳税义务产生。

2019年1月1日《个人所得税法》正式实施以后，虽然个人所得税也要实行汇算清缴制度了，但是，根据第十五条的规定，应该还会形成二次纳税义务。当然，如果按月征收股权转让的个人所得税，那一个月内连续转让两次以上的情况，如何处理还需等待《个人所得税法》的相关配套政策。

问题275　作价入股土地再转让时，征收土地增值税扣除项目的取得土地使用权所支付的金额如何确定？

实践中，土地作价入股依照股东投资协议或公司章程中约定价格进行增资，以经评估机构评估时点的价格，直接按不高于评估值的金额入账。

二、债权出资

股东以依法享有的债权作为非货币财产作价出资，从而成为公司股东或合伙企业合伙人。

问题276　债权出资和债转股是一回事吗？

当然不是，债权出资是企业成立之初的出资行为，债转股是企业成立后的增资行为。

问题277　债权出资成立有限公司在司法实践中有法律障碍吗？

《中华人民共和国公司法》第二十七条规定：股东可以用货币出资，也可以用实物、知识产权、土地使用权等可以用货币估价并可以依法转让的非货币财产作价出资；但是，法律、行政法规规定不得作为出资的财产除外。对作为出资的非货币财产应当评估作价，核实财产，不得高估或者低估作价。法律、行政法规对评估作价有规定的，从其规定。

从上述法律规定看，除了实物、知识产权和土地使用权三种列明的非货币财产可以作价出资外，只要是"可以用货币估价并可以依法转让的非货币财产"都可以作价出资。显然，债权应该属于"可以用货币估价并可以依法转让的非货币财产"，理应可以作价出资。

但是，实践中对债权出资这一似乎不是问题的问题，却成了一个久拖不决的难题。

早在1998年12月29日，最高人民法院法〔1998〕505号对湖北法院的答复《关于企业开办单位划拨的债权能否作为该企业的注册资金的请示答复》指出：已经办理债权转移手续并形成资本金，且已经全部实现该债权，可以作为资本金予以确认。这等于没说，既然"已经全部实现该债权"，那就成了货币或实物出资了，还答复什么。

需要说明的是，2009年《最高人民法院关于适用中华人民共和国公司法若干问题的规定（三）》的征求意见稿，首次提出将对第三人债权列入公司股东出资形式范围内，而在正式发文之后，又将该条文删除，并且该内容在2012年的《最高人民法院关于适用中华人民共和国公司法若干问题的规定（四）》的征求稿中也再没有出现。可见对于债权出资这个问题，最高人民法院也是举棋不定。

综合以上分析，按照"法无禁止即可为"的民法适用原则，如有人以债权出资成立有限公司，工商部门应该给予办理工商登记。

问题278　债权出资成立合伙企业有法律障碍吗?

根据《中华人民共和国合伙企业法》的规定，合伙人应当按照合伙协议约定的出资方式、数额和缴付期限，履行出资义务。以非货币财产出资的，依照法律、行政法规的规定，需要办理财产权转移手续的，应当依法办理。

可见，只要合伙人协商一致在合伙协议里载明，债权作价出资是没有问题的。

三、股权出资

股权出资是指投资人以其持有的在中国境内设立的有限责任公司或者股份有限公司的股权作为出资，投资于境内其他有限责任公司或者股份有限公司或合伙企业的行为。

问题279　股权出资在实践中有法律障碍吗?

2009年3月1日开始实施的《股权出资登记管理办法》对股权出资进行了明确和规范，股权出资已经作为一种重要的出资方式在实践中得到广泛应用。在税务处理上，股权出资属于非货币资产投资行为，应按照《财政部　国家税务总局关于非货币性资产投资企业所得税政策问题的通知》（财税〔2014〕116号）的规定进行税务处理。同时该116号文第六条规定"企业发生非货币性资产投资，符合《财政部　国家税务总局关于企业重组业务企业所得税处理若干问题的通知》（财税〔2009〕59号）等文件规定的特殊性税务处理条件的，也可选择按特殊性税务处理规定执行"。至于有人提出应按视同销售进行税务处理则是不妥的，因为这种观点显然把出资行为和交易行为混为一谈。

问题280　股权能作为出资投资合伙企业吗?

根据我国现行《合伙企业法》，合伙企业分为普通合伙和有限合伙。其中，第十六条规定"合伙人可以用货币、实物、知识产权、土地使用权或者其他财产权利出资，也可以用劳务出资"；第六十四条规定"有限合伙人可用货币、实物、知识产权、土地使用权或者其他财产权利作价出资，有限合伙人不得以劳务出资"。

可见，只要股权属于"其他财产权利"，那么股权就能够作为出资投资于普通合伙或有限合伙，成为普通合伙人或有限合伙人。问题的关键是"其他财产权利"包括哪些?股权算不算?笔者认为，股权"可评估""可转让"，是可支配的财产权利，属于"其他财产权利"无疑。

四、股权出资个人独资企业

有限公司的个人股东，将股权出资到个人独资企业，从而达到个人股东纳税地点由有限公司所在地变为个人独资企业所在地的目的。

问题 281　个人股东将股权出资到个人独资企业需要缴纳个人所得税吗？

当然不交。因为个人股东将个人股权出资到个人独资企业，从本质上是出资行为，不属于交易行为，当然也就不受《个人所得税法》的约束。

第五节 | 股权转让之资本化

一、资本公积转增

资本公积转增是指将资本公积金转为注册资本，从而增大注册资本的行为。

问题 282　资本公积转增注册资本相关个人股东需要缴纳个人所得税吗？

一般情况需要缴纳，目前税法只有以下两种情况可给予税收优惠。

一是上市公司和新三板企业股票溢价发行形成的资本公积金转增股本时免征个人所得税（本书"个人投资溢价增资"部分有详细论述）。

二是《关于将国家自主创新示范区有关税收试点政策推广到全国范围实施的通知》（财税〔2015〕116号）规定，自2016年1月1日起，全国范围内的中小高新技术企业以未分配利润、盈余公积、资本公积向个人股东转增股本时，个人股东一次缴纳个人所得税确有困难的，可根据实际情况自行制定分期缴税计划，在不超过5个公历年度内（含）分期缴纳，并将有关资料报主管税务机关备案。

但是，在最新修订的《个人所得税法》中，专门将过去"经国务院财政部门确定征税的其他所得"进行了删除，也就是说，个人所得，将只有个人所得税法明确规定的："工资；薪金所得；劳务报酬所得；稿酬所得；特许权使用费所得；利息、股息、红利所得；财产租赁所得；财产转让所得；偶然所得"这九项所得。而除了个人所得税法明确规定的所得以外，其他一律不属于个人所得税法所得的征税范围。

如此，上述116号文的资本公积转增股本征收个税的规定，是无法律依据的。事实上，对资本公积转增股本征收个人所得税，就因为不符合纳税必要资金原则和税收中性原则，而广受诟病。这次后事如何，让我们拭目以待吧。

二、债权转注册资本

企业债权人将其持有的债权经过合法程序转为注册资本，在消灭债权的同时成为企业的股东，属于典型的债转股行为。

问题283　债转股主要分为哪两种情况？

债转股也有人称之为债权资本化，主要分为两种情况，一是债权转为注册资本，二是债权转为资本公积金。

问题284　债转股有哪些法律规定？

债转股作为一种成熟的重组手段，我国法律在不同角度和不同层面都作出了相应的规定。

(1)《公司法》对可转换股票公司债券做出了明确的规定；

(2) 最高人民法院《关于审理与企业改制相关民事纠纷案件若干问题的规定》(法释［2003］1号) 规定：债权人与债务人自愿达成债权转股权协议，不违反强制性规定的，应认定有效；政策性债权转股权按照国务院有关部门的规定办理；

(3) 国家工商行政管理总局发布的《公司注册资本登记管理规定》第七条规定："债权人可以将其依法享有的对在中国境内设立的公司的债权，转为公司股权"；

(4)《企业会计准则第12号——债务重组》规定了公司财务困难重整时，债务转为资本的会计处理方式；

(5)《企业会计制度》第18条对一般公司债转股做出了明确规定；

(6) 中国人民银行和国家经贸委《关于债权转股权若干问题的意见》，也对公司资产债转股做出了规定。

问题285　用于债转股的债权应该符合什么法定条件？

2014年国家工商行政管理总局发布的《公司注册资本登记管理规定》第七条第二款规定，"转为公司股权的债权应当符合下列情形之一：

（一）债权人已经履行债权所对应的合同义务，且不违反法律、行政法规、国务院决定或者公司章程的禁止性规定；

（二）经人民法院生效裁判或者仲裁机构裁决确认；

（三）公司破产重整或者和解期间，列入经人民法院批准的重整计划或者裁定认可的和解协议。"

问题286　债转股适用特殊税务处理应该符合什么法定条件？

根据59号文第三条规定，企业重组企业所得税的税务处理，区分不同条件分别适用一般性税务处理规定和特殊性税务处理规定。

根据59号文第五条以及与之配套的109号文的规定，债务重组要想适用企业所得税特殊性税务处理规定，需要同时满足以下条件：

（一）具有合理的商业目的，且不以减少、免除或者推迟缴纳税款为主要目的。

（二）受让企业转股债务不低于转让企业全部资产的50%。

（三）企业重组后的连续12个月内不改变重组资产原来的实质性经营活动。

（四）受让企业在该资产收购发生时的股权支付金额不低于其交易支付总额的85%。

（五）企业重组中取得股权支付的原主要股东，在重组后连续12个月内不得转让所取得的股权。

其中"企业重组后连续12个月内"是指自重组日起计算的连续12个月内；"原主要股东"是指原持有转让企业或被收购企业20%以上股权的股东。

特别需要注意的是，如果重组交易是分期分批进行的，那么，只有在重组发生前后12个月内满足上述50%和85%，也视为满足符合特殊重组法定条件，享受相应特殊税务处理的政策优惠。这样做的法律依据是59号文第十条的规定，"企业在重组发生前后连续12个月内分步对其资产、股权进行交易，应根据实质重于形式原则将上述交易作为一项企业重组交易进行处理"。

根据59号文第六条的规定，符合上述五个法定条件适用特殊税务处理的债转股，其股权支付部分可以选择按以下规定处理企业所得税：

企业发生债权转股权业务，对债务清偿和股权投资两项业务暂不确认有关债务清偿所得或损失，股权投资的计税基础以原债权的计税基础确定。企业的其他相关所得税事项保持不变。

根据59号文第三条第3款的规定，不能满足特殊税务处理法定条件的在建工程转让，只能适用一般性税务处理来缴纳企业所得税，即应当分解为债务清偿和股权投资两项业务，确认有关债务清偿所得或损失。

问题287　债转股免征契税吗？

17号文第七条规定，"经国务院批准实施债权转股权的企业，对债权转股权后新设立的公司承受原企业的土地、房屋权属，免征契税。"也就是说，只有经国务院批准的债转股才免征契税，一般企业间的债转股并不适用。

三、债权转资本公积

企业债权人将其持有的债权经过合法程序转为资本公积金，属于典型的债转股行为。

问题288　债转股能全部计入资本公积吗？

国家工商行政管理总局《公司注册资本登记管理规定》第七条第四款规定，"债权转为公司股权的，公司应当增加注册资本。"这个条款的立法本意应该是，一般情况下按债权折合的股权比例增加注册资本，其余部分计入资本公积；特殊情况如《债转股协议》或《公司章程》有特殊约定，应该尊重当事人的意思表示，切忌生搬硬套上述第七条第四款的规定。

另外，上述第七条第四款是专门针对债权人不是公司原股东的情况而言的，若债权人是公司原股东，股东借款转股权；若全体股东同意或公司章程有特殊约定，也可以不增加注册资本，而全部计入资本公积。

四、留存收益转资本公积

企业将留存收益转增资本公积金的，个人股东不缴纳个人所得税；只有企业将留存收益转增为注册资本的，个人股东需要缴纳个人所得税。

问题289　留存收益是什么意思？

留存收益包括未分配利润和盈余公积两类。未分配利润是指企业实现的净利润经过弥补亏损、提取盈余公积和向投资者分配利润后留存在企业的历年结存的利润。盈余公积是指企业按照有关规定从净利润中提取的积累资金。公司制企业的盈余公积包括法定盈余公积和任意盈余公积。法定盈余公积是指企业按照规定的比例从净利润中提取的盈余公积。任意盈余公积是指企业按照股东会或股东大会决议提取的盈余公积。

问题290 留存收益转资本公积不缴纳个人所得税法律依据何在？

国家税务总局关于股权奖励和转增股本个人所得税征管问题的公告（国税总局［2015］80号）规定，"二、关于转增股本（一）非上市及未在全国中小企业股份转让系统挂牌的中小高新技术企业以未分配利润、盈余公积、资本公积向个人股东转增股本，并符合财税［2015］116号文件有关规定的，纳税人可分期缴纳个人所得税；非上市及未在全国中小企业股份转让系统挂牌的其他企业转增股本，应及时代扣代缴个人所得税。（二）上市公司或在全国中小企业股份转让系统挂牌的企业转增股本（不含以股票发行溢价形成的资本公积转增股本），按现行有关股息红利差别化政策执行"。

针对上述80号公告中"转增资本"，越来越多的税务机关更倾向于进行狭义解释，即公司以未分配利润、盈余公积、资本公积向个人股东转增股本，只有转增为股本的部分（必须是股本）才需要缴纳个人所得税，如果转增后形成资本公积就不需要缴纳个人所得税。本来就应该这样解释，因为从理论上讲，留存收益转为资本公积，只是企业资金形态的变化，这笔形态变化后的资金仍然为企业所有，并没有对股东个人有任何支付行为，当然股东个人也就不可能实现任何"所得"。既然无"个人所得"这张皮，何来"个人所得税"这根毛呢？

第六节 股权转让之分红

一、企业股息红利

居民企业直接投资于其他居民企业取得的股息、红利等权益性投资收益为免税收入。

问题291 股息、红利等投资收益免税的法律依据何在？

《企业所得税法》第二十六条规定，符合条件的居民企业之间的股息、红利等权益性投资收益为免税收入。《企业所得税法实施条例》第八十三条规定，企业所得税法第二十六条第（二）项所称符合条件的居民企业之间的股息、红利等权益性投资收益，是指居民企业直接投资于其他居民企业取得的投资收益。

问题292　股息、红利等投资收益免税的优惠政策适用于合伙人对合伙企业吗？

《企业所得税法》第一条第二款明确规定，合伙企业不适用本法。如此，股息、红利等投资收益免税的优惠政策就不适用合伙企业了。

问题293　企业法人透过合伙投资其他居民企业的股息、红利收益免税吗？

所谓"透过合伙投资"是指企业法人作为合伙企业的合伙人，通过合伙企业进行股权等权益性投资。实践中，多见于私募基金领域，企业法人作为有限合伙人（LP）与基金管理人（GP），设立合伙企业，对目标企业进行股权投资。

那么，企业法人"透过合伙投资"的收益，能不能免税呢？这个问题在实务中是个有争议的问题。有人认为"透过合伙投资"不能免税，理由是《企业所得税法》第二十六条和《企业所得税法实施条例》第八十三条规定得很明确，只有企业法人"直接投资"于其他企业取得的投资收益才可以免税。而所谓"透过合伙投资"不属于"直接投资"的范畴。而有人认为"透过合伙投资"应该免税，理由是应该对《企业所得税法实施条例》第八十三条的"直接投资"进行扩大解释，将"透过合伙投资"也包含在"直接投资"的范畴之内。否则，企业法人直接投资免税，"透过合伙投资"反而不免税，显然不公平，因为合伙企业并不是所得税的纳税主体，无论是否透过合伙进行投资所得税税负相同，才能体现公平。别忘了，公平才是税收法定原则的终极目标。

问题294　境外投资者享受暂不征收预提所得税需要同时满足什么条件？

根据《财政部　税务总局　国家发展改革委商务部关于境外投资者以分配利润直接投资暂不征收预提所得税政策问题的通知》（财税〔2017〕88号）文件规定，对境外投资者暂不征收预提所得税必须同时满足四个方面的条件：一是直接投资的形式，包括境外投资者以分得利润进行的增资、新建、股权收购等权益性投资行为。二是境外投资者分得利润的性质应为股息、红利等权益性投资收益，来源于居民企业已经实现的留存收益，包括以前年度留存尚未分配的收益。三是用于投资的资金（资产）必须直接划转到被投资企业或股权转让方账户，不得中间周转。四是鼓励类项目的范围属于《外商投资产业指导目录》中所列的鼓励外商投资产业目录，或

《中西部地区外商投资优势产业目录》。境外投资者符合本通知规定条件的，应按照税收管理要求进行申报并如实向利润分配企业提供其符合政策条件的资料。利润分配企业经适当审核后认为境外投资者符合本通知规定的，可暂不按照企业所得税法第三十七条规定扣缴预提所得税，并向其主管税务机关履行备案手续。

二、不对等分红

目标企业的投资人可以约定，不按照各个投资人所持公司股权或合伙份额的比例进行分红。也被称之为不公允分红。

问题295　不对等分红的法律依据何在？

我国现行《公司法》第35条规定：有限责任公司股东按照实缴的出资比例分取红利，但是全体股东约定不按照出资比例分取红利的除外（没说必须在章程中事先明确）；第167条规定，股份公司按照股东持有的股份比例分配，但股份公司章程规定不按照持股比例分配的除外。

问题296　外商投资企业也可以不对等分红吗？

《中外合资经营企业法》第四条第二款规定，合营各方按注册资本比例分享利润和分担风险及亏损。第八条规定，合营企业获得的毛利润，按中华人民共和国税法规定缴纳合营企业所得税后，扣除合营企业章程规定的储备基金、职工奖励及福利基金、企业发展基金，净利润根据合营各方注册资本的比例进行分配。《中华人民共和国公司法》第二百一十八条的规定：外商投资的有限责任公司和股份有限公司适用本法；有关外商投资的法律另有规定的，适用其规定。

可见，中外合资企业分红比例应当适用《中外合资经营企业法》的规定，按照出资比例进行分配，而不能进行不对等分红。但是，人民法院[2012]民提字第11号判决书似乎否定了这种说法。毕竟《中外合资经营企业法》是20世纪的产物。

问题297　合伙企业可以将全部利润分配给部分合伙人吗？

《合伙企业法》第二章第三十三条对普通合伙企业的利润分配规定：合伙协议不得约定将全部利润分配给部分合伙人或者由部分合伙人承担全部亏损。第三章第六十九条对有限合伙企业的利润分配规定：有限合伙企业不得将全部利润分配给部分合伙人；但是，合伙协议另有约定的除外。据此，普通合伙不行，有限合伙另有约定就行。

但是,《财政部 国家税务总局关于合伙企业合伙人所得税问题的通知》(财税〔2008〕159号)第四条规定:合伙协议不得约定将全部利润分配给部分合伙人。财政部和国家税总可以对全部利润分配给部分合伙人的行为进行审查,若发现问题则进行纳税调整,但直接规定不让合伙人约定将全部利润分配给部分合伙人,显然管得过严,一个部门规章与全国人大的法律迎头相撞。

三、股东债权抵顶分红

房地产股转协议通常会约定,股权受让方的最后一笔股权转让金需满足约定的条件才能支付,当然,股权转让方在实现最后一笔股权转让金这一债权之前还会持有目标公司的预留股权。这时,可考虑受让方给转让方与最后一笔股权转让金数额相同的借款,且该借款最终用预留股权的分红抵顶不再偿还。

问题298 企业借款给个人股东使用,不收利息,增值税应如何处理?

财税〔2016〕36号文附件1第十条规定,销售服务、无形资产或者不动产,是指有偿提供服务、有偿转让无形资产或者不动产。第十四条规定,下列情形视同销售服务、无形资产或者不动产:(一)单位或者个体工商户向其他单位或者个人无偿提供服务,但用于公益事业或者以社会公众为对象的除外;(二)单位或者个人向其他单位或者个人无偿转让无形资产或者不动产,但用于公益事业或者以社会公众为对象的除外;(三)财政部和国家税务总局规定的其他情形。

据此,企业借款给个人股东使用属于单位向个人无偿提供贷款服务,应按照视同销售处理,需要交纳增值税。所以,在使用这一规划工具时需要注意这个问题。同理,在使用公司债权抵顶分红这一规划工具时也需要注意这个问题。

四、公司债权抵顶分红

房地产股转协议通常会约定,股权受让方的最后一笔股权转让金需满足约定的条件才能支付,当然,股权转让方在实现最后一笔股权转让金这一债权之前还会持有目标公司的预留股权。这时,可考虑目标公司给转让方与最后一笔股权转让金数额相同的借款,且该借款最终用预留股权的分红抵顶不用进行偿还。

五、代持股回转

在股权代持的法律关系解除时，股权由名义股东名下转至实际出资人名下，名义股东和实际投资人均无纳税义务。

问题299 为什么代持股回转不产生纳税义务？

在股权代持的法律关系中，实际投资人为投资收益的实际享有者，股权登记由名义股东变更为实际投资人并不构成股权转让，只是股权代持法律关系的解除行为。依据实质课税原则，如果股权变更并不构成股权转让，当事各方当然没有股权转让的纳税义务。当然，代持股协议和出资凭证等一系列证据是制胜法宝，不可不备。

实践中，有人主张应当审慎选择代持对象。根据国家税务总局2014年67号公告第十三条规定，将股权转让给其能提供具有法律效力身份关系证明的配偶、父母、子女、祖父母、外祖父母、孙子女、外孙子女、兄弟姐妹以及对转让人承担直接抚养或者赡养义务的抚养人或者赡养人，如果申报的股权转让价格偏低，则被视为有正当理由而免予核定征收税款。因此，实际出资人若因各种原因需要股权代持，应尽量在上述范围内选择代持对象。

问题300 名义股东将转让收入纳税后的余额转付给实际投资人时，实际投资人还有纳税义务吗？

当然没有纳税义务。因为名义股东和实际投资人是委托关系，名义股东作为受托人纳税，实际是代表作为委托人的实际投资人在纳税。如此，根据一事不二税的原理，自然不能要求实际投资人再缴纳第二次税了。

《国家税务总局关于企业转让上市公司限售股有关所得税问题的公告》（国税总局〔2011〕39号）规定了因股权分置改革造成原由个人出资而由企业代持的限售股转让的税务处理原则，即企业对外转让上述限售股的收入，应作为企业应税收入计算纳税，转让收入余额转付给实际所有人时不再纳税。

这说明税务机关也认为，在判断代持行为的应税性时，应该把名义股东与实际投资人作为一个整体看待。虽然该文适用于"因股权分置改革造成原由个人出资而由企业代持的限售股"，但笔者觉得其中所体现出来的税务机关对股权代持法律关系的认定原理，应该放之四海而皆准，而不应该呆板地认为只能就事论事，只能适用于股权分置改革限售股。

问题301　人民法院认可股权代持协议的效力吗？

《最高人民法院关于适用〈中华人民共和国公司法〉若干问题的规定（三）》（以下简称《公司法解释三》）第25条规定：有限责任公司的实际出资人与名义出资人订立合同，约定由实际出资人出资并享有投资权益，以名义出资人为名义股东，实际出资人与名义股东对该合同效力发生争议的，如无《合同法》第52条规定的情形，人民法院应当认定该合同有效。同时《公司法解释三》还作出规定，实际出资人与名义股东因投资权益的归属发生争议，实际出资人以其实际履行了出资义务为由向名义股东主张权利的，人民法院应予支持。名义股东以公司股东名册记载、公司登记机关登记为由否认实际出资人权利的，人民法院不予支持。名义股东将登记于其名下的股权转让、质押或者以其他方式处分的，实际出资人以其对于股权享有实际权利为由，请求认定处分股权行为无效的，人民法院可以参照《物权法》第一百〇六条的规定处理，即无处分权人将不动产或者动产转让给受让人的，所有权人有权追回；除法律另有规定外，符合下列情形的，受让人取得该不动产或者动产的所有权：（一）受让人受让该不动产或者动产时是善意的；（二）以合理的价格转让；（三）转让的不动产或者动产依照法律规定应当登记的已经登记，不需要登记的已经交付给受让人。受让人依照前款规定取得不动产或者动产的所有权的，原所有权人有权向无处分权人请求赔偿损失。当事人善意取得其他物权的，参照前两款规定。

从上述规定来看，是在法律上认可了代持股这一经济现象，对代持股法律关系予以法律保护，并从公司法和物权法层面对代持股行为带来的主要法律问题明确处理意见。

但是，隐名代持上市公司的股票的行为，却属于不受法律保护的行为。对此，针对杨金国、林金坤股权转让纠纷一案，最高人民法院［2017］最高法民申2454号判决书给出了明确的理由：上市公司不得隐名代持股权系对上市公司监管的基本要求，公司上市系列监管规定有些虽属于部门规章性质，但因经法律授权且与法律并不冲突，并属于证券行业监管基本要求与业内共识，并对广大非特定投资人利益构成重要保障，对社会公共利益亦为必要保障所在，故依据《中华人民共和国合同法》第五十二条第四项等规定，股权代持类协议应认定为无效。

问题302　税务机关认可股权代持协议的效力吗？

如上所述，《国家税务总局关于企业转让上市公司限售股有关所得税问题的公告》(国家税务总局公告2011年第39号)规定了因股权分置改革造成原由个人出资而由企业代持的限售股转让的税务处理原则,即企业对外转让上述限售股的收入,应作为企业应税收入计算纳税,转让收入余额转付给实际所有人时不再纳税。当然,如此规定是基于当时限售股已经多次转手,好多转让人已经难以追寻的现实,不得已而为之。但耐人寻味的是,2017年9月14日《国家税务总局稽查局关于2017年股权转让检查工作的指导意见》(税总稽便函〔2017〕165号)第五条又将上述规定作了再次确认:对于企业代个人持股的所得税征收,《国家税务总局关于企业转让上市公司限售股有关所得税问题的公告》(2011年第39号)第二条有明确规定:"因股权分置改革造成原由个人出资而由企业代持有的限售股……企业转让上述限售股取得的收入,应作为企业应税收入计算纳税"。

按照上述规定,税务机关一方面认为,在判断代持行为的应税性时,应该把名义股东与实际投资人作为一个整体看待,认可代持协议的法律约束力;另一方面又只认可名义股东的纳税主体资格,而否认实践投资人的纳税主体资格,这一立法案例,典型地反映出了税务机关在税务立法时方便征管提高效率的实用主义精神。

实际上,税务机关的上述立法和执法口径,也不能说是明显违反法律或法理。因为,《股权转让所得个人所得税管理办法(试行)》(国税总局〔2014〕67号)第5条规定,以"股权转让方"为纳税人。但是,现有法律法规并未明确如何确定股权转让方,具体到股权代持法律关系中,税务机关以形式上转让股权的名义股东为"股权转让方",也不失为一种务实的表现。当然,从实质重于形式原则出发,实际出资人才是行使股东权利并履行股东义务的一方,即真正的"股权转让方",也是言之有理的。

综上所述,股权代持法律关系中,"股权转让方"的认定,需要更高层级的立法给予一锤定音。

六、法定公积分红

按照现行《公司法》规定,应该在税后利润中提取10%的法定公积金以备扩大生产以及弥补亏损或转增资本之用,而这部分利润作为法人股东通常要等到企业清算时才能拿到且需要缴纳企业所得税,但由于税务规划的需要在特殊情况下可考虑将应该提取的法定公积金对部分法人股东做股权分红处理。

问题 303　法定公积金和法定盈余公积金是什么关系？

一般认为，盈余公积金包括法定盈余公积金和任意盈余公积金。2006年现行《公司法》实施之前，法定盈余公积金又分为法定公益金和法定盈余公积金，但现行《公司法》取消了法定公益金，将其归为任意公积金的范畴。所以，按照现行《公司法》法定公积金就专指法定盈余公积金，而不包含法定公益金了，也可以说，法定公积金成了法定盈余公积金的简称。

第七节　股权转让之金融工具

一、合伙企业份额转让

如果目标公司的股东是合伙企业（往往是合伙制基金的有限合伙），那么就可以通过转让合伙企业的合伙人手里的合伙企业份额，达到间接转让目标公司的目的。

问题 304　合伙企业份额转让所得纳税地点是合伙企业所在地还是扣缴义务人所在地？

根据67号文规定，公司个人股东转让公司股权或股份所得，其个人所得税以发生股权变更企业所在地税务机关为主管税务机关。如此，合伙企业的个人合伙人转让合伙企业份额，其个人所得税是否也应该参照此规定，在股权份额变更企业所在地（即合伙企业所在地）缴纳呢？

实际上，67号文上述纳税地点的规定属于特殊规定，而个人所得税纳税地点的一般规定为扣缴义务人所在地，法律依据是《中华人民共和国税收征收管理法实施细则》第十三条规定：扣缴义务人应当自扣缴义务发生之日起30日内，向所在地的主管税务机关申报办理扣缴税款登记，领取扣缴税款登记证件。所以，合伙企业合伙人转让合伙企业份额不适用67号文的特殊规定，而应适用一般规定，即在扣缴义务人所在地的主管税务机关申报纳税。

问题 305　合伙制基金一定比公司制基金节税吗？

有一种说法在私募基金领域广为流传，几乎无人不知，无人不晓，那就是合伙制基金比公司制基金节税，并且，以现实生活中看到的私募基金几乎是清一色的合伙制基金，而公司制基金已经难觅踪迹为佐证。

其实这种说法，是对税务实务一知半解的解释，因为它仅仅针对自然人合伙人而言才是正确的，因为自然人"透过合伙"投资一次，由于合伙企业不是所得税的纳税主体，故只需自然人交纳一次个人所得税；相反，如果自然人作为股东成立公司制基金进行一次投资，却要缴纳两次所得税，即作为基金的公司先缴纳一次企业所得税，且公司税后利润分配给作为投资人的自然人股东时，这个自然人股东还需要再缴纳一次个人所得税。

但是，如果基金投资人不是自然人而是企业法人时，无论是合伙制基金还是公司制基金，都只需要缴纳一次所得税，因为公司制基金的税后利润分配给作为投资人的企业法人股东时，属于股息红利所得是无须纳税的。

问题306 合伙制基金合伙人个人所得税的税率是20%还是35%？

最近，在创业投资基金和股权投资基金领域，有限合伙企业的有限合伙人（LP）"透过合伙"进行投资缴纳的唯一一次个人所得税，是按股息红利所得实行20%的税率，还是按个体工商户生产经营所得实行最高35%的税率，在征纳双方之间产生了激烈的争议。毫无疑问应该按股息红利所得适用20%的税率。至于有限合伙属于个体工商户的说法，纯属是由于对有限合伙企业的无知，并在此基础上对有限合伙企业进行了完全错误的定性，把有限合伙企业等同于传统的普通合伙企业。因为个人工商户征收的是生产经营所得，而有限合伙人（LP）从根本上讲就不会参与有限合伙企业的生产经营，而只是一名天生的财务投资人而已，其所得显然是股息红利所得无疑，跟生产经营所得沾不上一点关系。如此，有限合伙人（LP）既无生产经营之实，何来生产经营之税呢？20%还是35%？

二、合伙企业份额收益权转让

在不宜直接转让合伙人手里的合伙企业份额时，可考虑以转让合伙企业份额收益权的方式，达到实质上转让合伙企业份额的目的。

三、契约式基金

由基金管理人直接以其名义，对目标公司通过股权收购、增资扩股、债转股等形式进行股权投资。基金管理人作为目标公司章程和工商登记上名义股东。当然，实际股东应为各个基金投资者。

从本质上来说，基金管理人和基金投资者之间是一种股权代持关系。

问题307　关于契约式基金我国法律是如何规定的？

理论上，从组织形式上分类，基金可分为合伙制基金、公司制基金和契约式基金。

在2014年以前，在我国所谓的契约型私募基金，又被称为"信托型基金"，因为其主要依据《信托法》设立，资金通过第三方信托公司和信托计划进入被投资的目标公司。2014年《私募投资基金监督管理暂行办法》（证监会105号令）第二十条，放宽了对私募股权基金组织形式的限制，允许基金投资人、基金管理人与基金托管人通过基金合同的形式直接建立法律关系。这种基于"契约"建立的新的基金形式，实务中统一地称为"契约型私募基金"。

问题308　契约式基金比合伙制基金有什么优势？

2014年《私募投资基金监督管理暂行办法》（证监会105号令）第二十条首次明确私募基金可以采用契约型这种组织形式，契约型基金便横空出世，并很快异军突起，大有取合伙制基金而代之的趋势。

那么，契约式基金相对于合伙制基金到底有何优势以至于发展如此迅猛呢？主要有三大优势，一是契约型基金可接纳200个投资人，比合伙制基金多了150人。二是契约式基金设立仅需一纸合同，并不成立法律实体，自然也就不用扣缴个人投资人的所得税。三是有限合伙企业讲究的是合伙人计算享有收益纳税，遵循的是权责发生制，而契约型基金则是现金收付制，收益到账才计算所得缴税，延缓了缴纳的时间，获取资金时间价值。

四、分红式基金

企业在分红公告日前大额申购、权益登记日后大额赎回，一方面分红收入不征税不会影响企业利润，另一方面大额赎回造成的亏损却要作利润调减，从而达到在不实际亏损情况下抵减企业所得税而节税的目标。

问题309　基金分红不征税的法律依据何在？

财税〔1998〕55号、财税〔2002〕128号、财税〔2004〕78号、财税〔2008〕1号文件做出了相应的规定：对投资者从证券投资基金分配中取得的收入，暂不征收企业所得税。

问题310　随着国家监管的加强分红式基金节税的时间窗口是否已经关闭？

2017年12月22日，证券基金机构监管部组织相关证监局对4家基金管理公司进行了专项检查。依照相关法规，监管部门严肃问责机构及人员。对公司的处罚是：4家公司责令整改、整改期间（3~6个月）暂停受理及审核公募基金产品注册申请的行政监管措施。对于相关个人的责任，监管部门对公司直接责任人员、分管高管、总经理采取监管谈话的行政监管措施。

之后，监管部门要求分红式基金全部备案，如此，买分红式基金必然亏损，各个节税企业即使事了拂衣去，恐怕也难以深藏身与名了。

五、对手期货

企业和关联公司或实际控制人做对手期货，以期造成企业亏损，从而实现在不实际亏损情况下抵减企业所得税而节税的目标。

第九章 其他

一、包税约定

包税约定是指纳税义务人与合同相对人约定由合同相对人承担纳税义务人和相对人的全部税费。房地产并购实务中，被并购一方往往要求签订这种包税条款，以取得"税后"收入作为规避税收风险的护身符。

问题311 包税约定的合同条款有效吗？

有人认为包税条款无效，依据是《中华人民共和国税收征管法实施细则》第三条第二款明确规定，"纳税人应当依照税收法律、行政法规的规定履行纳税义务；其签订的合同、协议等与税收法律、行政法规相抵触的，一律无效"。且该实施细则属于国务院制定的行政法规，符合《中华人民共和国合同法》第五十二条第（五）项合同无效的法律依据层级。

但是，笔者觉得上述判断并没有准确把握《中华人民共和国税收征管法实施细则》第三条第二款规定的立法本意。因为，包税条款只是约定由非纳税义务人承担全部的税费，是合同各方对于自身利益安排的自愿选择，通过包税条款并没有改变纳税人义务人、税率、税款等强制性规定，没有逃避国家税收，因此不宜认定条款无效。

问题312 司法判例对包税条款的效力是如何认定的？

关于司法判例对于包税条款的效力认定，最经典当属最高人民法院[2007]民一终字第62号，判决认为，"虽然我国税收管理方面的法律法规对于各种税收的征收均明确规定了纳税义务人，但是并未禁止纳税义务人与合同相对人约定由合同相对人或第三人缴纳税款。故《补充协议》关于税费负担的约定并不违反税收管理方面的法律法规的规定，属合法有效协议"。

特别值得注意的是，最高人民法院虽然肯定了包税条款的有效性，但是，同时也明确包税条款的出现并不能改变法定的纳税义务人，也就是说，包税条款只改变了税款的缴纳者而没有改变法定的纳税义务人正是其合法有效的法理基础。如此，纳税义务人也就不能误认为签订了包税条款而高枕无忧，因为一旦合同相对人或第三人违约没能按期如数缴纳税款，那么，税务机关还得找到你的头上，因为包税条款丝毫没有改变你纳税义务人的身份，到时候税款、滞纳金甚至罚款仍然会砸到你的头上。

我们经手的一个案例就是活生生的教训。在这个案例中，纳税人和包税人也是合作伙伴，但在合作过程中产生了严重的隔阂，所以包税人在实现了自己的项目利益之后，就迟迟不向税务机关支付税款。更为麻烦的是，包税人的实际控制人还出国一走了之。税务机关经过再三解释，纳税人就是一口咬定有合同，税款应该由包税人出，拒不履行纳税义务。当然，纳税人很快就收到了税务机关的行政处罚法律文书。可见，包税条款也并不十分保险。

问题313　包税约定会不会造成双重税负？

假如，房地产并购合同约定税款有受让方承担，则入账的合同价格就是房地产转让款与代转让方缴税额之和，以便代转让方缴纳的税款，做税前扣除。相反，代转让方缴纳的税款，若不能做税前扣除，则会形成税中税或双重税负。

二、超过追征期

按照法律规定，超过法定追征期的纳税义务人无须再对未缴或者少缴的应纳税款承担缴纳义务，这些超期豁免的法律规定具有税务规划价值。

问题314　依据法律规定追征期在什么情况下分别是3年、5年、10年和无限期？

《中华人民共和国税收征收管理法》第五十二条共计三款，分别规定了3年、5年和无限期追征的情形，"因税务机关的责任，致使纳税人、扣缴义务人未缴或者少缴税款的，税务机关在三年内可以要求纳税人、扣缴义务人补缴税款，但是不得加收滞纳金"。"因纳税人、扣缴义务人计算错误等失误，未缴或者少缴税款的，税务机关在三年内可以追征税款、滞纳金；有特殊情况的，追征期可以延长到五年。""对偷税、抗税、骗税的，税务机关追征其未缴或者少缴的税款、滞纳金或者所骗取的税款，不受前款规定期限的限制。"《中华人民共和国企业所得税法实施条例》第一百二十三条规定了反避税期限为10年，"企业与其关联方之间的业务往来，不符合独立交易原则，或者企业实施其他不具有合理商业目的安排的，税务机关有权在该业务发生的纳税年度起10年内，进行纳税调整"。

问题315　追征期终止节点以下发《税务检查通知书》日期还是出具《税务处理决定书》日期为准？

实践中，多数法院及税务机关的观点认为，《税务检查通知书》《调取账簿通知书》等税务稽查程序的开始，就视为税务机关已经发现纳税人欠税，所以主张以该时间节点往前推三年或五年，进而来判断是否超过追征期。

笔者觉得这种执法口径有过于严苛之嫌，值得商榷。因为，税务机关对于检查期间内的征税行为是否存在"适用税收法律、行政法规不当或者执法行为违法"尚处于不确定状态，并不能直接证明税务机关发现或确认了欠税的事实。只有稽查程序结束后，税务机关对企业下发的《税务处理决定书》具有确定纳税人、扣缴义务人纳税义务的法定效力。因此，以《税务处理决定书》的送达时间为"税务机关的发现时间"更有利于维护税法秩序的安定性。

当然，笔者也希望在新修订的《征管法》中，对追征期的起止期限能够予以明确。

问题316　为什么说"偷税"一词很快会成为历史名词？

现行《中华人民共和国税收征收管理法》第六十三条具体地给出了偷税（逃税）的定义，"纳税人伪造、变造、隐匿、擅自销毁账簿、记账凭证，或者在账簿上多列支出或者不列、少列收入，或者经税务机关通知申报而拒不申报或者进行虚假的纳税申报，不缴或者少缴应纳税款的，是偷税。对纳税人偷税的，由税务机关追缴其不缴或者少缴的税款，依法追究刑事责任"。

但是，目前"偷税"只是一个税法上的概念或提法了，而在刑法上早已经用"逃税"取而代之了，早在2009年《刑法修正案（七）》第3条就将《刑法》原第201条的"偷税罪"修改为"逃税罪"了。我国刑法所称"偷税"，在外国称为"逃税"，是指公民逃避履行纳税义务的行为。我们习惯上把这类行为称为"偷税"，主要是传统上认为：无论公司还是个人，如逃避给国家缴税，就同小偷到国库里偷东西一样。但实际并非如此，纳税是从自己的合法收入里拿出一部分交给国家，逃税与"偷"毫不相干。笔者坚信，随着《中华人民共和国税收征收管理法》修改，"偷税"一词很快会成为历史名词。

2009年《刑法修正案（七）》之前刑法第201条是这样的："纳税人

采取伪造、变造、隐匿、擅自销毁账簿、记账凭证，在账簿上多列支出或者不列、少列收入，经税务机关通知申报而拒不申报或者进行虚假的纳税申报的手段，不缴或者少缴应纳税款，偷税数额占应纳税额的百分之十以上不满百分之三十并且偷税数额在一万元以上不满十万元的，或者因偷税被税务机关给予二次行政处罚又偷税的，处三年以下有期徒刑或者拘役，并处偷税数额一倍以上五倍以下罚金；偷税数额占应纳税额的百分之三十以上并且偷税数额在十万元以上的，处三年以上七年以下有期徒刑，并处偷税数额一倍以上五倍以下罚金。"

2009年《刑法修正案（七）》之后刑法第二百〇一条是这样的："纳税人采取欺骗、隐瞒手段进行虚假纳税申报或者不申报，逃避缴纳税款数额较大并且占应纳税额百分之十以上的，处三年以下有期徒刑或者拘役，并处罚金；数额巨大并且占应纳税额百分之三十以上的，处三年以上七年以下有期徒刑，并处罚金。""扣缴义务人采取前款所列手段，不缴或者少缴已扣、已收税款，数额较大的，依照前款的规定处罚。""对多次实施前两款行为，未经处理的，按照累计数额计算。""有第一款行为，经税务机关依法下达追缴通知后，补缴应纳税款，缴纳滞纳金，已受行政处罚的，不予追究刑事责任；但是，五年内因逃避缴纳税款受过刑事处罚或者被税务机关给予二次以上行政处罚的除外。"

特别值得一提的是，前后一比较不难发现，2009年《刑法修正案（七）》第3条除了将《刑法》原第201条的"偷税罪"修改为"逃税罪"之外，最大的不同之处在于增加了第四款对逃税罪不予追究刑事责任的特殊规定。令人叹为观止的是，这个被法律界简称为"首罚不刑"的第四款，本来是一个冷僻法律条款，却意外地因最近范某冰逃税事件而名满天下，让广大"吃瓜群众"瞬间找到了"惊鸿一现心入千年"的痛感。

三、罚款豁免

违反税收法律、行政法规应当给予行政处罚的行为，在五年内未被发现的，不再给予行政处罚。这种行政责任的豁免在税法上主要体现在罚款豁免。

问题317 纳税人已经办理税务登记而不进行纳税申报，是只追缴税款、滞纳金，还是并处罚款？

现行《中华人民共和国税收征收管理法》第六十四条第二款明确规定，"纳税人不进行纳税申报，不缴或者少缴应纳税款的，由税务机关追缴其不缴或者少缴的税款、滞纳金，并处不缴或者少缴的税款百分之五十以上五倍以下的罚款"。

实践中，对"纳税人不进行纳税申报"产生了两种截然不同的理解，一是认为此处的"不进行纳税申报"是专指不办理税务登记这一特殊情况，二是认为此处的"不进行纳税申报"既包括不办理税务登记这一特殊情况，也包括已经办理税务登记而不进行纳税申报的情况。

笔者认为，第二种理解可能更符合现行《税收征管法》的立法本意。而要想让这种立法本意浮出水面，就需要把现行《税收征收管理法》的相关条文上下贯通来理解，而不是死抠某一条款的文字含义。

现行《税收征收管理法》第五十二条第一款和第二款，依次规定两种情形的下的法律责任，一是"因税务机关的责任，致使纳税人、扣缴义务人未缴或者少缴税款的，税务机关在三年内可以要求纳税人、扣缴义务人补缴税款，但是不得加收滞纳金"。二是"因纳税人、扣缴义务人计算错误等失误，未缴或者少缴税款的，税务机关在三年内可以追征税款、滞纳金；有特殊情况的，追征期可以延长到五年"。如上，第六十四条第二款规定了"纳税人不进行纳税申报"的法律责任。第六十三条给出了偷税（逃税）的定义和法律责任，"纳税人伪造、变造、隐匿、擅自销毁账簿、记账凭证，或者在账簿上多列支出或者不列、少列收入，或者经税务机关通知申报而拒不申报或者进行虚假的纳税申报，不缴或者少缴应纳税款的，是偷税。对纳税人偷税的，由税务机关追缴其不缴或者少缴的税款，依法追究刑事责任"。

综上所述，不难看出如下立法本意：随着纳税人或扣缴义务人过错或主观恶意的加深，其法律责任依次加重。第五十二条第一款纳税人、扣缴义务人无过错，法律责任是补缴税款；第五十二条第二款纳税人或扣缴义务人虽有过错但只是过失，法律责任是补缴税款并缴纳滞纳金；第六十四条第二款纳税人的过错已经是故意了，法律责任除了补缴税款滞纳金外还增加了行政罚款；到了第六十三条纳税人的过错已经上升为重大过错可能构成犯罪了，法律责任除了补缴税款巨额刑事罚金外，还可能身陷囹圄。如此，可以清晰地看出现行《税收征管法》法律责任分担的原则和四个层级。

显然，无论是不办理税务登记还是已经办理税务登记而不进行纳税申报，纳税人的主观恶意都是故意层级的过错。按照上述法律责任分担的原则和层级，应该是补缴税款滞纳金并给予行政罚款。

另外,《国家税务总局关于未申报税款追缴期限问题的批复》(国税函[2009]326号)规定,"税收征管法第六十四条第二款规定的纳税人不进行纳税申报造成不缴或少缴应纳税款的情形,不属于偷税、抗税、骗税,其追征期按照税收征管法第五十二条规定的精神,一般为三年,特殊情况可以延长至五年"。有人依据该文件"不进行纳税申报",追征期适用第五十二条规定的规定,推定法律责任也适用第五十二条规定的不予行政处罚。笔者觉得,这种解释纯属凭空臆断,甚至有故意曲解之嫌了。

当然,坚持认为第六十四条第二款的"不进行纳税申报"是专指不办理税务登记这一特殊情况,也不是一点也没有法律支撑,实际上有一个法律文件给予了明确说明,虽然这个法律文件层级很低。这个法律文件就是2007年国家税务总局办公厅对最高检办公厅复函(国税发[2007]647号),该复函明确指出:征管法六十四条第二款仅适用六十三条规定之外的未办理税务登记的纳税人在发生纳税义务以后不进行纳税申报,从而造成不缴或少缴税款结果的情形。

四、滞纳金豁免

按照法律规定,某些特殊情况不再缴纳滞纳金,这些滞纳金豁免的规定具有税务规划价值。

问题318　税务机关能向扣缴义务人加收滞纳金吗?

《中华人民共和国税收征管法》第六十九条规定,"扣缴义务人应扣未扣、应收而不收税款的,由税务机关向纳税人追缴税款,对扣缴义务人处应扣未扣、应收未收税款百分之五十以上三倍以下的罚款。"可见,税务机关不能因为扣缴义务人没有履行法定扣缴义务而加收滞纳金。

但是,《中华人民共和国税收征管法》第三十二条规定,"纳税人未按照规定期限缴纳税款的,扣缴义务人未按照规定期限解缴税款的,税务机关除责令限期缴纳外,从滞纳税款之日起,按日加收滞纳税款万分之五的滞纳金。"可见,扣缴义务人未按照规定期限解缴税款的,税务机关可以向其加收滞纳金。

问题319　税务机关加收的滞纳金能否超过本金?

2012年1月1日施行的《行政强制法》第四十五条规定,"行政机关依法作出金钱给付义务的行政决定,当事人逾期不履行的,行政机关可以依法加处罚款或者滞纳金。加处罚款或者滞纳金的标准应当告知当事人"。

"加处罚款或者滞纳金的数额不得超出金钱给付义务的数额。"

2015年4月24日修正版《中华人民共和国税收征管法》第三十二条规定，"纳税人未按照规定期限缴纳税款的，扣缴义务人未按照规定期限解缴税款的，税务机关除责令限期缴纳外，从滞纳税款之日起，按日加收滞纳税款万分之五的滞纳金"。

笔者觉得，既然对滞纳金加收的总额，《行政强制法》规定了加处的滞纳金不得超出金钱给付义务的数额，而《税收征管法》没有相应的规定，那么，在加收滞纳金时，税务机关应该严格执行《行政强制法》的规定。据说，国家税务总局曾做过"税收滞纳金的加收，按照征管法执行，不适用行政强制法，不存在是否能超出税款本金的问题"的解答。笔者觉得这个属于无权解释，因为解释权显然在全人大。但是，有一个不争的事实是金三系统并没有滞纳金封顶的相关设计。

五、扣缴豁免

按照法律规定，某些特殊主体对个人投资所得并无扣缴个人所得税的法定义务，这些扣缴豁免的规定具有税务规划价值。

问题320　扣缴豁免的特殊主体主要有哪三类企业？

首先是信托公司，根据现行《信托法》信托公司对购买信托计划的自然人并无扣缴所得税的义务，实践中信托公司会告知投资人自行申报纳税；其次是证券公司，对股票投资人的转让溢价也无代扣代缴义务，但是，对限售股转让溢价有扣缴义务，当然这是在限售股解禁特殊历史条件下税务机关情非得已的做法；再次是契约式基金管理人2014年《私募投资基金监督管理暂行办法》（证监会105号令）第二十条，放宽了对私募股权基金组织形式的限制，允许基金投资人、基金管理人与基金托管人通过基金合同的形式直接建立法律关系。这种基于"契约"建立的新的基金形式，实务中统一地称为"契约型私募基金"。契约式基金设立仅需一纸合同，并不成立法律实体，自然也就不用扣缴个人投资人的所得税。

问题321　合伙企业有扣缴义务吗？

对这个问题业界有一定的争议。但笔者认为合伙企业对个人合伙人并无扣缴义务。虽然财税[2000]91号第二十条规定，投资者从合伙企业取得的生产经营所得，由合伙企业向企业实际经营管理所在地主管税务机关申报缴纳投资者应纳的个人所得税，并将个人所得税申报表抄送投资者。

但该规定是出于方便征管的需要，并不能视为代扣代缴，因为该条款明确要求投资者向主管税务机关申报纳税。因此，合伙企业只是代为申报缴纳。《财政部、国家税务总局关于合伙企业合伙人所得税问题的通知》（财税［2008］159号）规定，对于合伙企业，以每一个合伙人为纳税人，合伙人为自然人的，缴纳个人所得税。合伙企业采取"先分后税"的原则，在年末按各自分配比例分别确定各合伙人的应纳税所得额，再按各自适用的办法计算缴纳个人所得税或企业所得税。也并未规定合伙企业负有代扣代缴义务。

据此，合伙企业并无代扣代缴个人所得税的义务，最多只是个代为"申报"的义务。实践中，大部分合伙企业也并不代扣代缴个人所得税。所以，税务机关也就无权以合伙企业未能代扣代缴个人所得税而对合伙企业处以行政处罚。

六、裁判确认

有些法律规定不明确或矛盾的情况，可以通过法院裁判的方式将纳税人的权利进行确认，最终在税法上兑现纳税人的权利。

综上所述，需要特别强调的是，本篇总结的所谓108种企业并购房地产税务规划的108种规划工具，只是为了读者研究企业并购房地产税务规划的方便，而人为地、强行地进行划分，在现实生活中绝不可能按所谓108种规划工具一一排列，并且，随着时间的推移，有的税务规划工具可能会过时，甚至与最新法律规定相冲突。实践中，企业并购房地产税务规划，往往是运用以上多种工具，随机应变、综合把握，创造出属于每一个具体税务规划案例的独特商业模式，最终设计出令人眼前一亮的企业并购房地产税务规划方案。

第四篇

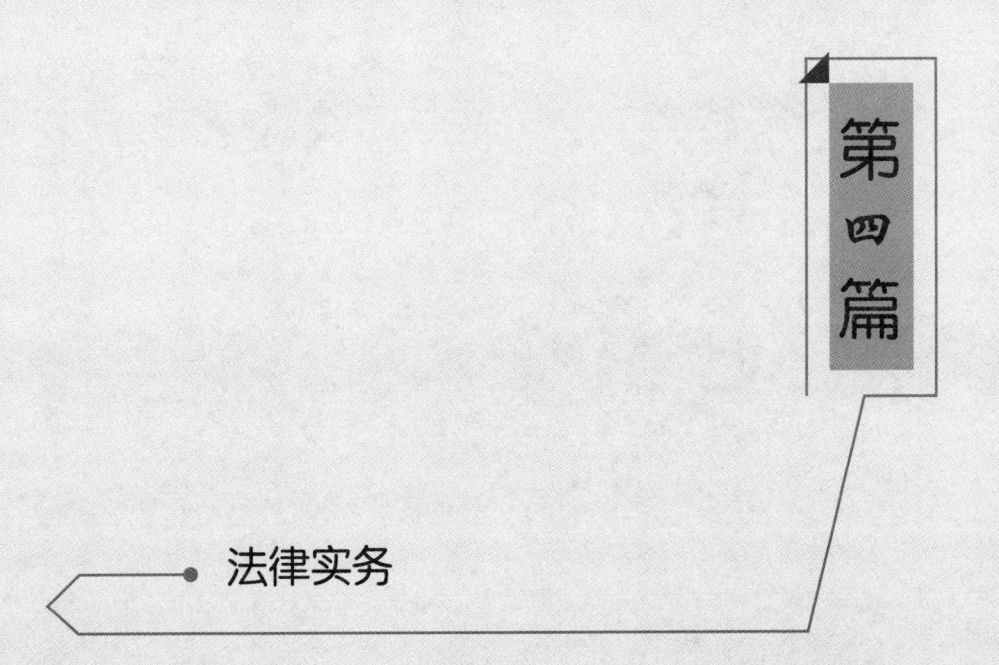

法律实务

本书唯一的内在逻辑就是"三务合一"的税务规划理论，即要想做好税务规划必须做到行业实务、税收实务和法律实务的高度统一。具体到房地产并购税务规划，就是做到房地产实务、税收实务和法律实务的高度统一，其中，房地产实务是龙头，税收实务是核心，法律实务是保障。

实践中，企业并购房地产税务规划涉及的法律非常繁多，除涉税法律法规和规范性文件之外，经常涉及的法律主要有《中华人民共和国城市房地产管理法》《中华人民共和国物权法》《中华人民共和国土地管理法》《中华人民共和国担保法》《中华人民共和国建筑法》《中华人民共和国合同法》《中华人民共和国民法总则》《中华人民共和国合伙企业法》《中华人民共和国信托法》《中华人民共和国证券法》《中华人民共和国证券投资基金法》《中华人民共和国刑法》《中华人民共和国行政处罚法》《中华人民共和国行政强制法》《中华人民共和国民事诉讼法》《中华人民共和国刑事诉讼法》《中华人民共和国行政诉讼法》以及与上述法律配套的法规和司法解释。

由于篇幅所限，本篇主要介绍一下房地产并购税务规划实务中需要重点把握的四个法律方面的问题。依次分为四章，即第十章避免客户承担刑事责任是税务规划的底线，第十一章确保合同的合法有效是税务规划的核心，第十二章准确适用法律条款是税务规划的关键，第十三章税收法定原则的确立是税务规划的保障。

第十章　避免客户承担刑事责任是税务规划的底线

在任何一个税务规划的实施过程中，当事人既有可能承担民事赔偿责任，也有可能承担行政处罚责任，甚至有可能承担刑事责任。对于税务规划的客户来说，最不愿意的就是承担刑事责任而身陷囹圄。所以，作为税务规划的设计者，必须明白避免客户承担刑事责任是税务规划的首要任务，也可以说承担刑事责任是税务规划不可逾越的底线。

刑事责任主要由个人来承担，所谓单位犯罪最终主要还是落实在个人身上，单位直接承担的刑事责任也就是罚金而已，并且在涉税罚金时还可以由行政罚款抵顶。因此，本章主要探讨个人的刑事责任承担问题。

实践中，在房地产并购领域个人刑事责任中，首推个人股权转让过程中的阴阳合同逃税犯罪。因此，本章就针对个人转让股权阴阳合同的现状、成因、法律分析和具体对策做一个系统的探讨。

第一节　个人转让股权阴阳合同的现状、成因和法律分析

一、个人转让股权阴阳合同的现状

所谓阴阳合同是指个人股东进行一次股权转让时，同时签订两份合同，一份是与拟转让股权等比例的注册资本金（或略高于注册资本金）为股权转让金的股权转让合同，这份合同称为阳合同，可以明示给税务机关；另外一份合同以全部或绝大部分股权转让溢价为标的额，并具体约定该股权转让溢价的支付方式或支付主体，这份合同称为阴合同，该合同属于抽屉合同，不会明示给税务机关。

在我国中小房地产企业的股东大部分都是个人担任，这些个人股东处

理股权转让巨额溢价的纳税问题时,不约而同地选择了阴阳合同这一赤裸裸的犯罪处理手法。并且,这种阴阳合同做法早已在神州大地成了大火燎原之势,已经是税务界公开的秘密。可以说,个人转让股权阴阳合同也早已成了逃税犯罪的方式,成了整个行业甚至社会不得不面对的重大税务犯罪问题。

实践中,这种个人转让股权阴阳合同的普及程度,已经达到了一个令人匪夷所思的程度。试举两个事例说明,一是一家房地产企业到一家经济相对发达的县级税务机关缴纳股权转让的个人所得税,没想到得到的答复是,该局多年来都是平价转让股权从来没有溢价转让的先例,所以不知道溢价转让股权的程序,需研究一下溢价转让股权的程序,再行依法纳税。二是一个身价上亿元的老板,在办理投资移民的过程中,被目的地国家要求提供持有这些财产的纳税证明,而这位仁兄这时才发现,这么多年自己竟然没有缴纳过一分钱的个人所得税。"见一叶知深秋,窥一斑而知全豹。"个人股权转让阴阳合同的普遍性已经严重超出了"吃瓜群众"的想象,已经到了非处理不可的地步了。

二、个人转让股权阴阳合同的成因

个人转让股权阴阳合同如此普遍,国家也下发了好多文件,试图遏制阴阳合同的泛滥局面,但基本上都是"无功而返"。那么,这背后的根源到底何在呢?

笔者认为,从税收征管的角度而言,主要原因有二。第一个原因在于我国一直奉行重企业轻个人的所得税征收管理制度,没有唯一的自然人纳税代码,更没有自然人财产数据库,这样的管理方式使税务机关不能准确定位自然人(特别是高收入人群)的应税财产变动情况,再加上我国对个人所得税一直以来采取代扣代缴为主的间接管理方式,这就使广大工薪阶层个人所得税"一网打尽",而高收入人群个人所得税反而因为一种完全的信息盲区而处于基本失控的状态。如此,个人所得税不但没有起到"损有余而补不足"的均贫富作用,事实上成了一种"工薪税"或"穷人税"。第二个原因在于没有建立健全的第三方协税制度。税务机关无法从证券、银行、期货、保险、工商、房地产交易机构等法定机关获取及时有效的个人财产变动信息,自然人(特别是高收入人群)的应税财产变动信息长期处于一种信息不对称的状态。具体到个人转让股权阴阳合同的问题来说,主要还是作为股权变更登记的工商机关和税务机关没能实现信息共享或协调行动所致。跟自然人纳税代码和财产数据库的建立与否关系不大,因为,工商机关的股权变更登记信息就是现成的自然人财产数据库,仅对解决个人转让股权阴阳合同问题而言,完全用不着自然人纳税代码。

从房地产实务而言,个人股权转让阴阳合同普遍爆发的一个原因是房地产企业自然人股权转让泛滥。而房地产企业自然人股权转让泛滥有一个客观原因,那就是《中华人民共和国城市房地产管理法》第三十九条规定,"以出让方式取得土地使用权,转让房地产时,应当符合下列条件:(二)按照出让合同约定进行投资开发,属于房屋建设工程的,完成开发投资总额的百分之二十五以上……"也就是说,有的企业虽然想直接转让房地产项目,但是由于达不到上述第三十九条的法定转让条件,不得已而改成转让房地产企业的股权(大量的中小房地产企业的股东基本上都是自然人)。当然,准确地说,上述第三十条的法律障碍,只是由资产转让改股权转让的原因,而不能成为股权转让搞阴阳合同的"直接"理由。

从税收实务而言,个人股权转让阴阳合同普遍爆发的一个原因是我国土地增值税长期"熄火"。众所周知,我国土地增值税从1995年《土地增值税暂行条例》实施年到2006年国家税务总局的187号文出台的漫长时间里,实际上处于一种名存实亡的"熄火"状态。也就是说,在这一房地产企业高歌猛进的时期,无论房地产企业的自然人股权如何转让,项目公司进行后续开发,都不用缴纳巨额土地增值税。如此,作为股权受让方虽然支付巨额股权转让金不能进入项目公司成本抵扣土地增值税,也就不称其为重中之重的问题了。如此,股权受让方进行股权转让不但没有了后续土地增值税的后顾之忧,而且与资产转让比较而言,还能"立竿见影"地节省了契税和增值税(1995~2006年还是营业税),何乐而不为呢?

三、个人转让股权阴阳合同逃税罪的法律分析

(一)股权转让方构成逃税罪

通过阴阳合同的方式进行个人股权转让,主要逃避转让方股权转让溢价的个人所得税。我国《刑法》第二百〇一条第一款规定,"纳税人采取欺骗、隐瞒手段进行虚假纳税申报或者不申报,逃避缴纳税款数额较大并且占应纳税额百分之十以上的,处三年以下有期徒刑或者拘役,并处罚金;

数额巨大并且占应纳税额百分之三十以上的,处三年以上七年以下有期徒刑,并处罚金"。显然,采取阴阳合同进行个人股权转让的做法,属于典型的少列收入以进行虚假纳税申报的行为,若逃税数额较大就符合了逃税罪的构成要件,构成逃税罪,依法应按照上述规定承担刑事责任。

其中"数额较大"按照《最高人民法院关于审理偷税抗税刑事案件具体应用法律若干问题的解释》(法释[2002]33号)第一条规定,偷税数额占应纳税额的百分之十以上且逃税数额在一万元以上的即视为"数额较大"。如此,房地产企业个人股权转让的行为几乎都在法律的规定范围之内。《最高人民检察院、公安部关于公安机关管辖的刑事案件立案追诉标准的规定(二)》(公通字[2010]23号)第五十七条第一款第一项规定,"纳税人采取欺骗、隐瞒手段进行虚假纳税申报或者不申报,逃避缴纳税款,数额在五万元以上并且占各税种应纳税总额百分之十以上"视为"数额较大"。即便数额由一万元提高到五万元,房地产企业个人股权转让侥幸逃出法网的几乎没有。这是由房地产行业属于资金密集型和阴阳合同逃税比例超高的特点决定的。

(二)股权受让方构成逃税罪共犯

股权受让方作为扣缴义务人无论是个人还是企业,只要与股权转让方互相串通,实施了以逃避缴纳税款为目的签订阴阳合同的行为,若转让方构成逃税罪,依法受让方构成逃税罪共犯。我国《刑法》第二百〇一条第二款规定,"扣缴义务人采取前款所列手段,不缴或者少缴已扣、已收税款,数额较大的,依照前款的规定处罚"。其中,"数额较大"的法律含义如上所述,不再赘述。

特别指出的是,在房地产并购实务中,股权受让方作为扣缴义务人,除了与股权转让方互相串通签订阴阳合同的行为,可能承担逃税罪刑事责任外,还有一种经常发生的行为也会导致其成为逃税罪的共犯,承担逃税罪刑事责任,应该引起高度重视。这种可能承担刑事责任的行为就是"包税约定"。包税约定是指房地产企业个人股权的转让方与股权受让方约定由受让方承担纳税义务人和其自身的全部税费。房地产并购实务中,作为被并购一方的股权转让方往往要求签订这种包税条款,以取得"税后"收入作为规避税收风险的护身符。股权受让方一旦签订了包税条款,务必要及时代替股权转让方缴纳相关的税款。否则,根据《最高人民法院关于审理偷税抗税刑事案件具体应用法律若干问题的解释》(法释[2002]33号)

第一条第二款的特别规定,"扣缴义务人书面承诺代纳税人支付税款的,应当认定扣缴义务人'已扣、已收税款'"。显然,一旦签订包税条款司法机关就应当认定扣缴义务人"已扣、已收税款",如此,股权受让人就必须无条件履行代纳税义务,不能以任何理由拖延代纳税义务,否则最不乐见的刑事责任就找上门了。

(三)股权转让方逃税罪刑事责任可附条件赎买

最近因明星范某逃税事件,使逃税罪的刑事责任可附条件赎买的法律规定广为人知,使我国《刑法》第二百○一条第四款这个已经出台整整十年,平时只有税务专业律师才注意的"深闺"法律条款,一夜之间家喻户晓,瞬间爆红网络。

我国现行《刑法》第二百○一条表述为:"纳税人采取欺骗、隐瞒手段进行虚假纳税申报或者不申报,逃避缴纳税款数额较大并且占应纳税额百分之十以上的,处三年以下有期徒刑或者拘役,并处罚金;数额巨大并且占应纳税额百分之三十以上的,处三年以上七年以下有期徒刑,并处罚金。"

扣缴义务人采取前款所列手段,不缴或者少缴已扣、已收税款,数额较大的,依照前款的规定处罚。

对多次实施前两款行为,未经处理的,按照累计数额计算。

有第一款行为,经税务机关依法下达追缴通知后,补缴应纳税款,缴纳滞纳金,已受行政处罚的,不予追究刑事责任;但是,五年内因逃避缴纳税款受过刑事处罚或者被税务机关给予二次以上行政处罚的除外。

现如今,成为网红的就是这最后第四款的规定,法律界有人将这一条款称为"逃税首罚不刑"条款,还是比较准确的。

其实,在2009年之前,我国《刑法》第二百○一条是这样表述的:"纳税人采取伪造、变造、隐匿、擅自销毁账簿、记账凭证,在账簿上多列支出或者不列、少列收入,经税务机关通知申报而拒不申报或者进行虚假的纳税申报的手段,不缴或者少缴应纳税款,偷税数额占应纳税额的百分之十以上不满百分之三十并且偷税数额在一万元以上不满十万元的,或者因偷税被税务机关给予二次行政处罚又偷税的,处三年以下有期徒刑或者拘役,并处偷税数额一倍以上五倍以下罚金;偷税数额占应纳税额的百分之三十以上并且偷税数额在十万元以上的,处三年以上七年以下有期徒刑,并处偷税数额一倍以上五倍以下罚金。"由于上述规定对偷税行为表述过于复杂，执法实践中经常在理解上引起分歧和误解。2009年2月28日通过的《中华人民共和国刑法修正案（七）》对其进行了修改，当然这次修改除了将"偷税"改为"逃税"并将逃税的描述简化之外，最重要的修改就是彻底明确提出了第四款"逃税首罚不刑"的法律制度。

其实，类似"逃税首罚不刑"的这种逃税刑事责任可以赎买的法律规定早就有。2002年11月7日起施行。《最高人民法院关于审理偷税抗税刑事案件具体应用法律若干问题的解释》第一条第三款规定："实施本条第一款、第二款规定的行为，偷税数额在五万元以下，纳税人或者扣缴义务人在公安机关立案侦查以前已经足额补缴应纳税款和滞纳金，犯罪情节轻微，不需要判处刑罚的，可以免予刑事处罚。"更早可以追溯到《刑法》第三十七条规定，"对于犯罪情节轻微不需要判处刑罚的，可以免予刑事处罚，但是可以根据案件的不同情况，予以训诫或者责令具结悔过、赔礼道歉、赔偿损失，或者由主管部门予以行政处罚或者行政处分。"只不过相对于最高人民法院的司法解释，《中华人民共和国刑法修正案（七）》的立法层级最高，赦免力度更强。

也许有人会问，2009年之前的逃税额超过五万元的也能适用"首罚不刑"的法律规定吗？答案是肯定的。因为我国刑法的适用原则是从旧兼从轻原则。也就是说，一个犯罪行为被发现之后，首先考虑适用犯罪行为发生时的旧的法律规定，但是，如果这个应该适用的旧法律规定被修改了，并且修改后的新规定刑罚比犯罪行为发生时的旧法律规定的刑罚减轻了，那就按照从轻原则适用修改后的法律规定从轻处罚。所以，按照刑法从旧兼从轻的适用原则，2009年之前的逃税额超过五万元的也应当适用"首罚不刑"的法律规定。

（四）股权受让方逃税罪刑事责任能否附条件赎买有争议

如上，我国现行《刑法》第二百〇一条第四款表述为："有第一款行为，经税务机关依法下达追缴通知后，补缴应纳税款，缴纳滞纳金，已受行政处罚的，不予追究刑事责任；但是，五年内因逃避缴纳税款受过刑事处罚或者被税务机关给予二次以上行政处罚的除外。"这里的"有第一款行为"是专指纳税人呢？还是也包括扣缴义务人呢？这个问题在司法实践中有一定的争议。

在房地产并购的个人股权转让阴阳合同案件中，股权转让方是个人所得税的法定纳税义务人，当然适用"逃税首罚不刑"的法律条款，这在司法实践中不会有任何争议。争议主要产生在作为扣缴义务人的股权受让方是否可以适用"逃税首罚不刑"的法律条款，有人认为"逃税首罚不刑"的法律条款显然不适用扣缴义务人，因为第二百〇一条第一款的表述是"纳税人采取……"，所以，第二百〇一条第四款的"有第一款行为"就是专指纳税人，根本没有扣缴义务人什么事。但是，笔者认为这种理解过于绝对和机械，因为现实生活总是纷繁复杂的。如前所述，在房地产并购实践中，个人股权转让合同往往会约定"包税条款"，在"包税条款"下，本来作为扣缴义务人的股权受让方实际上就成了"真实"的纳税人，按照善意审慎理解法律条款的原则，这种情况下，作为扣缴义务人的股权受让方也应该享受"逃税首罚不刑"的法律优惠。另外，在个人转让股权阴阳合同案件中，股权受让人作为逃税罪的共犯，其逃避国家税款的主观恶意通常不比转让方深，理应受到跟转让方同等的法律待遇，以体现罪罚相当的刑事责任原则。总之，第二百〇一条第四款只是说"有第一款行为"，而没有明确主语，笔者认为，应该就是考虑到司法实践的复杂性。

第二节 个人转让股权阴阳合同的对策

个人股权转让阴阳合同的泛滥是摆在征纳双方的一个艰难问题，也是最新颁布的《个人所得税法》立法过程和今后实施过程中一个重点考虑的问题。但概括起来无非就是两个问题，一是今后如何从制度根源上减少甚至杜绝其发生，二是已经发生的阴阳合同如何妥善处理。

一、从制度上减少甚至杜绝个人股权转让阴阳合同的发生

（一）建立个人股权变更登记提供完税证明制度

如前所述，个人转让股权阴阳合同的问题之所以造成愈演愈烈甚至泛滥成灾的局面，主要是作为股权变更登记的工商机关和税务机关二者没能实现信息共享和协调行动所致。

实际上，税务机关对个人转让股权阴阳合同的问题，早就引起了高度重视，甚至在立法层面做出过不懈努力。早在 2009 年《国家税务总局关于

加强股权转让所得征收个人所得税管理的通知》（国税函〔2009〕285号）第一条明确规定，"股权交易各方在签订股权转让协议并完成股权转让交易以后至企业变更股权登记之前，负有纳税义务或代扣代缴义务的转让方或受让方，应到主管税务机关办理纳税（扣缴）申报，并持税务机关开具的股权转让所得缴纳个人所得税完税凭证或免税、不征税证明，到工商行政管理部门办理股权变更登记手续。"之后，各个地方行政机关陆续出台了相应的配套文件。如2012年8月31日发布，2012年10月1日起施行的《北京市地方税务局北京市工商行政管理局关于加强股权转让所得个人所得税征收管理有关问题的公告》。该公告第二条明确规定："股权交易各方在签订股权转让协议后，相关各方应按以下程序办理纳税（扣缴）申报和股权变更登记手续：

（一）负有个人所得税纳税义务的转让方或代扣代缴义务的受让方，应持相关资料到股权变更企业的主管地税机关办理纳税（扣缴）申报，并填报《个人股东变动情况报告表》；

（二）股权变更企业应持经主管地税机关确认的《个人股东变动情况报告表》到工商行政管理部门办理股权变更登记手续；

（三）股权变更企业应自工商行政管理部门办理变更登记之日起30日内，持有关证件到税务登记机关申报办理变更税务登记。"

笔者认为，这是堵塞自然人股东股权转让个人所得税的征收管理漏洞的有力措施，可惜的是，据说被人告到最高立法机关，之后67号文明确上述285号文全文废止，虽说上述285号文的主要内容挪移到了67号文，但令人遗憾的是，上述股权转让登记要提供完税证明的内容却不见了踪迹。

2018年1月15日，国家工商行政管理总局　国家税务总局《关于加强信息共享和联合监管的通知》（工商企注字〔2018〕11号）横空出世，但是，该11号文也只是规定，"工商部门在企业注册登记时向企业发放涉税事项告知书（附件1，以下称告知书），提醒企业及时到税务部门办理涉税事宜。对到工商办事大厅注册登记的企业，工商部门直接将告知书发放给企业；对通过全程电子化方式登记的企业，工商部门将告知书内容加载在相关登记界面，供企业阅览和下载"。其中，并无自然人股东股权转让提供完税凭证的规定。

历史的时针指向2018年8月31日，这个问题终于得到了解决。因为这一天全国人大常委会对《中华人民共和国个人所得税法》进行了修改，且修改后的《中华人民共和国个人所得税法》自2019年1月1日起正式施行。修改后的《中华人民共和国个人所得税法》第十五条第二款明确规定："个人转让股权办理变更登记的,市场主体登记机关应当查验与该股权交易相关的个人所得税的完税凭证。"并且该第十五条的第一款和第三款对个人信息共享做出了明确,"公安、人民银行、金融监督管理等相关部门应当协助税务机关确认纳税人的身份、金融账户信息。教育、卫生、医疗保障、民政、人力资源社会保障、住房城乡建设、公安、人民银行、金融监督管理等相关部门应当向税务机关提供纳税人子女教育、继续教育、大病医疗、住房贷款利息、住房租金、赡养老人等专项附加扣除信息"。"有关部门依法将纳税人、扣缴义务人遵守本法的情况纳入信用信息系统,并实施联合激励或者惩戒。"

自此,由最高立法机关一锤定音,我国终于确立起了个人股权变更登记提供完税证明的制度。这一制度的确立必将扭转个人转让股权阴阳合同泛滥成灾的局面。

(二)建立自然人纳税识别号制度

参照目前的企业纳税人识别号制度,建立自然人纳税识别号制度,实行一人一税号终身不变。目前初步的做法是把身份证号作为纳税识别号,据说杭州和石家庄作为试点城市已经展开工作。根据最新的《税收征管法(征求意见稿)》也明确,我国将建立包括自然人在内的统一的纳税人识别号体系,同时强化银行及相关政府部门涉税信息提供的法定义务,由此致使自然人和企业一样也要进行所得税汇算清缴。

(三)建立税收黑名单制度

2017年5月23日,中央全面深化改革领导小组审议第35次会议通过了《个人收入和财产信息系统建设总体方案》,强调推进个人收入和财产信息系统建设的同时,要建立"税收黑名单"制度,我国私人财富正快步迈向"强监管时代",由此导致对包括个人股权转让、无形资产投资入股等涉税事项进行全面规范,涉税事项的处理将会越来越重要,处理不当将会引发严重的行政甚至刑事风险。

(四)"金三系统"投入使用

随着金税三期的正式运营,现代信息化技术成果实现了与税收征管的强有力结合。金税三期系统将依靠第三方力量,如金融管理、国土、住建、公安、民政、社会保障、交通运输、工商管理等部门的大数据来进行高效的税收征管。

（五）构建 CRS 体系

CRS 是 Common Reporting Standard 的英文缩写，中文翻译为"统一报告标准"。主要用于指导参与司法管辖区定期对税收居民金融账户信息进行交换，旨在通过加强全球税收合作提高税收透明度，打击利用跨境金融账户逃避税收行为。2018 年 9 月我国首次与国外 100 个国家（地区）进行金融账户涉税信息交换，彻底加强对境外居民账号的征收管理。

二、已经发生的海量个人股权转让阴阳合同如何妥善处理

（一）刑事责任的追诉和赎买

如上所述，虽然个人股权阴阳合同双方均构成逃税罪应依法追究刑事责任，但是随着《个人所得税法》第十五条的实施，这种逃税行为会大幅减少。而已经发生的海量个人股权转让阴阳合同如何妥善处理，是摆在司法机关和税务机关面前的一个严峻的问题。具体可分为以下三种情况：

一是由于超过刑事责任的追诉期而免除刑事责任。我国《刑法》第八十七条规定："犯罪经过下列期限不再追诉：

（一）法定最高刑为不满五年有期徒刑的，经过五年；

（二）法定最高刑为五年以上不满十年有期徒刑的，经过十年；

（三）法定最高刑为十年以上有期徒刑的，经过十五年；

（四）法定最高刑为无期徒刑、死刑的，经过二十年。

如果二十年以后认为必须追诉的，须报请最高人民检察院核准。"

显然，结合《刑法》第二百〇一条第一款的规定，数额较大的逃税罪追诉期为五年，数额巨大的逃税罪追诉期为十年，具体到个人股权转让阴阳合同基本上都会适用十年的追诉期。也就是说，过了十年或五年，个人股权转让阴阳合同行为即使被司法机关发现依法也不再追究其刑事责任。相反，没有超过十年或五年的追诉期个人股权转让阴阳合同行为就被司法机关发现的，自然应该按照《刑法》第二百〇一条的规定追究刑事责任。

二是没有超过刑事责任追诉期依法追究刑事责任时，适用《刑法》第二百〇一条第四款"逃税首罚不刑"的刑事责任赎买制度，也能达到免予

刑事责任追究的目的。

三是既没有超过刑事责任追诉期，又不具备适用《刑法》第二百〇一条第四款"逃税首罚不刑"法定条件，一旦个人股权转让阴阳合同问题被依法确认，当事各方只能依法承担刑事责任。但是，笔者认为通过上述免予追诉和赎买之后，真正追究刑事责任的也所剩无几了。

值得注意的是，刑事责任中的罚金能否用行政罚款抵顶，在司法实践中产生了争议。《最高人民法院关于审理偷税、抗税刑事案件具体应用法律若干问题的解释》（法释〔2002〕33号）第二条第五款规定，"纳税人、扣缴义务人因同一偷税犯罪行为受到行政处罚，又被移送起诉的，人民法院应当依法受理。依法定罪并判处罚金的，行政罚款折抵罚金。"据此，行政罚款可以抵顶刑事罚金。问题是，《最高人民检察院、公安部关于公安机关管辖的刑事案件立案追诉标准的规定（二）》（公通字〔2010〕23号）第五十七条第二款规定，"纳税人在公安机关立案后再补缴应纳税款、缴纳滞纳金或者接受行政处罚的，不影响刑事责任的追究。"据此，公安机关立案后重补缴行政罚款的，不能再抵顶刑事罚金了。但也有人认为，该款法律规定的立法本意在于强调以公安机关立案为临界点，立案前补税、缴纳滞纳金或者接受行政处罚可免予刑事处罚，立案后就不可免予刑事处罚了，并没有否定行政处罚抵顶刑事罚金的含义。

（二）欠税、滞纳金和行政罚款的处理

特别指出的是，即使由于免予追诉和刑事赎买而免予刑事处罚，但补缴税款和滞纳金的责任是永远也免不了的。因为《中华人民共和国税收征收管理法》第五十二条第三款规定，"对偷税、抗税、骗税的，税务机关追征其未缴或者少缴的税款、滞纳金或者所骗取的税款，无限期追征。"也就是说，因为个人股权转让阴阳合同涉嫌逃税（偷税）犯罪，对其未缴或者少缴的税款、滞纳金进行无限期追征。

个人股权转让阴阳合同涉及的行政罚款是否也同税款和滞纳金一样实行无限期追缴呢？答案是否定的。根据《中华人民共和国行政处罚法》第二十九条第一款规定，"违法行为在两年内未被发现的，不再给予行政处罚。法律另有规定的除外"。《中华人民共和国税收征管法》第八十六条规定，"违反税收法律、行政法规应该给予行政处罚的行为，在五年内未被发现的，不再给予行政处罚"。显然，根据特殊法优先于普通法的法律适用原则，个人股权转让阴阳合同的行政处罚时效不适用《中华人民共和国行政

处罚法》第二十九条两年的规定，而适用《中华人民共和国税收征管法》第八十六条五年之规定。

综上所述，本章主要对个人转让股权阴阳合同的刑事责任，从不同的维度进行了系统的探讨。

在实践中，房地产并购领域可能涉及的刑事犯罪还有不少也应该引起高度重视，如近年来屡屡出现的依据《刑法》第二百二十八条和第二百三十一条非法转让土地的相关规定，对企业及其直接负责的主管人员和其他直接责任人员给予了刑事处罚。有些法院甚至把当事人转让100%股权的行为，也以合法形式掩盖非法目的为由定性为非法转让土地并给予刑事处罚，笔者认为有擅自扩大适用《刑法》第二百二十八条之嫌，是民事和行政责任刑事化的表现。其实，在我国民事和行政责任刑事化的问题由来已久，且已经成了屡禁不止的顽疾，但最近最高人民法院一个不以骗税为目的的虚开增值税发票不追究刑事责任的判例和北京高院一个偷税也必须具备主观故意的判决，给这一问题的解决"透进了一缕明媚的阳光"。

第十一章　确保合同的合法有效是税务规划的核心

第一节 | 合同是税务规划的主要载体

税务规划往往要借助以合同为主的法律文件来实现实行规划的目标，换一句话说，就是合同是税务规划的主要载体，而财务账目不可能成为税务规划的主要载体。其根本原因就在于纳税义务的产生并不取决于会计核算，而是取决于由合同确定的交易性质和对当事各方权利义务的约定。所以，起草合同并确保客户签订合同的合法有效就成了税务规划的核心任务。

起草一份专业合同，对于一个专业律师来说也不是一份轻而易举的工作。就像一个画家作画一样，外行人看着就是挥毫泼墨了一番，似乎不是很难的事情，实际上背后蕴藏着画家多年的功力。律师要起草一份专业合同也是一个道理，当事人看到的只是一份合同文稿，岂不知它恰恰是律师多年的学习和实践经验的结晶。作为从业 20 年的律师界老兵，笔者认为要起草一份高质量的专业合同，在仔细掌握案件材料和事实的基础上，应该依次把握以下六大步骤：一是确认合同各方主体；二是根据各方主体之间的叙述或谈判来判定各方主体之间属于何种法律关系；三是注意不能超过诉讼时效、除斥期间以及其他法定期限；四是已经确认的各方主体之间的法律关系是否合法有效以及是否涉嫌刑事犯罪；五是确认和把握自己一方当事人的核心权利和义务（行话叫"打点"），反复推敲这些重点内容的风险是否已经采取足够控制措施，以确保一旦产生诉讼自己一方当事人依据本合同居于有利诉讼地位；六是换位思考，即居于核心权利和义务以及风控措施的角度，提前预判对方当事人可能会提出怎样的意见，并预备相应对策。

可见，要起草一份真正好的专业合同，需要极高法学素养、专业实务经验和行业知识的高度统一，否则，凭着对法律的一知半解就起草合同，极有可能成为无效合同的制造者甚至是犯罪路线图的描绘者。具体到房地产并购税务规划涉及的合同起草，就是要做到房地产专业知识、税收实务经验和法学素养的三合一，也就是体现本书的书胆"三务合一"理论。

第二节 | 确保合同的合法有效是税务规划的核心

房地产并购涉及资金动辄数以亿计，一旦合同被法院或仲裁机构确认无效，即使再详尽再精美的合同都将成为废纸一堆，所以，确保合同的合法有效是税务规划工作者的核心任务。按照"三务合一"的理论，确保税务规划涉及合同合法有效的任务，应该由专门从事法律实务的房地产专业律师来担纲，注册会计师或税务师应该扬长避短在自己擅长的财税领域大显身手，但在实践中有少数注册会计师或税务师接受当事人的法律咨询，甚至对合同的效力作出判断，这是不符合"三务合一"理论的内在逻辑的。当然，实践中有不少强人同时具有注册会计师、税务师和律师资格，但最好只回答自己所长时间从事的具有丰富实践经验领域的问题，因为在任何一个实务领域，只是拥有一个资格没有足够的实践经验在实务上并不具有太多实际价值。

试举一个房地产并购领域经常见到的事例，给予说明。

A公司取得一宗住宅出让地，面积为120亩，地价为10亿元人民币，已经取得《国有建设用地使用权证》，A公司对该宗地进行了少量投资，远远没有达到该宗地开发投资总额的25%。现在，B公司与A公司达成一致，以12亿元的价格受让该宗地，为此双方签订房地产项目转让合同。试问，双方签订的房地产项目转让合同有效吗？

2018年出版的房地产税务畅销书中，对这一问题给出了明确的答案和具体法律依据。

该书笔者认为，该转让合同无效。法律依据是《最高人民法院关于土地转让方未按规定完成土地的开发投资即签订土地使用权转让合同的效力问题的答复》（法函〔2003〕24号）对广西壮族自治区高级人民法院《关于土地转让方未按规定完成对土地的开发投资即签订土地使用权转让合同是否有效问题的请示》（桂高法〔2001〕342号）的答复。该答复明确指出：根据《城市房地产管理法》第三十八条（2007年修改后为第三十九条）的规定，以出让方式取得土地使用权的，转让房地产时，应当符合两个条件：①按照出让合同约定已经支付全部土地使用权出让金，并取得土地使用权证书；②按照出让合同约定进行投资开发，属于房屋建设工程的，完成开发投资总额的25%以上。因此，未同时具备上述两个条件而进行转让的，其转让合同无效。同时该书又指出，以出让方式取得土地使用权后转让房地产的，转让方已经支付了全部土地使用权出让金，并且转让方和受让方前后投资达到完成开发投资总额的25%以上，已经办理了登记手续，或者虽然没有办理登记手续，但当地有关主管部门同意补办土地使用权转让手续的，转让合同可以认定有效。也就是说，该书作者认为，只有附加了这些条件，转让合同才可以认定有效。

从一个房地产专业律师角度来看，以违反《城市房地产管理法》第三十八条（2009年修改后为第三十九条）第一款第二项"完成开发投资总额的百分之二十五以上"为由认定A公司和B公司签订转让合同无效，显然是错误的。也就是说虽然A公司没有完成开发投资总额的25%就把房地产项目转让了，但该转让合同却是合法有效的。理由如下：

一是1999年10月1日起施行的《中华人民共和国合同法》第五十二条规定："有下列情形之一的，合同无效。

（一）一方以欺诈、胁迫的手段订立合同，损害国家利益；

（二）恶意串通，损害国家、集体或者第三人利益；

（三）以合法形式掩盖非法目的；

（四）损害社会公共利益；

（五）违反法律、行政法规的强制性规定。"

2009年5月13日起施行的《最高人民法院关于适用〈中华人民共和国合同法〉若干问题的解释（二）》第十四条规定，"合同法第五十二条第（五）项规定的'强制性规定'，是指效力性强制性规定。"

根据上述法律规定和司法解释，可以得出一个结论，即使违反全国人大出台的法律和国务院出台的行政法规的"强制性规定"合同也不是必然无效，只有违反两家出台的"强制性规定"中的"效力性强制性规定"，合同才会被人民法院或仲裁机关认定为无效。

二是我国《城市房地产管理法》（2007年修正）第三十九条第一款规定："以出让方式取得土地使用权的，转让房地产时，应当符合下列条件：

（一）按照出让合同约定已经支付全部土地使用权出让金，并取得土地使用权证书；

（二）按照出让合同约定进行投资开发，属于房屋建设工程的，完成开发投资总额的百分之二十五以上，属于成片开发土地的，形成工业用地或者其他建设用地条件。"

　　法律界普遍认为，上述《城市房地产管理法》第三十九条第一款第二项"完成开发投资总额的百分之二十五以上"的规定不属于"效力性强制性规定"，只是属于"管理性强制性规定"。所以，不以 A 公司没有完成开发投资总额的 25% 就转让项目为由，使转让合同无效。

　　三是对上述法律条文的理解是人民法院司法实践中普遍遵循的裁判尺度。

　　事实上，早在 2004 年 8 月 31 日，最高人民法院就做出了一份极具前瞻性的判决书，且该份判决书受到了法律界尤其是房地产专业领域的法律工作者的高度追捧，在此后的很多年里很多场合反复被人提起和引用。这份明星判决书就是刊登在《最高人民法院公报》2005 年第 7 期的广西桂馨源公司诉全威公司等土地使用权转让合同纠纷案的（2004）民一终字第 46 号判决书（详见附录三）。该判决书裁判案要旨为，《城市房地产管理法》第 38 条关于土地转让时投资应达到开发投资总额 25% 的规定，是对土地使用权转让合同标的物设定的于物权变动时的限制性条件，转让的土地未达到 25% 以上投资，属合同标的物瑕疵，并不直接影响土地使用权转让合同效力。前述规定，不是认定土地使用权转让合同效力的强制性规定。故当事人以未达到 25% 投资开发条件为由，主张合同无效，法院应不予支持。

　　实际上，2006 年最高人民法院还做出了相似的河南花园置业有限公司与河南鑫苑置业有限公司土地使用权转让合同纠纷上诉案之［2006］民一终字第 26 号判决书，可惜的是由于上述（2004）民一终字第 46 号判决书的"光芒太过耀眼"，以至于 2006 年的这份判决书知之者甚少，也鲜有人引用。该裁判书的裁判要旨为，《城市房地产管理法》第三十八条第（一）项、第三十九条的规定是行政管理部门对不符合规定条件的土地在办理土地使用权权属变更登记问题上所作出的行政管理性质的规定，而非针对土地使用权转让合同效力的强制性规定。土地使用权转让方在收取占有受让方部分土地转让费后，不履行合同约定义务，违背诚实信用原则，以转让的土地不符合《城市房地产管理法》第三十八条、第三十九条规定的转让条件为由主张合同无效的，不应支持。

　　此后，地方各级法院纷纷作出相似的判决。

　　如浙江省嘉兴市海宁市人民法院作出的杭州经济技术开发区慧龙塑料机械有限公司诉海宁苏拉纱线有限公司、海宁市白领氏皮业有限公司建设用地使用权纠纷案之［2009］嘉海民初字第 2022 号判决书，明确指出《城市房地产管理法》土地转让时投资应达到开发投资总额 25% 的规定，是对土地使用权转让合同标的物设定的于物权变动时的限制性条件，转让的土地未达到 25% 以上的投资，属于合同标的物的瑕疵，并不直接影响土地使用权转让合同的效力。

又如广西壮族自治区防城港市中级人民法院审理的黄日二与陈展长建设用地转让合同纠纷案之［2013］防市民一终字第 99 号判决书明确指出，双方当事人基于真实的意思表示签订的合同，是合法有效的合同，双方均应当按照合同约定行使权利和履行义务。转让的土地未达到 25% 以上投资，属于合同标的物的瑕疵，不影响土地使用权转让合同的效力。确保标的物不存在权利瑕疵是出卖人的法定义务，出卖人不得以土地使用权存在瑕疵为由拒绝履行已经生效的合同。

再如云南省文山壮族苗族自治州中级人民法院审理的张必海上诉文山古德房地产开发有限责任公司买卖合同纠纷案之［2016］云 26 民终 196 号判决书明确指出，《城市房地产管理法》第三十八条规定是行政管理部门对不符合规定条件的土地办理土地使用权权属变更登记问题上所作出的行政管理性质的规定，而不是针对转让合同效力的强制性规定。转让的土地未达到 25% 以上的投资，属合同标的物的瑕疵，并不直接影响土地使用权转让合同的效力，不是认定土地使用权转让合同效力的法律强制性规定。

特别值得注意的是，虽然 A 公司和 B 公司签订转让合同合法有效，但是，并不意味着 A 公司就不承担任何法律责任。我国现行《城市房地产管理法》第三十八条第一项明确规定，"以出让方式取得土地使用权的，不符合本法第三十九条规定的条件的"房地产，不得转让。

这也就意味着，由于 A 公司依据转让合同所转让的标的物土地因没有达到法定的投资开发条件，导致无法办理土地使用权权属变更登记，从产生 A 公司不能完全履行合同的问题。但是，A 公司和 B 公司之间作为民事合同法律关系，可通过瑕疵担保责任制度和违约责任制度对受让人进行法律救济，而不能因转让的标的物有瑕疵而认定合同无效。

在房地产实践中，有的地方政府非常开明，对上述情形在行政法层面给予了最大帮助。如 2018 年 4 月 8 日，石家庄市发布了《完善土地二级市场，健全便民服务体系》的通知，该通知第二条明确规定，"投资总额未达到百分之二十五的在建工程，可以按照'先投入后转让'的原则，允许交易双方签订国有建设用地使用权转让合同后，依法办理预告登记，待开发投资达到转让条件时,再办理不动产转移登记手续"。如此,转让和受让双方皆大欢喜,因为,在房地产实务中预告登记的效力和变更登记同样具有排他性,其效力相差无几。

  从上面这个案例,可以得出一个重要的结论,即在房地产并购税务规划中,判断一个合同是否有效的工作或者起草一份合同的工作,应该由有极高法律素养和实务经验的专业律师来完成。

第十二章　准确适用法律条款是税务规划的关键

第一节　准确适用法律条款首先正确认定法律关系

正确认定法律关系是准确适用法律条款的前提和基础。比如，要想适用《合同法》条款，首先需要确认当事各方主体之间是债权法律关系。又比如，要想适用《物权法》条款，必须先要确认当事各方主体之间是物权法律关系。

在法律实务中，如何正确认定法律关系呢？

我国《合同法》以及其他部门法把现实生活中常见法律关系的核心权利和义务给予固定，并给这些固定了核心权利和义务的法律关系起了法定的名称，如买卖合同、租赁合同和赠予合同等，法理上将这些有法定名称的合同统称为有名合同。大量有名合同的出现，有利于在现实生活中做到合同名称和权利义务的固定对应，养成人们合同的名称和内容高度一致的习惯，从而避免歧义减少纠纷。

虽然有名合同制度，有利于我们迅捷方便地认定法律关系，但是，在法律实务中，作为专业法律工作者是不会仅仅依靠法律文书的名称来判断合同各方主体之间法律关系的。因为，现实生活中经常出现"名不副实"的合同，如明股实债、名为买卖实为借款等。更有甚者，一份法律文件里会混合多种法律关系。可见，法律文件的名称只是判断法律关系的一个常见的参考而已，要想正确无误地判定当事各方主体之间的法律关系，必须从当事人合同约定的条文中总结和提炼出其核心的权利和义务，再用这些核心权利义务去倒推出其真正的法律关系。

具体到房地产并购税务规划工作者，一方面应该不断与时俱进随时注意研究一些新型的法律关系，另一方面在确定适用这些新型法律关系的基础上,一定要敲定核实相关的具体法律条款。如果说法律关系是"纲"的话,针对某一具体案例的法律条款就是"目"。在房地产并购税务规划过程中适用法律时,一定要做到"纲"举"目"张。下面试举一个案例说明。

如A公司拥有一栋大楼,B公司欲受让该大楼。经双方协商一致,A公司委托信托公司发行信托计划,B公司全额购买该信托计划,从而实际拥有该大楼收益权。

上述这个税务规划的核心是,把当事双方之间常见的不动产转让法律关系改变为不动产信托法律关系(一种特殊的委托代理法律关系),从而利用不动产信托这种新型的法律关系达到节税的目的。那么,不动产信托这种新型的法律关系能否达到节税目的呢?

依据正确认定法律关系是准确适用法律条款的前提和基础理论,在确认了不动产信托法律关系之后,接下来的工作就是在调整不动产信托法律关系的《中华人民共和国信托法》以及相关配套法律文件中寻找适用本案例相关条款。现行《信托法》第10条规定,"设立信托,对于信托财产,有关法律、行政法规规定应当办理登记手续的,应当依法办理信托登记"。据此,要设立不动产信托应当交付过户相应的不动产。具体到上述案例,A公司要想委托信托公司发行信托计划,必须将大楼过户到信托公司名下。提起不动产过户,我国《物权法》第6条规定,"不动产物权的设立、变更、转让和消灭,应当依照法律规定登记"。如此,就产生一个重大的疑问:根据《信托法》第10条办理的大楼过户登记和根据《物权法》第6条办理的大楼过户登记,在税收征管上有本质的区别吗?

从法律关系角度上说,二者的区别还是显而易见的,因为A公司与信托关系之间属于委托代理法律关系。在这种委托代理法律关系之下,根据《信托法》第10条办理的大楼过户登记,是完全不同于根据《物权法》第6条实施的不动产转让过户的。因为,A公司在委托法律关系下的不动产信托过户,虽然"名义"上将大楼过户登记到了信托公司名下,但实际上大楼并没有真正"转让"给信托公司,只是将大楼"委托"给信托公司进行信托计划发行而已,所以,税务机关不能把这种特殊的过户等同为《物权法》意义上的不动产转让过户,进而严格按照不动产转让进行课税。

问题是从法律适用的角度,任何主张都应该有明确具体的法律条文做支撑,具体到这个案例就是,必须在《信托法》相关的配套文件里找到《信托法》第10条所说"依法办理信托登记"具体法律条款。令人遗憾的是,我国现行《信托法》以及相关的配套文件里没有"不动产信托登记"

的相关具体条款，也就是说，虽然以不动产为信托财产的信托法律关系在实施过程中，皆产生了不动产变动登记，但是，截至目前我国还没有建立起可操作的不动产信托登记制度。

由此，在税收实务中，征纳双方就产生了严重的分歧。纳税人认为不动产信托登记和不动产转让登记是完全不同的两种法律关系之下的登记制度，即使在目前我国不动产信托登记制度不完善的情况下，也应该按照"实质重于形式"的课税原则，对不动产信托登记不予征收契税和土地增值税。而税务机关认为既然目前我国还没有建立起不动产信托登记制度，只有不动产转让登记制度，那么，A公司和信托公司之的大楼过户只能按照不动产转让过户对待，不但A公司过户到信托公司要缴税，而且信托计划结束时信托公司返回过户给A公司时还要二次缴税。所以，在现实生活中，我们很难觅到不动产信托业务的踪影。也许有人担忧，一旦不动产信托制度大规模实施，会不会产生"名为不动产信托实为不动产登记"的现象，笔者认为未必是这种现象，且不说信托计划的年限一般不超过十年，但就每年产生的价格不菲的信托管理费用，就可能使得节税效果"灰飞烟灭"。

综上所述，要想适用《信托法》第10条，前提是首先确认A公司和B公司之间是不动产信托法律关系；要想适用《物权法》第6条，前提是首先确认A公司和B公司之间是不动产转让法律关系。总之一句话，准确适用法律条款首先正确认定法律关系。

第二节 超出适用范围生搬硬套法律条款导致税务规划方案坍塌

任何一个法律条款，都有其准确的适用范围。而这种适用范围的判断绝不能只是机械呆板地抠法律条款的文字。要想准确把握一个法律条款的适用范围，除精确把握条款中文字的法言法语含义之外，更重要的是必须考虑以下几个方面，一是该条款处在哪部法律中，则该条款的适用范围就不能跑出该部法律的总范围；二是该条款出现在哪个章节中，则该条款适用不能完全脱离这个章节的范围；三是综合推断该条款与前后条款的顺序和表达意思，进而确定该条款是否优先其他条款适用。

总之，法律条款适用范围的判断需要有较强的法理功底。如果只是"顾名思义""蜻蜓点水"地死抠法律条款的字面含义，不慎重判断该法律条款的准确适用范围，在设计税务规划方案时，很可能出现"张冠李戴"的严重后果，从而使规划方案的法律支柱发生坍塌，给企业带来"无妄之灾"。当然，只是这样说，读者可能没什么感觉，下面就举一个发生在现实生活中的案例，"据说"该案例发生在南方某省会城市。

2009年4月30日发布2008年1月1日实施的《财政部、国家税务总局关于企业重组业务企业所得税处理若干问题的通知》（财税［2009］59号），在税务界是"大名鼎鼎、妇孺皆知"。其中，第十条规定被业界称为"分步交易原则"，具体规定是"企业在重组发生前后连续12个月内分步对其资产、股权进行交易，应根据实质重于形式原则将上述交易作为一项企业重组交易进行处理。"说白了就是，75%以上股权是分步交易而不是一次完成交易的，也可以视为一项企业重组交易来套用59号文特殊税务处理的条件，以便享受特殊税务处理的政策优惠。根据上述判断原则，该第十条适用范围只能是，用来判断企业在分步（而不是一次性）交易75%以上股权时，能否享受59号文规定的特殊税务处理政策优惠。原因就在于这个条文，身处59号文中，而该59号文的核心主题就是在企业重组时企业符合何种条件才能享受特殊税务处理政策优惠，否则，只能按照一般重组对待。

具体案例是这样的：A公司持有C公司100%股份，想要转让75%的C公司股权给B公司，转让总价1个亿，C公司注册资本为600万元。根据合同，该75%股份，分两步交易，先交易5%，再交易70%。但是，合同另约定，在A公司只变更5%股权的情况下，B公司先行支付全部转让总价1个亿给A公司，且半年后A公司和C公司，将注册资本增至1.3亿元，该增资主要资金来源就是B公司第一次支付的股权转让价款。之后，A公司认为其分两步交易75%股权，收入1个亿，成本1.3×0.75＝0.975亿元，基本上没有应税所得额了，当然，A公司也就几乎不用缴纳企业所得税了。法律依据就是上述59号文第十条，意思就是虽然75%股权交易分两次，但依据59号文第十条"分步交易原则"这两次交易应视为一次交易。

可以看出，这个案例的核心点只有一个，那就是股权交易的成本计算基数到底应该按照两次交易中的哪一次交易时间节点为准，即如果按第一次5%股权交易时间节点为准，股权交易的成本计算基数就应该按600万元计算，如果按第二次70%股权交易时间节点为准，股权交易的成本计算基数就应该按1.3亿元计算。税务机关认为应该按600万元计算，但是，A公司坚持认为应该按1.3亿元计算，其理由很简单，虽然我分两步交易的股权，但依据59号文第十条"分步交易原则"这两次交易应视为一次交易。

第十二章 准确适用法律条款是税务规划的关键

笔者认为,这个税务规划方案犯了一个致命错误。这个致命错误恰恰就是对59号文第十条的适用范围作出重大误判。如前所述,从法理上讲,59号文第十条的适用范围是有严格限制的,只能用来判断企业在分步交易75%以上股权时,能否享受59号文规定的特殊税务处理政策优惠。根本不能用于判断分步交易股权时交易成本的计算基数。这就好像不能拿着生二孩的优惠政策,来划定孩子的高考分数线一样,属于典型的"张冠李戴"。所以,这个规划方案肯定无法执行。

没有想到,一个小小的59号文第十条适用范围的误判,就能酿成如此大祸。所以,在税务规划方案设计过程中引用法律条款时,对所引用法律条款的适用范围一定要有一个十分准确的判定,而这种十分准确的判定,就来源于很高的法律素养和丰富的法律实务经验。

第三节 全文废止的法律文件也可能救企业的命

我们经常看到一些法律法规汇编,只是整理现行有效的法律、法规和规章等法律文件,对已经全文废止的文件就不再整理了,其潜台词就是说,既然文件已经废止了今后也不会用到了,当然就没有整理的必要了。

其实,这种说法从法律适用角度来说,是非常错误的,是一个绝对的认识误区。因为,根据法律溯及力适用原则,新法不能管旧事,也就是说,旧事只能适用旧事发生时的旧法,而这个"旧事发生时的旧法"就有可能是一个全文废止的法律文件,而且可能是决定当事人命运的法律文件。

下面就以笔者经手办理的一个具体案例,说明在特定的情况下全文废止的法律文件是如何挽救一个企业生命的。

2016年9月,一家外贸企业的董事长风风火火地找上门来,要求提供税务法律帮助。

原来,该外贸企业在某县级市拥有一座仓库。2007年,市政府将该仓库土地规划调整为农副产品批发市场、道路、和住宅用地,要求该外贸企业进行仓库搬迁。2011年市政府以《政府常务会议纪要以及土地收购协议书》的方式,陆续将该外贸企业名下250余亩的仓库用地收回并向其支付了相应的土地收购款。同时,该外贸企业异地选址建设新仓库。该企业认为其仓库搬迁属于政策性搬迁,随即按政策性搬迁进行了财务处理,没有针对该搬迁费用进行独立核算也未进行企业所得税纳税申报。2016年，某省地方税务局稽查局认为该外贸企业仓库搬迁不符合政策性搬迁的法定要件，以不构成政策性搬迁为由，向该外贸企业下发了《某省地方税务局稽查局税务行政处罚事项告知书》，载明该外贸企业偷税2000余万元，需缴纳欠税、滞纳金和罚款共计5000余万元。由于该外贸企业根本无力缴纳如此巨大款项，如果税务机关真的开出罚单，等待企业的只能是走向破产，且相关责任人员身陷囹圄。

经过积极进行稽查应对，某省地方税务局最终认可了我们的法律意见，认为该外贸企业的仓库搬迁行为符合政策性搬迁法定要件，属于政策性搬迁，同意不再对该外贸企业进行行政处罚。最终，该外贸企业从破产的边缘上回到了正常的经营轨道。而这个过程中，起决定性作用的就是一个全文废止的法律文件：国税函［2009］118号文，即《国家税务总局关于企业政策性搬迁或处置收入有关企业所得税处理问题的通知》。

其实，我国政策性搬迁涉及法律文件主要有两个，依次为《国家税务总局关于企业政策性搬迁或处置收入有关企业所得税处理问题的通知》（国税函［2009］118号已经全文废止）、《企业政策性搬迁所得税管理办法》（国税发［2012］40号）。

在对上述两个法律文件进行认真分析的基础上，该外贸企业向税务稽查部门提交了书面的《关于〈税务行政处罚事项告知书〉的陈述申辩》。申辩的核心观点是，上述仓库搬迁发生在2011年上半年，根据法不溯及既往的法律适用原则，该仓库搬迁是否满足政策性搬迁的法定要件，是否属于政策性搬迁，只能根据国税发［2009］118号函（虽然该法律文件已经全文废止）的规定进行判定，而不能根据国税发［2012］40号文的规定进行判定。根据国税发［2009］118号函的规定，仓库搬迁只需要具备以下三个法定要件即可判定属于政策性搬迁：一是搬迁原因是政府城市规划、基础设施建设等政策性要求；二是具备政府相关政策性搬迁批文；三是企业有搬迁行为。国税发［2012］40号文，又增加了两个判定政策性搬迁的法定条件：搬迁资金独立核算和按规定时间及时申报纳税。也就是说，该外贸企业仓库搬迁只需要具备国税发［2009］118号函规定的三个法定要件即可，而不必具备国税发［2012］40号文增加的两个要件。而税务稽查机关恰恰以该外贸企业仓库搬迁资金独立核算和按规定时间及时申报纳税为由，判定该外贸企业的仓库搬迁没有满足政策性搬迁的法定要件，从而得出仓库搬迁不属于政策性搬迁的结论，并拟对企业做出行政处罚，显然与我国法不溯及既往的法律适用基本原则相违背，在法律上是完全站不住脚的。

后来，税务稽查机关又提出，国税发〔2012〕40号公告第26条规定，只要在2012年10月1日没有完成搬迁的，一律按照国税发〔2012〕40号公告规定执行。而该外贸企业的搬迁行为虽然起始于2011年上半年，但直到2016年尚有众多遗留问题未解决，故仍然没有搬迁完毕。据此，该外贸企业仓库搬迁行为应当适用国税发〔2012〕40号公告。也就是说，该外贸企业仓库搬迁行为除了满足国税发〔2009〕118号函规定的三个法定要件外，还必须满足国税发〔2012〕40号公告新增的两个法定要件：搬迁资金独立核算和按规定时间及时申报纳税。

为此，该外贸企业又向税务稽查机关提交了书面的《关于〈税务行政处罚事项告知书〉的补充陈述申辩》。该补充陈述申辩主要提出两点申辩意见，一是2013年3月12日发布的国税发〔2013〕11号公告，该公告第三条废止了上述税务稽查机关依据的国税发〔2012〕40号公告第26条。并且，该公告第一条第2自然段也同时明确，只有在国税发〔2012〕40号公告生效后签订搬迁协议的政策性搬迁项目，才能按国家税务总局公告2012年第40号有关规定执行。二是即使没有国税发〔2013〕11号公告对国税发〔2012〕40号文第26条的自我纠错，国税发〔2012〕40号文第26条也没有法律约束力，因为这一下位法的规定明显违反了上位法有关法律溯及力的规定，属于无效法律条款，根本不应该也不能作为税务机关作为行政处罚的法律依据。

令人欣慰的是，经过当面沟通，税务稽查机关认可了我们两次税务陈述申辩的法律意见。由此，该外贸企业转危为安，逃过一劫。

可见，被全文废止的法律文件不但有用，有时候还能化腐朽为神奇。

第十三章　税收法定原则的确立是税务规划的保障

税收法定原则与罪刑法定原则是人类社会法治文明的两大优秀成果，共同构成公民财产权和人身权保护的两大基石。

所谓税收法定原则是指，基本的税收要素和征管制度关系到作为公民基本权利的财产权，只能由法律规定，即由全国人大及其常务委员会来规定；非经全国人大及其常务委员会依法授权，所有有关征税的"红头文件"，一律不能作为税务机关税收征管的依据。

目前，我国整个税法体系中仅有5部法律，即个人所得税、企业所得税、车船税、环境保护税4个税种和1部规范征管制度的《税收征收管理法》，另外就是国务院依据全国人大授权制定的约30部税收条例以及财政部和国家税务总局依据国务院"转授权"制定的约50部管理办法。众所周知，在实践中，真正发挥作用不是上述5部法律、30个行政法规和50个部门规章，而是由财税主管部门发布的超过5500部税收规范性文件。这种明显背离税收法定原则的局面，已经给税收法治建设带来了严重困惑和不良后果，导致部门利益制度化，程序不够公开、透明和规范，以及因稳定性不足而影响税法权威和市场预期的确定性。令人欣慰的是，经中央批准的《贯彻落实税收法定原则的实施意见》对2020年之前将税收暂行条例上升为税收法律、完成现有税种立法工作的时间表和路线图做出了具体安排。2016年12月，十二届全国人大常委会第二十五次会议审议通过了《中华人民共和国环境保护税法》，是中央明确强调落实税收法定原则之后出台的第一部税收法律，作为一部新税种法律，对我国未来的税收立法具有示范和标杆作用。

从立法层面最吸引眼球的还不是《中华人民共和国环境保护税法》，独占鳌头的是2018年8月31日第七次修订的《中华人民共和国个人所得税法》。作为税务规划工作者对"2011年版"《中华人民共和国个人所得税法》第二条"第十一经国务院财政部门确定征税的其他所得"的取消而欢欣鼓舞，认为这是一场"税收法定"主义的立法胜利。

令人意外的是，就在人们庆祝立法胜利的欢呼时，一个巨大立法争议

第十三章 税收法定原则的确立是税务规划的保障

从天而降。2018年12月18日发布、2019年1月1日实施的《中华人民共和国个人所得税法实施条例》第六条再次具体明确了《中华人民共和国个人所得税法》第二条所称各项个人所得的范围。但是，引起税务界一片惊呼的是，这个第六条又增加了一个第二款："个人取得的所得，难以界定应纳税所得项目的，由主管税务机关确定。"有人断言，这个第二款的规定等于修改前《个人所得税法》"其他所得"的神奇复活了。

笔者认为这种解释有点武断，并不符合条例第六条第二款的立法本意。因为，修改前的立法用语是"经国务院财政部门确定征税的其他所得"，而修改后的立法用语是"个人取得的所得，难以界定应纳税所得项目的，由主管税务机关确定"。显然，二者还是有本质区别的，前者是针对现实生活中的某一具体个人所得，税务机关有权在法定列举的个人所得种类之外扩大个人所得新种类，并据此征收个人所得税；后者是针对现实生活中的某一具体个人所得，税务机关只能在法定列举的个人所得种类内给予界定或归类，如果不成功界定或归类，则依据税收法定原则，税务机关无权征收个人所得税。退一步说，即使第六条第二款真的想使"其他所得"复活，该立法属于无效条款，因为，根据《中华人民共和国立法法》条例作为下位法与作为上位法的个人所得税法矛盾时，其相应条款自然无效。

从1995年至2018年8月底，税收政策规定应按"其他所得"缴纳个人所得税的项目有11类之多。一是银行部门以超过国家规定利率和保值贴补率支付给储户的揽储奖金（财税字［1995］64号）。二是中国科学院院士荣誉奖金（国税函［1995］351号文）。三是保险公司按投保金额，以银行同期储蓄存款利率支付给在保期内未出险的人寿保险保户的利息（或以其他名义支付的类似收入）（国税函［1998］546号文）。四是个人因任职单位缴纳有关保险费用而取得的无赔款优待收入（国税发［1999］58号文）。五是股民个人从证券公司取得的交易手续费返还收入、回扣收入（国税函［1999］627号文）。六是个人为单位或他人提供担保获得报酬（［2005］94号文）。七是商品房买卖过程中，有的房地产公司因未协调好与按揭银行的合作关系，造成购房人不能按合同约定办妥按揭贷款手续，从而无法缴纳后续房屋价款，致使房屋买卖合同难以继续履行，房地产公司因双方协商解除商品房买卖合同而向购房人支付违约金。购房个人因上述原因从房地产公司取得的违约金收入（国税函［2006］865号文）。八是除规定情形（房屋产权所有人将房屋产权无偿赠予配偶、父母、子女、祖父母、外祖父母、孙子女、外孙子女、兄弟姐妹；房屋产权所有人将房屋产权无偿赠予对其承担直接抚养或者赡养义务的抚养人或者赡养人；房屋产权所有人死亡，依法取得房屋产权的法定继承人、遗嘱继承人或者受遗赠人）以外，房屋产权所有人将房屋产权无偿赠予他人的，受赠人因无偿受赠房屋取得的受赠所得，按照"经国务院财政部门确定征税的其他所得"项目缴纳个人所得税，税率为20%（财税〔2009〕78号）。九是企业在业务宣传、广告等活动中，随机向本单位以外的个人赠送礼品，对个人取得的礼品所得，20%的税率缴纳个人所得税（财税〔2011〕50号）。十是企业在年会、座谈会、庆典以及其他活动中向本单位以外的个人赠送礼品，对个人取得的礼品所得按照"其他所得"项目，全额适用20%的税率缴纳个人所得税（财税〔2011〕50号）。十一是个人达到规定条件时领取"个人税收递延型商业养老保险"的商业养老金收入，其中25%部分予以免税，其余75%部分按照10%的比例税率计算缴纳个人所得税，税款计入"其他所得"项目（财税〔2018〕22号）。

按照条例第六条第二款的立法本意，以上十一种所谓"其他所得"，税务机关应该尽快完成界定或归类工作，实在不能归入任何一种法定个人所得种类的，依据税收法定原则，不得再征收个人所得税。

事实上，税收法定原则体现在立法和执法两大方面，以上只是在立法层面对我国税收法定原则现状和前景做了一个简要概述。

具体到税务实践来说，税收法定原则的重要性主要还是体现在税收执法层面。而在执法层面税收法定原则的一个重要体现就是，税务主管部门出台的各种名义的"红头文件"能否作为判断税收执法的合法标准。在这方面河北省唐山市中级人民法院和河北省高级人民法院最近作出的一个判决引起了巨大反响。

其实，要说在税务界因改变税收要素引起极大争议甚至混乱，而"红头文件"首推687号文。下面我们就把这个687号文的"前世今生"做个彻底的介绍，并希望读者由此能切实体会到税收法定原则的确立是税务规划保障的真正内涵。

第一节 | 687号文的出生

税务界"鼎鼎大名"的687号文是指2000年9月5日国家税务总局对广西壮族自治区地方税务局个案的一个批复，即《关于以转让股权名义转让房地产行为征收土地增值税问题的批复》（国税函〔2000〕687号）。该批复原文如下：

广西壮族自治区地方税务局：

你局《关于以转让股权名义转让房地产名义转让房地产行为征收土地增值税问题的请示》（桂地税报〔2000〕32号）收悉。鉴于深圳市能源集团有限公司和深圳能源投资股份有限公司一次性共同转让深圳能源（钦州）实业有限公司100%的股权，且这些以股权形式表现的资产主要是土地使用权、地上建筑物及附着物，经研究，对此应按土地增值税的规定征税。

国税函〔2000〕687号一经公布，在税务界就"一石激起千层浪"，且引起纳税人的强烈反弹，将税务机关诉至法院。至于有人认为钦州公司两股东只是转让了空壳股权，股权本身应该附属的资产、负债并不同时转让，并且钦州公司的部分资产仍然没有过户，只是账面上反映在钦州公司，产权仍然归母公司或关联公司所有，从而导出国税函〔2000〕687号文出台的正当性，笔者不敢苟同。试想，如果只是转让空壳股权而土地资产还登记在母公司名下，那么连"明股实地"也构不成了，更不应该征收土地增值税，因为重于形式的那个"实质"飞了。

实际上，很少有人注意到，在2000年同样针对同一事件，国家税务总局还向广西壮族自治区地方税务局下发了另一个批复，即《国家税务总局关于股权转让不征收营业税的通知》（国税函〔2000〕961号）。该批复原文如下：

广西壮族自治区地方税务局：

你局《关于对深圳能源总公司、深圳能源投资公司应当依法征收营业税的情况报告》（以下简称《报告》）（桂地税报〔2000〕56号）收悉。经研究，现通知如下：

据《报告》反映，1997年初，深圳市能源集团有限公司和深圳能源投资股份有限公司共同在你区钦州市投资创办了深圳能源（钦州）实业开发有限公司（以下简称"钦州公司"），两家分别占有钦州公司75%和25%的股份。由于受国家产业政策调整的影响，这两家公司（以下简称"转让方"）于2000年5月将其拥有的钦州公司的全部股份转让给中国石汕化工股份有限公司和广西壮族自治区石油总公司（后两家公司以下简称"受让方"）。在签订股权转让合同时，在合同中注明钦州公司原有的债务仍由转让方负责清偿。

在上述企业股权转让行为中，转让方并未先将钦州公司这一独立法人解散，在清偿完钦州公司的债权债务后，将所剩余的不动产、无形资产及其他资产收归转让方所有，再以转让方的名义转让或销售，而只是将其拥有的钦州公司的股权转让给受让方。

不论是转让方转让股权以前，还是在转让股权以后，钦州公司的独立法人资格并未取消，原属于钦州公司各项资产，均仍属于钦州公司这一独立法人所有。钦州公司股权转让行为发生后并未发生销售不动产或转让无形资产的行为。因此，按照税收法规规定，对于转让方转让钦州公司的股权行为，不论债权债务如何处置，均不属于营业税的征收范围，不征收营业税。

不难看出，这个批复虽然是针对687号文涉及的目标公司小股东（深圳能源投资股份有限公司）是否应该征收营业税而出生的，但是，应该特别关注其中的一句话，即"钦州公司股权转让行为发生后并未发生销售不动产或转让无形资产的行为"。试问，既然只是发生了钦州公司股权转让行为，且并未发生销售不动产的行为，那687号文征收土地增值税的结论，法律依据何来？显然，这个国税函〔2000〕961号的风向与687号文已经不太一致了。

没想到，更令人感到惊奇的一幕发生了。2003年12月22日，国家税务总局作出《关于深圳市能源集团有限公司、深圳能源投资股份公司转让股权涉税问题的处理决定》（国税函〔2003〕1345号），该"决定"明确指出，深圳能源投资股份有限公司转让持有深圳能源（钦州）实业开发公司25%的股权按"股权转让行为"适用税法，并要求广西壮族自治区地方税务局遵照执行。即687号文针对的目标公司钦州公司的股权转让行为不再征收土地增值税了，而是"按'股权转让行为'适用税法，并要求广西壮族自治区地方税务局遵照执行"。此后，征纳双方的诉讼据说也自然而然地不了了之了。令人不解的是，这个国税函〔2003〕1345号文并不像687号和961号文一样在网上能轻而易举地搜到，而只能在作为上市公司的深圳能源投资股份有限公司当年的公开年报中找到它的身影。

综上所述，687号文虽然以征纳双方握手言和而罢战，但是，它的影响才刚刚开始，它的出台就像亚马逊雨林一只蝴蝶偶尔振动了一下翅膀，随着时间的推移却引起了美国得克萨斯州的一场龙卷风。

第二节 687号文的发酵

2000年687号文这只蝴蝶的翅膀振动了以后,当时间的时钟转到了2009年时,一场"明为股权转让实为土地使用权转让"(业界简称"明股实地")的龙卷风,终于在中国税务界的"广袤大地"上形成了。

在2009年7月17日,国家税务总局针对"明股实地"又出台了一个批复,即《国家税务总局关于土地增值税相关政策问题的批复》(国税函[2009]387号),该批复仍然是对广西壮族自治区地方税务局的请示而生,其全文如下:

广西壮族自治区地方税务局:

你局《关于土地增值税相关政策问题的请示》(桂地税报[2009]13号)收悉。

鉴于广西玉柴营销有限公司在2007年10月30日将房地产作价入股后,于2007年12月6日、18日办理了房地产过户手续,同月25日即将股权进行了转让,且股权转让金额等同于房地产的评估值。因此,我局认为这一行为实质上是房地产交易行为,应按规定征收土地增值税。

仅仅过了两年,在2011年7月29日,国家税务总局针对"明股实地"第三次出台批复,即《国家税务总局关于天津泰达恒生转让土地使用权土地增值税征缴问题的批复》(国税函[2011]415号),该批复针对的不是远在五千里之遥的广西壮族自治区地方税务局了,而换成近在咫尺的天津市地方税务局了,其全文如下:

天津市地方税务局:

你局《关于天津泰达恒生转让土地使用权土地增值税征缴问题的请示》(津地税办[2011]6号)收悉。

经研究,同意你局关于"北京国泰恒生投资有限公司利用股权转让方式让渡土地使用权,实质是房地产交易行为"的认定,应依照《土地增值税暂行条例》的规定,征收土地增值税。

其实,在国税函[2011]415号发出的第二年,也就是2012年,最高人民法院就针对湖南金长润科技实业有限公司、湖南兴嘉置业发展有限公司与深圳泰邦地产有限公司等股权转让合同纠纷案做出了[2012]民二终字第23号判决书,该判决书对"明股实地"问题给出了明确的权威的法律认定,即转让房地产公司全部股权不能认定为变相转让土地使用权。

该判决书载明:本案争议双方两次股权转让后,虽然出让方将房地产公司的全部股权转让给了受让方,但原属该目标公司的建设用地使用权权属始终登记于目标公司名下,属于目标公司的资产,并未因股权转让而发生流转。因此,不能仅以转让了房地产公司的全部股权,而认定该股权转让行为实为建设用地使用权转让行为,并因此认定股权转让合同无效。

可惜的是,由于"明股实地"问题不是该案当事人的主要诉讼请求,导致判决书对这一问题的着墨不多,没有引起税务界的重视,甚至时至今日也很少有人引用这个判例。

与[2012]民二终字第23号判决书形成强烈反差的是,时隔两年后的2014年的一份判决书却在税务界引起广泛关注,甚至被很多人奉为对抗国家税务总局三个批复的至宝。这份明星判决书就是最高人民法院针对马庆泉、马松坚与瑞尚公司股权转让合同纠纷一案所做的[2014]民二终字第264号判决书(详见附录三)。该判决书一针见血地指出,由于转让股权和转让土地使用权是完全不同的行为,当股权发生转让时,目标公司并未发生国有土地使用权转让的应税行为,目标公司不需要缴纳土地增值税。

最高人民法院在[2014]民二终字第264号判决书中的判决理由主要有三点:

首先,股权转让与土地使用权转让是完全不同的法律制度,所涉及法律依据不同,不可混淆。当公司股权发生转让时,该公司的资产收益、参与重大决策和选择管理者等权利由转让方转移到受让方,而作为公司资产的建设用地使用权仍登记在该公司名下,土地使用权的公司法人财产性质未发生改变。本案乘风公司所拥有资产包括建设用地使用权、房屋所有权等,股权转让后,乘风公司的资产收益、参与重大决策和选择管理者等股东权利主体由马庆泉、马松坚变为瑞尚公司,但乘风公司资产并未发生权属变更。

其次,虽然公司在转让股权时,该公司的资产状况,包括建设用地使用权的价值,是决定股权转让价格的重要因素,但不等于公司在股权转让时只要有土地使用权,股权转让的性质就变成了土地使用权转让,进而认为其行为是名为股权转让实为土地使用权转让而无效。本案股权转让的目标公司乘风公司为有限责任公司,依据我国公司法的规定,依法独立享有民事权利及承担民事责任,公司股东的变更不对公司的权利能力和行为能

第十三章 税收法定原则的确立是税务规划的保障

力构成影响，不论瑞尚公司购买乘风公司全部股权是为将乘风公司名下的工业用地土地使用权性质变性后进行房地产开发或是其他经营目的，均不因此而影响股权转让合同的效力。

最后，由于转让股权和转让土地使用权是完全不同的行为，当股权发生转让时，目标公司并未发生国有土地使用权转让的应税行为，目标公司并不需要缴纳土地增值税。如双方在履行合同中有规避纳税的行为，应向税务部门反映，由相关部门进行查处。

因此，瑞尚公司关于以股权转让方式实现土地使用权转让目的的行为属于典型的规避法律的行为，应当认定股权转让合同无效的主张，法院不予支持。

最高人民法院［2014］民二终字第264号判决书的出现，在税务界引起极大反响，使得以实质重于形式为由对股权转让行为征收土地增值税的做法，受到了当头棒喝。

此后，绝大多数税务机关不再对"明股实地"行为征收土地增值税。但是，还是有少数税务机关揪住这个问题不放，甚至还出台相关文件对基层税务机关给予强调。《湖南省地税局财产和行为税处关于明确"以股权转让名义转让房地产"征收土地增值税的通知》（湘地税财行便函［2015］3号）就是其中一例。该通知中有如下内容：

各市州地方税务局财产行为税科：

据各地反映，以股权转让名义转让房地产规避税收现象时有发生，严重冲击收税公平原则，影响依法治税，造成了税收大量流失。

总局曾下发三个批复明确"以股权转让名义转让房地产"属于土地增值税应税行为。为了规范我省土地增值税管理，堵塞征管漏洞。对于控股股东以转让股权为名，实质转让房地产并取得了相应经济利益的，应比照国税函［2000］687号、国税函［2009］387号、国税函［2011］415号文件，依法缴纳土地增值税。

可见，龙卷风一旦形成，即使减弱为热带高压，其威力也不可小觑。

第三节 ｜ 687号文的法律分析

国家税务总局针对"明股实地"同一个问题，做出了国税函［2000］687号、［2009］387号和［2011］415号三个内容相同的批复，以"重要事情说三遍"的坚韧精神捍卫着"明股实地"应该征收土地增值税。

但是，以"明股实地"为由征收土地增值税的做法，在税收实践中引起了极大混乱却是不争的事实。下面就针对这一问题做个全面的法律分析。

一、谁是土地增值税纳税人

土地增值税的纳税人是转让国有土地使用权、地上的建筑物及其附着物并取得收入的单位和个人。在所谓"明股实地"交易中，股权转让方交易的是持有土地使用权的目标公司的股权，如果要缴纳土地增值税，那么谁是纳税人呢？

首先，认定目标公司是土地增值税的纳税人，显然不成立，因为目标公司没有做任何交易，既没有转让国有土地使用权、地上的建筑物及其附着物，也没有"取得收入"。其次，在"明股实地"理论的指导下，我们把股权转让方转让的股权"穿透"，直接对应到目标公司的不动产资产上，可以姑且把股权转让方视为土地转让方，成为土地增值税的纳税人。如此，立马产生一系列问题：转让方缴纳土地增值税的应税收入总额，是否在将来目标公司进行土地增值税清算时，纳入开发成本进行扣除？如果不纳入开发成本进行扣除，岂不造成双重征税？如果纳入开发成本进行扣除，那么目标公司在股权转让之前的历史成本是否仍然进行扣除？如果历史成本不进行扣除，如何区分和确认哪些属于历史成本？在转让方缴纳土地增值税的应税收入总额纳入开发成本进行扣除的情况下，由于加计扣除和开发费用的存在，是否会加大开发成本的扣除总额？还有就是预征的土地增值税怎样与因股权转让而出现的土地增值税接轨？

二、谁是土地承受方

在股权转让中，很容易理解交易的双方——转让方和受让方。既然把股权转让"穿透"成了不动产交易，且股权转让方需要缴纳土地增值税，那么受让方的一系列问题也随之而来。如按照"明股实地"的逻辑，既然是不动产交易，受让方是否应该缴纳契税呢？如缴纳契税，"形式上"土地使用权又没有产生过户，凭什么缴纳？如不缴纳契税，"实质上"又产生了不动产交易，凭什么不缴纳？如果一方面向转让方征收了土地增值税，另一方面又不向受让方征收契税，那么税务机关是否有渎职之忧？

第十三章　税收法定原则的确立是税务规划的保障

本来按照目标公司正常股权转让征税，未来目标公司继续开发进行土地增值税清算时，其土地成本不能随股权转让而增加，只能按照历史成本作为扣除项目，等于溢价依然要征税，企业土地增值税并不一定少缴。

在税务实践中，国税函［2000］687号、［2009］387号和［2011］415号文件的存在，使得不少企业被逼无奈采取了五花八门的避税措施。其中，最常见的是不直接转让拥有土地使用权的公司股东的股权，而是转让公司股东自身的股权。令人欣慰的是，随着最高人民法院在［2014］民二终字第264号判决书内容的广泛传播，大多数税务机关已经不再征收"明股实地"的土地增值税了。

综上所述，不难看出，之所以在税收征管过程中引起如此大的混乱局面，究其根源就在于，税务机关打着"实质重于形式"的旗号，盲目地认为只要公司在股权转让时有土地使用权，股权转让的性质就变成了土地使用权转让，以下位法超越上位法，强行改变土地增值税的征收对象。笔者认为，在税收法定成为基本国策的今天，虽然"实质重于形式原则"涉及放纵纳税人避税和防止公权滥用的两种价值选择，但是，税务机关应该多多思量"实质重于形式"原则的科学内涵以及可能侵犯纳税人合法权益，在税务实践中慎用这一原则，更不能成为违反税收法定原则的借口或理由。

第五篇

税务规划案例

前面除了介绍税务规划的概念和"三务合一"税务规划理论外,重点介绍了企业并购房地产税务规划的房地产行业实务、税收实务和法律实务的相关知识。也许有的读者会认为,只要对这些实务知识勤加练习,在不久的将来就会成为企业并购税务规划领域纵横驰骋的高手。其实不然,且不说按照"多体融合"的"三务合一"理论,税务规划本身就是并非一人单干而是多人合力而为的业务,即使在"三务合一"的某一个实务领域,仅仅熟练掌握相关实务知识,离成为一个税务规划领域的高手,还有相当长的一段距离。

打个比方说,掌握了本书某一方面税务规划实务知识的人与税务规划高手相比,就像一个象棋爱好者掌握了一定的开局要领和掌握了残局定式的一个象棋大师相比;又好像一个烹饪爱好者掌握了一定的煎炒烹炸操作技巧和一个烹饪大师相比;又好像一个数学爱好者掌握了若干数学定理的应用技巧和数学家相比。所以,从掌握本书某一方面税务规划实务知识到成为税务规划高手,还需要经过一个跨越千山万水的艰苦努力过程,还需要面对每一个案例,反反复复进行锤炼,才有可能成为税务规划的行家里手。

具体到企业并购房地产税务规划方案设计,针对每一个具体案例,都要经过以下16个步骤:

(1) 了解项目基本情况。

(2) 确定税务规划基本点。所谓基本点就是无论商业模式如何转换,也不能改动的点。

(3) 了解客户纳税思路和应纳税额。

(4) 研讨设计初步税务规划方案,初步判断该业务的可承接程度。

(5) 签订保密协议。

(6) 客户提供基础材料。

(7) 在取得客户材料的基础上,对先前设计的初步税务规划方案,在律所内部团队进行论证,以确认方案的可行性。若可行性存在决定性障碍,则需要重新设计方案。

(8) 针对税务规划方案的具体环节,征询外部人员的意见。其中,包括行业专家的专业知识咨询和税务机关的执行口径咨询等。

(9) 跟客户签订正式的《税务规划专项服务合同》。

(10) 向客户提交税务规划初步方案,大多数时候会提交一套以上的方案,供客户进行选择。

(11) 跟客户沟通税务规划初步方案。

（12）根据跟客户沟通税务规划初步方案的情况，让客户进一步补充相关材料。

（13）对税务规划初步方案的应纳税额进行精确的计算。

（14）最终确定拟实施的税务规划方案。

（15）跟客户签署《节税额确认函》。所谓节税额是指在客户纳税思路下的应纳税总额减去拟实施的税务规划方案下的应纳税总额的差。一般按照节税额的一定比例收取专项服务费用。

（16）指导实施税务规划方案。

其实，要想成为一个某一行业税务规划的绝顶高手，除上述跨越千山万水的99%的努力之外，还需要具备进行税务规划方案设计时的那1%的灵光一闪。换句话说就是，税务规划领域方案设计能力是核心竞争力。因此，在下文进行税务规划案例解析时，将重点介绍税务规划方案的产生过程，也就是上述16个步骤中的第4个步骤。

第十四章　教育产业房地产税务规划案例解析

本书所指的"房地产"是"泛房地产"的概念，所以，本书中企业并购房地产税务规划的服务对象，不仅仅包括传统房地产开发企业所涉及的企业并购，而且包括以下四种类型的已上市或拟上市企业的企业并购：

第一类，传统房地产开发企业，指主要从事住宅和商服用地开发的房地产开发企业。

第二类，产业房地产开发企业，指主要从事文旅、养老、医疗、教育、仓储、物流、产业园区、特色小镇以及管理代建等非传统的新型产业开发企业。

第三类，相关金融机构，包括银行、保险、证券、信托、私募基金、期货、不良资产以及政府融资平台等对上述两类房地产开发企业有股权或债权投资的金融机构。

第四类，其他涉房地产并购企业，指上述三种类型企业之外的涉及房地产并购业务的企业。

依照上述"泛房地产"逻辑和宗旨，我们在进行税务规划案例解析时，首先举一个非传统房地产开发企业的案例，即举一个教育产业企业并购房地产税务规划的案例，详细情况如下：

第一节　案情介绍

A职业学院现有学生近1万名，正在展开由专科升为本科的工作，根据教育部的规定，要想升为本科需要拥有500亩以上的教育建设用地。经介绍发现某城市城郊接合部B公司，拥有的500多亩工业出让地因故转让，且该宗地上的厂房经过简单改造，就能用于教学。经过多次谈判，双方商定，由A学院直接购买B公司工业出让地以及地上附着物，B公司取得税后1亿人民币的对价，也就是说该次资产转让所以税负都由A学院承担。

第二节 | 确认税务规划基本点

A 学院要取得上述 500 多亩国有土地使用权及地上附着物，用于新校区建设。

B 公司取得 1 亿人民币的对价，而不承担任何本次交易的税费。

第三节 | 客户的纳税思路和应纳税额

按照 A 学院的纳税思路，就是在直接进行工业出让地及地上附着物的转让。

在这种纳税思路下，应纳税额情况估算如下：

一、计算基础

B 公司土地成本为 800 万元。建筑物 6 万平方米，每平方米建安和配套各项建筑成本以 800 元计。以 1 亿元为税后对价，倒推 B 公司转让房地产含增值税成交价为 17307.55 万元，转让房地产不含增值税成交价为 16483.38 万元。

二、B 公司增值税

按照自建建筑物，5%征收率，简易计税。
增值税：16483.38 万元×5%≈824.17 万元。
城建税、教育费附加合计：824.17 万元×（1+3）% = 82.42 万元。
地方教育费附加：824.17 万元×2% = 16.48 万元。
印花税：17307.55 万元×0.05%≈8.65 万元。

三、B 公司土地增值税

B 公司转让房地产所取得的土地增值税应税收入为不含增值税成交价 16483.38 万元。

扣除项目金额合计为 5691.07 万元（包含土地成本 800 万元，建筑物成本 4800.00 万元，城建税和教育费附加合计 82.42 万元，印花税 8.65 万元。由于各地政策不一，地方教育附加不作为扣除项目金额）。

增值额：16483.38 万元-5691.07 万元=10792.31 万元。

增值率：10792.31 万元/5691.07 万元≈189.64%。

适用税率：50%。

土地增值税税额：10792.31 万元×50%-5691.07 万元×15%≈4542.49 万元。

四、B 公司企业所得税

B 公司转让房地产所取得的企业所得税应税收入为不含增值税成交价 16483.38 万元。

扣除土地建筑物成本（折旧后账面净值）4500.00 万元。

扣除税费金额：土地增值税税额+城建税+教育费附加+地方教育费附加+印花税=4650.04 万元。

应纳税所得额：16483.38 万元-4500.00 万元-4650.04 万元=7333.34 万元。

适用税率：25%。

企业所得税税额：7333.34 万元×25%=1833.34 万元。

综上所述，B 公司各项税费合计：

7307.55 万元=土地增值税+增值税+城建税+教育费附加+地方教育费附加+印花税+企业所得税。

所以，B 公司转让房地产含增值税成交价为 17307.55 万元=税后净（10000 万元）+税费合计（7307.55 万元）；B 公司转让房地产不含增值税成交价为 16483.38 万元=17307.55 万元/（1+5）%。

五、A 学院契税

A 学院受让房地产不含增值税成交价：16483.38 万元。

A 学院受让房地产含增值税成交价：17307.55 万元。

契税税率：4%。

A 学院契税=16483.38 万元×4%≈659.34 万元。

A 学院印花税=17307.55 万元×0.05%=8.65 万元。

以上，A 学院税费合计 667.99 万元。

综上所述，B 公司和 A 学院税费共计 7975.54 万元 = 7307.55 万元 + 667.99 万元。

第四节 新商业模式探寻

由上可知，A 学院和 B 公司初步商定的商业模式是直接转让工业出让地及地上附着物，但这种商业模式税负双方税收总额高达 7975.54 万元，已经远远超出了 A 学院承受能力，从而使直接转让工业出让地及地上附着物这种商业模式彻底丧失了可行性。

按照税务规划的定义，要进行税务规划方案的设计，首先需要探寻纳税新的商业模式，并从新的商业模式中挑选出适合本案当事人且税负相对较低的商业模式。也就是说，将基于获取税收利益的交易融入商业模式之中，正是税务规划工作者的主要工作内容。

根据该案例的税收基本点，所谓探寻新的商业模式就是改变 A 学院取得 500 多亩国有建设用地使用权及地上附着物的途径。可考虑以下几种取得国有建设用地使用权及地上附着物的途径：

商业模式一：股权转让

模式描述：鉴于建设用地使用权以及地上附着物均在 B 公司名下，可通过收购 B 公司 100% 股权方式间接取得 500 多亩国有建设用地及地上附着物的使用权。

税务规划工具：直接股权转让。

商业模式二：作价入股加转股

模式描述：B 公司将土地、房产作价入股到 C 公司，然后将 C 公司的股权转让给 A 学院。

税务规划工具：作价入股——直接股权转让。

商业模式三：收储加划拨

模式描述：政府对 B 公司土地以及房产进行收购储备，之后，政府将收购储备的土地及房产后直接划拨到 A 学院名下。

税务规划工具：收储供地、政策性搬迁。

商业模式四：先租后转

模式描述：鉴于B公司现行生产用地150亩左右，剩余300多亩以及部分房产属于空置状态。A学院先行承租空置的土地和房产，并先行对空置房产进行改造建设。待两年到三年，B公司新厂房建设完成且旧厂房搬迁完毕，双方再进行资产转让。

税务规划工具：在建工程转让。

商业模式五：作价入股合作

模式描述：B公司将土地、房产作价入股到C公司，A学院以税后5000万元的价格取得C公司50%股权，B公司仍然持有C公司50%股权，但不参与C公司经营。

税务规划工具：作价入股、直接股权转让。

商业模式六：融资租赁

模式描述：采用融资租赁的方式，即先将B公司土地、房产过户到金融租赁D公司名下，由A学院向D公司支付金融租赁费，待金融租赁费支付完毕，再将土地和房产由D公司过户到A学院名下。

税务规划工具：融资租赁。

商业模式七：引进战略投资机构

模式描述：由教育产业战略投资机构E公司对B公司进行增资扩股，B公司用增资扩股的钱去建设新厂房，待B公司旧厂房搬迁完毕，B公司股东将其稀释后的股权转让给A学院。在这一商业模式下，E公司成为新的A学院大股东的同时，A学院也完成了战略升级改造。

税务规划工具：增资扩股、直接股权转让。

第五节 新商业模式选择

以上七种新的商业模式，最终A学院也只能选择一种实施。那么，选择的标准是什么呢？笔者认为，首要标准是税负足够低者优先，其次是兼顾本案其他实际情况。

根据税负优先兼顾其他的选择原则，经过对上述七种商业模式的税负比较，并结合 A 学院的想法，初步选定了两种商业模式，一是商业模式二，即作价入股加股转；二是商业模式三，即收储加划拨。

经过进一步研究，A 学院认为，在收储加划拨模式下，虽然土地收储属于政府行为，不属于土地使用权转让行为，无须缴纳土地增值税、契税和土地部分的增值税，但据《关于全面推开营业税改征增值税试点的通知》（财税〔2016〕36 号）附件 3《营业税改征增值税试点过渡政策的规定》，取得的建筑物、构筑物和机器设备的补偿收入征收增值税还是需要缴纳增值税的。并且土地被收储后取得的收入，不属于《企业所得税法》第七条所说的不征税收入，也不属于《企业所得税法》第二十六条所说的免税收入，最多按照《国家税务总局关于企业政策性搬迁或处置收入有关企业所得税处理问题的通知》（国税函〔2009〕118 号）的有关规定政策性搬迁的政策享受五年递延的优惠。

实际上，从房地产实务角度来看这个问题，由于工业出让地的价格远远低于住宅用地，政府只能以 4000 万元左右的价格收储 B 公司的土地和房屋，剩余 6000 万元左右的价款，A 学院以什么名义，如何支付给 B 公司呢？即使能够完成支付，这 6000 万元的企业所得税该如何处理呢？（其实，如果读者有税务规划慧根的话，这 6000 万元对应的企业所得税是能够处理的。有兴趣读者可以试一试，能否在本书中找到答案。）

综上所述，A 学院放弃了收储加划拨商业模式，最终选择了作价入股加股转的商业模式。

第六节 选定商业模式房地产实务的可行性分析

A 学院虽然初步选定了作价入股加股权转让的商业模式，但是，按照"三务合一"税务规划的理论，在创新和选择商业模式时，要考虑从房地产实务层面有无实践性障碍或疑问。其实，针对这个案例在房地产实务层面有两个问题需要优先考虑：一是依据城市总体规划 B 公司的宗地是否属于教育建设用地；二是当年 B 公司与政府签订的《国有土地使用权出让合同》中，有无 B 公司若改变土地用途则政府有权收回的约定。试想，如果 B 公司的宗地在城市总体规划中是市政公园，那就意味着一旦 B 公司不再按照工业出让地使用该宗地的时候，政府必须将该宗地收购储备并用于市政公园建设，那么，A 学院想利用该宗地进行教育设施建设的想法，必将因为不符合城市总体规划而成为泡影。退一步说，即使该宗地的城市利用总体规划是教育用地或者可以调规改为教育建设用地，但是，如果当年 B 公司与政府签订的《国有土地使用权出让合同》中，有 B 公司若改变土地用途（如由工业改为教育）则政府有权收回该宗地的约定，那么，B 公司也就没有权利私下跟 A 学院达成协议将该宗地交给 A 学院用于建设教育设施，而只能由政府收回进行划拨（针对非营利性学校）或招拍挂（针对营利性学校）重新供地了。显然，上述两个房地产实务问题任何一个成为现实障碍，都必将税收实务和法律实务的劳动成果瞬间归零。

所幸的是，经跟当地政府部门沟通，上述两个房地产实务层面的问题，都得到了妥善解决。如此，作价入股加股转的商业模式，从房地产实务层面判断是切实可行的。

第七节 选定商业模式法律实务的可行性分析

如上所述，增值税、土地增值税和企业所得税按照税法规定，应该由作为卖方的 B 公司缴纳，但是经 A 学院和 B 公司协商一致，把这些本应该由 B 公司缴纳的税，转而由作为合同相对人的 A 学院来缴纳。也就是说，在本次房地产交易过程中的全部税负都由 A 学院包了，这就是典型的包税约定。那么，这种包税约定从法律实务的角度分析，是否合法有效呢？

有人认为包税条款无效，依据是《中华人民共和国税收征管法实施细则》第三条第二款明确规定，"纳税人应当依照税收法律、行政法规的规定履行纳税义务；其签订的合同、协议等与税收法律、行政法规相抵触的，一律无效。"且该实施细则属于国务院制定的行政法规，符合《中华人民共和国合同法》第五十二条第（五）项合同无效的法律依据层级，效力性禁止性规定。

但是，笔者认为上述判断并没有准确把握《中华人民共和国税收征管法实施细则》第三条第二款规定的立法本意。因为，包税条款只是约定由非纳税义务人承担全部的税费，是合同各方对于自身利益安排的自愿选择，通过包税条款并没有改变纳税人义务人、税率、税款等强制性规定，没有逃避国家税收，因此不宜认定条款无效。

其实，司法实践中关于包税条款的有效性早就得到了最高法院的认可。司法判例对于包税条款的效力认定，最经典的当属最高人民法院民事判决书（［2007］民一终字第62号），在该判决书中最高法认为："虽然我国税收管理方面的法律法规对于各种税收的征收均明确规定了纳税义务人，但是并未禁止纳税义务人与合同相对人约定由合同相对人或第三人缴纳税款。故《补充协议》关于税费负担的约定并不违反税收管理方面的法律法规的规定，属合法有效协议。"

值得注意的是，最高人民法院虽然肯定了包税条款的有效性，但是，同时也明确包税条款的出现并不能改变法定的纳税义务人。也就是说，包税条款只改变了税款的缴纳者而没有改变法定的纳税义务人正是其合法有效的法理基础。如此，纳税义务人也就不能误认为签订了包税条款便高枕无忧、万事大吉。因为一旦合同相对人或第三人违约没能按期如数缴纳税款，那么，税务机关还得找到你的头上；同时，因为包税条款丝毫没有改变你纳税义务人的身份，到时候税款、滞纳金甚至罚款仍然会砸到你的头上。当然，纳税义务人可以依据包税条款追究相对方的违约责任。

第八节 选定商业模式纳税分析

由该案例可以看出，A学院和B公司最初的商业模式是直接转让工业出让地以及地上附着物，在这种商业模式下，其税收要素首先表现在税种上，除了印花税和城建附加忽略不计外，主要有土地增值税、增值税、企业所得税和契税四大税种。当A学院意识到奇高的税负远远超出其承受能力之后，就借助税务规划机构的专业能力，主动改变了直接转让不动产的商业模式，转而采用作价入股加股权转让的商业模式。

我们很快发现，这一商业模式的改变，立即引发了税收要素的改变。这种税收要素的改变，表现为税种的变化。

首先，在新商业模式下作价入股环节无须缴纳契税。依据《国家税务总局关于调整增值税纳税申报有关事项的公告》（国税总局［2018］17号）新增的第六条第三款规定"母公司以土地、房屋权属向其全资子公司增资，视同划转，免征契税"。也就是说，B公司以土地房屋向其全资子公司M公司入股增资，视同划转，免征契税。当然，股权转让环节根本不涉及不动产转让过户，自然就不存在征收契税的问题。所以，在新商业模式下无论作价入股环节还是股权转让环节，都不存在缴纳契税的问题。当然，值得注意的是，M公司必须是B公司的全资子公司，而实践中由于A学院大都会依据双方签订的合同支付一笔定金，所以A学院往往以此为由迫不及待地成为M公司的原始股东。显然，这种愚蠢的税盲做法，使得免征契税的构想化为了"一帘幽梦"，不由得使人感叹。

其次，"营改增"前作价入股不征营业税，根据是《财政部 国家税务总局关于股权转让有关营业税问题的通知》（财税［2002］191号）第一条规定："以无形资产、不动产投资入股，参与接受投资方利润分配，共同承担投资风险的行为，不征收营业税。"但营改增后以无形资产（如土地使用权、房屋所有权）入股投资的行为，很多税务机关却要征增值税。理由是作价入股按视同销售对待，但这种做法并无明确的法律依据（本书第84个规划工具"作价入股"部分有详细解析，此处不再赘述），所以笔者认为依据法无授权即禁止的行政法原则，税务机关不应该针对作价入股行为征收增值税。至于股权转让环节，B公司股权也与增值税无关。因为B公司并非上市公司，转让其股权不属于《财政部 国家税务总局关于全面推开营业税改征增值税试点的通知》（财税［2016］36号）规定的金融商品（如有价证券）转让行为，不属于增值税的征收范围。因此，笔者认为新的商业模式下，无论作价入股环节还是股权转让环节，都不存在征收增值税的问题。

再次，根据《财政部 国家税务总局关于土地增值税一些具体问题规定的通知》（财税［1995］48号）第一条规定："对于以房地产进行投资、联营的，投资、联营一方以土地（房地产）作价入股进行投资或作为联营条件，将房地产转让到所投资、联营的企业中的，暂免征收土地增值税。"《财务部 税务总局关于继续实施企业改制重组有关土地增值税政策的通知》（财税［2018］57号）第四条规定："单位、个人在改制重组时以房地产作价入股进行投资，对其将房地产转移、变更到被投资的企业，暂不征土地增值税。"可见，在新的商业模式下，作价入股这一环节，土地增值税暂免征收毫无疑问。至于股权转让环节，国家税务总局依据"实质重于形式的课税原则"，在相当长的一段时间内，坚持认为在目标公司主要财产表现为土地或房屋的情况下，转让100%股权就属于名为转让股权实为转让土地或房屋，并且，国家税务总局针对所谓"明股实地"这同一个问题，做出了国税函［2000］687号、［2009］387号和［2011］415号三个内容相同的批复，以"重要事情说三遍"的坚韧精神捍卫着"明股实地"应该征收土地增值税的观点。但令人欣慰的是，随着最高人民法院民事判决书（［2014］民二终字第264号）内容的广泛传播，大多数税务机关已经不再征收"明股实地"的土地增值税了。所以，笔者认为在新的商业模式下，无论作价入股环节还是股权转让环节，也不存在缴纳土地增值税的问题。

　　最后，企业所得税虽然不能减免，但依据《财政部　国家税务总局关于非货币性资产投资企业所得税政策问题的通知》（财税［2014］116号），在作价入股环节，B公司可以享受五年内均匀分期缴纳的延期缴纳优惠，但根据第四条第一款的规定，享受五年内均匀分期缴纳的延期缴纳优惠的前提是五年内B公司股权不能转让。不知道在有足够信用增加措施的保障下，A学院能否耐得住这五年的煎熬。当然，若实在觉得五年太长，A学院也可以根据自己的资金链情况选择两年或三年。真到了股权转让环节，由于土地房屋已经作价入股，股权转让的股权"原值"已经足够大，基本没有多少应税所得了，自然这一环节的企业所得税也可以忽略不计。

第十五章　传统房地产开发企业案例

中国大陆的房地产发端于1998年亚洲金融危机，以《国务院关于进一步深化城镇住房制度改革加快住房建设的通知》（国发〔1998〕23号）正式印发实施为标志。时至2018年，经过整整20年的茁壮成长，这一行业呈现出一个明显而重大的特点，即房地产企业之间的分化态势逐步明朗，行业集中度越来越强。这点已然成为全社会共识。仅2017年上半年，房地产并购的金额就突破了2000亿元大关。到了2018年，各大房企不是在并购，就是在并购的路上。有人甚至断言，80%以上的传统房地产开发企业将因并购而消失。且不说最终会有多少传统房地产开发企业因并购而消失，但有一点是肯定的，那就是中国大陆传统房地产开发企业的并购浪潮已经到来。

在这百年一遇的房地产开发企业并购浪潮中，房地产税务规划方案设计必然成为并购双方的刚需。那么，房地产税务规划方案是如何设计出来的呢？本书所讲的56种取得建设用地的途径和108种税务规划工具以及相关的法律知识，如何具体运用到房地产税务规划方案设计中呢？

下面，我们就通过一个实际的案例，来体验一下本书所讲的56种取得建设用地的途径和108种税务规划工具以及相关的法律知识，是如何杂乱而有序地统一在一个房地产税务规划真实案例中的。

第一节 | 案情介绍

A公司为一家房地产公司，实缴注册资本2000万元，母公司B持有A公司100%股权。其中，自然人甲是B公司唯一的股东。

2017年5月16日，A公司以挂牌形式取得一宗土地，现已经取得国有建设用地使用权证。为取得该宗地A公司对股东B有1亿元股东借款，该宗地取得成本共计1.2亿元。

2017年9月26日，C公司拟以2.2亿元价格收购股东B公司持有A公司100%股权（包括1亿元负债），股东B实际净得股权转让价款1.2亿元。

其中，自然人乙是 C 公司唯一股东。

这是一个十分常见也非常简单的非承债式股权收购案例。

第二节 确认税务规划基本点

C 公司直接或间接取得 A 公司 100%股权。

B 公司需得到 2.2 亿元或 1.2 亿元股权对价。

为什么出现了两个数？原因在于承债式股权收购和非承债式股权收购的不同。

这里顺便普及一下承债式股权收购与非承债式股权收购的基础知识，特别说明一下承债式股权收购和非承债式股权收购的区别。在这个问题上，首先需要明确的是，所谓承债或非承债的主体是"收购方"，对于股权收购来说就是新股东。这是承债式股权收购和非承债式股权收购之区别的"牛鼻子"，只要抓住了这个"牛鼻子"，承债式股权收购和非承债式股权收购的区别就不言自明了。顾名思义，所谓承债式股权收购就是目标公司的债务，由"收购方"（即新股东）直接承担或支付，所以，这种收购方式下股权转让"合同总额"就小；所谓非承债式股权收购就是目标公司的债务，"收购方"（即新股东）不直接承担或支付，一般由"出让方"（即原股东）直接承担或支付，所以，这种收购方式下股权转让"合同总额"就大。

综上所述，结合该案例，在承债式股权收购模式下，股权转让"合同总额"为 1.2（2.2-1.0）亿元；在非在承债式股权收购模式下，股权转让"合同总额"为 2.2 亿元。

由该案例可以看出，承债式股权收购模式下股权转让"合同总额"较小（为 1.2 亿元），而非承债式股权收购模式下股权转让"合同总额"较大（为 2.2 亿元）。需要特别说明的是，虽然承债式股权收购和非承债式股权收购能够影响股权转让的"合同总额"的大小，但是，并不能引起股权"转让金总额"的改变。也就是说，针对同一个目标公司，无论是采取承债式收购还是采取非承债式收购，目标公司股权所对应的股权"转让金总额"并不因收购是否承债而发生任何改变。因为股权"转让金总额"对应的是目标公司的净资产，也就是说，只要目标公司的净资产不发生变化，股权"转让金总额"就不会发生改变。结合该案例，A 公司的净资产始终是 1.2 亿元（假设公司以前年度没有弥补亏损，且会计与税法无差异），则股权

"转让金总额"自然始终也是1.2亿元。所以，采取承债式收购还是非承债式收购，对股权转让"合同总额"是有影响的，而对股权"转让金总额"并没有影响，其根源就在于股权"转让金总额"只与目标公司净资产相关。

第三节 客户的纳税思路和应纳税额

客户纳税思路就是原股东B公司直接转让A公司100%股权至新股东C公司名下，股权转让"合同总额"为2.2亿元。在这种纳税思路下，B公司和C公司应纳税情况如下：

（一）原股东B公司应纳税情况

1. 印花税

根据国家税务总局《关于印花税若干具体问题的解释和规定的通知》（国税发［1991］155号）第十条规定"财产所有权转移书据的征税范围是：经政府管理登记注册的动产、不动产的所有权转移所立的书据，以及企业股权转让所立书据"。至此，股权转让合同纳入印花税的征税范围，计税依据是"产权转移书据"所载金额。

结合案例，B公司印花税计税依据是2.2亿元，适用税率为万分之五。应纳税额为：22000万元×0.05%=11万元。

2. 企业所得税

根据《国家税务总局关于股权转让收入征收个人所得税问题的批复》（国税函［2007］244号）股权转让应纳税所得计算公式如下：

应纳税所得额=（原股东股权转让总收入−原股东承担的债务总额+原股东所收回的债权总额−注册资本额−股权转让过程中的有关税费）×原股东持股比例。

结合案例，B公司应纳税所得额如下：

应纳税所得额=22000万元−10000万元−2000万元−11万元=9989万元。

B公司适用税率25%。B公司应纳税额为：

9989万元×25%=2497.25万元。

所以，在非承债式收购模式下B公司应纳税总额为：2497.25万元+11万元=2508.25万元。

（二）新股东 C 公司应纳税情况

印花税：22000 万元×0.05%＝11 万元。

综上所述，在非承债式收购模式下 B 公司和 C 公司应纳税总额之和为：2508.25 万元+11 万元＝2519.25 万元。

第四节 新商业模式探寻

由上一个案例解析，我们已经得知，进行税务规划方案设计的关键，就是探寻新的商业模式，并从新的商业模式中挑选出适合当事人且税负相对较低的商业模式。

上一个案例是资产转让，我们探寻了七种新的商业模式。这个案例是股权转让，我们又能探寻出几种商业模式呢？

商业模式一：股借分离

模式描述：在股权转让商业模式下，要始终把握一个最高原则，即股权"转让金总额"对应是目标公司净资产总额，而不是"合同总额"。在这一最高原则指导下，要注意把公司借款和股权转让金总额分离，不要把"合同总额"误认为"股权转让金总额"。也就是说，所谓股借分离模式，就是刻意把公司借款从"合同总额"中剔出去，其本质就是承债式收购。

结合该案例，承债式收购在签订合同的形式上，除签订一份"合同总额"为1.2亿元的股权转让协议之外，还需要由 B 公司、C 公司和 A 公司再签订一份总额为 1.0 亿元的债权转让协议（即约定 B 公司对 A 公司享有的 1 个亿债权转让给了 C 公司）。

为了说明股债分离这种商业模式的节税原理，下面我们将 B 公司和 C 公司在承债式收购方式下应纳税情况做一个详细的测算：

（一）原股东 B 公司应纳税情况

印花税：12000 万元×0.05%＝6 万元。

企业所得税：应纳税所得额＝22000 万元－10000 万元－2000 万元－6 万元＝9994 万元。

B 公司适用税率25%。B 公司应纳税额为：9994 万元×25%＝2498.5 万元。

所以，在承债式收购模式下B公司应纳税额为：2498.5万元+6万元=2504.5万元。

(二) 新股东C公司应纳税情况

印花税：12000万元×0.05%=6万元。

综上所述，在承债式收购模式下B公司和C公司应纳税总额之和为2504.5万元+6万元=2510.5万元。

我们会突然发现，在非承债式股权收购模式下B公司和C公司应纳税总额之和为2519.25万元，而在承债式股权收购模式下B公司和C公司应纳税总额之和成了2510.5万元。也就是说，同样针对A公司100%股权，且股权转让"合同总额"均为2.2亿元的情况下，承债式股权收购模式比非承债式收购模式，节税近9万元。当然其原因很明显，在于印花税应纳税额的计税基数是"合同总额"，而不是股权"转让金总额"。

所以，律师作为法律工作者，在审查当事人股权转让合同时，即使当事人没有税务规划的要求，也要建议当事人尽量采用承债式收购方式，以便节省少量税金。尤其是涉及房地产的股权转让，印花税动辄几十万元甚至上百万元，也不是可以忽略不计的数额。

当然，从法律形式上看，承债式收购方式下，需要签订两份协议，除了签订一份是股权转让协议外，还需要再签订一份债权转让协议，而在非承债式收购方式下，只需签订一份股权转让协议即可。结合该案例，在承债式收购方式下，除了签订一份"合同总额"为1.2亿元的股权转让协议外，还需要由B公司、C公司和A公司再签订一份总额为1.0亿元的债权转让协议（即约定B公司对A公司享有的1个亿债权转让给了C公司）；而在非承债式收购方式下，只需签订一份"合同总额"为2.2亿元的股权转让协议即可。实践中，有人把债权转让的相关内容作为股权转让合同的一个条款，从而省去签订两份合同的麻烦。问题是，既然糅合成了一份合同，那么，税务机关在"合同总额"的认定上会不会找你的麻烦呢？笔者的习惯，还是"白萝卜就酒——干脆一点"，省得拖泥带水。

商业模式二：股东债权抵顶分红

模式描述：

(1) 新股东C公司等价受让B公司90%股权，支付B公司股权转让金1800万元。

(2) 新股东C公司借给A公司1亿元，用于A公司清偿B公司1亿元借款。

（3）新股东 C 公司借款给 B 公司 1.02 亿元，该借款 B 公司用剩余 10% 股权做质押担保，且最终用 B 公司剩余 10% 股权分红（不对等分红约定）抵顶。B 公司拿走 1.02 亿分红时，不用缴纳企业所得税。

税务规划工具：

不对等分红、股东债权抵顶分红。

优缺点分析：

在该商业模式下，虽然 B 公司名义税负很低，但是 B 公司通过不对等分红拿走 1.02 亿分红是税后所得，也就是说在此之前，A 公司已经针对 1.02 亿元缴纳了一次企业所得税。所以，该商业模式并没有产生实际的节税效果，只是产生了延迟纳税的效果。另外，由于不对等分红数额过大，还可能遭到税务机关纳税调整。

商业模式三：公司债权抵顶分红

模式描述：

（1）新股东 C 公司等价受让 B 公司 90% 股权，支付 B 公司股权转让金 1800 万元。

（2）新股东 C 公司借给 A 公司 1 亿元，用于 A 公司清偿 B 公司一亿元借款。

（3）A 公司借款给 B 公司 1.02 亿元，该借款最终用 B 公司剩余 10% 股权分红（不对等分红约定）抵顶。B 公司拿走 1.02 亿分红时，不用缴纳企业所得税。

税务规划工具：

不对等分红、股东债权抵顶分红。

优缺点分析：

显然，该商业模式是商业模式二的"升级版"。因为该商业模式与商业模式二的唯一区别就是，借款给 B 公司 1.02 亿元的主体，由新股东 C 公司变成了目标公司 A 公司，这样不对等分红的压力就减轻了不少。

商业模式四：增资扩股

模式描述：

（1）新股东 C 公司向 A 公司注资 2.2 亿元（计入资本公积），持有 A 公司 50% 股权。B 公司仍然持有 A 公司剩余 50% 股权，但是，该 50% 的股权的原值，由于公司资本公积的增加而飙升为1.2亿元。

（2）新股东C公司以1.2亿元的价格受让B公司剩余50%股权，从而使得新股东C公司成为A公司持股100%的股东。

（3）A公司清偿B公司一亿元借款。B公司共计取得资金2.2亿元。

税务规划工具：

增资扩股、直接转让股权。

优缺点分析：

该商业模式的最大风险，在于C公司注入的巨额资本公积，B公司能否坐享其成。这一点在理论和实践上还是有一定差距的，要最大限度地争取税务机关的支持。

商业模式五：吸收合并

模式描述：

（1）C公司注册资本2000万元资本公积2亿元，拥有现金2.2亿元。现A公司吸收合并C公司，C公司注销。合并后A公司有两个股东，其中，B公司持有50%股权，自然人乙（原C公司的唯一股东）持有50%股权。

（2）自然人乙以1.2亿元的价格收购B公司持有50%股权，从而拥有A公司100%股权。

（3）A公司向B公司偿还1亿元借款。此时，A公司注册资本4000万元资本公积1亿元。

税务规划工具：

吸收合并、直接股权转让。

优缺点分析：

显然，该商业模式是商业模式四的"升级版"。虽然B公司在以1.2亿元的价格转让股权时，省去了巨额的企业所得税，但是C公司及其股东乙，却在2.2亿元的基础上又多动用了1.2亿元的资金，且该1.2亿元资金沉淀为A公司的注册资本和资本公积。

商业模式六：过桥资金

模式描述：

（1）新股东C公司的股东自然人乙借款给老股东B公司1亿元。

（2）老股东B公司用1亿元注资到A公司，计入资本公积。这时，A公司100%股权的原值上升为1.2亿元。

(3) 新股东 C 公司受让老股东 B 公司持有的 A 公司 100%股权，股权转让金总额为 1.2 亿元。

(4) A 公司偿还老股东 B 公司 1 亿元股东借款。

筹划工具：

直接股权转让。

优缺点分析：

该商业模式下，虽然老股东 B 公司转让 A 公司 100%股权的企业所得税降下来了，但是，新股东 C 公司的自然人股东乙对 B 公司的 1 亿元债权却没有消灭，并且不能偿还，否则就动摇了本案税务规划的基本点，即 B 公司一旦偿还这 1 亿元，拿到手的就不是足额的 2.2 亿元资金，而只是到手 1.2 亿元了。其实，针对我国税收征管重企业轻个人的现实，这种商业模式对于老股东和新股东都是自然人的情况，可能更容易处理。但随着新《个人所得税法》及其配套法律文件的实施和金三系统采集个人信息的能力大幅提升，这种"野路子"恐怕会越走越窄。

商业模式七：债转股加分立

模式描述：

(1) C 公司借款给 B 公司 2.2 亿元。

(2) B 公司拿出 1 亿元注资 A 公司且计入资本公积，A 公司偿还 B 公司 1 亿元股东借款。

(3) C 公司对 B 公司 2.2 亿元债权实施债转股，成为 B 公司的股东，同时 2.2 亿元的债权债务消灭。此时，B 公司主要资产是两部分：一是 A 公司 100%股权（估值为 1.2 亿元）；二是 2.2 亿元现金。考虑到 A 公司 100%股权的机会成本，B 公司债转股后的两个股东 C 公司和自然人甲分别持有 B 公司 50%的股权。

(4) B 公司进行分立，将 A 公司 100%股权分立到独立的新公司 D，而 C 公司作为 B 公司 50%的持有股东，通过分立成为新公司 D 的唯一股东。分离之后的 B 公司剩余主要资产是 2.2 亿元现金。

筹划工具：

转公积、债转股、企业分立。

优缺点分析：

该商业模式已经完全看不到转让目标公司 A 公司的影子，但是，却没有动摇本案税务规划的基本点。首先，C 公司通过新公司 D 间接持有了 A

公司100%股权；其次，B公司既拿到了2.2亿元现金，也没有对外负债。该商业模式最大的亮点在于，在大幅降低B公司税负的同时，巧妙地通过债转股的方式成功地解决了商业模式六起始借款无法消灭的难题。

第五节 新商业模式选择

如前所述，商业模式选择首要原则就是税负低者优先。从这个原则出发，通过比较不难发现，商业模式一、商业模式二和商业模式三要么节税额甚少，要么只有延迟纳税效果，所以，首先应该被淘汰出局。商业模式四和商业模式五虽然节税效果尚可，可惜的是让当事人多动用了50%的资金，额外产生了财务费用，似乎也不尽如人意，只好忍痛割爱。商业模式六虽然节税效果尚可，也没有让当事人多动用额外的资金，但有一个往来借款无法消灭，令人遗憾。所以，商业模式七自然就独占鳌头，让人不由得发出"理论是灰色的，生活之树常青"的慨叹。

第六节 选定商业模式房地产实务的可行性分析

从房地产实务角度出发，由于商业模式七避开了房地产开发企业A公司，主要围绕非房地产开发企业B公司展开，所以，并不涉及具体的房地产开发企业的禁止性规定。但是，由于商业模式七涉及转公积、债转股和企业分立等多种税务规划工具，所以时间成本较高，尤其是企业分立需要企业提前布局，尽量降低时间成本。

按照被分立企业在分立后是否存续，企业分立分为存续分立与新设分立。商业模式七显然是存续分立，所以，我们介绍一下存续分立的相应流程。

（1）根据《公司法》的规定，应当由公司董事会拟定分立方案并交由公司股东会审议通过。若拟分立公司涉及国有独资公司的，则需要获得履行出资人职责的国资监管机构决定。

（2）到工商部门办理分立后新设公司的名称预核准。

（3）确立分立基准日，编制资产负债表及财产清单、通知债权人，并于三十日内在报纸上公告。

(4) 聘请评估机构对拟分立的资产进行评估。

(5) 存续公司、分立公司及分立公司的股东签署分立协议。

(6) 到税务有关部门进行汇算清缴。

(7) 办理公司设立工商登记以及存续公司变更登记。

(8) 根据分立方案,分割公司业务、资产、负债及人员。

第七节 选定商业模式法律实务的可行性分析

从法律实务角度看商业模式七可能应该重点关注,B公司分立时,是否提前通知债权人、债权人是否有权要求提前清偿债务或提供担保以及B公司分立完成后对之前债务的连带责任等问题。

1993版《公司法》第一百八十五条规定:"公司分立,其财产作相应的分割。公司分立时,应当编制资产负债表及财产清单。公司应当自作出分立决议之日起十日内通知债权人,并于三十日内在报纸上至少公告三次。债权人自接到通知书之日起三十日内,未接到通知书的自第一次公告之日起九十日内,有权要求公司清偿债务或者提供相应的担保。不清偿债务或者不提供相应的担保的,公司不得分立。公司分立前的债务按所达成的协议由分立后的公司承担。"

2005版《公司法》对上述规定进行了颠覆性修改,现行2013版《公司法》沿用了2005版的规定,其中第一百七十五条规定:"公司分立,其财产作相应的分割。公司分立,应当编制资产负债表及财产清单。公司应当自作出分立决议之日起十日内通知债权人,并于三十日内在报纸上公告。"第一百七十六条规定:"公司分立前的债务由分立后的公司承担连带责任。但是,公司在分立前与债权人就债务清偿达成的书面协议另有约定的除外。"也就是说,根据现行《公司法》,债权人已经不能以债务人没有清偿债务或者提供担保为理由阻止债务人的分立行为。

在法律实务过程中,债权人以债务人未清偿债务或提供担保而阻止其分立的商业习惯还有一定的市场,尤其是一些金融机构利用其强势地位,在相关协议中强行约定债务人分立其有权要求提前还款或提供强担保。

显然,为了避免上述一系列法律风险,在适用商业模式七的时候要尽量选择一个干净的、没有债务的"B公司"。实际上,在税务规划实践中,如果税务规划专业人员介入得足够早,基本都是提前布局成立 SPV 公司作为"B公司",从而在"DNA 阶段"就杜绝上述一系列的法律风险。这就是税务规划三大原则之一的超前性原则的具体体现。

第八节 | 选定商业模式纳税分析

由于商业模式七避开了房地产开发企业 A 公司,主要围绕非房地产开发企业 B 公司展开,而 B 公司的主要财产又是公司股权和现金,根本不涉及土地和房产等不动产,所以,也就不存在土地增值税和契税的问题。又因为不涉及销售货物、提供应税劳务和进口货物,当然也不存在缴纳增值税的问题。

主要需要考虑的还是企业所得税。据《财政部 国家税务总局关于企业重组业务企业所得税处理若干问题的通知》(财税〔2009〕59 号)第四条第五款的规定,企业分立,当事各方应按下列规定处理:①被分立企业对分立出去资产应按公允价值确认资产转让所得或损失。②分立企业应按公允价值确认接受资产的计税基础。③被分立企业继续存在时,其股东取得的对价应视同被分立企业分配进行处理。④被分立企业不再继续存在时,被分立企业及其股东都应按清算进行所得税处理。⑤企业分立相关企业的亏损不得相互结转弥补。结合案例,考虑到 A 公司土地摘牌时间才不到半年土地增值忽略不计,A 公司 100%股权转让的价值按照 1.2 亿元确认,应该比较公允。所以,A 公司 100%股权由债转股后的 B 公司分立到 D 公司,并不产生转让所得,当然也就不存在缴纳企业所得税的问题。

第五篇针对资产转让和股权转让这两大税务规划领域,各自解析了一个典型案例。通过这两个典型案例的解析,我们对"三务合一"税务规划理论指导下的税务规划,有了十分感性的了解,总括起来应该有以下几点感受:

一是在税务规划领域靠那 1%的灵光一闪得来的方案设计灵感是税务规划的核心竞争力。

二是所谓方案设计的灵感,主要表现在商业模式的设计和创新能力上,也就是说,商业模式的设计和创新能力是税务规划工作者的核心竞争力。因为,所谓税务规划高手和普通税务规划工作人员的主要区别,就在于是否对某一专门行业具有深刻的理解，以及是否能够以这种深刻理解为基础，针对某一个具体案例设计出满足客户税务要求的新的商业模式。所以，商业模式的设计和创新是税务规划专业化的灵魂，所有言必称税法条文而不研究具体行业商业模式的税务规划，都是僵尸型税务规划，是没有真正生命力的税务规划。上述两个案例只是为了说明"三务合一"理论指导下税务规划的逻辑和实际过程，由于案例案情过于简单，由此导致所谓的商业模式也相对简单，每一种商业模式用到的税务规划工具也相对较少。其实，现实生活中的案例要比上述案例复杂得多，当然每一种商业模式用到的税务规划工具也要多很多，最终会形成怎样的一环套一环的、局中局的商业模式，谁也不能未卜先知，也只能使人发出"我劝天公重抖擞，不拘一格创模式"慨叹罢了。因为，每一个活生生的案例都有它自己的税务规划命格，就像天下没有两片相同的树叶一样。

三是虽然说随着税收法定时代的到来，中国大陆必将是个税务规划高手辈出、众星璀璨的时代，但是，税务规划商业模式的设计和创新需要从行业实务、税收实务和法律实务三个方面，综合地进行设计和创新。所以，真正税务规划高手不可能是独来独往的大侠，而应该是一个分工合作大平台（如超大型律师事务所、会计师事务所和税务师事务所），至少也应该是一个"三务合一"多体融合的大团队。因为，当下的中国，税务规划工作已经完全跨越了做账控制成本阶段和就事论事、一点就破的点子阶段，而是进入到了一个做局，并且是局中局的崭新阶段，如果还有人抱着一个人或以一个人为主的小团队仗剑走天涯的陈旧观念，必将沦为21世纪的"堂吉诃德"。

四是本书只是一本企业并购房地产税务规划方向的专业工具用书，通过本书读者可以学习和掌握一些房地产实务、税收实务和法律实务，尤其是108种税务规划工具的基础知识。至于有的读者希望读了本书，回到家就比照葫芦画瓢从事房地产并购税务规划方案设计工作，那必然不会成功。因为，按照本书"三务合一"理论，要想设计出经得住实践检验的房地产税务规划方案，至少要有房地产实务、税收实务和法律实务三方面的长期实践积累，而这种积累恰恰只能靠时间来打磨，目前还没有研究出速成的技术。

附录

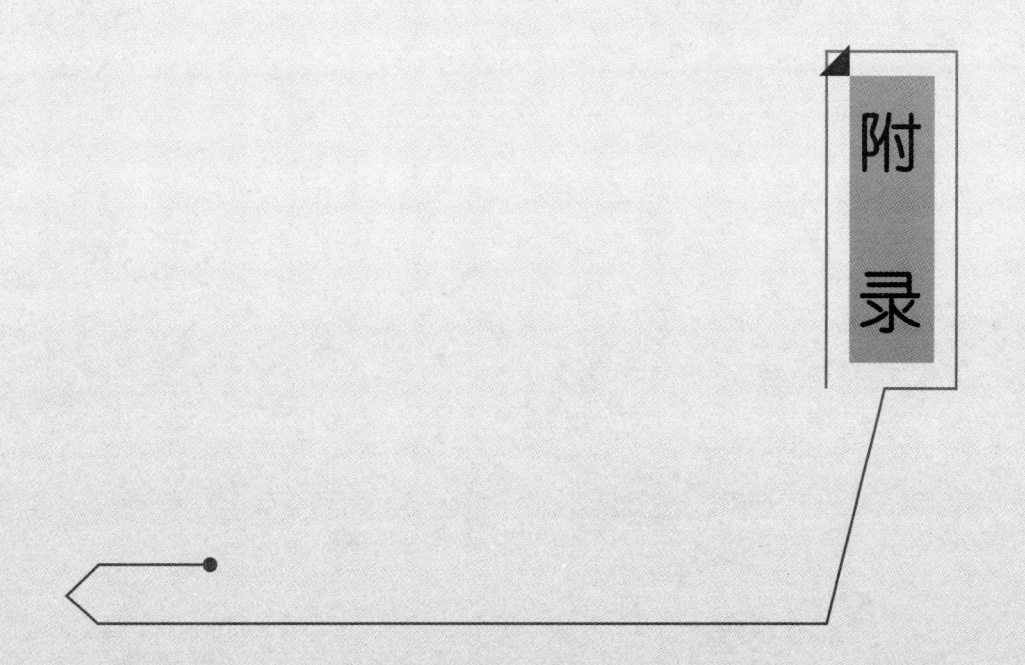

附录1　房地产实务法律法规

附录1-1　《招标拍卖挂牌出让国有土地使用权规定》

【核心提示】2002年5月9日发布2002年7月1日正式施行的《招标拍卖挂牌出让土地使用权规定》（土地界简称11号令）在我国土地流转进程中具有划时代的意义。它彻底终止以协议出让为主的土地一级市场供地方式，开启了以招拍挂为标志的公开出让国有土地使用权的历史大幕。2007年9月21日，中华人民共和国国土资源部令第39号令将11号令修改为《招标拍卖挂牌出让国有建设用地使用权规定》，主要是配合《物权法》的出台，将"出让土地使用权"改为了"出让国有建设用地使用权"，并无实质性修改。

第一条　为规范国有土地使用权出让行为，优化土地资源配置，建立公开、公平、公正的土地使用制度，根据《中华人民共和国城市房地产管理法》、《中华人民共和国土地管理法》和《中华人民共和国土地管理法实施条例》等法律、法规，制定本规定。

第二条　在中华人民共和国境内以招标、拍卖或者挂牌方式出让国有土地使用权的，适用本规定。

本规定所称招标出让国有土地使用权，是指市、县人民政府土地行政主管部门（以下简称出让人）发布招标公告，邀请特定或者不特定的公民、法人和其他组织参加国有土地使用权投标，根据投标结果确定土地使用者的行为。

本规定所称拍卖出让国有土地使用权，是指出让人发布拍卖公告，由竞买人在指定时间、地点进行公开竞价，根据出价结果确定土地使用者的行为。

本规定所称挂牌出让国有土地使用权，是指出让人发布挂牌公告，按公告规定的期限将拟出让宗地的交易条件在指定的土地交易场所挂牌公布，接受竞买人的报价申请并更新挂牌价格，根据挂牌期限截止时的出价结果确定土地使用者的行为。

第三条 招标、拍卖或者挂牌出让国有土地使用权应当遵循公开、公平、公正和诚实信用的原则。

第四条 商业、旅游、娱乐和商品住宅等各类经营性用地，必须以招标、拍卖或者挂牌方式出让。

前款规定以外用途的土地的供地计划公布后，同一宗地有两个以上意向用地者的，也应当采用招标、拍卖或者挂牌方式出让。

第五条 国有土地使用权招标、拍卖或者挂牌出让活动，应当有计划地进行。市、县人民政府土地行政主管部门根据社会经济发展计划、产业政策、土地利用总体规划、土地利用年度计划、城市规划和土地市场状况，编制国有土地使用权出让计划，报经同级人民政府批准后，及时向社会公开发布。

第六条 市、县人民政府土地行政主管部门应当按照出让计划，会同城市规划等有关部门共同拟订招标拍卖挂牌出让地块的用途、年限、出让方式、时间和其他条件等方案，报经市、县人民政府批准后，由市、县人民政府土地行政主管部门组织实施。

第七条 出让人应当根据招标拍卖挂牌出让地块的情况，编制招标拍卖挂牌出让文件。招标拍卖挂牌出让文件应当包括招标拍卖挂牌出让公告、投标或者竞买须知、宗地图、土地使用条件、标书或者竞买申请书、报价单、成交确认书、国有土地使用权出让合同文本。

第八条 出让人应当至少在投标、拍卖或者挂牌开始日前20日发布招标、拍卖或者挂牌公告，公布招标拍卖挂牌出让宗地的基本情况和招标拍卖挂牌的时间、地点。

第九条 招标拍卖挂牌公告应当包括下列内容：

（一）出让人的名称和地址；

（二）出让宗地的位置、现状、面积、使用年期、用途、规划设计要求；

（三）投标人、竞买人的资格要求及申请取得投标、竞买资格的办法；

（四）索取招标拍卖挂牌出让文件的时间、地点及方式；

（五）招标拍卖挂牌时间、地点、投标挂牌期限、投标和竞价方式等；

（六）确定中标人、竞得人的标准和方法；

（七）投标、竞买保证金；

（八）其他需要公告的事项。

第十条 市、县人民政府土地行政主管部门应当根据土地估价结果和政府产业政策综合确定标底或者底价。成交确认书应当包括出让人和中标人、竞得人的名称、地址，出让标的，成交时间、地点、价款，以及签订《国有土地使用权出让合同》的时间、地点等内容。

成交确认书对出让人和中标人、竞得人具有合同效力。签订成交确认书后，出让人改变竞得结果，或者中标人、竞得人放弃中标宗地、竞得宗地的，应当依法承担责任。

......

第二十一条 中标人、竞得人应当按照成交确认书约定的时间，与出让人签订《国有土地使用权出让合同》。

中标人、竞得人支付的投标、竞买保证金，抵作国有土地使用权出让金，其他投标人、竞买人支付的投标、竞买保证金，出让人必须在招标拍卖挂牌活动结束后5个工作日内予以退还，不计利息。

第二十二条 招标拍卖挂牌活动结束后，出让人应在10个工作日内将招标拍卖挂牌出让结果在土地有形市场或者指定的场所、媒介公布。

出让人公布出让结果，不得向受让人收取费用。

第二十三条 受让人依照《国有土地使用权出让合同》的约定付清全部国有土地使用权出让金后，应当依法申请办理土地登记，领取国有土地使用权证书。

第二十四条 应当以招标拍卖挂牌方式出让国有土地使用权而擅自采用协议方式出让的，对直接负责的主管人员和其他直接责任人员依法给予行政处分。

第二十五条 中标人、竞得人有下列行为之一的，中标、竞得结果无效；造成损失的，中标人、竞得人应当依法承担赔偿责任：

（一）投标人、竞买人提供虚假文件隐瞒事实的；

（二）中标人、竞得人采取行贿、恶意串通等非法手段中标或者竞得的。

第二十六条 土地行政主管部门工作人员在招标拍卖挂牌出让活动中玩忽职守、滥用职权、徇私舞弊的，依法给予行政处分；构成犯罪的，依法追究刑事责任。

第二十七条 以招标拍卖挂牌方式租赁国有土地使用权的，参照本规定执行。

第二十八条　本规定自2002年7月1日起施行。

附录1-2　《关于继续开展经营性土地使用权招标拍卖挂牌出让情况执法监察工作的通知》

【核心提示】2004年3月30日，国土资源部、监察部联合下发了《关于继续开展经营性土地使用权招标拍卖挂牌出让情况执法监察工作的通知》，要求各省市在2004年8月31日之后，不得再以历史遗留问题为由采用协议方式出让经营性开发的项目用地。想当年令房地产行业风声鹤唳草木皆兵的"8·31大限"，就来自这个71号文。

各省、自治区、直辖市国土资源厅（国土环境资源厅、国土资源和房屋管理局、房屋土地资源管理局、规划和国土资源局）、监察厅（局），计划单列市国土资源行政主管部门、监察局，解放军土地管理局，新疆生产建设兵团国土资源局、监察局：

2003年，各级国土资源行政主管部门和监察机关按照中央纪委全会和国务院廉政工作会议的部署，认真开展经营性土地使用权招标拍卖挂牌出让情况执法监察。经过努力，经营性土地使用权招标拍卖挂牌出让制度已经初步建立，经营性土地使用权招标拍卖挂牌出让的比例有所提高。但从全国看，这项制度还没有全面落实，领导干部违反规定干预和插手经营性土地使用权出让的行为依然存在，有的地方问题还相当严重。为贯彻落实中央纪委第三次全会和国务院第二次廉政工作会议关于认真落实经营性土地使用权招标拍卖挂牌出让制度，严肃查处违法违规批地用地行为的部署和要求，从源头上预防和治理土地出让中的腐败行为，国土资源部、监察部决定，2004年继续在全国开展经营性土地使用权招标拍卖挂牌出让情况执法监察。现就有关问题通知如下：

一、突出重点，明确执法监察的范围和内容。2004年执法监察的重点是，继续全面推行并严格执行经营性土地使用权招标拍卖挂牌出让制度，建立健全具体制度和操作规范，认真纠正和严肃查处土地出让中违规操作问题和违纪违法行为。执法监察的范围是，2004年1月1日后各类经营性土地使用权实行招标拍卖挂牌出让情况；对2003年执法监察中发现但尚未处理的违规操作和违纪违法出让经营性土地出让问题，也要纠正和查处。主要内容包括：

1. 市、县建立经营性土地使用权招标拍卖挂牌出让制度的情况。已建立制度的市、县，要督促抓好制度的规范，制定监督管理措施。尚未建立制度的，要责成有关地方政府和部门于3月底以前建立，届时仍不建立的，要追究主要领导的责任。

2. 市、县人民政府和国土资源行政主管部门执行经营性土地使用权招标拍卖挂牌出让程序的情况，特别是国有土地使用权出让信息公开和规范操作的有关情况。对不按规定操作和公开有关信息的，要及时进行纠正，造成严重后果的，要追究相关人员的责任。

3. 经营性土地使用权出让中规避招标拍卖挂牌或仍采取协议方式出让和划拨的问题。是否存在单位和个人先行立项、先行选址定点和先行确定地价的问题。是否存在假招标、假拍卖、假挂牌或陪标、串标等弄虚作假问题。是否存在领导干部违反规定干预和插手经营性土地使用权出让等问题。

4. 2003年遗留问题的清查处理情况。对2003年执法监察中发现但尚未处理的问题，要在2004年纠正和查处完结。在2003年执法监察和土地市场秩序治理整顿中已经进行处理，并通过国土资源部、发展改革委、监察部、建设部、审计署联合验收通过的问题，不再作为问题提出。

二、明确政策，严格和规范执行经营性土地使用权。招标拍卖挂牌出让制度各地要严格执行经营性土地使用权招标拍卖挂牌出让制度。2002年7月1日《招标拍卖挂牌出让国有土地使用权规定》实施后，除原划拨土地使用权人不改变原土地用途申请补办出让手续和按国家有关政策规定属于历史遗留问题之外，商业、旅游、娱乐和商品住宅等经营性用地供应必须严格按规定采用招标拍卖挂牌方式，其他土地的供地计划公布后，同一宗地有两个或两个以上意向用地者的，也应当采用招标拍卖挂牌方式供应。各地要严格按国家有关政策规定界定《招标拍卖挂牌出让国有土地使用权规定》实施前的历史遗留问题，不得擅自扩大范围，也不得弄虚作假，变相搭车。要加快工作进度，在2004年8月31日前将历史遗留问题界定并处理完毕。8月31日后，不得再以历史遗留问题为由采用协议方式出让经营性土地使用权。

为加强管理和监督，国有土地使用权招标拍卖挂牌出让必须公开进行。国有土地使用权出让计划、招标拍卖挂牌和协议出让公告、出让申请条件和出让结果等必须按规定向社会公开，除了按规定在相关媒体公布外，还应同时在中国土地市场网上发布，信息公开必须及时、准确、真实。市、县国土资源行政主管部门组织实施国有土地使用权招标拍卖挂牌活动，必须制订明确的操作程序和工作规程，规范操作，各级监察机关要制订具体的监督检查措施，对不按规定公布出让信息、影响国有土地使用权招标拍卖挂牌出让公开规范进行的，监察机关和上级国土资源行政主管部门要责成责任单位及时纠正，完善相关制度，并追究有关人员责任。

三、加强领导，强化监督检查地方各级人民政府。要进一步认识经营性土地使用权招标拍卖挂牌出让工作的重要意义，加强组织领导，及时研究和协调解决工作中遇到的困难和问题。各级国土资源行政主管部门、监察机关要进一步完善联席会议制度，结合本地实际，制订工作方案，统一组织，协调动作。既各尽其职，各负其责，又相互支持，密切配合，形成整体合力。

各省、自治区、直辖市国土资源行政主管部门和监察机关要采取全面检查和重点抽查相结合的方法，加大监督检查的力度。检查工作可采取下查一级或组织地（市）、县（市）之间交叉检查等方式进行；省（区、市）要针对所辖地区存在的突出问题确定重点进行抽查，对2003年发现问题较多的地方，必须重点检查。要及时掌握工作进展情况，总结推广好的做法和经验，对措施不力、进展缓慢的加强督查。同时，要按要求认真做好经营性土地使用权出让情况和违纪违法案件查处情况的汇总上报工作（见附件1-3）。

各省（区、市）国土资源行政主管部门和监察机关要于11月10日前，分别向国土资源部、监察部报告执法监察工作情况。国土资源部、监察部将根据各地的工作情况适时组织联合检查，并将检查情况予以通报。

四、严肃执纪，加大查处违纪违法案件的力度。《中共中央纪委监察部关于领导干部利用职权违反规定干预和插手建设工程招标投标、经营性土地使用权出让、房地产开发与经营等市场经济活动，为个人和亲友谋取私利的处理规定》已经颁布实施，这是落实经营性土地招标拍卖挂牌出让制度的重要保证，各地必须认真执行。

各级监察机关要认真履行职责，充分发挥职能作用，注意发现案件线索，扩大案源，会同国土资源行政主管部门严肃查处一批土地出让中的违纪违法案件。对经营性土地使用权出让中，规避招标拍卖挂牌，仍采取协议出让和划拨的；先行立项、先行选址定点和先行确定地价的；弄虚作假、徇私舞弊的；领导干部违反规定以个人或集体研究的名义干预或插手经营性土地使用权出让等各种违纪违法行为，要坚决予以查处，涉嫌犯罪的，要移送司法机关处理。对有关地方和部门瞒案不报、压案不查、查而不处的，监察部将严肃予以处理，追究有关责任人员的责任。

附录1-3 《招标拍卖挂牌出让国有土地使用权规范（试行）》和《协议出让国有土地使用权规范（试行）》

（国土资发［2006］114号）

【核心提示】2006年8月1日实施的这两个文件土地界简称为"两个规范"，主要针对11号令自2002年7月1日实施以来出现的一系列问题，进行了系统性的细化，好多实践中的困惑都可以在"两个规范"中找到答案，尤其是对协议出让国有土地和招拍挂公开出让土地的具体边界做出了明确的划分。所以本书在第二篇中也反复引用"两个规范"的相关条文。

招标拍卖挂牌出让国有土地使用权规范

（试行）

（2006年5月31日发布　2006年8月1日实施
中华人民共和国国土资源部发布）

1. 适用范围

在中华人民共和国境内以招标、拍卖或者挂牌方式出让国有土地使用权，适用本规范；以招标、拍卖或者挂牌方式租赁国有土地使用权、出让国有土地他项权利，参照本规范执行。

以招标、拍卖或者挂牌方式转让国有土地使用权，以及依法以招标、拍卖或者挂牌方式流转农民集体建设用地使用权，可参照本规范执行。

2. 引用的标准和文件

下列标准和文件所包含的条文，通过在本规范中引用而构成本规范的条文。本规范颁布时，所示版本均为有效。使用本规范的各方应使用下列各标准和文件的最新版本。

GB/T18508—2001《城镇土地估价规程》

国土资发［2000］303号《国有土地使用权出让合同示范文本》

国土资发［2001］255号《全国土地分类》

国土资发［2004］232号《工业建设项目用地控制指标》

3. 依据

(1)《中华人民共和国土地管理法》

(2)《中华人民共和国城市房地产管理法》

(3)《中华人民共和国城市规划法》

(4)《中华人民共和国行政许可法》

(5)《中华人民共和国合同法》

(6)《中华人民共和国城镇国有土地使用权出让和转让暂行条例》

(7)《建立健全教育、制度、监督并重的惩治和预防腐败体系实施纲要》(中发［2005］3号)

(8)《国务院关于加强国有土地资产管理的通知》(国发［2001］15号)

(9)《国务院关于深化改革严格土地管理的决定》(国发［2004］28号)

(10)《中共中央纪委监察部关于领导干部利用职权违反规定干预和插手建设工程招投标、经营性土地使用权出让、房地产开发与经营等市场经济活动，为个人和亲友谋取私利的处理规定》(中纪发［2004］3号)

(11)《招标拍卖挂牌出让国有土地使用权规定》(国土资源部令第11号)

4. 总则

4.1 招标拍卖挂牌出让国有土地使用权内涵

本规范所称招标出让国有土地使用权，是指市、县国土资源管理部门发布招标公告或者发出投标邀请书，邀请特定或者不特定的法人、自然人和其他组织参加国有土地使用权投标，根据投标结果确定土地使用者的行为。

本规范所称拍卖出让国有土地使用权，是指市、县国土资源管理部门发布拍卖公告，由竞买人在指定时间、地点进行公开竞价，根据出价结果确定土地使用者的行为。

本规范所称挂牌出让国有土地使用权，是指市、县国土资源管理部门发布挂牌公告，按公告规定的期限将拟出让宗地的交易条件在指定的土地交易场所挂牌公布，接受竞买人的报价申请并更新挂牌价格，根据挂牌期限截止时的出价结果或现场竞价结果确定土地使用者的行为。

4.2 招标拍卖挂牌出让国有土地使用权原则

(1) 公开、公平、公正；

(2) 诚实信用。

4.3 招标拍卖挂牌出让国有土地使用权范围

(1) 供应商业、旅游、娱乐和商品住宅等各类经营性用地以及有竞争要求的工业用地；

(2) 其他土地供地计划公布后同一宗地有两个或者两个以上意向用地者的；

(3) 划拨土地使用权改变用途，《国有土地划拨决定书》或法律、法规、行政规定等明确应当收回土地使用权，实行招标拍卖挂牌出让的；

(4) 划拨土地使用权转让，《国有土地划拨决定书》或法律、法规、行政规定等明确应当收回土地使用权，实行招标拍卖挂牌出让的；

(5) 出让土地使用权改变用途，《国有土地使用权出让合同》约定或法律、法规、行政规定等明确应当收回土地使用权，实行招标拍卖挂牌出让的；

(6) 法律、法规、行政规定明确应当招标拍卖挂牌出让的其他情形。

4.4 招标拍卖挂牌出让国有土地使用权组织实施

4.4.1 实施主体

国有土地使用权招标拍卖挂牌出让由市、县国土资源管理部门组织实施。

4.4.2 组织方式

市、县国土资源管理部门实施招标拍卖挂牌出让国有土地使用权活动，可以根据实际情况选择以下方式：

(1) 市、县国土资源管理部门自行办理；

(2) 市、县国土资源管理部门指定或授权下属事业单位具体承办；

(3) 市、县国土资源管理部门委托具有相应资质的交易代理中介机构承办。

4.4.3 协调决策机构

国有土地使用权出让实行集体决策。市、县国土资源管理部门根据实际情况，可以成立国有土地使用权出让协调决策机构，负责协调解决出让中的相关问题，集体确定有关事项。

4.4.4 土地招标拍卖挂牌主持人

国有土地使用权招标拍卖挂牌出让活动,应当由符合国土资源部确定的土地招标拍卖挂牌主持人条件并取得资格的人员主持进行。

4.4.5 招标拍卖挂牌出让程序

(1) 公布出让计划,确定供地方式;
(2) 编制、确定出让方案;
(3) 地价评估,确定出让底价;
(4) 编制出让文件;
(5) 发布出让公告;
(6) 申请和资格审查;
(7) 招标拍卖挂牌活动实施;
(8) 签订出让合同,公布出让结果;
(9) 核发《建设用地批准书》,交付土地;
(10) 办理土地登记;
(11) 资料归档。

4.5 地方补充规定

地方可对本规范做出补充规定或实施细则,并报上一级国土资源管理部门备案。

5. 公布出让计划,确定供地方式

5.1 市、县国土资源管理部门应当将经批准的国有土地使用权出让计划向社会公布。有条件的地方可以根据供地进度安排,分阶段将国有土地使用权出让计划细化落实到地段、地块,并将相关信息及时向社会公布。国有土地使用权出让计划以及细化的地段、地块信息应当同时在中国土地市场网(www.landchina.com)上公布。

5.2 市、县国土资源管理部门公布国有土地使用权出让计划、细化的地段、地块信息,应当同时明确用地者申请用地的途径和方式,公开接受用地申请。

5.3 需要使用土地的单位和个人(以下简称意向用地者)应当根据公布的国有土地使用权出让计划、细化的地段、地块信息以及自身用地需求,向市、县国土资源管理部门提出用地申请。

5.4 用地预申请

为充分了解市场需求情况,科学合理安排供地规模和进度,有条件的地方,可以建立用地预申请制度。单位和个人对列入招标拍卖挂牌出让计划内的具体地块有使用意向的，可以提出用地预申请，并承诺愿意支付的土地价格。市、县国土资源管理部门认为其承诺的土地价格和条件可以接受的，应当根据土地出让计划和土地市场情况，适时组织实施招标拍卖挂牌出让活动，并通知提出该宗地用地预申请的单位或个人参加。提出用地预申请的单位、个人，应当参加该宗地竞投或竞买，且报价不得低于其承诺的土地价格。

5.5 根据意向用地者申请情况，符合 4.3 规定条件的土地使用权出让，应当采取招标拍卖挂牌方式。对不能确定是否符合 4.3 规定条件的具体宗地，可由国有土地使用权出让协调决策机构集体认定。

对具有综合目标或特定社会、公益建设条件、开发建设要求较高、仅有少数单位和个人可能有受让意向的土地使用权出让，可以采取招标方式，按照综合条件最佳者得的原则确定受让人；其他的土地使用权出让，应当采取招标、拍卖或挂牌方式，按照价高者得的原则确定受让人。

采用招标方式出让国有土地使用权的，应当采取公开招标方式。对土地使用者有严格的限制和特别要求的，可以采用邀请招标方式。

6. 编制、确定出让方案

6.1 编制招标拍卖挂牌出让方案

市、县国土资源管理部门应当会同城市规划管理等有关部门，依据国有土地使用权出让计划、城市规划等，编制国有土地使用权招标拍卖挂牌出让方案。

国有土地使用权招标拍卖挂牌出让方案应当包括：拟出让地块的具体位置、四至、用途、面积、年限、土地使用条件、供地时间、供地方式、建设时间等。属于综合用地的，应明确各类具体用途、所占面积及其各自的出让年期。对于各用途不动产之间可以分割，最终使用者为不同单位、个人的，应当按照综合用地所包含的具体土地用途分别确定出让年期；对于多种用途很难分割、最终使用者唯一的，也可以统一按照综合用地最高出让年限 50 年确定出让年期。

6.2 招标拍卖挂牌出让方案报批

国有土地使用权招标拍卖挂牌出让方案应按规定报市、县人民政府批准。

7. 地价评估，确定出让底价

7.1 地价评估

市、县国土资源管理部门应当根据拟出让地块的条件和土地市场情况，依据《城镇土地估价规程》，组织对拟出让地块的正常土地市场价格进行评估。

地价评估由市、县国土资源管理部门或其所属事业单位组织进行，根据需要也可以委托具有土地估价资质的土地或不动产评估机构进行。

7.2 确定底价

有底价出让的，市、县国土资源管理部门或国有土地使用权出让协调决策机构应当根据土地估价结果、产业政策和土地市场情况等，集体决策，综合确定出让底价和投标、竞买保证金。招标出让的，应当同时确定标底；拍卖和挂牌出让的，应当同时确定起叫价、起始价等。

标底、底价确定后，在出让活动结束之前应当保密，任何单位和个人不得泄露。

8. 编制出让文件

市、县国土资源管理部门应当根据经批准的招标拍卖挂牌出让方案，组织编制国有土地使用权招标拍卖挂牌出让文件。

8.1 招标出让文件应当包括：

(1) 招标出让公告或投标邀请书

(2) 招标出让须知

(3) 标书

(4) 投标申请书

(5) 宗地界址图

(6) 宗地规划指标要求

(7) 中标通知书

(8) 国有土地使用权出让合同

(9) 其他相关文件

8.2 拍卖出让文件应当包括：

(1) 拍卖出让公告

(2) 拍卖出让须知

(3) 竞买申请书

(4) 宗地界址图

(5) 宗地规划指标要求

(6) 成交确认书

(7) 国有土地使用权出让合同

(8) 其他相关文件

8.3 挂牌出让文件应当包括：
（1）挂牌出让公告
（2）挂牌出让须知
（3）竞买申请书
（4）挂牌竞买报价单
（5）宗地界址图
（6）宗地规划指标要求
（7）成交确认书
（8）国有土地使用权出让合同
（9）其他相关文件

9. 发布出让公告

9.1 发布公告

国有土地使用权招标拍卖挂牌出让公告应当由市、县国土资源管理部门发布。出让公告应当通过中国土地市场网和当地土地有形市场发布，也可同时通过报刊、电视台等媒体公开发布。

出让公告应当至少在招标拍卖挂牌活动开始前20日发布，以首次发布的时间为起始日。

经批准的出让方案已明确招标、拍卖、挂牌具体方式的，应当发布具体的"国有土地使用权招标出让公告"、"国有土地使用权拍卖出让公告"或"国有土地使用权挂牌出让公告"；经批准的出让方案未明确招标、拍卖、挂牌具体方式的，可以发布"国有土地使用权公开出让公告"，发布公开出让公告的，应当明确根据申请截止时的申请情况确定具体的招标、拍卖或挂牌方式。

出让公告可以是单宗地的公告，也可以是多宗地的联合公告。

9.2 公告内容

9.2.1 招标出让公告应当包括以下内容：

（1）出让人的名称、地址、联系电话等，授权或指定下属事业单位以及委托代理机构进行招标的，还应注明其机构的名称、地址和联系电话等；

（2）招标地块的位置、面积、用途、开发程度、规划指标要求、土地使用年限和建设时间等；

（3）投标人的资格要求及申请取得投标资格的办法；

（4）获取招标文件的时间、地点及方式；

（5）招标活动实施时间、地点，投标期限、地点和方式等；

（6）确定中标人的标准和方法；

（7）支付投标保证金的数额、方式和期限；

（8）其他需要公告的事项。

9.2.2 拍卖出让公告应当包括以下内容：

（1）出让人的名称、地址、联系电话等，授权或指定下属事业单位以及委托代理机构进行拍卖的，还应注明其名称、地址和联系电话等；

（2）拍卖地块的位置、面积、用途、开发程度、规划指标要求、土地使用年限和建设时间等；

（3）竞买人的资格要求及申请取得竞买资格的办法；

（4）获取拍卖文件的时间、地点及方式；

（5）拍卖会的地点、时间和竞价方式；

（6）支付竞买保证金的数额、方式和期限；

（7）其他需要公告的事项。

9.2.3 挂牌出让公告应当包括以下内容：

（1）出让人的名称、地址、联系电话等，授权或指定下属事业单位以及委托代理机构进行挂牌的，还应注明其机构名称、地址和联系电话等；

（2）挂牌地块的位置、面积、用途、开发程度、规划指标要求、土地使用年限和建设时间等；

（3）竞买人的资格要求及申请取得竞买资格的办法；

（4）获取挂牌文件的时间、地点及方式；

（5）挂牌地点和起止时间；

（6）支付竞买保证金的数额、方式和期限；

（7）其他需要公告的事项。

9.3 公告调整

公告期间，出让公告内容发生变化的，市、县国土资源管理部门应当按原公告发布渠道及时发布补充公告。涉及土地使用条件变更等影响土地价格的重大变动，补充公告发布时间距招标拍卖挂牌活动开始时间少于20日的，招标拍卖挂牌活动相应顺延。

发布补充公告的，市、县国土资源管理部门应当书面通知已报名的申请人。

10. 申请和资格审查

10.1 申请人

国有土地使用权招标拍卖挂牌出让的申请人，可以是中华人民共和国境内外的法人、自然人和其他组织,但法律法规对申请人另有限制的除外。

申请人可以单独申请,也可以联合申请。

10.2 申请

申请人应在公告规定期限内交纳出让公告规定的投标、竞买保证金,并根据申请人类型,持相应文件向出让人提出竞买、竞投申请:

(1) 法人申请的,应提交下列文件:

①申请书;

②法人单位有效证明文件;

③法定代表人的有效身份证明文件;

④申请人委托他人办理的,应提交授权委托书及委托代理人的有效身份证明文件;

⑤保证金交纳凭证;

⑥招标拍卖挂牌文件规定需要提交的其他文件。

(2) 自然人申请的,应提交下列文件:

①申请书;

②申请人有效身份证明文件;

③申请人委托他人办理的,应提交授权委托书及委托代理人的身份证明文件;

④保证金交纳凭证;

⑤招标拍卖挂牌文件规定需要提交的其他文件。

(3) 其他组织申请的,应提交下列文件:

①申请书;

②表明该组织合法存在的文件或有效证明;

③表明该组织负责人身份的有效证明文件;

④申请人委托他人办理的,应提交授权委托书及委托代理人的身份证明文件;

⑤保证金交纳凭证;

⑥招标拍卖挂牌文件规定需要提交的其他文件。

(4) 境外申请人申请的,应提交下列文件:

①申请书;

②境外法人、自然人、其他组织的有效身份证明文件;

③申请人委托他人办理的,应提交授权委托书及委托代理人的有效身份证明文件;

④保证金交纳凭证；

⑤招标拍卖挂牌文件规定需要提交的其他文件。

上述文件中，申请书必须用中文书写，其他文件可以使用其他语言，但必须附中文译本，所有文件的解释以中文译本为准。

(5) 联合申请的，应提交下列文件：

①联合申请各方共同签署的申请书；

②联合申请各方的有效身份证明文件；

③联合竞买、竞投协议，协议要规定联合各方的权利、义务，包括联合各方的出资比例，并明确签订《国有土地使用权出让合同》时的受让人；

④申请人委托他人办理的，应提交授权委托书及委托代理人的有效身份证明文件；

⑤保证金交纳凭证；

⑥招标拍卖挂牌文件规定需要提交的其他文件。

(6) 申请人竞得土地后，拟成立新公司进行开发建设的，应在申请书中明确新公司的出资构成、成立时间等内容。出让人可以根据招标拍卖挂牌出让结果，先与竞得人签订《国有土地使用权出让合同》，在竞得人按约定办理完新公司注册登记手续后，再与新公司签订《国有土地使用权出让合同变更协议》；也可按约定直接与新公司签订《国有土地使用权出让合同》。

10.3 受理申请及资格审查

出让人应当对出让公告规定的时间内收到的申请进行审查。

经审查，有下列情形之一的，为无效申请：

(1) 申请人不具备竞买资格的；

(2) 未按规定交纳保证金的；

(3) 申请文件不齐全或不符合规定的；

(4) 委托他人代理但委托文件不齐全或不符合规定的；

(5) 法律法规规定的其他情形。

经审查，符合规定条件的，应当确认申请人的投标或竞买资格，并通知其参加招标拍卖挂牌活动。采用招标或拍卖方式的，取得投标或竞买资格者不得少于3个。

10.4 出让人应当对申请人的情况进行保密。

10.5 申请人对招标拍卖挂牌文件有疑问的，可以书面或者口头方式向出让人咨询，出让人应当为申请人咨询以及查询出让地块有关情况提供便利。根据需要，出让人可以组织申请人对拟出让地块进行现场踏勘。

11. 招标拍卖挂牌活动实施——招标

11.1 投标

市、县国土资源管理部门应当按照出让公告规定的时间、地点组织招标投标活动。投标活动应当由土地招标拍卖挂牌主持人主持进行。

投标开始前，招标主持人应当现场组织开启标箱，检查标箱情况后加封。

投标人应当在规定的时间将标书及其他文件送达指定的投标地点，经招标人登记后，将标书投入标箱。

招标公告允许邮寄投标文件的，投标人可以邮寄，但以招标人在投标截止时间前收到的方为有效。招标人登记后，负责在投标截止时间前将标书投入标箱。

投标人投标后，不可撤回投标文件，并对投标文件和有关书面承诺承担责任。投标人可以对已提交的投标文件进行补充说明，但应在招标文件要求提交投标文件的截止时间前书面通知招标人并将补充文件送达投标地点。

11.2 开标

招标人按照招标出让公告规定的时间、地点开标，邀请所有投标人参加。开标应当由土地招标拍卖挂牌主持人主持进行。招标主持人邀请投标人或其推选的代表检查标箱的密封情况，当众开启标箱。

标箱开启后，招标主持人应当组织逐一检查标箱内的投标文件，经确认无误后，由工作人员当众拆封，宣读投标人名称、投标价格和投标文件的其他主要内容。

开标过程应当记录。

11.3 评标

按照价高者得的原则确定中标人的，可以不成立评标小组。按照综合条件最佳者得的原则确定中标人的，招标人应当成立评标小组进行评标。

11.3.1 评标小组由出让人、有关专家组成，成员人数为5人以上的单数。有条件的地方，可建立土地评标专家库，每次评标前随机从专家库中抽取评标小组专家成员。

11.3.2 招标人应当采取必要的措施，保证评标在严格保密的情况下进行。

11.3.3 评标小组可以要求投标人对投标文件中含义不明确的内容做出

必要的澄清或者说明，但澄清或者说明不得超出投标文件的范围或者改变投标文件的实质性内容。

11.3.4 评标小组对投标文件进行有效性审查。有下列情形之一的，为无效投标文件：

（1）投标文件未密封的；

（2）投标文件未加盖投标人印鉴，也未经法定代表人签署的；

（3）投标文件不齐备、内容不全或不符合规定的；

（4）投标人对同一个标的有两个或两个以上报价的；

（5）委托投标但委托文件不齐全或不符合规定的；

（6）评标小组认为投标文件无效的其他情形。

11.3.5 评标要求

评标小组应当按照招标文件确定的评标标准和方法，对投标文件进行综合评分，根据综合评分结果确定中标候选人。

评标小组应当根据评标结果，按照综合评分高低确定中标候选人排序，但低于底价或标底者除外。同时有两个或两个以上申请人的综合评分相同的，按报价高低排名，报价也相同的，可以由综合评分相同的申请人通过现场竞价确定排名顺序。投标人的投标价均低于底价或投标条件均不能够满足标底要求的，投标活动终止。

11.4 定标

招标人应当根据评标小组推荐的中标候选人确定中标人。招标人也可以授权评标小组直接确定中标人。

按照价高者得的原则确定中标人的，由招标主持人根据开标结果，直接宣布报价最高且不低于底价者为中标人。有两个或两个以上申请人的报价相同且同为最高报价的，可以由相同报价的申请人在限定时间内再行报价，或者采取现场竞价方式确定中标人。

11.5 发出《中标通知书》

确定中标人后，招标人应当向中标人发出《中标通知书》，并同时将中标结果通知其他投标人。

《中标通知书》应包括招标人与中标人的名称、出让标的、成交时间、地点、价款，以及双方签订《国有土地使用权出让合同》的时间、地点等内容。

《中标通知书》对招标人和中标人具有法律效力，招标人改变中标结果，或者中标人不按约定签订《国有土地使用权出让合同》、放弃中标宗地的，应当承担法律责任。

12. 招标拍卖挂牌活动实施——拍卖

12.1 市、县国土资源管理部门应当按照出让公告规定的时间、地点组织拍卖活动。拍卖活动应当由土地招标拍卖挂牌主持人主持进行。

12.2 拍卖会按下列程序进行：

（1）拍卖主持人宣布拍卖会开始。

（2）拍卖主持人宣布竞买人到场情况。

设有底价的，出让人应当现场将密封的拍卖底价交给拍卖主持人，拍卖主持人现场开启密封件。

（3）拍卖主持人介绍拍卖地块的位置、面积、用途、使用年限、规划指标要求、建设时间等。

（4）拍卖主持人宣布竞价规则。

拍卖主持人宣布拍卖宗地的起叫价、增价规则和增价幅度，并明确提示是否设有底价。在拍卖过程中，拍卖主持人可根据现场情况调整增价幅度。

（5）拍卖主持人报出起叫价，宣布竞价开始。

（6）竞买人举牌应价或者报价。

（7）拍卖主持人确认该竞买人应价或者报价后继续竞价。

（8）拍卖主持人连续三次宣布同一应价或报价而没有人再应价或出价，且该价格不低于底价的，拍卖主持人落槌表示拍卖成交，拍卖主持人宣布最高应价者为竞得人。成交结果对拍卖人、竞得人和出让人均具有法律效力。最高应价或报价低于底价的，拍卖主持人宣布拍卖终止。

12.3 签订《成交确认书》

确定竞得人后，拍卖人与竞得人当场签订《成交确认书》。拍卖人或竞得人不按规定签订《成交确认书》的，应当承担法律责任。竞得人拒绝签订《成交确认书》也不能对抗拍卖成交结果的法律效力。

《成交确认书》应包括拍卖人与竞得人的名称，出让标的，成交时间、地点、价款，以及双方签订《国有土地使用权出让合同》的时间、地点等内容。

《成交确认书》对拍卖人和竞得人具有法律效力，拍卖人改变拍卖结果的，或者竞得人不按约定签订《国有土地使用权出让合同》、放弃竞得宗地的，应当承担法律责任。

拍卖过程应当制作拍卖笔录。

13. 招标拍卖挂牌活动实施——挂牌

市、县国土资源管理部门应当按照出让公告规定的时间、地点组织挂牌活动。挂牌活动应当由土地招标拍卖挂牌主持人主持进行。

13.1 公布挂牌信息

在挂牌公告规定的挂牌起始日，挂牌人将挂牌宗地的位置、面积、用途、使用年期、规划指标要求、起始价、增价规则及增价幅度等，在挂牌公告规定的土地交易地点挂牌公布。挂牌时间不得少于10个工作日。

13.2 竞买人报价

符合条件的竞买人应当填写报价单报价。有条件的地方，可以采用计算机系统报价。

竞买人报价有下列情形之一的，为无效报价：

(1) 报价单未在挂牌期限内收到的；
(2) 不按规定填写报价单的；
(3) 报价单填写人与竞买申请文件不符的；
(4) 报价不符合报价规则的；
(5) 报价不符合挂牌文件规定的其他情形。

13.3 确认报价

挂牌主持人确认该报价后，更新显示挂牌价格，继续接受新的报价。有两个或两个以上竞买人报价相同的，先提交报价单者为该挂牌价格的出价人。

13.4 挂牌截止

挂牌截止应当由挂牌主持人主持确定。设有底价的，出让人应当在挂牌截止前将密封的挂牌底价交给挂牌主持人，挂牌主持人现场打开密封件。在公告规定的挂牌截止时间，竞买人应当出席挂牌现场，挂牌主持人宣布最高报价及其报价者，并询问竞买人是否愿意继续竞价。

13.4.1 挂牌主持人连续三次报出最高挂牌价格，没有竞买人表示愿意继续竞价的，挂牌主持人宣布挂牌活动结束，并按下列规定确定挂牌结果：

(1) 最高挂牌价格不低于底价的，挂牌主持人宣布挂牌出让成交，最高挂牌价格的出价人为竞得人；
(2) 最高挂牌价格低于底价的，挂牌主持人宣布挂牌出让不成交。

13.4.2 有竞买人表示愿意继续竞价的，即属于挂牌截止时有两个或两个以上竞买人要求报价的情形，挂牌主持人应当宣布挂牌出让转入现场竞价，并宣布现场竞价的时间和地点，通过现场竞价确定竞得人。

13.5 现场竞价

现场竞价应当由土地招标拍卖挂牌主持人主持进行，取得该宗地挂牌竞买资格的竞买人均可参加现场竞价。现场竞价按下列程序举行：

（1）挂牌主持人应当宣布现场竞价的起始价、竞价规则和增价幅度，并宣布现场竞价开始。现场竞价的起始价为挂牌活动截止时的最高报价增加一个加价幅度后的价格。

（2）参加现场竞价的竞买人按照竞价规则应价或报价。

（3）挂牌主持人确认该竞买人应价或者报价后继续竞价。

（4）挂牌主持人连续三次宣布同一应价或报价而没有人再应价或出价，且该价格不低于底价的，挂牌主持人落槌表示现场竞价成交，宣布最高应价或报价者为竞得人。成交结果对竞得人和出让人均具有法律效力。最高应价或报价低于底价的，挂牌主持人宣布现场竞价终止。

在现场竞价中无人参加竞买或无人应价或出价的，以挂牌截止时出价最高者为竞得人，但低于挂牌出让底价者除外。

13.6 签订《成交确认书》

确定竞得人后，挂牌人与竞得人当场签订《成交确认书》。挂牌人或竞得人不按规定签订《成交确认书》的，应当承担法律责任。竞得人拒绝签订《成交确认书》也不能对抗挂牌成交结果的法律效力。

《成交确认书》应包括挂牌人与竞得人的名称，出让标的，成交时间、地点、价款，以及双方签订《国有土地使用权出让合同》的时间、地点等内容。

《成交确认书》对挂牌人和竞得人具有法律效力，挂牌人改变挂牌结果的，或者竞得人不按规定签订《国有土地使用权出让合同》、放弃竞得宗地的，应当承担法律责任。

挂牌过程应当制作挂牌笔录。

14. 签订出让合同，公布出让结果

14.1 签订《国有土地使用权出让合同》

招标拍卖挂牌出让活动结束后，中标人、竞得人应按照《中标通知书》或《成交确认书》的约定，与出让人签订《国有土地使用权出让合同》。

14.2

中标人、竞得人支付的投标、竞买保证金，在中标或竞得后转作受让地块的定金。其他投标人、竞买人交纳的投标、竞买保证金，出让人应在招标拍卖挂牌活动结束后5个工作日内予以退还，不计利息。

14.3 公布出让结果

招标拍卖挂牌活动结束后10个工作日内，出让人应当将招标拍卖挂牌出让结果通过中国土地市场网以及土地有形市场等指定场所向社会公布。

公布出让结果应当包括土地位置、面积、用途、开发程度、土地级别、容积率、出让年限、供地方式、受让人、成交价格和成交时间等内容。

出让人公布出让结果，不得向受让人收取费用。

15. 核发《建设用地批准书》，交付土地

市、县国土资源管理部门向受让人核发《建设用地批准书》，并按照《国有土地使用权出让合同》《建设用地批准书》确定的时间和条件将出让土地交付给受让人。

16. 办理土地登记

受让人按照《国有土地使用权出让合同》约定付清全部国有土地使用权出让金，依法申请办理土地登记，领取《国有土地使用证》，取得国有土地使用权。

17. 资料归档

出让手续全部办结后，市、县国土资源管理部门应当对宗地出让过程中的用地申请、审批、招标拍卖挂牌活动、签订合同等各环节相关资料、文件进行整理，并按规定归档。应归档的宗地出让资料包括：

(1) 申请人的申请材料；
(2) 宗地条件及相关资料；
(3) 宗地评估资料；
(4) 宗地出让底价及集体决策记录；
(5) 宗地招标拍卖挂牌出让方案；
(6) 宗地出让方案批复文件；
(7) 招标拍卖挂牌出让文件；
(8) 招标拍卖挂牌活动实施过程的记录资料；
(9) 《中标通知书》或《成交确认书》；
(10) 《国有土地使用权出让合同》及出让结果公布资料；
(11) 其他应归档的材料。

协议出让国有土地使用权规范
（试行）

1. 适用范围

在中华人民共和国境内以协议方式出让国有土地使用权，适用本规范；以协议方式租赁国有土地使用权、出让国有土地他项权利，参照本规范执行。

2. 引用的标准和文件

下列标准和文件所包含的条文，通过在本规范中引用而构成本规范的条文。本规范颁布时，所示版本均为有效。使用本规范的各方应使用下列各标准和文件的最新版本。

GB/T 18508—2001《城镇土地估价规程》

国土资发［2000］303号《国有土地使用权出让合同示范文本》

国土资发［2001］255号《全国土地分类》

国土资发［2004］232号《工业建设项目用地控制指标》

3. 依据

(1)《中华人民共和国土地管理法》

(2)《中华人民共和国城市房地产管理法》

(3)《中华人民共和国城市规划法》

(4)《中华人民共和国行政许可法》

(5)《中华人民共和国合同法》

(6)《中华人民共和国城镇国有土地使用权出让和转让暂行条例》

(7)《建立健全教育、制度、监督并重的惩治和预防腐败体系实施纲要》（中发［2005］3号）

(8)《国务院关于加强国有土地资产管理的通知》（国发［2001］15号）

(9)《国务院关于深化改革严格土地管理的决定》（国发［2004］28号）

(10)《协议出让国有土地使用权规定》（国土资源部［2003］21号）

4. 总则

4.1 协议出让国有土地使用权内涵

本规范所称协议出让国有土地使用权，是指市、县国土资源管理部门以协议方式将国有土地使用权在一定年限内出让给土地使用者，由土地使用者支付土地使用权出让金的行为。

4.2 协议出让国有土地使用权原则

(1) 公开、公平、公正；

(2) 诚实信用。

4.3 协议出让国有土地使用权范围

出让国有土地使用权，除依照法律、法规和规章的规定应当采用招标、拍卖或者挂牌方式外，方可采取协议方式，主要包括以下情况：

(1) 供应商业、旅游、娱乐和商品住宅等各类经营性用地以外用途的土地，其供地计划公布后同一宗地只有一个意向用地者的；

（2）原划拨、承租土地使用权人申请办理协议出让，经依法批准，可以采取协议方式，但《国有土地划拨决定书》、《国有土地租赁合同》、法律、法规、行政规定等明确应当收回土地使用权重新公开出让的除外；

（3）划拨土地使用权转让申请办理协议出让，经依法批准，可以采取协议方式，但《国有土地划拨决定书》、法律、法规、行政规定等明确应当收回土地使用权重新公开出让的除外；

（4）出让土地使用权人申请续期，经审查准予续期的，可以采用协议方式；

（5）法律、法规、行政规定明确可以协议出让的其他情形。

4.4　协议出让国有土地使用权组织管理

国有土地使用权协议出让由市、县国土资源管理部门组织实施。

国有土地使用权出让实行集体决策。市、县国土资源管理部门可根据实际情况成立国有土地使用权出让协调决策机构，负责协调解决出让中的相关问题，集体确定有关事项。

4.5　协议出让价格争议裁决

对于经营性基础设施、矿业开采等具有独占性和排他性的用地，应当建立协议出让价格争议裁决机制。此类用地协议出让过程中，意向用地者与出让方在出让价格方面有争议难以达成一致，意向用地者认为出让方提出的出让价格明显高于土地市场价格的，可提请出让方的上一级国土资源管理部门进行出让价格争议裁决。

4.6　地方补充规定

地方可对本规范做出补充规定或实施细则，并报上一级国土资源管理部门备案。

5. 供地环节的协议出让

5.1　供地环节协议出让国有土地使用权的一般程序

（1）公开出让信息，接受用地申请，确定供地方式；

（2）编制协议出让方案；

（3）地价评估，确定底价；

（4）协议出让方案、底价报批；

（5）协商、签订意向书；

（6）公示；

（7）签订出让合同，公布出让结果；

（8）核发《建设用地批准书》，交付土地；

（9）办理土地登记；

（10）资料归档。

5.2 公开出让信息，接受用地申请，确定供地方式

5.2.1 市、县国土资源管理部门应当将经批准的国有土地使用权出让计划向社会公布。有条件的地方可以根据供地进度安排，分阶段将国有土地使用权出让计划细化落实到地段、地块，并将相关信息及时向社会公布。国有土地使用权出让计划以及细化的地段、地块信息应当同时通过中国土地市场网（www.landchina.com）公布。

5.2.2 市、县国土资源管理部门公布国有土地使用权出让计划、细化的地段、地块信息，应当同时明确用地者申请用地的途径和方式，公开接受用地申请。

5.2.3 需要使用土地的单位和个人（以下简称意向用地者）应当根据公布的国有土地使用权出让计划、细化的地段、地块信息以及自身用地需求，向市、县国土资源管理部门提出用地申请。

5.2.4 在规定时间内，同一地块只有一个意向用地者的，市、县国土资源管理部门方可采取协议方式出让，但属于商业、旅游、娱乐和商品住宅等经营性用地除外。对不能确定是否符合协议出让范围的具体宗地，可由国有土地使用权出让协调决策机构集体认定。

5.3 编制协议出让方案

市、县国土资源管理部门应当会同规划等部门，依据国有土地使用权出让计划、城市规划和意向用地者申请的用地类型、规模等，编制国有土地使用权协议出让方案。

协议出让方案应当包括：拟出让地块的位置、四至、用途、面积、年限、土地使用条件、供地时间、供地方式等。

5.4 地价评估，确定底价

5.4.1 地价评估

市、县国土资源管理部门应当根据拟出让地块的条件和土地市场情况，按照《城镇土地估价规程》，组织对拟出让地块的正常土地市场价格进行评估。

地价评估由市、县国土资源管理部门或其所属事业单位组织进行，根据需要也可以委托具有土地估价资质的土地或不动产评估机构进行评估。

5.4.2 确定底价

市、县国土资源管理部门或国有土地使用权出让协调决策机构应当根

据土地估价结果、产业政策和土地市场情况等，集体决策，综合确定协议出让底价。

协议出让底价不得低于拟出让地块所在区域的协议出让最低价。

出让底价确定后，在出让活动结束之前应当保密，任何单位和个人不得泄露。

5.5 协议出让方案、底价报批

市、县国土资源管理部门应当按规定将协议出让方案、底价报有批准权的人民政府批准。

5.6 协商，签订意向书

市、县国土资源管理部门依据经批准的协议出让方案和底价，与意向用地者就土地出让价格等进行充分协商、谈判。协商谈判时，国土资源管理部门参加谈判的代表应当不少于2人。

双方协商、谈判达成一致，并且议定的出让价格不低于底价的，市、县国土资源管理部门应当与意向用地者签订《国有土地使用权出让意向书》。

5.7 公示

5.7.1 《国有土地使用权出让意向书》签订后，市、县国土资源管理部门将意向出让地块的位置、用途、面积、出让年限、土地使用条件、意向用地者、拟出让价格等内容在当地土地有形市场等指定场所以及中国土地市场网进行公示，并注明意见反馈途径和方式。公示时间不得少于5日。

5.7.2 公示期间，有异议且经市、县国土资源管理部门审查发现确实存在违反法律法规行为的，协议出让程序终止。

5.8 签订出让合同，公布出让结果

公示期满，无异议或虽有异议但经市、县国土资源管理部门审查没有发现存在违反法律法规行为的，市、县国土资源管理部门应当按照《国有土地使用权出让意向书》约定，与意向用地者签订《国有土地使用权出让合同》。

《国有土地使用权出让合同》签订后7日内，市、县国土资源管理部门将协议出让结果通过中国土地市场网以及土地有形市场等指定场所向社会公布，接受社会监督。

公布出让结果应当包括土地位置、面积、用途、开发程度、土地级别、容积率、出让年限、供地方式、受让人、成交价格和成交时间等内容。

5.9 核发《建设用地批准书》，交付土地

市、县国土资源管理部门向受让人核发《建设用地批准书》，并按照《国有土地使用权出让合同》、《建设用地批准书》约定的时间和条件将出让土地交付给受让人。

5.10 办理土地登记

受让人按照《国有土地使用权出让合同》约定付清全部国有土地使用权出让金，依法申请办理土地登记手续，领取《国有土地使用证》，取得土地使用权。

5.11 资料归档

协议出让手续全部办结后，市、县国土资源管理部门应当对宗地出让过程中的出让信息公布、用地申请、审批、谈判、公示、签订合同等各环节相关资料、文件进行整理，并按规定归档。应归档的宗地出让资料包括：

(1) 用地申请材料；
(2) 宗地条件、宗地规划指标要求；
(3) 宗地评估报告；
(4) 宗地出让底价及集体决策记录；
(5) 协议出让方案；
(6) 出让方案批复文件；
(7) 谈判记录；
(8)《协议出让意向书》；
(9) 协议出让公示资料；
(10)《国有土地使用权出让合同》；
(11) 协议出让结果公告资料；
(12) 核发建设用地批准书与交付土地的相关资料；
(13) 其他应归档的材料。

6. 原划拨、承租土地使用权人申请办理协议出让

6.1 原划拨、承租土地使用权人申请办理协议出让的，分别按下列情形处理：

(1) 不需要改变原土地用途等土地使用条件，且符合规划的，报经市、县人民政府批准后，可以采取协议出让手续；

(2) 经规划管理部门同意可以改变土地用途等土地使用条件的，报经市、县人民政府批准，可以办理协议出让手续，但《国有土地划拨决定书》、《国有土地租赁合同》、法律、法规、行政规定等明确应当收回划拨土

地使用权公开出让的除外。

6.2 申请与受理

6.2.1 原划拨、承租土地使用权拟申请办理出让手续的，应由原土地使用权人持下列有关材料，向市、县国土资源管理部门提出申请：

（1）申请书；

（2）《国有土地使用证》、《国有土地划拨决定书》或《国有土地租赁合同》；

（3）地上建筑物、构筑物及其他附着物的产权证明；

（4）原土地使用权人有效身份证明文件；

（5）改变用途的应当提交规划管理部门的批准文件；

（6）法律、法规、行政规定明确应提交的其他相关材料。

6.2.2 市、县国土资源管理部门接到申请后，应当对申请人提交的申请材料进行初审，决定是否受理。

6.3 审查，确定协议出让方案

6.3.1 审查

市、县国土资源管理部门受理申请后，应当依据相关规定对申请人提交的申请材料进行审查，并就申请地块的土地用途等征询规划管理部门意见。经审查，申请地块用途符合规划，并且符合办理协议出让手续条件的，市、县国土资源管理部门应当组织地价评估，确定应缴纳的土地出让金额，拟订协议出让方案。

6.3.2 地价评估

市、县国土资源管理部门应当组织对申请地块的出让土地使用权市场价格和划拨土地使用权权益价格或承租土地使用权市场价格进行评估，估价基准期日为拟出让时点。改变土地用途等土地使用条件的，出让土地使用权价格应当按照新的土地使用条件评估。

6.3.3 核定出让金额，拟订出让方案

市、县国土资源管理部门或国有土地使用权出让协调决策机构应当根据土地估价结果、产业政策和土地市场情况等，集体决策、综合确定协议出让金额，并拟订协议出让方案。

6.3.3.1 申请人应缴纳土地使用权出让金额分别按下列公式核定：

（1）不改变用途等土地使用条件的。

应缴纳的土地使用权出让金额＝拟出让时的出让土地使用权市场价格－拟出让时的划拨土地使用权权益价格或承租土地使用权市场价格。

(2) 改变用途等土地使用条件的。

应缴纳的土地使用权出让金额=拟出让时的新土地使用条件下出让土地使用权市场价格-拟出让时的原土地使用条件下划拨土地使用权权益价格或承租土地使用权市场价格。

6.3.3.2 协议出让方案应当包括：拟办理出让手续的地块位置、四至、用途、面积、年限、拟出让时间和应缴纳的出让金额等。

6.4 出让方案报批

市、县国土资源管理部门应当按照规定，将协议出让方案报市、县人民政府审批。

6.5 签订出让合同，公布出让结果

市、县人民政府批准后，国土资源管理部门应当按照批准的协议出让方案，依法收回原土地使用权人的《国有土地划拨决定书》或解除《国有土地租赁合同》，注销土地登记，收回原土地证书，并与申请人签订《国有土地使用权出让合同》。

《国有土地使用权出让合同》签订后，市、县国土资源管理部门应当按照5.8的规定公布协议出让结果。

6.6 办理土地登记

按5.10规定办理。

6.7 资料归档

协议出让手续全部办结后，市、县国土资源管理部门应当对宗地出让过程中的用地申请、审批、签订合同等各环节相关资料、文件进行整理，并按规定归档。应归档的宗地出让资料包括：

(1) 申请人的申请材料；

(2) 宗地条件及相关资料；

(3) 土地评估资料；

(4) 出让金额确定资料；

(5) 协议出让方案；

(6) 出让方案批复文件；

(7)《国有土地使用权出让合同》；

(8) 协议出让公告资料；

(9) 其他应归档的材料。

7. 划拨土地使用权转让中的协议出让

7.1 划拨土地使用权申请转让，经市、县人民政府批准，可以由受让人办理协议出让，但《国有土地划拨决定书》、法律、法规、行政规定等明确应当收回划拨土地使用权重新公开出让的除外。

7.2 申请与受理

7.2.1 原土地使用权人应当持下列有关材料，向市、县国土资源管理部门提出划拨土地使用权转让申请：

(1) 申请书；

(2)《国有土地使用证》《国有土地划拨决定书》；

(3) 地上建筑物、构筑物及其他附着物的产权证明；

(4) 原土地使用权人有效身份证明文件；

(5) 共有房地产，应提供共有人书面同意的意见；

(6) 法律、法规、行政规定明确应提交的其他相关材料。

7.2.2 市、县国土资源管理部门接到申请后，应当对申请人提交的申请材料进行初审，决定是否受理。

7.3 审查，确定协议出让方案

7.3.1 审查

市、县国土资源管理部门受理申请后，应当依据相关规定对申请人提交的申请材料进行审查，并就申请地块的土地用途等征询规划管理部门意见。经审查，申请地块用途符合规划，并且符合办理协议出让手续条件的，市、县国土资源管理部门应当组织地价评估，确定应缴纳的土地出让金额，拟订协议出让方案。

7.3.2 地价评估

市、县国土资源管理部门应当组织对申请转让地块的出让土地使用权市场价格和划拨土地使用权权益价格进行评估，估价基准期日为拟出让时点。

7.3.3 核定出让金额，拟订出让方案

市、县国土资源管理部门或国有土地使用权出让协调决策机构应当根据土地估价结果、产业政策和土地市场情况等，集体决策、综合确定办理出让手续时应缴纳土地使用权出让金额，并拟订协议出让方案。

7.3.3.1 应缴纳土地使用权出让金额应当按下式核定：

(1) 转让后不改变用途等土地使用条件的。

应缴纳的土地使用权出让金额=拟出让时的出让土地使用权市场价格－拟出让时的划拨土地使用权权益价格。

(2) 转让后改变用途等土地使用条件的。

应缴纳的土地使用权出让金额=拟出让时的新土地使用条件下出让土地使用权市场价格-拟出让时的原土地使用条件下划拨土地使用权权益价格。

7.3.3.2 协议出让方案应当包括：拟办理出让手续的地块位置、四至、用途、面积、年限、土地使用条件、拟出让时间和出让时应缴纳的出让金额等。

7.4 出让方案报批

市、县国土资源管理部门应当按照规定，将协议出让方案报市、县人民政府审批。

7.5 公开交易

协议出让方案批准后，市、县国土资源管理部门应向申请人发出《划拨土地使用权准予转让通知书》。

《划拨土地使用权准予转让通知书》应当包括准予转让的标的、原土地使用权人、转让确定受让人的要求、受让人的权利、义务、应缴纳的土地出让金等。

取得《划拨土地使用权准予转让通知书》的申请人，应当将拟转让的土地使用权在土地有形市场等场所公开交易，确定受让人和成交价款。

7.6 签订出让合同，公布出让结果

通过公开交易确定受让方和成交价款后，转让人应当与受让人签订转让合同，约定双方的权利和义务，明确划拨土地使用权转让价款。

受让人应在达成交易后10日内，持转让合同、原《国有土地使用证》、《划拨土地使用权准予转让通知书》、转让方和受让方的身份证明材料等，向市、县国土资源管理部门申请办理土地出让手续。

市、县国土资源管理部门应当按照批准的协议出让方案、公开交易情况等，依法收回原土地使用权人的《国有土地划拨决定书》，注销土地登记，收回原土地证书，与受让方签订《国有土地使用权出让合同》。

市、县国土资源管理部门应当按照5.8有关规定公布协议出让结果。

7.7 办理土地登记

按5.10规定办理。

7.8 资料归档

出让手续办结后，市、县国土资源管理部门应当对宗地出让过程中的用地申请、审批、交易、签订合同等各环节相关资料、文件进行整理，并按规定归档。应归档的宗地出让资料包括：

(1) 申请人的申请材料；

(2) 宗地条件及相关资料；

(3) 土地评估资料；

(4) 出让金额确定资料；

(5) 协议出让方案；

(6) 出让方案批复文件；

(7)《划拨土地使用权准予转让通知书》等相关资料；

(8) 公开交易资料及转让合同等资料；

(9)《国有土地使用权出让合同》；

(10) 协议出让公告资料；

(11) 其他应归档的材料。

8. 出让土地改变用途等土地使用条件的处理

出让土地申请改变用途等土地使用条件，经出让方和规划管理部门同意，原土地使用权人可以与市、县国土资源管理部门签订《国有土地使用权出让合同变更协议》或重新签订《国有土地使用权出让合同》，调整国有土地使用权出让金，但《国有土地使用权出让合同》、法律、法规、行政规定等明确应当收回土地使用权重新公开出让的除外。原土地使用权人应当按照国有土地使用权出让合同变更协议或重新签订的国有土地使用权出让合同约定，及时补缴土地使用权出让金额，并按规定办理土地登记。

调整国有土地使用权出让金额应当根据批准改变用途等土地使用条件时的土地市场价格水平，按下式确定：

应当补缴的土地出让金额＝批准改变时的新土地使用条件下土地使用权市场价格－批准改变时原土地使用条件下剩余年期土地使用权市场价格。

附录1-4 《中华人民共和国城市房地产管理法》节选

【核心提示】搞房地产实务的必须知道一个法律规定，那就是以资产收购的方式取得国有建设用地使用权时，投资必须达到25%。这个业界家喻户晓的法律规定出自，1995年1月1日施行的《中华人民共和国城市房地产管理法》的第38条，但是，经2007年修改，该条款改为第39条第一款。经2009年修改，该条款仍然为第39条第一款。

《中华人民共和国城市房地产管理法》

......

第三十九条 以出让方式取得土地使用权的，转让房地产时，应当符合下列条件：（一）按照出让合同约定已经支付全部土地使用权出让金，并取得土地使用权证书；（二）按照出让合同约定进行投资开发，属于房屋建设工程的，完成开发投资总额的百分之二十五以上，属于成片开发土地的，形成工业用地或者其他建设用地条件。

转让房地产时房屋已经建成的，还应当持有房屋所有权证书。

......

附录1-5 《中华人民共和国物权法》节选

【核心提示】《中华人民共和国物权法》第九条第一款法律界称为"物权公示原则"，具体到房地产实务就是房地产转让或抵押只签合同不登记就不发生物权效力，不能受到《中华人民共和国物权法》的保护。这个条款与税务界一石激起千层浪引发巨大争议的国税函［2007］645号文相矛盾。

《中华人民共和国物权法》第十五条被法律界称为"不动产物权变动的原因和结果区分原则"（简称区分原则），与物权法定原则、一物一权原则和物权公示原则，被统称为《物权法》的四大原则。这个法律条文，杜绝了以违反《中华人民共和国城市房地产管理法》。

第三十九条第一款为由判定房地产转让或抵押合同无效的情形。在房地产实务中占有重要的法律地位。

第九条 不动产物权的设立、变更、转让和消灭，经依法登记，发生效力；未经登记，不发生效力，但法律另有规定的除外。

依法属于国家所有的自然资源，所有权可以不登记。

......

第15条当事人之间订立有关设立、变更、转让和消灭不动产物权的合同，除法律另有规定或者合同另有约定外，自合同成立时生效；未办理物权登记的，不影响合同效力。

......

附录1-6 《最高人民法院关于审理涉及国有土地使用权合同纠纷案件适用法律问题的解释》

（法释［2005］5号）

【核心提示】这个司法解释的亮点在于第二十四条、第二十五条、第二十六条和第二十七条四个条文，以前这种有"兜底条款"的所谓房地产合作协议，往往很难逃脱以违反风险共担原则而被判无效的命运。而这四个法律条文，以"实质重于形式"法律适用原则，赋予了这四类合同新的生命，彻底摆脱了动辄被判无效的命运。

《最高人民法院关于审理涉及国有土地使用权合同纠纷案件适用法律问题的解释》

根据《中华人民共和国民法通则》《中华人民共和国合同法》《中华人民共和国土地管理法》《中华人民共和国城市房地产管理法》等法律规定，结合民事审判实践，就审理涉及国有土地使用权合同纠纷案件适用法律的问题，制定本解释。

一、土地使用权出让合同纠纷

第一条　本解释所称的土地使用权出让合同，是指市、县人民政府土地管理部门作为出让方将国有土地使用权在一定年限内让与受让方，受让方支付土地使用权出让金的协议。

第二条　开发区管理委员会作为出让方与受让方订立的土地使用权出让合同，应当认定无效。

本解释实施前，开发区管理委员会作为出让方与受让方订立的土地使用权出让合同，起诉前经市、县人民政府土地管理部门追认的，可以认定合同有效。

第三条　经市、县人民政府批准同意以协议方式出让的土地使用权，土地使用权出让金低于订立合同时当地政府按照国家规定确定的最低价的，应当认定土地使用权出让合同约定的价格条款无效。

当事人请求按照订立合同时的市场评估价格交纳土地使用权出让金的，应予支持；受让方不同意按照市场评估价格补足，请求解除合同的，应予支持。因此造成的损失，由当事人按照过错承担责任。

第四条　土地使用权出让合同的出让方因未办理土地使用权出让批准手续而不能交付土地，受让方请求解除合同的，应予支持。

第五条　受让方经出让方和市、县人民政府城市规划行政主管部门同意，改变土地使用权出让合同约定的土地用途，当事人请求按照起诉时同种用途的土地出让金标准调整土地出让金的，应予支持。

第六条　受让方擅自改变土地使用权出让合同约定的土地用途，出让方请求解除合同的，应予支持。

二、土地使用权转让合同纠纷

第七条　本解释所称的土地使用权转让合同，是指土地使用权人作为转让方将出让土地使用权转让于受让方，受让方支付价款的协议。

第八条　土地使用权人作为转让方与受让方订立土地使用权转让合同后，当事人一方以双方之间未办理土地使用权变更登记手续为由，请求确认合同无效的，不予支持。

第九条　转让方未取得出让土地使用权证书与受让方订立合同转让土地使用权，起诉前转让方已经取得出让土地使用权证书或者有批准权的人民政府同意转让的，应当认定合同有效。

第十条　土地使用权人作为转让方就同一出让土地使用权订立数个转让合同，在转让合同有效的情况下，受让方均要求履行合同的，按照以下情形分别处理：

（一）已经办理土地使用权变更登记手续的受让方，请求转让方履行交付土地等合同义务的，应予支持；

（二）均未办理土地使用权变更登记手续，已先行合法占有投资开发土地的受让方请求转让方履行土地使用权变更登记等合同义务的，应予支持；

（三）均未办理土地使用权变更登记手续，又未合法占有投资开发土地，先行支付土地转让款的受让方请求转让方履行交付土地和办理土地使用权变更登记等合同义务的，应予支持；

（四）合同均未履行，依法成立在先的合同受让方请求履行合同的，应予支持。

未能取得土地使用权的受让方请求解除合同、赔偿损失的，按照《中华人民共和国合同法》的有关规定处理。

第十一条　土地使用权人未经有批准权的人民政府批准，与受让方订立合同转让划拨土地使用权的，应当认定合同无效。但起诉前经有批准权的人民政府批准办理土地使用权出让手续的，应当认定合同有效。

第十二条　土地使用权人与受让方订立合同转让划拨土地使用权,起诉前经有批准权的人民政府同意转让,并由受让方办理土地使用权出让手续的,土地使用权人与受让方订立的合同可以按照补偿性质的合同处理。

第十三条　土地使用权人与受让方订立合同转让划拨土地使用权,起诉前经有批准权的人民政府决定不办理土地使用权出让手续,并将该划拨土地使用权直接划拨给受让方使用的,土地使用权人与受让方订立的合同可以按照补偿性质的合同处理。

三、合作开发房地产合同纠纷

第十四条　本解释所称的合作开发房地产合同,是指当事人订立的以提供出让土地使用权、资金等作为共同投资,共享利润、共担风险合作开发房地产为基本内容的协议。

第十五条　合作开发房地产合同的当事人一方具备房地产开发经营资质的,应当认定合同有效。

当事人双方均不具备房地产开发经营资质的,应当认定合同无效。但起诉前当事人一方已经取得房地产开发经营资质或者已依法合作成立具有房地产开发经营资质的房地产开发企业的,应当认定合同有效。

第十六条　土地使用权人未经有批准权的人民政府批准,以划拨土地使用权作为投资与他人订立合同合作开发房地产的,应当认定合同无效。但起诉前已经办理批准手续的,应当认定合同有效。

第十七条　投资数额超出合作开发房地产合同的约定,对增加的投资数额的承担比例,当事人协商不成的,按照当事人的过错确定;因不可归责于当事人的事由或者当事人的过错无法确定的,按照约定的投资比例确定;没有约定投资比例的,按照约定的利润分配比例确定。

第十八条　房屋实际建筑面积少于合作开发房地产合同的约定,对房屋实际建筑面积的分配比例,当事人协商不成的,按照当事人的过错确定;因不可归责于当事人的事由或者当事人过错无法确定的,按照约定的利润分配比例确定。

第十九条　在下列情形下,合作开发房地产合同的当事人请求分配房地产项目利益的,不予受理;已经受理的,驳回起诉:

(一)依法需经批准的房地产建设项目未经有批准权的人民政府主管部门批准;

(二)房地产建设项目未取得建设工程规划许可证;

(三)擅自变更建设工程规划。

因当事人隐瞒建设工程规划变更的事实所造成的损失，由当事人按照过错承担。

第二十条　房屋实际建筑面积超出规划建筑面积，经有批准权的人民政府主管部门批准后，当事人对超出部分的房屋分配比例协商不成的，按照约定的利润分配比例确定。对增加的投资数额的承担比例，当事人协商不成的，按照约定的投资比例确定；没有约定投资比例的，按照约定的利润分配比例确定。

第二十一条　当事人违反规划开发建设的房屋，被有批准权的人民政府主管部门认定为违法建筑责令拆除，当事人对损失承担协商不成的，按照当事人过错确定责任；过错无法确定的，按照约定的投资比例确定责任；没有约定投资比例的，按照约定的利润分配比例确定责任。

第二十二条　合作开发房地产合同约定仅以投资数额确定利润分配比例，当事人未足额交纳出资的，按照当事人的实际投资比例分配利润。

第二十三条　合作开发房地产合同的当事人要求将房屋预售款充抵投资参与利润分配的，不予支持。

第二十四条　合作开发房地产合同约定提供土地使用权的当事人不承担经营风险，只收取固定利益的，应当认定为土地使用权转让合同。

第二十五条　合作开发房地产合同约定提供资金的当事人不承担经营风险，只分配固定数量房屋的，应当认定为房屋买卖合同。

第二十六条　合作开发房地产合同约定提供资金的当事人不承担经营风险，只收取固定数额货币的，应当认定为借款合同。

第二十七条　合作开发房地产合同约定提供资金的当事人不承担经营风险，只以租赁或者其他形式使用房屋的，应当认定为房屋租赁合同。

四、其他

第二十八条　本解释自2005年8月1日起施行；施行后受理的第一审案件适用本解释。

本解释施行前最高人民法院发布的司法解释与本解释不一致的，以本解释为准。

附录 2 税收实务法律法规

附录 2-1 《涉税专业服务监管办法（试行）》

（国税总局 [2017] 13 号公告）

【核心提示】 该 13 号公告，第一次明确了律师事务所是重要的涉税专业服务机构之一。

涉税专业服务监管办法（试行）

第一条 为贯彻落实国务院简政放权、放管结合、优化服务工作要求，维护国家税收利益，保护纳税人合法权益，规范涉税专业服务，依据《中华人民共和国税收征收管理法》及其实施细则和国务院有关决定，制定本办法。

第二条 税务机关对涉税专业服务机构在中华人民共和国境内从事涉税专业服务进行监管。

第三条 涉税专业服务是指涉税专业服务机构接受委托，利用专业知识和技能，就涉税事项向委托人提供的税务代理等服务。

第四条 涉税专业服务机构是指税务师事务所和从事涉税专业服务的会计师事务所、律师事务所、代理记账机构、税务代理公司、财税类咨询公司等机构。

第五条 涉税专业服务机构可以从事下列涉税业务：

（一）纳税申报代理。对纳税人、扣缴义务人提供的资料进行归集和专业判断，代理纳税人、扣缴义务人进行纳税申报准备和签署纳税申报表、扣缴税款报告表以及相关文件。

（二）一般税务咨询。对纳税人、扣缴义务人的日常办税事项提供税务咨询服务。

（三）专业税务顾问。对纳税人、扣缴义务人的涉税事项提供长期的专业税务顾问服务。

（四）税收策划。对纳税人、扣缴义务人的经营和投资活动提供符合税收法律法规及相关规定的纳税计划、纳税方案。

（五）涉税鉴证。按照法律、法规以及依据法律、法规制定的相关规定要求，对涉税事项真实性和合法性出具鉴定和证明。

（六）纳税情况审查。接受行政机关、司法机关委托，依法对企业纳税情况进行审查，作出专业结论。

（七）其他税务事项代理。接受纳税人、扣缴义务人的委托，代理建账记账、发票领用、减免退税申请等税务事项。

（八）其他涉税服务。

前款第三项至第六项涉税业务，应当由具有税务师事务所、会计师事务所、律师事务所资质的涉税专业服务机构从事，相关文书应由税务师、注册会计师、律师签字，并承担相应的责任。

第六条 涉税专业服务机构从事涉税业务，应当遵守税收法律、法规及相关税收规定，遵循涉税专业服务业务规范。

涉税专业服务机构为委托人出具的各类涉税报告和文书，由双方留存备查，其中，税收法律、法规及国家税务总局规定报送的，应当向税务机关报送。

第七条 税务机关应当对税务师事务所实施行政登记管理。未经行政登记不得使用"税务师事务所"名称，不能享有税务师事务所的合法权益。

税务师事务所合伙人或者股东由税务师、注册会计师、律师担任，税务师占比应高于百分之五十，国家税务总局另有规定的除外。

税务师事务所办理商事登记后，应当向省税务机关办理行政登记。省税务机关准予行政登记的，颁发《税务师事务所行政登记证书》，并将相关资料报送国家税务总局，抄送省税务师行业协会。不予行政登记的，书面通知申请人，说明不予行政登记的理由。

税务师事务所行政登记流程（规范）另行制定。

从事涉税专业服务的会计师事务所和律师事务所，依法取得会计师事务所执业证书或律师事务所执业许可证，视同行政登记。

第八条 税务机关对涉税专业服务机构及其从事涉税服务人员进行实名制管理。

税务机关依托金税三期应用系统，建立涉税专业服务管理信息库。综合运用从金税三期核心征管系统采集的涉税专业服务机构的基本信息、涉税专业服务机构报送的人员信息和经纳税人（扣缴义务人）确认的实名办税（自有办税人员和涉税专业服务机构代理办税人员）信息，建立对涉税专业服务机构及其从事涉税服务人员的分类管理，确立涉税专业服务机构及其从事涉税服务人员与纳税人（扣缴义务人）的代理关系，区分纳税人自有办税人员和涉税专业服务机构代理办税人员，实现对涉税专业服务机构及其从事涉税服务人员和纳税人（扣缴义务人）的全面动态实名信息管理。

涉税专业服务机构应当向税务机关提供机构和从事涉税服务人员的姓名、身份证号、专业资格证书编号、业务委托协议等实名信息。

第九条 税务机关应当建立业务信息采集制度，利用现有的信息化平台分类采集业务信息，加强内部信息共享，提高分析利用水平。

涉税专业服务机构应当以年度报告形式，向税务机关报送从事涉税专业服务的总体情况。

税务师事务所、会计师事务所、律师事务所从事专业税务顾问、税收策划、涉税鉴证、纳税情况审查业务，应当在完成业务的次月向税务机关单独报送相关业务信息。

第十条 税务机关对涉税专业服务机构从事涉税专业服务的执业情况进行检查，根据举报、投诉情况进行调查。

第十一条 税务机关应当建立信用评价管理制度，对涉税专业服务机构从事涉税专业服务情况进行信用评价，对其从事涉税服务人员进行信用记录。

税务机关应以涉税专业服务机构的纳税信用为基础，结合委托人纳税信用、纳税人评价、税务机关评价、实名办税、业务规模、服务质量、执业质量检查、业务信息质量等情况，建立科学合理的信用评价指标体系，进行信用等级评价或信用记录，具体办法另行制定。

第十二条 税务机关应当加强对税务师行业协会的监督指导，与其他相关行业协会建立工作联系制度。

税务机关可以委托行业协会对涉税专业服务机构从事涉税专业服务的执业质量进行评价。

全国税务师行业协会负责拟制涉税专业服务业务规范（准则、规则），报国家税务总局批准后施行。

第十三条 税务机关应当在门户网站、电子税务局和办税服务场所公告纳入监管的涉税专业服务机构名单及其信用情况,同时公告未经行政登记的税务师事务所名单。

第十四条 涉税专业服务机构及其涉税服务人员有下列情形之一的,由税务机关责令限期改正或予以约谈;逾期不改正的,由税务机关降低信用等级或纳入信用记录,暂停受理所代理的涉税业务(暂停时间不超过六个月);情节严重的,由税务机关纳入涉税服务失信名录,予以公告并向社会信用平台推送,其所代理的涉税业务,税务机关不予受理:

(一)使用税务师事务所名称未办理行政登记的;

(二)未按照办税实名制要求提供涉税专业服务机构和从事涉税服务人员实名信息的;

(三)未按照业务信息采集要求报送从事涉税专业服务有关情况的;

(四)报送信息与实际不符的;

(五)拒不配合税务机关检查、调查的;

(六)其他违反税务机关监管规定的行为。

税务师事务所有前款第一项情形且逾期不改正的,省税务机关应当提请工商部门吊销其营业执照。

第十五条 涉税专业服务机构及其涉税服务人员有下列情形之一的,由税务机关列为重点监管对象,降低信用等级或纳入信用记录,暂停受理所代理的涉税业务(暂停时间不超过六个月);情节较重的,由税务机关纳入涉税服务失信名录,予以公告并向社会信用平台推送,其所代理的涉税业务,税务机关不予受理;情节严重的,其中,税务师事务所由省税务机关宣布《税务师事务所行政登记证书》无效,提请工商部门吊销其营业执照,提请全国税务师行业协会取消税务师职业资格证书登记、收回其职业资格证书并向社会公告,其他涉税服务机构及其从事涉税服务人员由税务机关提请其他行业主管部门及行业协会予以相应处理:

(一)违反税收法律、行政法规,造成委托人未缴或者少缴税款,按照《中华人民共和国税收征收管理法》及其实施细则相关规定被处罚的;

(二)未按涉税专业服务相关业务规范执业,出具虚假意见的;

(三)采取隐瞒、欺诈、贿赂、串通、回扣等不正当竞争手段承揽业务,损害委托人或他人利益的;

(四)利用服务之便,谋取不正当利益的;

(五)以税务机关和税务人员的名义敲诈纳税人、扣缴义务人的;

(六)向税务机关工作人员行贿或者指使、诱导委托人行贿的;

(七) 其他违反税收法律法规的行为。

第十六条 税务机关应当为涉税专业服务机构提供便捷的服务，依托信息化平台为信用等级高的涉税专业服务机构开展批量纳税申报、信息报送等业务提供便利化服务。

第十七条 税务机关所需的涉税专业服务，应当通过政府采购方式购买。

税务机关和税务人员不得参与或违规干预涉税专业服务机构经营活动。

第十八条 税务师行业协会应当加强税务师行业自律管理，提高服务能力、强化培训服务，促进转型升级和行业健康发展。

税务师事务所自愿加入税务师行业协会。从事涉税专业服务的会计师事务所、律师事务所、代理记账机构除加入各自行业协会接受行业自律管理外，可自愿加入税务师行业协会税务代理人分会；鼓励其他没有加入任何行业协会的涉税专业服务机构自愿加入税务师行业协会税务代理人分会。

第十九条 各省税务机关依据本办法，结合本地实际，制定涉税专业服务机构从事涉税专业服务的具体实施办法。

第二十条 本办法自2017年9月1日起施行。

附录2-2 财政部 国家税务总局《关于企业重组业务企业所得税处理若干问题的通知》

(财税［2009］59号)

【核心提示】2008年全球金融危机以来，中国企业并购重组不断发展，已成为企业加强资源整合、实现快速发展和提高竞争力的有效措施，房地产行业由于处于两极分化的历史时期，并购重组更是高潮迭起甚至达到了白热化的程度。由此，2009年4月30日业界赫赫有名的59号文《财政部、国家税务总局关于企业重组业务企业所得税处理若干问题的通知》应运而生，且特别明确该59号文的规定自2008年1月1日开始实施，国家对并购重组支持的力度之大可见一斑。

各省、自治区、直辖市、计划单列市财政厅（局）、国家税务局、地方税务局，新疆生产建设兵团财务局：

根据《中华人民共和国企业所得税法》第二十条和《中华人民共和国企业所得税法实施条例》（国务院令第512号）第七十五条规定，现就企业重组所涉及的企业所得税具体处理问题通知如下：

一、本通知所称企业重组，是指企业在日常经营活动以外发生的法律结构或经济结构重大改变的交易，包括企业法律形式改变、债务重组、股权收购、资产收购、合并、分立等。

（一）企业法律形式改变，是指企业注册名称、住所以及企业组织形式等的简单改变，但符合本通知规定其他重组的类型除外。

（二）债务重组，是指在债务人发生财务困难的情况下，债权人按照其与债务人达成的书面协议或者法院裁定书，就其债务人的债务作出让步的事项。

（三）股权收购，是指一家企业（以下称为收购企业）购买另一家企业（以下称为被收购企业）的股权，以实现对被收购企业控制的交易。收购企业支付对价的形式包括股权支付、非股权支付或两者的组合。

（四）资产收购，是指一家企业（以下称为受让企业）购买另一家企业（以下称为转让企业）实质经营性资产的交易。受让企业支付对价的形式包括股权支付、非股权支付或两者的组合。

（五）合并，是指一家或多家企业（以下称为被合并企业）将其全部资产和负债转让给另一家现存或新设企业（以下称为合并企业），被合并企业股东换取合并企业的股权或非股权支付，实现两个或两个以上企业的依法合并。

（六）分立，是指一家企业（以下称为被分立企业）将部分或全部资产分离转让给现存或新设的企业（以下称为分立企业），被分立企业股东换取分立企业的股权或非股权支付，实现企业的依法分立。

二、本通知所称股权支付，是指企业重组中购买、换取资产的一方支付的对价中，以本企业或其控股企业的股权、股份作为支付的形式；所称非股权支付，是指以本企业的现金、银行存款、应收款项、本企业或其控股企业股权和股份以外的有价证券、存货、固定资产、其他资产以及承担债务等作为支付的形式。

三、企业重组的税务处理区分不同条件分别适用一般性税务处理规定和特殊性税务处理规定。

四、企业重组，除符合本通知规定适用特殊性税务处理规定的外，按以下规定进行税务处理：

（一）企业由法人转变为个人独资企业、合伙企业等非法人组织，或将登记注册地转移至中华人民共和国境外（包括港澳台地区），应视同企业进行清算、分配，股东重新投资成立新企业。企业的全部资产以及股东投资的计税基础均应以公允价值为基础确定。

企业发生其他法律形式简单改变的，可直接变更税务登记，除另有规定外，有关企业所得税纳税事项（包括亏损结转、税收优惠等权益和义务）由变更后企业承继，但因住所发生变化而不符合税收优惠条件的除外。

（二）企业债务重组，相关交易应按以下规定处理：

1. 以非货币资产清偿债务，应当分解为转让相关非货币性资产、按非货币性资产公允价值清偿债务两项业务，确认相关资产的所得或损失。

2. 发生债权转股权的，应当分解为债务清偿和股权投资两项业务，确认有关债务清偿所得或损失。

3. 债务人应当按照支付的债务清偿额低于债务计税基础的差额，确认债务重组所得；债权人应当按照收到的债务清偿额低于债权计税基础的差额，确认债务重组损失。

4. 债务人的相关所得税纳税事项原则上保持不变。

（三）企业股权收购、资产收购重组交易，相关交易应按以下规定处理：

1. 被收购方应确认股权、资产转让所得或损失。

2. 收购方取得股权或资产的计税基础应以公允价值为基础确定。

3. 被收购企业的相关所得税事项原则上保持不变。

（四）企业合并，当事各方应按下列规定处理：

1. 合并企业应按公允价值确定接受被合并企业各项资产和负债的计税基础。

2. 被合并企业及其股东都应按清算进行所得税处理。

3. 被合并企业的亏损不得在合并企业结转弥补。

（五）企业分立，当事各方应按下列规定处理：

1. 被分立企业对分立出去资产应按公允价值确认资产转让所得或损失。

2. 分立企业应按公允价值确认接受资产的计税基础。

3. 被分立企业继续存在时，其股东取得的对价应视同被分立企业分配进行处理。

4. 被分立企业不再继续存在时，被分立企业及其股东都应按清算进行所得税处理。

5. 企业分立相关企业的亏损不得相互结转弥补。

五、企业重组同时符合下列条件的，适用特殊性税务处理规定：

（一）具有合理的商业目的，且不以减少、免除或者推迟缴纳税款为主要目的。

（二）被收购、合并或分立部分的资产或股权比例符合本通知规定的比例。

（三）企业重组后的连续12个月内不改变重组资产原来的实质性经营活动。

（四）重组交易对价中涉及股权支付金额符合本通知规定比例。

（五）企业重组中取得股权支付的原主要股东，在重组后连续12个月内，不得转让所取得的股权。

六、企业重组符合本通知第五条规定条件的，交易各方对其交易中的股权支付部分，可以按以下规定进行特殊性税务处理：

（一）企业债务重组确认的应纳税所得额占该企业当年应纳税所得额50%以上，可以在5个纳税年度的期间内，均匀计入各年度的应纳税所得额。

企业发生债权转股权业务，对债务清偿和股权投资两项业务暂不确认有关债务清偿所得或损失，股权投资的计税基础以原债权的计税基础确定。企业的其他相关所得税事项保持不变。

（二）股权收购，收购企业购买的股权不低于被收购企业全部股权的75%，且收购企业在该股权收购发生时的股权支付金额不低于其交易支付总额的85%，可以选择按以下规定处理：

1. 被收购企业的股东取得收购企业股权的计税基础，以被收购股权的原有计税基础确定。

2. 收购企业取得被收购企业股权的计税基础，以被收购股权的原有计税基础确定。

3. 收购企业、被收购企业的原有各项资产和负债的计税基础和其他相关所得税事项保持不变。

（三）资产收购，受让企业收购的资产不低于转让企业全部资产的75%，且受让企业在该资产收购发生时的股权支付金额不低于其交易支付总额的85%，可以选择按以下规定处理：

1. 转让企业取得受让企业股权的计税基础，以被转让资产的原有计税基础确定。

2. 受让企业取得转让企业资产的计税基础，以被转让资产的原有计税基础确定。

（四）企业合并，企业股东在该企业合并发生时取得的股权支付金额不低于其交易支付总额的85%，以及同一控制下且不需要支付对价的企业合并，可以选择按以下规定处理：

1. 合并企业接受被合并企业资产和负债的计税基础，以被合并企业的原有计税基础确定。

2. 被合并企业合并前的相关所得税事项由合并企业承继。

3. 可由合并企业弥补的被合并企业亏损的限额=被合并企业净资产公允价值×截至合并业务发生当年年末国家发行的最长期限的国债利率。

4. 被合并企业股东取得合并企业股权的计税基础，以其原持有的被合并企业股权的计税基础确定。

（五）企业分立，被分立企业所有股东按原持股比例取得分立企业的股权，分立企业和被分立企业均不改变原来的实质经营活动，且被分立企业股东在该企业分立发生时取得的股权支付金额不低于其交易支付总额的85%，可以选择按以下规定处理：

1. 分立企业接受被分立企业资产和负债的计税基础，以被分立企业的原有计税基础确定。

2. 被分立企业已分立出去资产相应的所得税事项由分立企业承继。

3. 被分立企业未超过法定弥补期限的亏损额可按分立资产占全部资产的比例进行分配，由分立企业继续弥补。

4. 被分立企业的股东取得分立企业的股权（以下简称"新股"），如需部分或全部放弃原持有的被分立企业的股权（以下简称"旧股"），"新股"的计税基础应以放弃"旧股"的计税基础确定。如不需放弃"旧股"，则其取得"新股"的计税基础可从以下两种方法中选择确定：直接将"新股"的计税基础确定为零；或者以被分立企业分立出去的净资产占被分立企业全部净资产的比例先调减原持有的"旧股"的计税基础，再将调减的计税基础平均分配到"新股"上。

（六）重组交易各方按本条（一）至（五）项规定对交易中股权支付暂不确认有关资产的转让所得或损失的，其非股权支付仍应在交易当期确认相应的资产转让所得或损失，并调整相应资产的计税基础。

非股权支付对应的资产转让所得或损失=（被转让资产的公允价值-被转让资产的计税基础）×（非股权支付金额÷被转让资产的公允价值）。

七、企业发生涉及中国境内与境外之间（包括港澳台地区）的股权和资产收购交易，除应符合本通知第五条规定的条件外，还应同时符合下列条件，才可选择适用特殊性税务处理规定：

（一）非居民企业向其100%直接控股的另一非居民企业转让其拥有的居民企业股权，没有因此造成以后该项股权转让所得预提税负担变化，且转让方非居民企业向主管税务机关书面承诺在3年（含3年）内不转让其拥有受让方非居民企业的股权；

（二）非居民企业向与其具有100%直接控股关系的居民企业转让其拥有的另一居民企业股权；

（三）居民企业以其拥有的资产或股权向其100%直接控股的非居民企业进行投资；

（四）财政部、国家税务总局核准的其他情形。

八、本通知第七条第（三）项所指的居民企业以其拥有的资产或股权向其100%直接控股关系的非居民企业进行投资，其资产或股权转让收益如选择特殊性税务处理，可以在10个纳税年度内均匀计入各年度应纳税所得额。

九、在企业吸收合并中，合并后的存续企业性质及适用税收优惠的条件未发生改变的，可以继续享受合并前该企业剩余期限的税收优惠，其优惠金额按存续企业合并前一年的应纳税所得额（亏损计为零）计算。

在企业存续分立中，分立后的存续企业性质及适用税收优惠的条件未发生改变的，可以继续享受分立前该企业剩余期限的税收优惠，其优惠金额按该企业分立前一年的应纳税所得额（亏损计为零）乘以分立后存续企业资产占分立前该企业全部资产的比例计算。

十、企业在重组发生前后连续12个月内分步对其资产、股权进行交易，应根据实质重于形式原则将上述交易作为一项企业重组交易进行处理。

十一、企业发生符合本通知规定的特殊性重组条件并选择特殊性税务处理的，当事各方应在该重组业务完成当年企业所得税年度申报时，向主管税务机关提交书面备案资料，证明其符合各类特殊性重组规定的条件。企业未按规定书面备案的，一律不得按特殊重组业务进行税务处理。

十二、对企业在重组过程中涉及的需要特别处理的企业所得税事项，由国务院财政、税务主管部门另行规定。

十三、本通知自2008年1月1日起执行。

附录 2-2-1 《企业重组业务企业所得税管理办法》

（国税发〔2010〕4号）

【核心提示】《企业重组业务企业所得税管理办法》（国税发 2010 年第 4 号）、《关于促进企业重组有关企业所得税处理问题的通知》（财税〔2014〕109 号）和财政部、国家税务总局《关于非货币性资产投资企业所得税政策问题的通知》（财税〔2014〕116 号）以及《国家税务总局关于资产（股权）划转企业所得税征管问题的公告》（国税发 2015 年第 40 号）四个文件，均为财税〔2009〕59 号文的配套文件，只有完整地通读这些配套文件，才能准确地把握特殊税务处理的法定条件。

企业重组业务企业所得税管理办法

第一章 总则及定义

第一条 为规范和加强对企业重组业务的企业所得税管理，根据《中华人民共和国企业所得税法》（以下简称《税法》）及其实施条例（以下简称《实施条例》）、《中华人民共和国税收征收管理法》及其实施细则（以下简称《征管法》）、《财政部 国家税务总局关于企业重组业务企业所得税处理若干问题的通知》（财税〔2009〕59 号）（以下简称《通知》）等有关规定，制定本办法。

第二条 本办法所称企业重组业务，是指《通知》第一条所规定的企业法律形式改变、债务重组、股权收购、资产收购、合并、分立等各类重组。

第三条 企业发生各类重组业务，其当事各方，按重组类型，分别指以下企业：

（一）债务重组中当事各方，指债务人及债权人。

（二）股权收购中当事各方，指收购方、转让方及被收购企业。

（三）资产收购中当事各方，指转让方、受让方。

（四）合并中当事各方，指合并企业、被合并企业及各方股东。

（五）分立中当事各方，指分立企业、被分立企业及各方股东。

第四条 同一重组业务的当事各方应采取一致税务处理原则，即统一按一般性或特殊性税务处理。

第五条 《通知》第一条第（四）项所称实质经营性资产，是指企业用于从事生产经营活动、与产生经营收入直接相关的资产，包括经营所用各类资产、企业拥有的商业信息和技术、经营活动产生的应收款项、投资资产等。

第六条 《通知》第二条所称控股企业，是指由本企业直接持有股份的企业。

第七条 《通知》中规定的企业重组，其重组日的确定，按以下规定处理：

（一）债务重组，以债务重组合同或协议生效日为重组日。

（二）股权收购，以转让协议生效且完成股权变更手续日为重组日。

（三）资产收购，以转让协议生效且完成资产实际交割日为重组日。

（四）企业合并，以合并企业取得被合并企业资产所有权并完成工商登记变更日期为重组日。

（五）企业分立，以分立企业取得被分立企业资产所有权并完成工商登记变更日期为重组日。

第八条 重组业务完成年度的确定，可以按各当事方适用的会计准则确定，具体参照各当事方经审计的年度财务报告。由于当事方适用的会计准则不同导致重组业务完成年度的判定有差异时，各当事方应协商一致，确定同一个纳税年度作为重组业务完成年度。

第九条 本办法所称评估机构，是指具有合法资质的中国资产评估机构。

第二章 企业重组一般性税务处理管理

第十条 企业发生《通知》第四条第（一）项规定的由法人转变为个人独资企业、合伙企业等非法人组织，或将登记注册地转移至中华人民共和国境外（包括港澳台地区），应按照《财政部 国家税务总局关于企业清算业务企业所得税处理若干问题的通知》（财税〔2009〕60号）规定进行清算。

企业在报送《企业清算所得纳税申报表》时，应附送以下资料：

（一）企业改变法律形式的工商部门或其他政府部门的批准文件；

（二）企业全部资产的计税基础以及评估机构出具的资产评估报告；

（三）企业债权、债务处理或归属情况说明；

（四）主管税务机关要求提供的其他资料证明。

第十一条 企业发生《通知》第四条第（二）项规定的债务重组，应准备以下相关资料，以备税务机关检查。

（一）以非货币资产清偿债务的，应保留当事各方签订的清偿债务的协议或合同，以及非货币资产公允价格确认的合法证据等；

（二）债权转股权的，应保留当事各方签订的债权转股权协议或合同。

第十二条 企业发生《通知》第四条第（三）项规定的股权收购、资产收购重组业务，应准备以下相关资料，以备税务机关检查。

（一）当事各方所签订的股权收购、资产收购业务合同或协议；

（二）相关股权、资产公允价值的合法证据。

第十三条 企业发生《通知》第四条第（四）项规定的合并，应按照财税〔2009〕60号文件规定进行清算。

被合并企业在报送《企业清算所得纳税申报表》时，应附送以下资料：

（一）企业合并的工商部门或其他政府部门的批准文件；

（二）企业全部资产和负债的计税基础以及评估机构出具的资产评估报告；

（三）企业债务处理或归属情况说明；

（四）主管税务机关要求提供的其他资料证明。

第十四条 企业发生《通知》第四条第（五）项规定的分立，被分立企业不再继续存在，应按照财税〔2009〕60号文件规定进行清算。

被分立企业在报送《企业清算所得纳税申报表》时，应附送以下资料：

（一）企业分立的工商部门或其他政府部门的批准文件；

（二）被分立企业全部资产的计税基础以及评估机构出具的资产评估报告；

（三）企业债务处理或归属情况说明；

（四）主管税务机关要求提供的其他资料证明。

第十五条 企业合并或分立，合并各方企业或分立企业涉及享受《税法》第五十七条规定中就企业整体（即全部生产经营所得）享受的税收优惠过渡政策尚未期满的，仅就存续企业未享受完的税收优惠，按照《通知》第九条的规定执行；注销的被合并或被分立企业未享受完的税收优惠，不再由存续企业承继；合并或分立而新设的企业不得再承继或重新享受上述优惠。合并或分立各方企业按照《税法》的税收优惠规定和税收优惠过渡政策中就企业有关生产经营项目的所得享受的税收优惠承继问题，按照《实施条例》第八十九条规定执行。

第三章 企业重组特殊性税务处理管理

第十六条 企业重组业务，符合《通知》规定条件并选择特殊性税务处理的，应按照《通知》第十一条规定进行备案；如企业重组各方需要税务机关确认，可以选择由重组主导方向主管税务机关提出申请，层报省税务机关给予确认。

采取申请确认的，主导方和其他当事方不在同一省（自治区、市）的，主导方省税务机关应将确认文件抄送其他当事方所在地省税务机关。

省税务机关在收到确认申请时，原则上应在当年度企业所得税汇算清缴前完成确认。特殊情况，需要延长的，应将延长理由告知主导方。

第十七条 企业重组主导方，按以下原则确定：

（一）债务重组为债务人；

（二）股权收购为股权转让方；

（三）资产收购为资产转让方；

（四）吸收合并为合并后拟存续的企业，新设合并为合并前资产较大的企业；

（五）分立为被分立的企业或存续企业。

第十八条 企业发生重组业务，按照《通知》第五条第（一）项要求，企业在备案或提交确认申请时，应从以下方面说明企业重组具有合理的商业目的：

（一）重组活动的交易方式。即重组活动采取的具体形式、交易背景、交易时间、在交易之前和之后的运作方式和有关的商业常规；

（二）该项交易的形式及实质。即形式上交易所产生的法律权利和责任，也是该项交易的法律后果。另外，交易实际上或商业上产生的最终结果；

（三）重组活动给交易各方税务状况带来的可能变化；

（四）重组各方从交易中获得的财务状况变化；

（五）重组活动是否给交易各方带来了在市场原则下不会产生的异常经济利益或潜在义务；

（六）非居民企业参与重组活动的情况。

第十九条 《通知》第五条第（三）和第（五）项所称"企业重组后的连续12个月内"，是指自重组日起计算的连续12个月内。

第二十条 《通知》第五条第（五）项规定的原主要股东，是指原持有转让企业或被收购企业20%以上股权的股东。

第二十一条 《通知》第六条第（四）项规定的同一控制，是指参与合并的企业在合并前后均受同一方或相同的多方最终控制，且该控制并非暂时性的。能够对参与合并的企业在合并前后均实施最终控制权的相同多方，是指根据合同或协议的约定，对参与合并企业的财务和经营政策拥有决定控制权的投资者群体。在企业合并前，参与合并各方受最终控制方的控制在12个月以上，企业合并后所形成的主体在最终控制方的控制时间也应达到连续12个月。

第二十二条 企业发生《通知》第六条第（一）项规定的债务重组，根据不同情形，应准备以下资料：

（一）发生债务重组所产生的应纳税所得额占该企业当年应纳税所得额50%以上的，债务重组所得要求在5个纳税年度的期间内，均匀计入各年度应纳税所得额的，应准备以下资料：

1. 当事方的债务重组的总体情况说明（如果采取申请确认的，应为企业的申请，下同），情况说明中应包括债务重组的商业目的；
2. 当事各方所签订的债务重组合同或协议；
3. 债务重组所产生的应纳税所得额、企业当年应纳税所得额情况说明；
4. 税务机关要求提供的其他资料证明。

（二）发生债权转股权业务，债务人对债务清偿业务暂不确认所得或损失，债权人对股权投资的计税基础以原债权的计税基础确定，应准备以下资料：

1. 当事方的债务重组的总体情况说明。情况说明中应包括债务重组的商业目的；
2. 双方所签订的债转股合同或协议；
3. 企业所转换的股权公允价格证明；
4. 工商部门及有关部门核准相关企业股权变更事项证明材料；
5. 税务机关要求提供的其他资料证明。

第二十三条 企业发生《通知》第六条第（二）项规定的股权收购业务，应准备以下资料：

（一）当事方的股权收购业务总体情况说明，情况说明中应包括股权收购的商业目的；
（二）双方或多方所签订的股权收购业务合同或协议；
（三）由评估机构出具的所转让及支付的股权公允价值；
（四）证明重组符合特殊性税务处理条件的资料，包括股权比例，支付对价情况，以及12个月内不改变资产原来的实质性经营活动和原主要股东不转让所取得股权的承诺书等；

（五）工商等相关部门核准相关企业股权变更事项证明材料；

（六）税务机关要求的其他材料。

第二十四条　企业发生《通知》第六条第（三）项规定的资产收购业务，应准备以下资料：

（一）当事方的资产收购业务总体情况说明，情况说明中应包括资产收购的商业目的；

（二）当事各方所签订的资产收购业务合同或协议；

（三）评估机构出具的资产收购所体现的资产评估报告；

（四）受让企业股权的计税基础的有效凭证；

（五）证明重组符合特殊性税务处理条件的资料，包括资产收购比例，支付对价情况，以及12个月内不改变资产原来的实质性经营活动、原主要股东不转让所取得股权的承诺书等；

（六）工商部门核准相关企业股权变更事项证明材料；

（七）税务机关要求提供的其他材料证明。

第二十五条　企业发生《通知》第六条第（四）项规定的合并，应准备以下资料：

（一）当事方企业合并的总体情况说明。情况说明中应包括企业合并的商业目的；

（二）企业合并的政府主管部门的批准文件；

（三）企业合并各方当事人的股权关系说明；

（四）被合并企业的净资产、各单项资产和负债及其账面价值和计税基础等相关资料；

（五）证明重组符合特殊性税务处理条件的资料，包括合并前企业各股东取得股权支付比例情况，以及12个月内不改变资产原来的实质性经营活动、原主要股东不转让所取得股权的承诺书等；

（六）工商部门核准相关企业股权变更事项证明材料；

（七）主管税务机关要求提供的其他资料证明。

第二十六条　《通知》第六条第（四）项所规定的可由合并企业弥补的被合并企业亏损的限额，是指按《税法》规定的剩余结转年限内，每年可由合并企业弥补的被合并企业亏损的限额。

第二十七条　企业发生《通知》第六条第（五）项规定的分立，应准备以下资料：

（一）当事方企业分立的总体情况说明。情况说明中应包括企业分立的商业目的；

（二）企业分立的政府主管部门的批准文件；

（三）被分立企业的净资产、各单项资产和负债账面价值和计税基础等相关资料；

（四）证明重组符合特殊性税务处理条件的资料，包括分立后企业各股东取得股权支付比例情况，以及12个月内不改变资产原来的实质性经营活动、原主要股东不转让所取得股权的承诺书等；

（五）工商部门认定的分立和被分立企业股东股权比例证明材料；分立后，分立和被分立企业工商营业执照复印件；分立和被分立企业分立业务账务处理复印件；

（六）税务机关要求提供的其他资料证明。

第二十八条 根据《通知》第六条第（四）项第2目规定，被合并企业合并前的相关所得税事项由合并企业承继，以及根据《通知》第六条第（五）项第2目规定，企业分立，已分立资产相应的所得税事项由分立企业承继，这些事项包括尚未确认的资产损失、分期确认收入的处理以及尚未享受期满的税收优惠政策承继处理问题等。其中，对税收优惠政策承继处理问题，凡属于依照《税法》第五十七条规定中就企业整体（即全部生产经营所得）享受税收优惠过渡政策的，合并或分立后的企业性质及适用税收优惠条件未发生改变的，可以继续享受合并前各企业或分立前被分立企业剩余期限的税收优惠。合并前各企业剩余的税收优惠年限不一致的，合并后企业每年度的应纳税所得额，应统一按合并日各合并前企业资产占合并后企业总资产的比例进行划分，再分别按相应的剩余优惠计算应纳税额。合并前各企业或分立前被分立企业按照《税法》的税收优惠规定以及税收优惠过渡政策中就有关生产经营项目所得享受的税收优惠承继处理问题，按照《实施条例》第八十九条规定执行。

第二十九条 适用《通知》第五条第（三）项和第（五）项的当事各方应在完成重组业务后的下一年度的企业所得税年度申报时，向主管税务机关提交书面情况说明，以证明企业在重组后的连续12个月内，有关符合特殊性税务处理的条件未发生改变。

第三十条 当事方的其中一方在规定时间内发生生产经营业务、公司性质、资产或股权结构等情况变化，致使重组业务不再符合特殊性税务处理条件的，发生变化的当事方应在情况发生变化的30天内书面通知其他所有当事方。主导方在接到通知后30日内将有关变化通知其主管税务机关。

上款所述情况发生变化后60日内，应按照《通知》第四条的规定调整重组业务的税务处理。原交易各方应各自按原交易完成时资产和负债的公允价值计算重组业务的收益或损失，调整交易完成纳税年度的应纳税所得额及相应的资产和负债的计税基础，并向各自主管税务机关申请调整交易完成纳税年度的企业所得税年度申报表。逾期不调整申报的，按照《征管法》的相关规定处理。

第三十一条 各当事方的主管税务机关应当对企业申报或确认适用特殊性税务处理的重组业务进行跟踪监管，了解重组企业的动态变化情况。发现问题，应及时与其他当事方主管税务机关沟通联系，并按照规定给予调整。

第三十二条 根据《通知》第十条规定，若同一项重组业务涉及在连续12个月内分步交易，且跨两个纳税年度，当事各方在第一步交易完成时预计整个交易可以符合特殊性税务处理条件，可以协商一致选择特殊性税务处理的，可在第一步交易完成后，适用特殊性税务处理。主管税务机关在审核有关资料后，符合条件的，可以暂认可适用特殊性税务处理。第二年进行下一步交易后，应按本办法要求，准备相关资料确认适用特殊性税务处理。

第三十三条 上述跨年度分步交易，若当事方在首个纳税年度不能预计整个交易是否符合特殊性税务处理条件，应适用一般性税务处理。在下一纳税年度全部交易完成后，适用特殊性税务处理的，可以调整上一纳税年度的企业所得税年度申报表，涉及多缴税款的，各主管税务机关应退税，或抵缴当年应纳税款。

第三十四条 企业重组的当事各方应该取得并保管与该重组有关的凭证、资料，保管期限按照《征管法》的有关规定执行。

第四章 跨境重组税收管理

第三十五条 发生《通知》第七条规定的重组，凡适用特殊性税务处理规定的，应按照本办法第三章相关规定执行。

第三十六条 发生《通知》第七条第（一）、（二）项规定的重组，适用特殊税务处理的，应按照《国家税务总局关于印发〈非居民企业所得税源泉扣缴管理暂行办法〉的通知》（国税发［2009］3号）和《国家税务总局关于加强非居民企业股权转让所得企业所得税管理的通知》（国税函［2009］698号）要求，准备资料。

第三十七条 发生《通知》第七条第（三）项规定的重组，居民企业应向其所在地主管税务机关报送以下资料：

1. 当事方的重组情况说明，申请文件中应说明股权转让的商业目的；
2. 双方所签订的股权转让协议；
3. 双方控股情况说明；
4. 由评估机构出具的资产或股权评估报告。报告中应分别列示涉及的各单项被转让资产和负债的公允价值；
5. 证明重组符合特殊性税务处理条件的资料，包括股权或资产转让比例，支付对价情况，以及12个月内不改变资产原来的实质性经营活动、不转让所取得股权的承诺书等；
6. 税务机关要求的其他材料。

附录 2-2-2 《关于促进企业重组有关企业所得税处理问题的通知》

（财税〔2014〕109号）

【核心提示】2014年12月25日发布、2014年1月1日实施的财政部、国家税务总局联合发布的《关于促进企业重组有关企业所得税处理问题的通知》（财税〔2014〕109号文），将适用特殊性税务处理的股权收购和资产收购中被收购股权或资产比例由不低于75%调整为不低于50%。

各省、自治区、直辖市、计划单列市财政厅（局）、国家税务局、地方税务局，新疆生产建设兵团财务局：

为贯彻落实《国务院关于进一步优化企业兼并重组市场环境的意见》（国务院〔2014〕14号），根据《中华人民共和国企业所得税法》及其实施条例有关规定，现就企业重组有关企业所得税处理问题明确如下：

一、关于股权收购

将《财政部 国家税务总局关于企业重组业务企业所得税处理若干问题的通知》（财税〔2009〕59号）第六条第（二）项中有关"股权收购，收购企业购买的股权不低于被收购企业全部股权的75%"规定调整为"股权收购，收购企业购买的股权不低于被收购企业全部股权的50%"。

二、关于资产收购

将财税〔2009〕59号文件第六条第（三）项中有关"资产收购，受让企业收购的资产不低于转让企业全部资产的75%"规定调整为"资产收购，受让企业收购的资产不低于转让企业全部资产的50%"。

三、关于股权、资产划转

对100%直接控制的居民企业之间，及受同一或相同多家居民企业100%直接控制的居民企业之间按账面净值划转股权或资产，凡具有合理商业目的、不以减少、免除或者推迟缴纳税款为主要目的，股权或资产划转后连续12个月内不改变被划转股权或资产原来实质性经营活动，且划出方企业和划入方企业均未在会计上确认损益的，可以选择按以下规定进行特殊性税务处理：

1. 划出方企业和划入方企业均不确认所得。

2. 划入方企业取得被划转股权或资产的计税基础，以被划转股权或资产的原账面净值确定。

3. 划入方企业取得的被划转资产，应按其原账面净值计算折旧扣除。

四、本通知自2014年1月1日起执行。本通知发布前尚未处理的企业重组，符合本通知规定的可按本通知执行

财政部　国家税务总局
2014年12月25日

附录2-2-3　财政部　国家税务总局《关于非货币性资产投资企业所得税政策问题的通知》

（财税〔2014〕116号）

【核心提示】该116号文，2014年12月31日发布，2014年1月1日实施。

各省、自治区、直辖市、计划单列市财政厅（局）、国家税务局、地方税务局，新疆生产建设兵团财务局：

为贯彻落实《国务院关于进一步优化企业兼并重组市场环境的意见》（国务院〔2014〕14号），根据《中华人民共和国企业所得税法》及其实施条例有关规定，现就非货币性资产投资涉及的企业所得税政策问题明确如下：

一、居民企业（以下简称企业）以非货币性资产对外投资确认的非货币性资产转让所得，可在不超过5年期限内，分期均匀计入相应年度的应纳税所得额，按规定计算缴纳企业所得税。

二、企业以非货币性资产对外投资，应对非货币性资产进行评估并按评估后的公允价值扣除计税基础后的余额，计算确认非货币性资产转让所得。

企业以非货币性资产对外投资，应于投资协议生效并办理股权登记手续时，确认非货币性资产转让收入的实现。

三、企业以非货币性资产对外投资而取得被投资企业的股权，应以非货币性资产的原计税成本为计税基础，加上每年确认的非货币性资产转让所得，逐年进行调整。

被投资企业取得非货币性资产的计税基础，应按非货币性资产的公允价值确定。

四、企业在对外投资5年内转让上述股权或投资收回的，应停止执行递延纳税政策，并就递延期内尚未确认的非货币性资产转让所得，在转让股权或投资收回当年的企业所得税年度汇算清缴时，一次性计算缴纳企业所得税；企业在计算股权转让所得时，可按本通知第三条第一款规定将股权的计税基础一次调整到位。

企业在对外投资5年内注销的，应停止执行递延纳税政策，并就递延期内尚未确认的非货币性资产转让所得，在注销当年的企业所得税年度汇算清缴时，一次性计算缴纳企业所得税。

五、本通知所称非货币性资产，是指现金、银行存款、应收账款、应收票据以及准备持有至到期的债券投资等货币性资产以外的资产。

本通知所称非货币性资产投资，限于以非货币性资产出资设立新的居民企业，或将非货币性资产注入现存的居民企业。

六、企业发生非货币性资产投资，符合《财政部国家税务总局关于企业重组业务企业所得税处理若干问题的通知》（财税〔2009〕59号）等文件规定的特殊性税务处理条件的，也可选择按特殊性税务处理规定执行。

七、本通知自2014年1月1日起执行。本通知发布前尚未处理的非货币性资产投资，符合本通知规定的可按本通知执行。

财政部　国家税务总局
2014年12月31日

附录 2-2-4 《国家税务总局关于资产（股权）划转企业所得税征管问题的公告》

（国税发〔2015〕40 号）

【核心提示】《国务院关于进一步优化企业兼并重组市场环境的意见》（国发〔2014〕14 号）和《财政部 国家税务总局关于促进企业重组有关企业所得税处理问题的通知》（财税〔2014〕109 号，以下简称《通知》）下发后，各地陆续反映在企业重组所得税政策执行过程中有些征管问题亟须明确。经研究，现就股权或资产划转企业所得税征管问题公告如下：

一、《通知》第三条所称"100%直接控制的居民企业之间，以及受同一或相同多家居民企业100%直接控制的居民企业之间按账面净值划转股权或资产"，限于以下情形：

（一）100%直接控制的母子公司之间，母公司向子公司按账面净值划转其持有的股权或资产，母公司获得子公司100%的股权支付。母公司按增加长期股权投资处理，子公司按接受投资（包括资本公积，下同）处理。母公司获得子公司股权的计税基础以划转股权或资产的原计税基础确定。

（二）100%直接控制的母子公司之间，母公司向子公司按账面净值划转其持有的股权或资产，母公司没有获得任何股权或非股权支付。母公司按冲减实收资本（包括资本公积，下同）处理，子公司按接受投资处理。

（三）100%直接控制的母子公司之间，子公司向母公司按账面净值划转其持有的股权或资产，子公司没有获得任何股权或非股权支付。母公司按收回投资处理，或按接受投资处理，子公司按冲减实收资本处理。母公司应按被划转股权或资产的原计税基础，相应调减持有子公司股权的计税基础。

（四）受同一或相同多家母公司100%直接控制的子公司之间，在母公司主导下，一家子公司向另一家子公司按账面净值划转其持有的股权或资产，划出方没有获得任何股权或非股权支付。划出方按冲减所有者权益处理，划入方按接受投资处理。

二、《通知》第三条所称"股权或资产划转后连续12个月内不改变被划转股权或资产原来实质性经营活动"，是指自股权或资产划转完成日起连续12个月内不改变被划转股权或资产原来实质性经营活动。

股权或资产划转完成日，是指股权或资产划转合同（协议）或批复生效，且交易双方已进行会计处理的日期。

三、《通知》第三条所称"划入方企业取得被划转股权或资产的计税基础，以被划转股权或资产的原账面净值确定"，是指划入方企业取得被划转股权或资产的计税基础，以被划转股权或资产的原计税基础确定。

《通知》第三条所称"划入方企业取得的被划转资产，应按其原账面净值计算折旧扣除"，是指划入方企业取得的被划转资产，应按被划转资产的原计税基础计算折旧扣除或摊销。

四、按照《通知》第三条规定进行特殊性税务处理的股权或资产划转，交易双方应在协商一致的基础上，采取一致处理原则统一进行特殊性税务处理。

五、交易双方应在企业所得税年度汇算清缴时，分别向各自主管税务机关报送《居民企业资产（股权）划转特殊性税务处理申报表》（详见附件）和相关资料（一式两份）。

相关资料包括：

1. 股权或资产划转总体情况说明，包括基本情况、划转方案等，并详细说明划转的商业目的；

2. 交易双方或多方签订的股权或资产划转合同（协议），需有权部门（包括内部和外部）批准的，应提供批准文件；

3. 被划转股权或资产账面净值和计税基础说明；

4. 交易双方按账面净值划转股权或资产的说明（需附会计处理资料）；

5. 交易双方均未在会计上确认损益的说明（需附会计处理资料）；

6. 12个月内不改变被划转股权或资产原来实质性经营活动的承诺书。

六、交易双方应在股权或资产划转完成后的下一年度的企业所得税年度申报时，各自向主管税务机关提交书面情况说明，以证明被划转股权或资产自划转完成日后连续12个月内，没有改变原来的实质性经营活动。

七、交易一方在股权或资产划转完成日后连续12个月内发生生产经营业务、公司性质、资产或股权结构等情况变化，致使股权或资产划转不再符合特殊性税务处理条件的，发生变化的交易一方应在情况发生变化的30日内报告其主管税务机关，同时书面通知另一方。另一方应在接到通知后30日内将有关变化报告其主管税务机关。

八、本公告第七条所述情况发生变化后60日内，原交易双方应按以下规定进行税务处理：

（一）属于本公告第一条第（一）项规定情形的，母公司应按原划转完成时股权或资产的公允价值视同销售处理,并按公允价值确认取得长期股权投资的计税基础;子公司按公允价值确认划入股权或资产的计税基础。

属于本公告第一条第(二)项规定情形的,母公司应按原划转完成时股权或资产的公允价值视同销售处理;子公司按公允价值确认划入股权或资产的计税基础。

属于本公告第一条第(三)项规定情形的,子公司应按原划转完成时股权或资产的公允价值视同销售处理;母公司应按撤回或减少投资进行处理。

属于本公告第一条第(四)项规定情形的,划出方应按原划转完成时股权或资产的公允价值视同销售处理;母公司根据交易情形和会计处理对划出方按分回股息进行处理,或者按撤回或减少投资进行处理,对划入方按以股权或资产的公允价值进行投资处理;划入方按接受母公司投资处理,以公允价值确认划入股权或资产的计税基础。

(二)交易双方应调整划转完成纳税年度的应纳税所得额及相应股权或资产的计税基础,向各自主管税务机关申请调整划转完成纳税年度的企业所得税年度申报表,依法计算缴纳企业所得税。

九、交易双方的主管税务机关应对企业申报适用特殊性税务处理的股权或资产划转加强后续管理。

十、本公告适用2014年度及以后年度企业所得税汇算清缴。此前尚未进行税务处理的股权、资产划转,符合《通知》第三条和本公告规定的可按本公告执行。

特此公告。

附件:居民企业资产(股权)划转特殊性税务处理申报表

国家税务总局
2015年5月27日

附录2-3 《房地产开发经营业务企业所得税处理办法》

(国税发〔2009〕31号)

【核心提示】该办法第五章《特定事项的税务处理》的相关规定,引起了税务界的高度关注。

房地产开发经营业务企业所得税处理办法

第一章 总 则

第一条 根据《中华人民共和国企业所得税法》及其实施条例、《中华人民共和国税收征收管理法》及其实施细则等有关税收法律、行政法规的规定，制定本办法。

第二条 本办法适用于中国境内从事房地产开发经营业务的企业（以下简称企业）。

第三条 企业房地产开发经营业务包括土地的开发，建造、销售住宅、商业用房以及其他建筑物、附着物、配套设施等开发产品。除土地开发之外，其他开发产品符合下列条件之一的，应视为已经完工：

（一）开发产品竣工证明材料已报房地产管理部门备案。

（二）开发产品已开始投入使用。

（三）开发产品已取得了初始产权证明。

第四条 企业出现《中华人民共和国税收征收管理法》第三十五条规定的情形，税务机关可对其以往应缴的企业所得税按核定征收方式进行征收管理，并逐步规范，同时按《中华人民共和国税收征收管理法》等税收法律、行政法规的规定进行处理，但不得事先确定企业的所得税按核定征收方式进行征收、管理。

第二章 收入的税务处理

第五条 开发产品销售收入的范围为销售开发产品过程中取得的全部价款，包括现金、现金等价物及其他经济利益。企业代有关部门、单位和企业收取的各种基金、费用和附加等，凡纳入开发产品价内或由企业开具发票的，应按规定全部确认为销售收入；未纳入开发产品价内并由企业之外的其他收取部门、单位开具发票的，可作为代收代缴款项进行管理。

第六条 企业通过正式签订《房地产销售合同》或《房地产预售合同》所取得的收入，应确认为销售收入的实现，具体按以下规定确认：

（一）采取一次性全额收款方式销售开发产品的，应于实际收讫价款或取得索取价款凭据（权利）之日，确认收入的实现。

（二）采取分期收款方式销售开发产品的，应按销售合同或协议约定的价款和付款日确认收入的实现。付款方提前付款的，在实际付款日确认收入的实现。

（三）采取银行按揭方式销售开发产品的，应按销售合同或协议约定的价款确定收入额，其首付款应于实际收到日确认收入的实现，余款在银行按揭贷款办理转账之日确认收入的实现。

（四）采取委托方式销售开发产品的，应按以下原则确认收入的实现：

1. 采取支付手续费方式委托销售开发产品的，应按销售合同或协议中约定的价款于收到受托方已销开发产品清单之日确认收入的实现。

2. 采取视同买断方式委托销售开发产品的，属于企业与购买方签订销售合同或协议，或企业、受托方、购买方三方共同签订销售合同或协议的，如果销售合同或协议中约定的价格高于买断价格，则应按销售合同或协议中约定的价格计算的价款于收到受托方已销开发产品清单之日确认收入的实现；如果属于前两种情况中销售合同或协议中约定的价格低于买断价格，以及属于受托方与购买方签订销售合同或协议的，则应按买断价格计算的价款于收到受托方已销开发产品清单之日确认收入的实现。

3. 采取基价（保底价）并实行超基价双方分成方式委托销售开发产品的，属于由企业与购买方签订销售合同或协议，或企业、受托方、购买方三方共同签订销售合同或协议的，如果销售合同或协议中约定的价格高于基价，则应按销售合同或协议中约定的价格计算的价款于收到受托方已销开发产品清单之日确认收入的实现，企业按规定支付受托方的分成额，不得直接从销售收入中减除；如果销售合同或协议约定的价格低于基价的，则应按基价计算的价款于收到受托方已销开发产品清单之日确认收入的实现。属于由受托方与购买方直接签订销售合同的，则应按基价加上按规定取得的分成额于收到受托方已销开发产品清单之日确认收入的实现。

4. 采取包销方式委托销售开发产品的，包销期内可根据包销合同的有关约定，参照上述1至3项规定确认收入的实现；包销期满后尚未出售的开发产品，企业应根据包销合同或协议约定的价款和付款方式确认收入的实现。

第七条 企业将开发产品用于捐赠、赞助、职工福利、奖励、对外投资、分配给股东或投资人、抵偿债务、换取其他企事业单位和个人的非货币性资产等行为，应视同销售，于开发产品所有权或使用权转移，或于实际取得利益权利时确认收入（或利润）的实现。确认收入（或利润）的方法和顺序为：

(一）按本企业近期或本年度最近月份同类开发产品市场销售价格确定；

(二）由主管税务机关参照当地同类开发产品市场公允价值确定；

(三）按开发产品的成本利润率确定。开发产品的成本利润率不得低于15%，具体比例由主管税务机关确定。

第八条 企业销售未完工开发产品的计税毛利率由各省、自治、直辖市国家税务局、地方税务局按下列规定进行确定：

(一）开发项目位于省、自治区、直辖市和计划单列市人民政府所在地城市城区和郊区的，不得低于15%。

(二）开发项目位于地及地级市城区及郊区的，不得低于10%。

(三）开发项目位于其他地区的，不得低于5%。

(四）属于经济适用房、限价房和危改房的，不得低于3%。

第九条 企业销售未完工开发产品取得的收入，应先按预计计税毛利率分季（或月）计算出预计毛利额，计入当期应纳税所得额。开发产品完工后，企业应及时结算其计税成本并计算此前销售收入的实际毛利额，同时将其实际毛利额与其对应的预计毛利额之间的差额，计入当年度企业本项目与其他项目合并计算的应纳税所得额。

在年度纳税申报时，企业须出具对该项开发产品实际毛利额与预计毛利额之间差异调整情况的报告以及税务机关需要的其他相关资料。

第十条 企业新建的开发产品在尚未完工或办理房地产初始登记、取得产权证前，与承租人签订租赁预约协议的，自开发产品交付承租人使用之日起，出租方取得的预租价款按租金确认收入的实现。

第三章 成本、费用扣除的税务处理

第十一条 企业在进行成本、费用的核算与扣除时，必须按规定区分期间费用和开发产品计税成本、已销开发产品计税成本与未销开发产品计税成本。

第十二条 企业发生的期间费用、已销开发产品计税成本、营业税金及附加、土地增值税准予当期按规定扣除。

第十三条 开发产品计税成本的核算应按第四章的规定进行处理。

第十四条 已销开发产品的计税成本，按当期已实现销售的可售面积和可售面积单位工程成本确认。可售面积单位工程成本和已销开发产品的计税成本按下列公式计算确定：

可售面积单位工程成本＝成本对象总成本÷成本对象总可售面积

已销开发产品的计税成本=已实现销售的可售面积×可售面积单位工程成本

第十五条　企业对尚未出售的已完工开发产品和按照有关法律、法规或合同规定对已售开发产品（包括共用部位、共用设施设备）进行日常维护、保养、修理等实际发生的维修费用，准予在当期据实扣除。

第十六条　企业将已计入销售收入的共用部位、共用设施设备维修基金按规定移交给有关部门、单位的，应于移交时扣除。

第十七条　企业在开发区内建造的会所、物业管理场所、电站、热力站、水厂、文体场馆、幼儿园等配套设施，按以下规定进行处理：

（一）属于非营利性且产权属于全体业主的，或无偿赠予地方政府、公用事业单位的，可将其视为公共配套设施，其建造费用按公共配套设施费的有关规定进行处理。

（二）属于营利性的，或产权归企业所有的，或未明确产权归属的，或无偿赠予地方政府、公用事业单位以外其他单位的，应当单独核算其成本。除企业自用应按建造固定资产进行处理外，其他一律按建造开发产品进行处理。

第十八条　企业在开发区内建造的邮电通信、学校、医疗设施应单独核算成本，其中，由企业与国家有关业务管理部门、单位合资建设，完工后有偿移交的，国家有关业务管理部门、单位给予的经济补偿可直接抵扣该项目的建造成本，抵扣后的差额应调整当期应纳税所得额。

第十九条　企业采取银行按揭方式销售开发产品的，凡约定企业为购买方的按揭贷款提供担保的，其销售开发产品时向银行提供的保证金（担保金）不得从销售收入中减除，也不得作为费用在当期税前扣除，但实际发生损失时可据实扣除。

第二十条　企业委托境外机构销售开发产品的，其支付境外机构的销售费用（含佣金或手续费）不超过委托销售收入10%的部分，准予据实扣除。

第二十一条　企业的利息支出按以下规定进行处理：

（一）企业为建造开发产品借入资金而发生的符合税收规定的借款费用，可按企业会计准则的规定进行归集和分配，其中属于财务费用性质的借款费用，可直接在税前扣除。

（二）企业集团或其成员企业统一向金融机构借款分摊集团内部其他成员企业使用的，借入方凡能出具从金融机构取得借款的证明文件，可以在

— 351 —

使用借款的企业间合理的分摊利息费用，使用借款的企业分摊的合理利息准予在税前扣除。

第二十二条　企业因国家无偿收回土地使用权而形成的损失，可作为财产损失按有关规定在税前扣除。

第二十三条　企业开发产品（以成本对象为计量单位）整体报废或毁损，其净损失按有关规定审核确认后准予在税前扣除。

第二十四条　企业开发产品转为自用的，其实际使用时间累计未超过12个月又销售的，不得在税前扣除折旧费用。

第四章　计税成本的核算

第二十五条　计税成本是指企业在开发、建造开发产品（包括固定资产，下同）过程中所发生的按照税收规定进行核算与计量的应归入某项成本对象的各项费用。

第二十六条　成本对象是指为归集和分配开发产品开发、建造过程中的各项耗费而确定的费用承担项目。计税成本对象的确定原则如下：

（一）可否销售原则。开发产品能够对外经营销售的，应作为独立的计税成本对象进行成本核算；不能对外经营销售的，可先作为过渡性成本对象进行归集，然后再将其相关成本摊入能够对外经营销售的成本对象。

（二）分类归集原则。对同一开发地点、竣工时间相近、产品结构类型没有明显差异的群体开发的项目，可作为一个成本对象进行核算。

（三）功能区分原则。开发项目某组成部分相对独立，且具有不同使用功能时，可以作为独立的成本对象进行核算。

（四）定价差异原则。开发产品因其产品类型或功能不同等而导致其预期售价存在较大差异的，应分别作为成本对象进行核算。

（五）成本差异原则。开发产品因建筑上存在明显差异可能导致其建造成本出现较大差异的，要分别作为成本对象进行核算。

（六）权益区分原则。开发项目属于受托代建的或多方合作开发的，应结合上述原则分别划分成本对象进行核算。

成本对象由企业在开工之前合理确定，并报主管税务机关备案。成本对象一经确定，不能随意更改或相互混淆，如确需改变成本对象的，应征得主管税务机关同意。

第二十七条　开发产品计税成本支出的内容如下：

（一）土地征用费及拆迁补偿费。指为取得土地开发使用权（或开发权）而发生的各项费用，主要包括土地买价或出让金、大市政配套费、契税、耕地占用税、土地使用费、土地闲置费、土地变更用途和超面积补交的地价及相关税费、拆迁补偿支出、安置及动迁支出、回迁房建造支出、农作物补偿费、危房补偿费等。

（二）前期工程费。指项目开发前期发生的水文地质勘察、测绘、规划、设计、可行性研究、筹建、场地通平等前期费用。

（三）建筑安装工程费。指开发项目开发过程中发生的各项建筑安装费用。主要包括开发项目建筑工程费和开发项目安装工程费等。

（四）基础设施建设费。指开发项目在开发过程中所发生的各项基础设施支出，主要包括开发项目内道路、供水、供电、供气、排污、排洪、通信、照明等社区管网工程费和环境卫生、园林绿化等园林环境工程费。

（五）公共配套设施费：指开发项目内发生的、独立的、非营利性的，且产权属于全体业主的，或无偿赠予地方政府、政府公用事业单位的公共配套设施支出。

（六）开发间接费。指企业为直接组织和管理开发项目所发生的，且不能将其归属于特定成本对象的成本费用性支出。主要包括管理人员工资、职工福利费、折旧费、修理费、办公费、水电费、劳动保护费、工程管理费、周转房摊销以及项目营销设施建造费等。

第二十八条　企业计税成本核算的一般程序如下：

（一）对当期实际发生的各项支出，按其性质、经济用途及发生的地点、时间区进行整理、归类，并将其区分为应计入成本对象的成本和应在当期税前扣除的期间费用。同时还应按规定对在有关预提费用和待摊费用进行计量与确认。

（二）对应计入成本对象中的各项实际支出、预提费用、待摊费用等合理的划分为直接成本、间接成本和共同成本，并按规定将其合理的归集、分配至已完工成本对象、在建成本对象和未建成本对象。

（三）对期前已完工成本对象应负担的成本费用按已销开发产品、未销开发产品和固定资产进行分配，其中应由已销开发产品负担的部分，在当期纳税申报时进行扣除，未销开发产品应负担的成本费用待其实际销售时再予扣除。

（四）对本期已完工成本对象分类为开发产品和固定资产并对其计税成本进行结算。其中属于开发产品的，应按可售面积计算其单位工程成本，据此再计算已销开发产品计税成本和未销开发产品计税成本。对本期已销开发产品的计税成本，准予在当期扣除，未销开发产品计税成本待其实际销售时再予扣除。

（五）对本期未完工和尚未建造的成本对象应当负担的成本费用，应按分别建立明细台账，待开发产品完工后再予结算。

第二十九条　企业开发、建造的开发产品应按制造成本法进行计量与核算。其中，应计入开发产品成本中的费用属于直接成本和能够分清成本对象的间接成本，直接计入成本对象，共同成本和不能分清负担对象的间接成本，应按受益的原则和配比的原则分配至各成本对象，具体分配方法可按以下规定选择其一：

（一）占地面积法。指按已动工开发成本对象占地面积占开发用地总面积的比例进行分配。

1. 一次性开发的，按某一成本对象占地面积占全部成本对象占地总面积的比例进行分配。

2. 分期开发的，首先按本期全部成本对象占地面积占开发用地总面积的比例进行分配，然后再按某一成本对象占地面积占期内全部成本对象占地总面积的比例进行分配。

期内全部成本对象应负担的占地面积为期内开发用地占地面积减除应由各期成本对象共同负担的占地面积。

（二）建筑面积法。指按已动工开发成本对象建筑面积占开发用地总建筑面积的比例进行分配。

1. 一次性开发的，按某一成本对象建筑面积占全部成本对象建筑面积的比例进行分配。

2. 分期开发的，首先按期内成本对象建筑面积占开发用地计划建筑面积的比例进行分配，然后再按某一成本对象建筑面积占期内成本对象总建筑面积的比例进行分配。

（三）直接成本法。指按期内某一成本对象的直接开发成本占期内全部成本对象直接开发成本的比例进行分配。

（四）预算造价法。指按期内某一成本对象预算造价占期内全部成本对象预算造价的比例进行分配。

第三十条　企业下列成本应按以下方法进行分配：

（一）土地成本，一般按占地面积法进行分配。如果确需结合其他方法进行分配的，应商税务机关同意。

土地开发同时连结房地产开发的，属于一次性取得土地分期开发房地产的情况，其土地开发成本经商税务机关同意后可先按土地整体预算成本进行分配，待土地整体开发完毕再行调整。

（二）单独作为过渡性成本对象核算的公共配套设施开发成本，应按建筑面积法进行分配。

（三）借款费用属于不同成本对象共同负担的，按直接成本法或按预算造价法进行分配。

（四）其他成本项目的分配法由企业自行确定。

第三十一条　企业以非货币交易方式取得土地使用权的，应按下列规定确定其成本：

（一）企业、单位以换取开发产品为目的，将土地使用权投资企业的，按下列规定进行处理：

1. 换取的开发产品如为该项土地开发、建造的，接受投资的企业在接受土地使用权时暂不确认其成本，待首次分出开发产品时，再按应分出开发产品（包括首次分出的和以后应分出的）的市场公允价值和土地使用权转移过程中应支付的相关税费计算确认该项土地使用权的成本。如涉及补价，土地使用权的取得成本还应加上应支付的补价款或减除应收到的补价款。

2. 换取的开发产品如为其他土地开发、建造的，接受投资的企业在投资交易发生时，按应付出开发产品市场公允价值和土地使用权转移过程中应支付的相关税费计算确认该项土地使用权的成本。如涉及补价，土地使用权的取得成本还应加上应支付的补价款或减除应收到的补价款。

（二）企业、单位以股权的形式，将土地使用权投资企业的，接受投资的企业应在投资交易发生时，按该项土地使用权的市场公允价值和土地使用权转移过程中应支付的相关税费计算确认该项土地使用权的取得成本。如涉及补价，土地使用权的取得成本还应加上应支付的补价款或减除应收到的补价款。

第三十二条　除以下几项预提（应付）费用外，计税成本均应为实际发生的成本。

（一）出包工程未最终办理结算而未取得全额发票的，在证明资料充分的前提下，其发票不足金额可以预提，但最高不得超过合同总金额的10%。

（二）公共配套设施尚未建造或尚未完工的，可按预算造价合理预提建造费用。此类公共配套设施必须符合已在售房合同、协议或广告、模型中明确承诺建造且不可撤销，或按照法律法规规定必须配套建造的条件。

（三）应向政府上交但尚未上交的报批报建费用、物业完善费用可以按规定预提。物业完善费用是指按规定应由企业承担的物业管理基金、公建维修基金或其他专项基金。

第三十三条 企业单独建造的停车场所，应作为成本对象单独核算。利用地下基础设施形成的停车场所，作为公共配套设施进行处理。

第三十四条 企业在结算计税成本时其实际发生的支出应当取得但未取得合法凭据的，不得计入计税成本，待实际取得合法凭据时，再按规定计入计税成本。

第三十五条 开发产品完工以后，企业可在完工年度企业所得税汇算清缴前选择确定计税成本核算的终止日，不得滞后。凡已完工开发产品在完工年度未按规定结算计税成本，主管税务机关有权确定或核定其计税成本，据此进行纳税调整，并按《中华人民共和国税收征收管理法》的有关规定对其进行处理。

第五章 特定事项的税务处理

第三十六条 企业以本企业为主体联合其他企业、单位、个人合作或合资开发房地产项目，且该项目未成立独立法人公司的，按下列规定进行处理：

（一）凡开发合同或协议中约定向投资各方（即合作、合资方，下同）分配开发产品的，企业在首次分配开发产品时，如该项目已经结算计税成本，其应分配给投资方开发产品的计税成本与其投资额之间的差额计入当期应纳税所得额；如未结算计税成本，则将投资方的投资额视同销售收入进行相关的税务处理。

（二）凡开发合同或协议中约定分配项目利润的，应按以下规定进行处理：

1. 企业应将该项目形成的营业利润额并入当期应纳税所得额统一申报缴纳企业所得税，不得在税前分配该项目的利润。同时不能因接受投资方投资额而在成本中摊销或在税前扣除相关的利息支出。

2. 投资方取得该项目的营业利润应视同股息、红利进行相关的税务处理。

第三十七条 企业以换取开发产品为目的，将土地使用权投资其他企业房地产开发项目的，按以下规定进行处理：

企业应在首次取得开发产品时，将其分解为转让土地使用权和购入开发产品两项经济业务进行所得税处理，并按应从该项目取得的开发产品（包括首次取得的和以后应取得的）的市场公允价值计算确认土地使用权转让所得或损失。

第六章 附 则

第三十八条 从事房地产开发经营业务的外商投资企业在2007年12月31日前存有销售未完工开发产品取得的收入，至该项开发产品完工后，一律按本办法第九条规定的办法进行税务处理。

第三十九条 本通知自2008年1月1日起执行。

附录2-4 《股权转让所得个人所得税管理办法（试行）》

（国税发〔2014〕67号）

【核心提示】 该67号文继承了285号文的绝大部分内容，但唯独缺少了个人因股权转让进行工商登记时需要出示完税证明的相关内容。但是，上述相关内容还是在2018年发布2019年1月1日实施的新修改的《中华人民共和国个所得税法》中现身。

股权转让所得个人所得税管理办法（试行）

第一章 总则

第一条 为加强股权转让所得个人所得税征收管理，规范税务机关、纳税人和扣缴义务人征纳行为，维护纳税人合法权益，根据《中华人民共和国个人所得税法》及其实施条例、《中华人民共和国税收征收管理法》及其实施细则，制定本办法。

第二条 本办法所称股权是指自然人股东（以下简称个人）投资于在中国境内成立的企业或组织（以下统称被投资企业，不包括个人独资企业和合伙企业）的股权或股份。

第三条 本办法所称股权转让是指个人将股权转让给其他个人或法人的行为，包括以下情形：

（一）出售股权；

（二）公司回购股权；

（三）发行人首次公开发行新股时，被投资企业股东将其持有的股份以公开发行方式一并向投资者发售；

（四）股权被司法或行政机关强制过户；

（五）以股权对外投资或进行其他非货币性交易；

（六）以股权抵偿债务；

（七）其他股权转移行为。

第四条 个人转让股权，以股权转让收入减除股权原值和合理费用后的余额为应纳税所得额，按"财产转让所得"缴纳个人所得税。

合理费用是指股权转让时按照规定支付的有关税费。

第五条 个人股权转让所得个人所得税，以股权转让方为纳税人，以受让方为扣缴义务人。

第六条 扣缴义务人应于股权转让相关协议签订后5个工作日内，将股权转让的有关情况报告主管税务机关。

被投资企业应当详细记录股东持有本企业股权的相关成本，如实向税务机关提供与股权转让有关的信息，协助税务机关依法执行公务。

第二章 股权转让收入的确认

第七条 股权转让收入是指转让方因股权转让而获得的现金、实物、有价证券和其他形式的经济利益。

第八条 转让方取得与股权转让相关的各种款项，包括违约金、补偿金以及其他名目的款项、资产、权益等，均应当并入股权转让收入。

第九条 纳税人按照合同约定，在满足约定条件后取得的后续收入，应当作为股权转让收入。

第十条 股权转让收入应当按照公平交易原则确定。

第十一条 符合下列情形之一的，主管税务机关可以核定股权转让收入：

（一）申报的股权转让收入明显偏低且无正当理由的；

（二）未按照规定期限办理纳税申报，经税务机关责令限期申报，逾期仍不申报的；

（三）转让方无法提供或拒不提供股权转让收入的有关资料的；

（四）其他应核定股权转让收入的情形。

第十二条 符合下列情形之一，视为股权转让收入明显偏低：

（一）申报的股权转让收入低于股权对应的净资产份额的。其中，被投资企业拥有土地使用权、房屋、房地产企业未销售房产、知识产权、探矿权、采矿权、股权等资产的，申报的股权转让收入低于股权对应的净资产公允价值份额的；

（二）申报的股权转让收入低于初始投资成本或低于取得该股权所支付的价款及相关税费的；

（三）申报的股权转让收入低于相同或类似条件下同一企业同一股东或其他股东股权转让收入的；

（四）申报的股权转让收入低于相同或类似条件下同类行业的企业股权转让收入的；

（五）不具合理性的无偿让渡股权或股份；

（六）主管税务机关认定的其他情形。

第十三条 符合下列条件之一的股权转让收入明显偏低，视为有正当理由：

（一）能出具有效文件，证明被投资企业因国家政策调整，生产经营受到重大影响，导致低价转让股权；

（二）继承或将股权转让给其能提供具有法律效力身份关系证明的配偶、父母、子女、祖父母、外祖父母、孙子女、外孙子女、兄弟姐妹以及对转让人承担直接抚养或者赡养义务的抚养人或者赡养人；

（三）相关法律、政府文件或企业章程规定，并有相关资料充分证明转让价格合理且真实的本企业员工持有的不能对外转让股权的内部转让；

（四）股权转让双方能够提供有效证据证明其合理性的其他合理情形。

第十四条 主管税务机关应依次按照下列方法核定股权转让收入：

（一）净资产核定法

股权转让收入按照每股净资产或股权对应的净资产份额核定。

被投资企业的土地使用权、房屋、房地产企业未销售房产、知识产权、探矿权、采矿权、股权等资产占企业总资产比例超过20%的，主管税务机关可参照纳税人提供的具有法定资质的中介机构出具的资产评估报告核定股权转让收入。

6个月内再次发生股权转让且被投资企业净资产未发生重大变化的，主管税务机关可参照上一次股权转让时被投资企业的资产评估报告核定此次股权转让收入。

（二）类比法

1. 参照相同或类似条件下同一企业同一股东或其他股东股权转让收入核定；

2. 参照相同或类似条件下同类行业企业股权转让收入核定。

（三）其他合理方法

主管税务机关采用以上方法核定股权转让收入存在困难的，可以采取其他合理方法核定。

第三章 股权原值的确认

第十五条 个人转让股权的原值依照以下方法确认：

（一）以现金出资方式取得的股权，按照实际支付的价款与取得股权直接相关的合理税费之和确认股权原值；

（二）以非货币性资产出资方式取得的股权，按照税务机关认可或核定的投资入股时非货币性资产价格与取得股权直接相关的合理税费之和确认股权原值；

（三）通过无偿让渡方式取得股权，具备本办法第十三条第二项所列情形的，按取得股权发生的合理税费与原持有人的股权原值之和确认股权原值；

（四）被投资企业以资本公积、盈余公积、未分配利润转增股本，个人股东已依法缴纳个人所得税的，以转增额和相关税费之和确认其新转增股本的股权原值；

（五）除以上情形外，由主管税务机关按照避免重复征收个人所得税的原则合理确认股权原值。

第十六条 股权转让人已被主管税务机关核定股权转让收入并依法征收个人所得税的，该股权受让人的股权原值以取得股权时发生的合理税费与股权转让人被主管税务机关核定的股权转让收入之和确认。

第十七条 个人转让股权未提供完整、准确的股权原值凭证，不能正确计算股权原值的，由主管税务机关核定其股权原值。

第十八条 对个人多次取得同一被投资企业股权的，转让部分股权时，采用"加权平均法"确定其股权原值。

第四章 纳税申报

第十九条 个人股权转让所得个人所得税以被投资企业所在地地税机关为主管税务机关。

第二十条 具有下列情形之一的，扣缴义务人、纳税人应当依法在次月15日内向主管税务机关申报纳税：

（一）受让方已支付或部分支付股权转让价款的；

（二）股权转让协议已签订生效的；

（三）受让方已经实际履行股东职责或者享受股东权益的；

（四）国家有关部门判决、登记或公告生效的；

（五）本办法第三条第四至第七项行为已完成的；

（六）税务机关认定的其他有证据表明股权已发生转移的情形。

第二十一条 纳税人、扣缴义务人向主管税务机关办理股权转让纳税（扣缴）申报时，还应当报送以下资料：

（一）股权转让合同（协议）；

（二）股权转让双方身份证明；

（三）按规定需要进行资产评估的，需提供具有法定资质的中介机构出具的净资产或土地房产等资产价值评估报告；

（四）计税依据明显偏低但有正当理由的证明材料；

（五）主管税务机关要求报送的其他材料。

第二十二条 被投资企业应当在董事会或股东会结束后5个工作日内，向主管税务机关报送与股权变动事项相关的董事会或股东会决议、会议纪要等资料。

被投资企业发生个人股东变动或者个人股东所持股权变动的，应当在次月15日内向主管税务机关报送含有股东变动信息的《个人所得税基础信息表（A表）》及股东变更情况说明。

主管税务机关应当及时向被投资企业核实其股权变动情况，并确认相关转让所得，及时督促扣缴义务人和纳税人履行法定义务。

第二十三条 转让的股权以人民币以外的货币结算的，按照结算当日人民币汇率中间价，折算成人民币计算应纳税所得额。

第五章 征收管理

第二十四条 税务机关应加强与工商部门合作，落实和完善股权信息交换制度，积极开展股权转让信息共享工作。

第二十五条 税务机关应当建立股权转让个人所得税电子台账，将个人股东的相关信息录入征管信息系统，强化对每次股权转让间股权转让收入和股权原值的逻辑审核，对股权转让实施链条式动态管理。

第二十六条 税务机关应当落实好国税部门、地税部门之间的信息交换与共享制度，不断提升股权登记信息应用能力。

第二十七条 税务机关应当加强对股权转让所得个人所得税的日常管理和税务检查，积极推进股权转让各税种协同管理。

第二十八条 纳税人、扣缴义务人及被投资企业未按照规定期限办理纳税（扣缴）申报和报送相关资料的，依照《中华人民共和国税收征收管理法》及其实施细则有关规定处理。

第二十九条 各地可通过政府购买服务的方式，引入中介机构参与股权转让过程中相关资产的评估工作。

第六章 附则

第三十条 个人在上海证券交易所、深圳证券交易所转让从上市公司公开发行和转让市场取得的上市公司股票，转让限售股，以及其他有特别规定的股权转让，不适用本办法。

第三十一条 各省、自治区、直辖市和计划单列市地方税务局可以根据本办法，结合本地实际，制定具体实施办法。

第三十二条 本办法自2015年1月1日起施行。《国家税务总局关于加强股权转让所得征收个人所得税管理的通知》（国税函［2009］285号）、《国家税务总局关于股权转让个人所得税计税依据核定问题的公告》（国税总局［2010］27号）同时废止。

附录2-5 《房地产开发企业销售自行开发的房地产项目增值税征收管理暂行办法》

（国税发［2016］18号）

【核心提示】国税发［2016］18号是家喻户晓的《营业税改征增值税试点有关事项的规定》（国税发［2016］36号文）的重要附件，尤其对房地产行业有重要意义。

房地产开发企业销售自行开发的房地产项目增值税征收管理暂行办法

第一章 适用范围

第一条 根据《财政部 国家税务总局关于全面推开营业税改征增值税试点的通知》（财税［2016］36号）及现行增值税有关规定，制定本办法。

第二条 房地产开发企业销售自行开发的房地产项目，适用本办法。

自行开发，是指在依法取得土地使用权的土地上进行基础设施和房屋建设。

第三条　房地产开发企业以接盘等形式购入未完工的房地产项目继续开发后，以自己的名义立项销售的，属于本办法规定的销售自行开发的房地产项目。

第二章　一般纳税人征收管理

第一节　销售额

第四条　房地产开发企业中的一般纳税人（以下简称一般纳税人）销售自行开发的房地产项目，适用一般计税方法计税，按照取得的全部价款和价外费用，扣除当期销售房地产项目对应的土地价款后的余额计算销售额。销售额的计算公式如下：

销售额=（全部价款和价外费用-当期允许扣除的土地价款）÷(1+10%)

第五条　当期允许扣除的土地价款按照以下公式计算：

当期允许扣除的土地价款=（当期销售房地产项目建筑面积÷房地产项目可供销售建筑面积）×支付的土地价款

当期销售房地产项目建筑面积，是指当期进行纳税申报的增值税销售额对应的建筑面积。

房地产项目可供销售建筑面积，是指房地产项目可以出售的总建筑面积，不包括销售房地产项目时未单独作价结算的配套公共设施的建筑面积。

支付的土地价款，是指向政府、土地管理部门或受政府委托收取土地价款的单位直接支付的土地价款。

第六条　在计算销售额时从全部价款和价外费用中扣除土地价款，应当取得省级以上（含省级）财政部门监（印）制的财政票据。

第七条　一般纳税人应建立台账登记土地价款的扣除情况，扣除的土地价款不得超过纳税人实际支付的土地价款。

第八条　一般纳税人销售自行开发的房地产老项目，可以选择适用简易计税方法按照5%的征收率计税。一经选择简易计税方法计税的，36个月内不得变更为一般计税方法计税。

房地产老项目，是指：

（一）《建筑工程施工许可证》注明的合同开工日期在2016年4月30日前的房地产项目；

（二）《建筑工程施工许可证》未注明合同开工日期或者未取得《建筑工程施工许可证》但建筑工程承包合同注明的开工日期在2016年4月30日

前的建筑工程项目。

第九条 一般纳税人销售自行开发的房地产老项目适用简易计税方法计税的，以取得的全部价款和价外费用为销售额，不得扣除对应的土地价款。

第二节 预缴税款

第十条 一般纳税人采取预收款方式销售自行开发的房地产项目，应在收到预收款时按照3%的预征率预缴增值税。

第十一条 应预缴税款按照以下公式计算：

应预缴税款=预收款÷(1+适用税率或征收率)×3%

适用一般计税方法计税的，按照10%的适用税率计算；适用简易计税方法计税的，按照5%的征收率计算。

第十二条 一般纳税人应在取得预收款的次月纳税申报期向主管国税机关预缴税款。

第三节 进项税额

第十三条 一般纳税人销售自行开发的房地产项目，兼有一般计税方法计税、简易计税方法计税、免征增值税的房地产项目而无法划分不得抵扣的进项税额的，应以《建筑工程施工许可证》注明的"建设规模"为依据进行划分。

不得抵扣的进项税额=当期无法划分的全部进项税额×(简易计税、免税房地产项目建设规模÷房地产项目总建设规模)

第四节 纳税申报

第十四条 一般纳税人销售自行开发的房地产项目适用一般计税方法计税的，应按照《营业税改征增值税试点实施办法》(财税〔2016〕36号文件印发，以下简称《试点实施办法》)第四十五条规定的纳税义务发生时间，以当期销售额和11%的适用税率计算当期应纳税额，抵减已预缴税款后，向主管国税机关申报纳税。未抵减完的预缴税款可以结转下期继续抵减。

第十五条 一般纳税人销售自行开发的房地产项目适用简易计税方法计税的，应按照《试点实施办法》第四十五条规定的纳税义务发生时间，以当期销售额和5%的征收率计算当期应纳税额，抵减已预缴税款后，向主管国税机关申报纳税。未抵减完的预缴税款可以结转下期继续抵减。

第五节 发票开具

第十六条 一般纳税人销售自行开发的房地产项目，自行开具增值税发票。

第十七条　一般纳税人销售自行开发的房地产项目，其2016年4月30日前收取并已向主管地税机关申报缴纳营业税的预收款，未开具营业税发票的，可以开具增值税普通发票，不得开具增值税专用发票。

第十八条　一般纳税人向其他个人销售自行开发的房地产项目，不得开具增值税专用发票。

第三章　小规模纳税人征收管理

第一节　预缴税款

第十九条　房地产开发企业中的小规模纳税人（以下简称小规模纳税人）采取预收款方式销售自行开发的房地产项目，应在收到预收款时按照3%的预征率预缴增值税。

第二十条　应预缴税款按照以下公式计算：

应预缴税款＝预收款÷(1+5%)×3%

第二十一条　小规模纳税人应在取得预收款的次月纳税申报期或主管国税机关核定的纳税期限向主管国税机关预缴税款。

第二节　纳税申报

第二十二条　小规模纳税人销售自行开发的房地产项目，应按照《试点实施办法》第四十五条规定的纳税义务发生时间，以当期销售额和5%的征收率计算当期应纳税额，抵减已预缴税款后，向主管国税机关申报纳税。未抵减完的预缴税款可以结转下期继续抵减。

第三节　发票开具

第二十三条　小规模纳税人销售自行开发的房地产项目，自行开具增值税普通发票。购买方需要增值税专用发票的，小规模纳税人向主管国税机关申请代开。

第二十四条　小规模纳税人销售自行开发的房地产项目，其2016年4月30日前收取并已向主管地税机关申报缴纳营业税的预收款，未开具营业税发票的，可以开具增值税普通发票，不得申请代开增值税专用发票。

第二十五条　小规模纳税人向其他个人销售自行开发的房地产项目，不得申请代开增值税专用发票。

第四章　其他事项

第二十六条　房地产开发企业销售自行开发的房地产项目，按照本办法规定预缴税款时，应填报《增值税预缴税款表》。

第二十七条　房地产开发企业以预缴税款抵减应纳税额,应以完税凭证作为合法有效凭证。

第二十八条　房地产开发企业销售自行开发的房地产项目,未按本办法规定预缴或缴纳税款的,由主管国税机关按照《中华人民共和国税收征收管理法》及相关规定进行处理。

附录2-6　国家税务总局《关于房地产开发企业土地增值税清算管理有关问题的通知》

（国税发〔2006〕187号）

【核心提示】正是这个大名鼎鼎的187号文的横空出世,开启了我国房地产行业土地增值税清算的历史,彻底结束了土地增值税这个争议巨大税种只是预征而不清算的历史。但是,十二年之后的2018年却传出了土地增值税可能取消的风声。

各省、自治区、直辖市和计划单列市地方税务局,西藏、宁夏回族自治区国家税务局:

为进一步加强房地产开发企业土地增值税清算管理工作,根据《中华人民共和国税收征收管理法》、《中华人民共和国土地增值税暂行条例》及有关规定,现就有关问题通知如下:

一、土地增值税的清算单位

土地增值税以国家有关部门审批的房地产开发项目为单位进行清算,对于分期开发的项目,以分期项目为单位清算。

开发项目中同时包含普通住宅和非普通住宅的,应分别计算增值额。

二、土地增值税的清算条件

(一)符合下列情形之一的,纳税人应进行土地增值税的清算:

1. 房地产开发项目全部竣工、完成销售的;

2. 整体转让未竣工决算房地产开发项目的;

3. 直接转让土地使用权的。

(二)符合下列情形之一的,主管税务机关可要求纳税人进行土地增值税清算:

1. 已竣工验收的房地产开发项目,已转让的房地产建筑面积占整个项

目可售建筑面积的比例在85%以上,或该比例虽未超过85%,但剩余的可售建筑面积已经出租或自用的;

2. 取得销售(预售)许可证满三年仍未销售完毕的;

3. 纳税人申请注销税务登记但未办理土地增值税清算手续的;

4. 省税务机关规定的其他情况。

三、非直接销售和自用房地产的收入确定

(一)房地产开发企业将开发产品用于职工福利、奖励、对外投资、分配给股东或投资人、抵偿债务、换取其他单位和个人的非货币性资产等,发生所有权转移时应视同销售房地产,其收入按下列方法和顺序确认:

1. 按本企业在同一地区、同一年度销售的同类房地产的平均价格确定;

2. 由主管税务机关参照当地当年、同类房地产的市场价格或评估价值确定。

(二)房地产开发企业将开发的部分房地产转为企业自用或用于出租等商业用途时,如果产权未发生转移,不征收土地增值税,在税款清算时不列收入,不扣除相应的成本和费用。

四、土地增值税的扣除项目

(一)房地产开发企业办理土地增值税清算时计算与清算项目有关的扣除项目金额,应根据土地增值税暂行条例第六条及其实施细则第七条的规定执行。除另有规定外,扣除取得土地使用权所支付的金额、房地产开发成本、费用及与转让房地产有关税金,须提供合法有效凭证;不能提供合法有效凭证的,不予扣除。

(二)房地产开发企业办理土地增值税清算所附送的前期工程费、建筑安装工程费、基础设施费、开发间接费用的凭证或资料不符合清算要求或不实的,地方税务机关可参照当地建设工程造价管理部门公布的建安造价定额资料,结合房屋结构、用途、区位等因素,核定上述四项开发成本的单位面积金额标准,并据以计算扣除。具体核定方法由省税务机关确定。

(三)房地产开发企业开发建造的与清算项目配套的居委会和派出所用房、会所、停车场(库)、物业管理场所、变电站、热力站、水厂、文体场馆、学校、幼儿园、托儿所、医院、邮电通信等公共设施,按以下原则处理:

1. 建成后产权属于全体业主所有的,其成本、费用可以扣除;

2. 建成后无偿移交给政府、公用事业单位用于非营利性社会公共事业的,其成本、费用可以扣除;

3. 建成后有偿转让的，应计算收入，并准予扣除成本、费用。

（四）房地产开发企业销售已装修的房屋，其装修费用可以计入房地产开发成本。

房地产开发企业的预提费用，除另有规定外，不得扣除。

（五）属于多个房地产项目共同的成本费用，应按清算项目可售建筑面积占多个项目可售总建筑面积的比例或其他合理的方法，计算确定清算项目的扣除金额。

五、土地增值税清算应报送的资料

符合本通知第二条第（一）项规定的纳税人，须在满足清算条件之日起90日内到主管税务机关办理清算手续；符合本通知第二条第（二）项规定的纳税人，须在主管税务机关限定的期限内办理清算手续。

纳税人办理土地增值税清算应报送以下资料：

（一）房地产开发企业清算土地增值税书面申请、土地增值税纳税申报表；

（二）项目竣工决算报表、取得土地使用权所支付的地价款凭证、国有土地使用权出让合同、银行贷款利息结算通知单、项目工程合同结算单、商品房购销合同统计表等与转让房地产的收入、成本和费用有关的证明资料；

（三）主管税务机关要求报送的其他与土地增值税清算有关的证明资料等。

纳税人委托税务中介机构审核鉴证的清算项目，还应报送中介机构出具的《土地增值税清算税款鉴证报告》。

六、土地增值税清算项目的审核鉴证

税务中介机构受托对清算项目审核鉴证时，应按税务机关规定的格式对审核鉴证情况出具鉴证报告。对符合要求的鉴证报告，税务机关可以采信。

税务机关要对从事土地增值税清算鉴证工作的税务中介机构在准入条件、工作程序、鉴证内容、法律责任等方面提出明确要求，并做好必要的指导和管理工作。

七、土地增值税的核定征收

房地产开发企业有下列情形之一的，税务机关可以参照与其开发规模和收入水平相近的当地企业的土地增值税税负情况，按不低于预征率的征收率核定征收土地增值税：

（一）依照法律、行政法规的规定应当设置但未设置账簿的；

（二）擅自销毁账簿或者拒不提供纳税资料的；

（三）虽设置账簿，但账目混乱或者成本资料、收入凭证、费用凭证残缺不全，难以确定转让收入或扣除项目金额的；

（四）符合土地增值税清算条件，未按照规定的期限办理清算手续，经税务机关责令限期清算，逾期仍不清算的；

（五）申报的计税依据明显偏低，又无正当理由的。

八、清算后再转让房地产的处理

在土地增值税清算时未转让的房地产，清算后销售或有偿转让的，纳税人应按规定进行土地增值税的纳税申报，扣除项目金额按清算时的单位建筑面积成本费用乘以销售或转让面积计算。

单位建筑面积成本费用＝清算时的扣除项目总金额÷清算的总建筑面积

本通知自2007年2月1日起执行。各省税务机关可依据本通知的规定并结合当地实际情况制定具体清算管理办法。

附录2-7 《关于继续实施企业改制重组有关土地增值税政策的通知》

（财税〔2018〕57号）

【核心提示】虽然对传统房地产开发企业做出了明确的限制性规定，但毕竟土地增值税是传统房地产开发企业的重中之重。所以，还是必须要关注一下的。

各省、自治区、直辖市、计划单列市财政厅（局）、地方税务局，西藏、宁夏回族自治区国家税务局，新疆生产建设兵团财政局：

为支持企业改制重组，优化市场环境，现将继续执行企业在改制重组过程中涉及的土地增值税政策通知如下：

一、按照《中华人民共和国公司法》的规定，非公司制企业整体改制为有限责任公司或者股份有限公司，有限责任公司（股份有限公司）整体改制为股份有限公司（有限责任公司），对改制前的企业将国有土地使用权、地上的建筑物及其附着物（以下称房地产）转移、变更到改制后的企业，暂不征土地增值税。

本通知所称整体改制是指不改变原企业的投资主体，并承继原企业权利、义务的行为。

二、按照法律规定或者合同约定，两个或两个以上企业合并为一个企业，且原企业投资主体存续的，对原企业将房地产转移、变更到合并后的企业，暂不征土地增值税。

三、按照法律规定或者合同约定，企业分设为两个或两个以上与原企业投资主体相同的企业，对原企业将房地产转移、变更到分立后的企业，暂不征土地增值税。

四、单位、个人在改制重组时以房地产作价入股进行投资，对其将房地产转移、变更到被投资的企业，暂不征土地增值税。

五、上述改制重组有关土地增值税政策不适用于房地产转移任意一方为房地产开发企业的情形。

六、企业改制重组后再转让国有土地使用权并申报缴纳土地增值税时，应以改制前取得该宗国有土地使用权所支付的地价款和按国家统一规定缴纳的有关费用，作为该企业"取得土地使用权所支付的金额"扣除。企业在改制重组过程中经省级以上（含省级）国土管理部门批准，国家以国有土地使用权作价出资入股的，在转让该宗国有土地使用权并申报缴纳土地增值税时，应以该宗土地作价入股时省级以上（含省级）国土管理部门批准的评估价格，作为该企业"取得土地使用权所支付的金额"扣除。办理纳税申报时，企业应提供该宗土地作价入股时省级以上（含省级）国土管理部门的批准文件和批准的评估价格，不能提供批准文件和批准的评估价格的，不得扣除。

七、企业在申请享受上述土地增值税优惠政策时，应向主管税务机关提交房地产转移双方营业执照、改制重组协议或等效文件，相关房地产权属和价值证明、转让方改制重组前取得土地使用权所支付地价款的凭据（复印件）等书面材料。

八、本通知所称不改变原企业投资主体、投资主体相同，是指企业改制重组前后出资人不发生变动，出资人的出资比例可以发生变动；投资主体存续，是指原企业出资人必须存在于改制重组后的企业，出资人的出资比例可以发生变动。

九、本通知执行期限为2018年1月1日至2020年12月31日。

财政部　税务总局
2018 年 5 月 16 日

附录 2-8 《关于继续支持企业事业单位改制重组有关契税政策的通知》

(财税〔2018〕17号)

【核心提示】三年等一会空当接龙式的政策,虽然延续了快二十年了,但是,每次还是能引来众多纳税人翘首以盼的目光。这次引人注目的亮点是增加了第六条第三款。

各省、自治区、直辖市、计划单列市财政厅(局)、地方税务局,西藏、宁夏、青海省(自治区)国家税务局,新疆生产建设兵团财政局:

为贯彻落实《国务院关于进一步优化企业兼并重组市场环境的意见》(国务院〔2014〕14号),继续支持企业、事业单位改制重组,现就企业、事业单位改制重组涉及的契税政策通知如下:

一、企业改制

企业按照《中华人民共和国公司法》有关规定整体改制,包括非公司制企业改制为有限责任公司或股份有限公司,有限责任公司变更为股份有限公司,股份有限公司变更为有限责任公司,原企业投资主体存续并在改制(变更)后的公司中所持股权(股份)比例超过75%,且改制(变更)后公司承继原企业权利、义务的,对改制(变更)后公司承受原企业土地、房屋权属,免征契税。

二、事业单位改制

事业单位按照国家有关规定改制为企业,原投资主体存续并在改制后企业中出资(股权、股份)比例超过50%的,对改制后企业承受原事业单位土地、房屋权属,免征契税。

三、公司合并

两个或两个以上的公司,依照法律规定、合同约定,合并为一个公司,且原投资主体存续的,对合并后公司承受原合并各方土地、房屋权属,免征契税。

四、公司分立

公司依照法律规定、合同约定分立为两个或两个以上与原公司投资主体相同的公司，对分立后公司承受原公司土地、房屋权属，免征契税。

五、企业破产

企业依照有关法律法规规定实施破产，债权人（包括破产企业职工）承受破产企业抵偿债务的土地、房屋权属，免征契税；对非债权人承受破产企业土地、房屋权属，凡按照《中华人民共和国劳动法》等国家有关法律法规政策妥善安置原企业全部职工规定，与原企业全部职工签订服务年限不少于三年的劳动用工合同的，对其承受所购企业土地、房屋权属，免征契税；与原企业超过30%的职工签订服务年限不少于三年的劳动用工合同的，减半征收契税。

六、资产划转

对承受县级以上人民政府或国有资产管理部门按规定进行行政性调整、划转国有土地、房屋权属的单位，免征契税。

同一投资主体内部所属企业之间土地、房屋权属的划转，包括母公司与其全资子公司之间，同一公司所属全资子公司之间，同一自然人与其设立的个人独资企业、一人有限公司之间土地、房屋权属的划转，免征契税。

母公司以土地、房屋权属向其全资子公司增资，视同划转，免征契税。

七、债权转股权

经国务院批准实施债权转股权的企业，对债权转股权后新设立的公司承受原企业的土地、房屋权属，免征契税。

八、划拨用地出让或作价出资

以出让方式或国家作价出资（入股）方式承受原改制重组企业、事业单位划拨用地的，不属上述规定的免税范围，对承受方应按规定征收契税。

九、公司股权（股份）转让

在股权（股份）转让中，单位、个人承受公司股权（股份），公司土地、房屋权属不发生转移，不征收契税。

十、有关用语含义

本通知所称企业、公司，是指依照我国有关法律法规设立并在中国境内注册的企业、公司。

本通知所称投资主体存续，是指原企业、事业单位的出资人必须存在于改制重组后的企业，出资人的出资比例可以发生变动；投资主体相同，是指公司分立前后出资人不发生变动，出资人的出资比例可以发生变动。

本通知自 2018 年 1 月 1 日起至 2020 年 12 月 31 日执行。本通知发布前，企业、事业单位改制重组过程中涉及的契税尚未处理的，符合本通知规定的可按本通知执行。

财政部　税务总局
2018 年 3 月 2 日

附录 2-9　《中华人民共和国个人所得税法》

（2018 年第七次修改版）节选

【核心提示】我国这次《个人所得税法》的修改可谓亮点多多，但是，作为企业并购房地产税务规划工作者，可能最关注的还是第十五条第二款的规定。

第十五条　公安、人民银行、金融监督管理等相关部门应当协助税务机关确认纳税人的身份、金融账户信息。教育、卫生、医疗保障、民政、人力资源社会保障、住房城乡建设、公安、人民银行、金融监督管理等相关部门应当向税务机关提供纳税人子女教育、继续教育、大病医疗、住房贷款利息、住房租金、赡养老人等专项附加扣除信息。

个人转让不动产的，税务机关应当根据不动产登记等相关信息核验应缴的个人所得税，登记机构办理转移登记时，应当查验与该不动产转让相关的个人所得税的完税凭证。个人转让股权办理变更登记的，市场主体登记机关应当查验与该股权交易相关的个人所得税的完税凭证。

有关部门依法将纳税人、扣缴义务人遵守本法的情况纳入信用信息系统，并实施联合激励或者惩戒。

附录3　涉税服务典型判例

附录3-1　最高人民法院［2004］民一终字第46号民事判决书

【裁判要点】在想当年令房地产行业闻风丧胆的所谓"8·31大限"的同一天：2004年8月31日，最高人民法院做出了一份注定载入史册的判决书：（2004）民一终字第46号民事判决书。该判决书最大的亮点在于：未达到《城市房地产管理法》第38条（2007年修改为第39条第一款）的土地使用权转让合同有效。1. 签订国有土地使用权转让合同时，当事人取得开发用地证后未足额缴纳土地出让金的，属转让标的物的瑕疵，不影响转让合同的效力。2. 转让的土地未达到25%以上的投资，属合同标的物的瑕疵，不影响转让合同的效力。3. 签订国有土地使用权转让合同时，转让人虽未取得国有土地使用权证，但在诉讼前已经取得该证的，应认定转让合同有效。

中华人民共和国最高人民法院

民事判决书

［2004］民一终字第46号

上诉人（原审被告）：柳州市全威电器有限责任公司，住所地广西壮族自治区柳州市柳石路153号。

法定代表人：刘全章，该公司董事长。

委托代理人：田旷，北京市嘉和律师事务所律师。委托代理人：罗茂隆，北京市嘉和律师事务所律师。

上诉人（原审被告）：柳州超凡房地产开发有限责任公司，住所地广西壮族自治区柳州市城中区长青路29号。法定代表人：覃锦生，该公司董事长。

委托代理人：罗茂隆，北京市嘉和律师事务所律师。委托代理人：田旷，北京市嘉和律师事务所律师。

被上诉人（原审原告）：南宁桂馨源房地产有限公司，住所地广西壮族自治区南宁市沈阳路48号。

法定代表人：罗先友，该公司董事长。

委托代理人：李正国，四川康维律师事务所律师。委托代理人：黄媛，四川康维律师事务所律师。

上诉人柳州市全威电器有限责任公司、柳州超凡房地产开发有限责任公司与被上诉人南宁桂馨源房地产有限公司土地使用权转让合同纠纷一案，广西壮族自治区高级人民法院于2004年4月18日作出（2004）桂民一初字第1号民事判决，柳州市全威电器有限责任公司、柳州超凡房地产开发有限责任公司对该判决不服，向本院提起上诉。本院依法组成合议庭于2004年7月15日进行了开庭审理。柳州市全威电器有限责任公司及柳州超凡房地产开发有限责任公司的委托代理人田旷、罗茂隆，南宁桂馨源房地产有限公司的法定代表人罗先友、委托代理人李正国到庭参加诉讼。本案现已审理终结。

一审法院经审理查明：2003年9月18日，柳州市全威电器有限责任公司（以下简称全威公司）、柳州超凡房地产开发有限责任公司（以下简称超凡公司）与南宁桂馨源房地产有限公司（以下简称桂馨源公司）签订《土地开发合同》约定，全威公司、超凡公司同意将全威公司位于柳州市柳石路153号51.9979亩土地转让给桂馨源公司，土地转让价款为2860万元。鉴于超凡公司在与全威公司签订2003年3月31日《协议书》之后投入了前期资金并做了一些前期工作，本协议签订后，全威公司同意桂馨源公司支付给超凡公司补偿款1640万元。土地转让款的付款期限和办法：根据全威公司的要求，桂馨源公司同意于2003年9月30日前，将200万元转入全威公司账户作为合作定金，逾期视为桂馨源公司违约，全威公司、超凡公司有权单方解除合同；全威公司、超凡公司必须在两个月内办理完成市政府同意该宗土地转让给桂馨源公司控股或桂馨源公司法定代表人控股的、在柳州新成立的公司，并给予今年或明年上半年土地开发计划指标；桂馨源公司在得到开发指标批准可以进行房地产开发时起一个月内，代全威公司支付向中国工商银行柳州分行所借的795万元贷款及表内利息96万元（此利息如能减免，此款便加在厂房拆迁费里支付)，此贷款经银行同意可转贷给桂馨源公司，全威公司应积极协助桂馨源公司办理，并提供该宗土地作贷款担保抵押，如银行确认，由于此贷款转给桂馨源公司的原因，而不能免去表内利息96万元（准确金额以银行确认的为准)，此利息应由桂馨源公司承担，其他任何原因全威公司未得到银行的免息，均由全威公司承担；桂馨源公司在得到市政府将土地转让给桂馨源公司控股的或桂馨源公司法定代表人控股的柳州成立的新公司，并得到开发指标批准可以进行房地产开发时起一个月内必须代全威公司支付该宗土地办理土地使用性质变更（由工业用地变更为商业用地）向土地管理部门交纳的土地变性费用及契税约600万元；全威公司在办理完成将该宗土地过户给桂馨源公司在柳州的控股公司或桂馨源公司法定代表人控股的公司三个月内，桂馨源公司在柳州的控股公司或桂馨源公司法定代表人控股的公司代全威公司分期支付职工安置费、厂房搬迁费及代全威公司偿还零星欠款，此三项共约600万元。以上共计2300万元在桂馨源公司支付给全威公司的土地转让费中扣除，余下2200万元（桂馨源公司根据全威公司和超凡公司的要求，支付给全威公司560万元、支付给超凡公司1640万元)，桂馨源公司在得到土地使用和开发指标批准，可以进行房地产开发时起一年内支付给全威公司和超凡公司。由于政府和房地产开发建设管理部门因总体规划、市政建设和市政管理原因以及全威公司、超凡公司两方的原因（包括全威公司职工、全威公司周边单位及个人的原因)，以及全威公司、超凡公司两方债权人追债等非桂馨源公司原因，半年内不能办理完成本项目工程开工报建手续进行开工建设的，按实际延续的时间，付款期间相应顺延。如全威公司、超凡公司愿意购买桂馨源公司在该宗土地上所开发的商品房，其购房款可在桂馨源公司支付给全威公司的费用中扣减。在桂馨源公司代全威公司、超凡公司向土地局支付该宗土地变性费及契税的同时，全威公司须将该宗土地过户给桂馨源公司控股或桂馨源公司法定代表人控股的在柳州新成立的公司。但桂馨源公司在付清全威公司、超凡公司4500万元之前，不得将该宗土地转让给桂馨源公司控股的或桂馨源公司法定代表人控股的公司以外的其他人。全威公司向桂馨源公司所转让的该宗土地使用权年限按政府的有关规定办理。桂馨源公司计划该宗土地分期开发，从桂馨源公司支付完需开发部分土地的厂房搬迁费和职工安置费之日起算，全威公司必须在三个半月内搬迁完毕，并将所拆除的垃圾清除干净，将达到三通一平的土地交付桂馨源公司。桂馨源公司未付给全威公司、超凡公司的部分款项，由桂馨源公司或桂馨源公司在柳州的控股公司或桂馨源公司法定代表人控股公司提供相应价值的土地和房产作为抵押担保。全威公司、超凡公司因自己的原因未按合同约定的期限办理完成土地过户手续、土地使用性质的变更和土地开发指标的办理及未按期搬迁完毕该宗土地上的所有附着物和完成三通一平，每逾期一日，按桂馨源公司已支付金额的千分之一向桂馨源公司支付罚息，逾期达30日以上，桂馨源公司有权单方解除合同。桂馨源公司因以上原因提出解除合同的，全威公司、超凡公司应双倍返还200万元定金。桂馨源公司未在合同约定的时间内代全威公司全额支付有关款项给有关单位及未付清全威公司、超凡公司土地转让费和补偿费，每逾期一日，桂馨源公司应按应付金额的千分之一分别向全威公司和超凡公司支付罚息，逾期达30日以上，全威公司、超凡公司有权单方解除合同。全威公司、超凡公司因以上原因单方提出解除合同，桂馨源公司以支付的200万元定金作为对全威公司、超凡公司的违约赔偿等。且约定本合同为三方执行合同，全威公司与超凡公司于2003年3月31日签订的《协议书》及全威公司与桂馨源公司于2003年9月1日签订的《房地产项目合作开发合同书》于本合同签订之日同时作废。2003年9月29日，桂馨源公司将200万元定金转入全威公司账户。2003年11月18日，柳州市发展计划委员会批准将本案所涉及的土地用途改变为经营性用地。2003年11月3日，桂馨源公司函告全威公司、超凡公司，授权桂馨源公司法定代表人罗先友控股的柳州市盛源房地产有限公司代其履行合同，要求全威公司超凡公司按合同约定将土地过户给柳州市盛源房地产有限公司。2003年12月15日，桂馨源公司又函告全威公司、超凡公司，将代其履行合同的公司变更为柳州恒贸源房地产有限公司，要求全威公司、超凡公司按合同约定将土地过户给该公司。2003年11月21日，全威公司与超凡公司函告桂馨源公司，其已于2003年11月18日将柳州市发展计划委员会批准土地用途改变的文件办妥，并将复印件交于桂馨源公司，要求桂馨源公司提前支付600万元款项，其中300万元用于交纳土地收益金，办理土地过户及办理解封和搬厂，另300万元在办理完土地过户手续后的一个月内支付。2003年11月25日，全威公司提出资金计划：第一期资金计划总计300万元，包括：1.支付河北科技有限公司欠款42万元，用于办理土地解封事宜；2.交纳土地收益金120万元；3.搬迁厂房所需费用100万元；4.偿还其他零星欠款38万元。第二期资金应在土地过户后一个月内到位。2003年12月2日，超凡公司、全威公司再次致函桂馨源公司：一、根据超凡公司、全威公司于中国工商银行柳州分行主要负责领导处得到的结果是，今年内还清银行欠款的本金，则所欠表内和表外利息全部免掉，明年的政策目前尚未明确。因此，要求桂馨源公司今年内全部按合同代柳州市磁电机厂（即全威公司）还清银行欠款，如果采用承担债务的做法，桂馨源公司必须承诺承担所有的利息。二、桂馨源公司必须尽快书面确认最终合作公司并给予该公司有关法律认证的复印件。三、桂馨源公司必须提供合同规定的抵押担保手续，使双方得以尽快进入下一步的土地办理程序。在该函中全威公司、超凡公司还提出：其曾于2003年11月21日给桂馨源公司发函，未见桂馨源公司复函。为了表示合作诚意，现再次发函，希望桂馨源公司在五日内给予函复，使双方合作的操作程序得以进行，否则产生的一切后果和全部责任由桂馨源公司承担。2003年12月18日，全威公司、超凡公司致函桂馨源公司：由于《土地开发合同》第七条对桂馨源公司提供抵押担保的时间、抵押物、保证范围及担保金额均未作出明确约定，为此，三方都认为有修改并完善该条款的必要并于2003年11月5日、12月15日、12月16日开会讨论了此问题，但没有达成一致意见。2003年11月22日、12月2日，全威公司、超凡公司也曾两次给桂馨源公司发函，要求桂馨源公司提供抵押手续，但桂馨源公司至今未予答复。由于桂馨源公司能否提供并办理抵押担保登记手续，对确保全威公司、超凡公司今后利益的实现至关重要，因此再次发函，希望桂馨源公司务必在2003年12月8日前到全威公司商谈修改完善上述问题并最终达成一致意见，否则，《土地开发合同》无法履行，三方将全面终止该合同。2003年12月20日，柳州恒贸源房地产有限公司函复全威公司、超凡公司：《土地开发合同》充分体现了三方意志，是公正合法的，违约方在对方无违约行为或不同意解除合同的情况下，是不能随意终止合同的。我公司在2003年11月15日、16日的协商会议及19日协商时都表态，只要是合同上约定的，都会坚决执行且将土地过户给我公司是安全的、无风险的。现全威公司、超凡公司以根本就不存在的不安全因素为由拒不办理该宗土地过户，已属严重违约，全威公司、超凡公司应以实际行动表明其合作诚意，在实实在在履行合同的前提下，三方才可以对合同约定以外的事项进行协商。2003年12月29日，全威公司、超凡公司致函桂馨源公司，以三方没有就办理抵押担保登记的时间及担保金额、保证范围达成一致意见、桂馨源公司又不愿商谈及全威公司是一个改制企业，桂馨源公司能否提供有效的抵押担保将关系到企业职工未来生活安置问题和社会安定问题为由，决定从即日起终止《土地开发合同》，并要求桂馨源公司商谈办理定金退还事宜。2004年

1月3日，桂馨源公司致函超凡公司、全威公司，拒绝终止合同。

一审法院另查明，2004年1月18日，中国工商银行柳州分行鱼峰支行函复柳州恒贸源房地产有限公司：1. 只要全部归还所欠我行贷款本金，我行即按规定解除该宗土地使用权的抵押关系；2. 根据以上原则，贵公司能代债务人柳州市磁电机厂归还所欠我行的全部贷款本息，我行即解除该宗土地使用权的抵押关系。一审法院还查明，全威公司系柳州市磁电机厂于2003年改制成立，其营业执照所载明的营业期限为2003年6月8日；本案所涉及的位于柳州市柳石路153号土地属国有出让土地，土地证号为柳国用（2003）字第188461号，土地面积为34665.3平方米（合51.9979亩），用途为工业用地，系全威公司根据与柳州市国土资源局2003年6月26日所签订的《国有土地使用权出让合同》受让取得；该宗土地按抵押合同设定土地使用权抵押登记，抵押面积为34537.3平方米，抵押金额为837万元，抵押期限从1997年7月11日至1999年7月9日，抵押权人为中国工商银行柳州分行，目前该笔抵押已到期，尚未办理注销登记；全威公司经企业改制后以出让方式处理该宗土地使用权，尚欠292.5万元的职工经济补偿金未支付；2003年11月18日，柳州市发展计划委员会通知全威公司：柳州市土地收购储备与审批委员会2003年第9次工作会议已同意你单位位于柳石路153号土地的用途改变为经营性用地，请于《通知》发出之日起至2004年6月30日，到市计委、规划局、国土局等有关部门办理相关手续，期限内未办理的，视为自动放弃，并告知：一、房地产开发公司宗地改变用途的，请按房地产开发项目的有关程序办理；二、非房地产开发公司宗地改变用途的，应在获得房地产开发资格后，按房地产开发项目的有关程序办理。

2004年1月13日，桂馨源公司向一审法院提起诉讼称，该公司与全威公司、超凡公司于2003年9月18日签订《土地开发合同》约定，桂馨源公司以2860万元受让全威公司位于柳州市柳石路153号51.9979亩土地作为房地产开发用地，桂馨源公司在2003年9月30日前将定金200万元支付给全威公司，合同即为生效。合同签订后，桂馨源公司按期支付了定金200万元。依合同约定，全威公司必须在合同生效后两个月内办理完成将该宗土地转让给桂馨源公司或桂馨源公司法定代表人控股的、在柳州新成立的公司，并给予今年或明年上半年土地开发计划指标，但全威公司已逾期四十日仍不向土地管理部门办理过户手续，且于2003年12月29日函告桂馨源公司终止《土地开发合同》，使合同无法履行，给桂馨源公司造成和即将继续造成巨大的损失。故请求：一、判令2003年9月18日签订的《土地开发合同》合法有效，全威公司与超凡公司应当继续履行。二、全威公司、超凡公司双倍返还定金400万元，并赔偿由此给桂馨源公司造成的一切经济损失。三、判令由全威公司、超凡公司承担本案全部诉讼费用。全威公司答辩称：一、不同意继续履行合同。全威公司是一个特困企业，在得到开发指标后，要求桂馨源公司提供未付款项的抵押担保。桂馨源公司对全威公司这一正当要求予以拒绝。因此，全威公司已对桂馨源公司失去信任，若再继续履行，全威公司将承担很大的风险。二、不同意双倍返还定金。全威公司在本案中不存在违约行为，全威公司是依法终止与桂馨源公司的合作。三、不同意赔偿桂馨源公司的经济损失。桂馨源公司对此没有具体的诉讼请求且赔偿的前提是全威公司存在违约行为。

超凡公司答辩称：一、本案《土地开发合同》于2003年9月18日签订之时，全威公司并不具备独立的民事主体资格，该合同应为无效合同且超凡公司要求桂馨源公司对1000多万元应付款提供担保，桂馨源公司不提供，超凡公司对此承担很大的风险，故超凡公司不同意继续履行合同；二、超凡公司没有收到200万元的定金，也不存在违约行为，因此不同意双倍返还200万元定金；三、不同意赔偿桂馨源公司的经济损失，桂馨源公司没有具体的损失数额，超凡公司在本案中亦未违约，定金罚则和违约金罚则不能同时适用，主张双倍返还定金则不能主张损失赔偿。

一审法院经审理认为：本案性质为土地使用权转让合同纠纷。三方当事人签订的《土地开发合同》是在自愿、协商一致基础上签订的，合同约定转让的标的物亦系全威公司通过出让而取得的拥有使用权并经有关部门批准进行房地产开发的土地，该土地可以进入市场，合同内容没有违反法律规定。至于超凡公司所提出的在订立该合同时，全威公司已超过了营业期限的问题，根据《中华人民共和国民法通则》的规定，法人的民事行为能力始于设立，终于法人的终止，而本案中全威公司并未随着营业期限的到期而终止，其营业执照并未被注销或者吊销，其作为一个企业法人至今仍然合法存在，法人资格并未终止。且本案合同亦不属其营业执照所确定的营业范围之内，而是其对自身财产的自愿处分，符合合法的意思自治原则，故本案合同为有效合同。超凡公司主张合同无效没有法律和事实依据，不予支持。对于有效合同，根据诚实信用原则，各方当事人均应恪守合同的约定，全面履行合同。桂馨源公司已按照合同履行了合同交付了定金并将合同中所约定的代其履行的公司告知了全威公司与超凡公司，而全威公司与超凡公司却没有按照合同的约定履行自己的义务，而是以三方在合同中对抵押担保问题约定不明确，又没有协商一致、其利益存在着风险为由，拒绝按合同的约定办理有关土地手续，并进而要求终止合同，显然有悖于合同的约定。根据合同约定，在桂馨源公司将200万元定金转至全威公司账户后，全威公司和超凡公司就应当履行合同第三条第2款所约定的义务，此间并不存在桂馨源公司应先行办理抵押手续的问题，因为合同并没有将桂馨源公司办理抵押手续作为全威公司和超凡公司履行该义务的前置条件，且综观合同分析，合同第七条所指的"桂馨源公司未付给全威公司、超凡公司的部分款项"也不是指200万元定金之后其余应付款项，而是合同第三条第3款所指的在支付2300万元之后余下的2200万元，也只有在其时并办理过户手续中才存在风险，才有要求桂馨源公司办理未付余款担保抵押的必要性。由此可见，合同约定的抵押担保条款并非不明确。何况，即使存在着全威公司和超凡公司所主张的抵押担保条款不明确的问题，也不影响合同的履行。根据合同约定中，桂馨源公司在履行本案合同中，除已支付给全威公司的200万元定金外，还需代全威公司履行相关的义务，支付约1500万元的款项后，方能实际取得土地过户且桂馨源公司也承诺以过户的土地使用权作为对未付款项的抵押担保，该承诺不违反法律规定且是切实可行的，故全威公司与超凡公司所主张的风险没有事实依据，是不存在的，不予支持。综上所述，全威公司、超凡公司在本案中的行为已构成违约，应承担违约责任，其无权主张终止本案合同；桂馨源公司作为守约方主张继续履行合同的诉讼请求于法有据，是成立的；其主张全威公司、超凡公司赔偿一切损失的诉讼请求，由于没有提出具体的损失数量和相应的证据，不予支持，予以驳回；由于桂馨源公司在本案中要求继续履行合同的诉讼请求已得到本院的支持，故其主张由全威公司与超凡公司双倍返还200万元定金的诉讼请求，既与三方当事人在本案合同中的约定不符，又不符合定金罚则的适用范围，该罚则中的双倍返还只适用于履行落空的情形中，故桂馨源公司的该诉讼请求亦不能成立，不予支持，予以驳回。据此，依照《中华人民共和国合同法》（以下简称合同法）第八条、第六十条、第一百零七条之规定，判决：一、桂馨源公司、全威公司、超凡公司继续履行三方于2003年9月18日所签订的《土地开发合同》，全威公司与超凡公司应于判决生效之日起五个工作日内依该合同第三条第2款的约定，办理完成土地过户的相关手续；二、驳回桂馨源公司的其他诉讼请求。案件受理费179010元，由桂馨源公司负担35802元，超凡公司负担71604元、全威公司负担71604元，财产保全费143629元，由超凡公司、全威公司负担。

全威公司不服一审判决向本院提起上诉，请求依法改判，驳回桂馨源公司的诉讼请求并解除本案合同，由桂馨源公司承担违约责任。主要理由：1.一审判决对合同抵押担保条款的认定错误。讼争地块是本案土地转让的标的物，不是抵押的标的物，且只有全威公司有权在该地块上设置抵押。桂馨源公司主张全威公司应将土地使用权全部过户给该公司，然后其再以该块土地作为抵押财产向全威公司提供担保属无理要求。2.合同第七条约定的"部分款项"应指全部未付款项，全威公司有权根据履行合同的需要随时要求桂馨源公司履行担保义务。一审判决将实际违约和预期违约混为一谈，显失公正。3.对土地过户和提供抵押担保的时间应依同时履行作为判定依据。在桂馨源公司未依约提供相应价值的土地和房产作为抵押担保，双方未能达成一致意见且桂馨源公司根本不具备履约能力的情况下，全威公司提出解除合同符合法律规定。一审判决认为全威公司要求桂馨源公司履行担保义务构成违约错误。4.《土地开发合同》第三条第2款主要约定了桂馨源公司的付款义务即全威公司将土地过户给桂馨源公司的前置条件，没有全威公司将土地过户给桂馨源公司的义务约定。双方于2003年11月18日收到柳州市发展计划委员会土地开发指标后全威公司已履行完第三条第2款的约定义务，桂馨源公司应在一个月内即2003年12月18日以前支付中国工商银行柳州分行本息891万元，而桂馨源公司除交纳定金200万元外，其余款项并未支付。同时，《土地开发合同》第四条约定全威公司将土地过户给桂馨源公司成立的新公司的时间应在桂馨源公司付清600万元土地变性费及契税的同时，即全威公司履行土地过户义务的条件尚未成就。因此，双方纠纷的原因为桂馨源公司未按期履行合同且明确表示不履行担保的主要义务，一审判决认定桂馨源公司为"守约方"错误。5.一审判决全威公司于"五个工作日"内单方履行土地过户义务而不要求桂馨源公司承担相应义务，与合同约定不符。且一审判决超越三方合同内容，要求不是土地使用权人的超凡公司承担其无法履行的义务，没有法律依据。超凡公司不服一审判决向本院提起上诉，请求确认《土地开发合同》无效，由双方承担同等过错责任。主要理由：1.本案土地使用权转让合同，违反了法律法规的强制性规定，应认定无效。其中国有土地出让金至今未全部付清，尚欠292.5万元职工经济补偿金和97万余元土地收益金；当事人对该块"工业用地"至今没有投入开发资金，更未达到25%的投资标准；合同签订时尚未取得国有土地使用权证；合同签订前后，讼争地块已处于有关法院的查封之中；讼争土地转让情况未通知该地块的抵押权人柳州市工商银行；涉案"工业用地"的转让未办理相应的审批、登记手续。2. 桂馨源公司作为专业从事房地产开发的企业明知上述合同无效情形的存在和有关法律法规的规定，故合同无效双方应承担同等过错责任。桂馨源公司答辩称，一审判决认定事实清楚，适用法律正确，应予维持。主要理由：1. 本案土地使用权转让合同符合《中华人民共和国城市房地产管理法》（以下简称城市房地产管理法）及合同法的规定，应认定有效。全威公司已于出让合同签订后一次性付清 800805 元土地出让金，其欠交的职工经济补偿金及土地收益金不属土地出让金；全威公司于起诉前取得了土地使用权证，享有涉案土地的处分权，具备转让的法定条件；涉案土地为工业用地且出让合同没有投资开发的约定及在该地块上进行房屋建设的约定，城市房地产管理法关于投资25%的规定不适用本案土地使用权的转让；抵押权人不仅知道土地转让事宜且明确同意转让；2. 全威公司、超凡公司拒不履行合同义务，已严重违约，其认为桂馨源公司违约并要求解除合同的上诉理由不能成立。全威公司和超凡公司于合同生效后不仅未将土地使用权过户到桂馨源公司指定的公司名下且连过户的申请手续都未开始办理，已严重违反合同；全威公司、超凡公司关于桂馨源公司必须先办理抵押担保才能开始办理土地转让过户手续及要求桂馨源公司对全部转让款的支付提供抵押担保的要求没有合同依据，本案不存在合同约定不明以及其他风险问题；合同第三条第2款为本案合同对全威公司和超凡公司办理土地使用权转让过户的唯一约定，即桂馨源公司支付 200 万元定金之外的转让款的条件是全威公司应首先将土地使用权转让过户到桂馨源公司指定公司的名下，桂馨源公司得到开发指标批准，并可以进行房地产开发以后。本案桂馨源公司支付转让款的条件尚未满足，不存在违约问题，全威公司、超凡公司主张桂馨源公司未按约支付转让款而要求解除合同的理由不能成立。

本院二审查明，2003 年 12 月 17 日，在柳州市国土资源局与全威公司签订《国有土地使用权出让合同》后，全威公司办理了柳州市柳石路 153 号土地的国有土地使用权证。

本院二审查明的其他事实与一审法院查明的事实相同。

本院认为，全威公司、超凡公司与桂馨源公司于 2003 年 9 月 18 日签订的《土地开发合同》约定，全威公司、超凡公司将柳州市柳石路 153 号土地使用权转让给桂馨源公司，桂馨源公司向全威公司、超凡公司支付 2860 万元土地转让价款，故本案性质为土地使用权转让合同纠纷。该《土地开发合同》为三方当事人协商一致后作出的真实意思表示，内容亦不违反法律规定。合同签订前，柳州市国土资源局已同意全威公司以出让方式取得讼争土地的使用权，双方订有《国有土地使用权出让合同》。本案一审起诉前全威公司办理了国有土地使用权证，讼争土地具备了进入市场进行依法转让的条件。而土地出让金的交纳问题，属土地出让合同当事人即柳州市国土资源局和全威公司之间的权利义务内容，其是否得到完全履行不影响对本案土地使用权转让合同效力的认定，故超凡公司提出的因《土地开发合同》签订时未取得国有土地使用权证及土地出让金未全部交清违反法律强制性规定应认定该合同无效的上诉主张，本院不予支持。关于投资开发的问题，城市房地产管理法第三十八条关于土地转让时投资应达到开发投资总额25%的规定，是对土地使用权转让合同标的物设定的于物权变动时的限制性条件，转让的土地未达到25%以上的投资，属合同标的物的瑕疵，并不直接影响土地使用权转让合同的效力，城市房地产管理法第三十八条中的该项规定，不是认定土地使用权转让合同效力的法律强制性规定。因此，超凡公司关于《土地开发合同》未达到25%投资开发条件应认定无效的主张，本院亦不予支持。关于转让土地使用权是否已向抵押权人履行通知义务的问题，中国工商银行柳州分行2004年1月18日向柳州恒茂源房地产有限公司出具的复函、2003年12月2日全威公司、超凡公司与中国工商银行柳州分行商谈银行贷款了结事宜的函件及《土地开发合同》第三条第2款三方当事人关于抵押债务数额及处理方式的约定内容等证据均表明，本案讼争土地的抵押权人中国工商银行柳州分行知道该土地使用权的转让事宜，且未提出异议。超凡公司关于本案土地使用权转让未通知该土地抵押权人导致转让无效的理由与事实不符，不能成立。综上所述，《土地开发合同》于签订之时虽有瑕疵，但经补正后已不存在违反法律强制性规定的情形，应认定有效。一审法院关于合同效力的认定，适用法律正确，应予维持。当事人各方在有效合同的履行过程中对合同条款的约定内容发生歧义，应依合同法规定的合同解释方法确定发生争议条款的真实意思表示。一审判决根据合同目的、合同条款之间的关系，确认《土地开发合同》第七条约定的应由桂馨源公司提供抵押担保的"未付款项"是指桂馨源公司依合同第三条约定的义务内容代全威公司支付2300万元款项以外的余款2200万元，认定事实并无不当。全威公司要求桂馨源公司先行就全部转让款项提供抵押担保作为其履行合同义务的前置条件，与合同约定不符。同时，因柳州恒茂源房地产有限公司不是履行《土地开发合同》付款义务的债务人，其工商注资问题与认定桂馨源公司是否具有履约能力之间不具有关联性。因此，全威公司在未能提供确切证据证明桂馨源公司于履行期限届至时将不履行或不能履行合同的情形下，其行使合同解除权的条件尚未成就，故全威公司以存在履约风险为由要求解除合同的主张因缺乏事实和法律依据，本院不予支持。关于办理土地过户手续的问题，《土地开发合同》虽然存在前后条款约定不准确的问题，但从文义表述、交易习惯等方面综合判断，可以认定合同第三条第2款关于"办理完成市政府同意该宗土地转让给桂馨源公司控股的或桂馨源公司法定代表人控股的、在柳州新成立的公司，并给予今年或明年上半年土地开发计划指标"的约定，是指全威公司、超凡公司应履行的义务为办理政府同意将土地使用权转让给合同约定的公司和政府给予土地开发指标的手续。合同第四条则应是全威公司向土地管理部门办理土地使用权变更过户手续的义务。全威公司主张的其已办理的经柳州市发展计划委员会批准的土地变性手续就是履行合同第三条第2款的义务，与合同约定内容不符。一审判决认定全威公司、超凡公司于桂馨源公司支付定金后未能按期履行合同第三条第2款所约定的义务，已构成违约，适用法律未有不妥。至于全威公司、超凡公司履行《土地开发合同》第三条第2款义务的期限，一审判决指定为五个工作日，符合本案的实际情况。综上，一审判决认定事实清楚，适用法律正确，根据《中华人民共和国民事诉讼法》第一百五十三条第一款第（一）项之规定，判决如下：驳回上诉，维持原判。

二审案件受理费179010元，由全威公司、超凡公司各半负担。本判决为终审判决。

审判员　张雅芬
代理审判员　张颖新
二〇〇四年八月三十一日
书记员　王冬颖

附录3-2　最高人民法院行政判决书［2015］行提字第13号

【裁判要点】2017年4月7日，有税务界"行政第一案"之称"德发案"，终于迎来了最高人民法院的判决书。该判决书在两个问题上给出了明确的答案,一是税务稽查局对拍卖价格监督一事是否具有独立的执法主体资格;二是税务稽查局是否有权以价格偏低为由对拍卖项目核定应纳税额。

中华人民共和国最高人民法院

行政判决书

[2015] 行提字第 13 号

再审申请人(一审原告、二审上诉人)广州德发房产建设有限公司,住所地广东省广州市荔湾区人民中路555号美国银行中心1808室。

法定代表人郭超,该公司董事长。

委托代理人袁凤翔,北京市华贸硅谷律师事务所上海分所律师。

委托代理人张瑞茵,该公司工作人员。

被申请人(一审被告、二审被上诉人)广东省广州市地方税务局第一稽查局,住所地广东省广州市天河区珠江新城华利路59号西塔。

法定代表人侯国光,该局局长。

委托代理人王家本,北京天驰洪范律师事务所律师。

委托代理人张学干,该局工作人员。

再审申请人广州德发房产建设有限公司(以下简称德发公司)因诉广东省广州市地方税务局第一稽查局(以下简称广州税稽一局)税务处理决定一案,不服广州市中级人民法院(2010)穗中法行终字第564号行政判决,向本院申请再审。本院依照修订前的《中华人民共和国行政诉讼法》第六十三条第二款和《最高人民法院关于执行〈中华人民共和国行政诉讼法〉若干问题的解释》(以下简称若干解释)第六十三条第一款第十三项、第七十四条、第七十七条之规定,提审本案,并依法组成由审判员李广宇、耿宝建、李涛参加的合议庭,于2015年6月29日公开开庭审理了本案,再审申请人德发公司委托代理人袁凤翔、张瑞茵,被申请人广州税稽一局负责人陈小湛副局长,委托代理人王家本、张学干到庭参加诉讼。现已审理终结。

一、二审法院查明:2004年11月30日,德发公司与广州穗和拍卖行有限公司(以下简称穗和拍卖行)签订委托拍卖合同,委托穗和拍卖行拍卖其自有的位于广州市人民中路555号"美国银行中心"的房产。委托拍卖的房产包括地下负一层至负四层的车库(199个),面积13022.4678平方米；首层至第三层的商铺，面积 7936.7478 平方米；四至九层、十一至十三层、十六至十七层、二十至二十八层部分单位的写字楼，面积共计 42285.5788 平方米。德发公司在拍卖合同中对上述总面积为 63244.7944 平方米的房产估值金额为 530769427.08 港元。2004 年 12 月 2 日，穗和拍卖行在信息时报 C16 版刊登拍卖公告，公布将于 2004 年 12 月 9 日举行拍卖会。穗和拍卖行根据委托合同的约定，在拍卖公告中明确竞投者须在拍卖前将拍卖保证金港币 6800 万元转到德发公司指定的银行账户内。2004 年 12 月 19 日，盛丰实业有限公司（香港公司）通过拍卖，以底价 1.3 亿港元（按当时的银行汇率，兑换人民币为 1.38255 亿元）竞买了上述部分房产，面积为 59907.0921 平方米。上述房产拍卖后，德发公司按 1.38255 亿元的拍卖成交价格，先后向税务部门缴付了营业税 6912750 元及堤围防护费 124429.5 元，并取得了相应的完税凭证。2006 年间，广州税稽一局在检查德发公司 2004 年至 2005 年地方税费的缴纳情况时，发现德发公司存在上述情况，展开调查。经向广州市国土资源和房屋管理局调取德发公司委托拍卖房产所在的周边房产的交易价格情况进行分析，广州税稽一局得出当时德发公司委托拍卖房产的周边房产的交易价格，其中写字楼为 5500~20001 元/平方米，商铺为 10984~40205 元/平方米，地下停车位为 89000~242159 元/个。因此，广州税稽一局认为德发公司以 1.38255 亿元出售上述房产，拍卖成交单价格仅为 2300 元/平方米，不及市场价的一半，价格严重偏低。遂于 2009 年 8 月 11 日根据《中华人民共和国税收征收管理法》（以下简称税收征管法）第三十五条及《中华人民共和国税收征收管理法实施细则》（以下简称税收征管法实施细则）第四十七条的规定，作出税务检查情况核对意见书，以停车位 85000 元/个、商场 10500 元/平方米、写字楼 5000 元/平方米的价格计算，核定德发公司委托拍卖的房产的交易价格为 311678775 元（车位收入 85000 元/个×199 个+商铺收入 10500 元/平方米×7936.75 平方米+写字楼收入 5000 元/平方米×42285.58 平方米），并以 311678775 元为标准核定应缴纳营业税及堤围防护费。德发公司应缴纳营业税 15583938.75 元（311678775 元×5% 的税率），扣除已缴纳的 6912750 元，应补缴 8671188.75 元（15583938.75 元 − 6912750 元）；应缴纳堤围防护费 280510.90 元，扣除已缴纳的 124429.50 元，应补缴 156081.40 元。该意见书同时载明了广州税稽一局将按规定加收滞纳金及罚款的情况。德发公司于 2009 年 8 月 12 日收到上述税务检查情况核对意见书后，于同月 17 日向广州税稽一局提交了复函，认为广州税稽一局对其委托拍卖的房产价值核准为311678775元缺乏依据。广州税稽一局没有采纳德发公司的陈述意见。2009年9月14日，广州税稽一局作出穗地税稽一处〔2009〕66号税务处理决定，认为德发公司存在违法违章行为并决定：一、根据税收征管法第三十五条、税收征管法实施细则第四十七条、《中华人民共和国营业税暂行条例》（以下简称营业税条例）第一条、第二条、第四条的规定，核定德发公司于2004年12月取得的拍卖收入应申报缴纳营业税15583938.75元，已申报缴纳6912750元，少申报缴纳8671188.75元；决定追缴德发公司未缴纳的营业税8671188.75元，并根据税收征管法第三十二条的规定，对德发公司应补缴的营业税加收滞纳金2805129.56元。二、根据广州市人民政府《广州市市区防洪工程维护费征收、使用和管理试行办法》（穗府〔1990〕88号）第二条、第三条、第七条及广州市财政局、广州市地方税务局、广州市水利局《关于征收广州市市区堤围防护费有关问题的补充通知》（财农〔1998〕413号）第一条规定，核定德发公司2004年12月取得的计费收入应缴纳堤围防护费280510.90元，已申报缴纳124429.50元，少申报缴纳156081.40元，决定追缴少申报的156081.40元，并加收滞纳金48619.36元。德发公司不服广州税稽一局的处理决定，向广州市地方税务局申请行政复议。广州市地方税务局经复议后于2010年2月8日作出穗地税行复字〔2009〕8号行政复议决定，维持了广州税稽一局的处理决定。

广州市天河区人民法院一审认为：税收征管法第五条第一款规定："国务院税务主管部门主管全国税收征收管理工作。各地国家税务局和地方税务局应当按照国务院规定的税收征收管理范围分别进行征收管理。"因此，依法核定、征收税款是广州税稽一局应履行的法定职责。营业税条例第一条规定："在中华人民共和国境内提供本条例规定的劳务、转让无形资产或者销售不动产的单位和个人，为营业税的纳税人，应当依照本条例缴纳营业税。"第四条规定："纳税人提供应税劳务、转让无形资产或者销售不动产，按照营业额和规定的税率计算应纳税额。"税收征管法第三十五条第一款第六项规定，纳税人申报的计税依据明显偏低，又无正当理由的，税务机关有权核定其应纳税额。税收征管法实施细则第四十七条第一款第四项规定，纳税人有税收征管法第三十五条或者第三十七条所列情形之一的，税务机关有权按照其他合理方法核定其应纳税额。税收征管法第三十二条规定："纳税人未按照规定期限缴纳税款的，扣缴义务人未按照规定期限解缴税款的，税务机关除责令限期缴纳外，从滞纳税款之日起，按日加收滞纳税款万分之五的滞纳金。"本案中，广州税稽一局检查发现德发公司委托拍卖的房产，在拍卖活动中只有一个竞买人参与拍卖，且房产是以底价成交的，认为交易价值明显低于市场价值，于是进行调查。在调查取证过程中，广州税稽一局向房屋管理部门查询了2003年至2005年的使用性质相同的房产交易档案材料，收集当时的市场交易价值数据，并与德发公司委托拍卖的房产的交易价格进行比较、分析，认定德发公司委托拍卖的房产的交易价格明显低于市场交易价格，在向德发公司送达税务检查情况核对意见书，将检查过程中发现的问题及核定查补其营业税和堤围防护费的具体数额、相关政策以及整个核定查补税费的计算方法、德发公司享有陈述的权利等告知德发公司后，根据上述法律法规的规定，作出被诉穗地税稽一处〔2009〕66号税务处理决定，认定事实清楚，证据充分，处理恰当，符合税收征管法的规定，予以支持。由于德发公司在委托拍卖时，约定的拍卖保证金高达6800万港元，导致只有一个竞买人，并最终只能以底价1.3亿港元成交，是造成交易价值比市场价值偏低的主要原因。德发公司依法应按房产的实际价值缴纳营业税及堤围防护费。德发公司申报的计税依据明显偏低，广州税稽一局作为税务管理机关，依法依职权核定其应纳税额，并作出相应的处理并无不当，也未侵犯德发公司的合法权益。因此，德发公司以广州税稽一局的行政行为侵犯其合法权益，请求撤销广州税稽一局的税务处理决定，并退回已缴税款、滞纳金以及堤围防护费、滞纳金，并判决广州税稽一局赔偿德发公司因缴纳税款、滞纳金以及堤围防护费、滞纳金所产生的利息损失、案件诉讼费的诉讼请求缺乏事实依据和法律依据，应予驳回。综上，广州市天河区人民法院依照若干解释第五十六条第四项之规定，作出〔2010〕天法行初字第26号行政判决，驳回德发公司的诉讼请求。

德发公司不服，向广州市中级人民法院提起上诉。

广州市中级人民法院二审认为：税收征管法第三十五条第一款规定："纳税人有下列情形之一的，税务机关有权核定其应纳税额：……（六）纳税人申报的计税依据明显偏低，又无正当理由的。"税收征管法实施细则第四十七条第一款规定："纳税人有税收征管法第三十五条或者第三十七条所列情形之一的，税务机关有权采用下列任何一种方法核定其应纳税额：（一）参照当地同类行业或者类似行业中经营规模和收入水平相近的纳税人的税负水平核定；（二）按照营业收入或者成本加合理的费用和利润的方法核定；（三）按照耗用的原材料、燃料、动力等推算或者测算核定；（四）按照其他合理方法核定。"本案中广州税稽一局经对德发公司纳税情况检查，发现其拍卖涉案房产时交易价值明显低于市场价值，广州税稽一局对此展开调查。经向广州市国土资源和房屋管理局调取2003年至2005年间的广州市部分房产交易价值的数据，广州税稽一局参考上述数据，并考虑了涉案房产整体拍卖的因素，确定德发公司拍卖的涉案房产市场交易价格应为停车位85000元/个、商场10500元/平方米、写字楼5000元/平方米，从而核定德发公司委托拍卖的房产的交易价格应为311678775元，而德发公司在拍卖涉案房产时交易价格仅以1.38255亿元的低价成交，广州税稽一局据此认定德发公司存在申报的计税依据明显偏低且无正当理由，事实依据充分。一审判决认定广州税稽一局作出的涉案处罚认定事实清楚，证据充分正确，予以确认。德发公司拍卖涉案房产时仅有一个竞买人参与拍卖且以底价成交，其主张其拍卖价格不存在偏低，应当以拍卖价格计税的主张理由不充分，不予采纳。

税收征管法第三十二条规定："纳税人未按照规定期限缴纳税款的，扣缴义务人未按照规定期限解缴税款的，税务机关除责令限期缴纳外，从滞纳税款之日起，按日加收滞纳税款万分之五的滞纳金。"参照《广州市市区防洪工程维护费征收、使用和管理试行办法》第三条第一款规定："维护费的征收标准：……中外合资、合作、外商独资经营企业可按年营业销售总额的千分之零点九计征。"第七条规定："纳费人必须依照规定按期交纳维护费，逾期不交者，从逾期之日起，每天加收万分之五的滞纳金。逾期十天仍不缴交的，按国家和地方政府水利工程水费管理办法的有关规定处罚。"广州税稽一局经核定德发公司拍卖涉案房产的实际交易价格，并以此为标准计算德发公司应当缴纳的营业税额及堤围防护费额，扣除德发公司已缴纳的部分后确定其应当补缴营业税8671188.75元、堤围防护费156081.4元，并加收相应的滞纳金。广州税稽一局就上述税务检查的情况向德发公司发出核对意见书，德发公司亦复函广州税稽一局陈述了己方的意见。广州税稽一局据此作出涉案税务处理决定书，依据上述规定，决定对德发公司追缴其少申报的营业税和堤围防护费并加收滞纳金适用法律正确，行政程序适当，其加收的滞纳金数额亦在法定的额度之内。一审判决认定广州税稽一局作出的涉案处理决定恰当，未影响德发公司的合法权益正确，予以维持。德发公司主张广州税稽一局作出涉案处罚理解、适用法律存在严重错误的主张缺乏证据支持，不予支持。

综上所述，广州税稽一局作出的税务处理决定，认定事实清楚，证据充分，适用法律正确，德发公司诉讼请求撤销该处理决定理据不足，其要求退回已缴税款、滞纳金以及堤围防护费、滞纳金，并赔偿因缴纳税款、滞纳金以及堤围防护费、滞纳金所产生的利息损失的诉讼请求亦缺乏事实和法律依据，一审法院驳回其诉讼请求正确。广州市中级人民法院依照修订前的《中华人民共和国行政诉讼法》第六十一条第一项的规定，作出（2010）穗中法行终字第564号行政判决，驳回上诉，维持原判。

德发公司不服，向广东省高级人民法院申请再审，广东省高级人民法院作出（2012）粤高法行申字第264号驳回再审申请通知，驳回德发公司再审申请。

德发公司向本院申请再审称：1. 被申请人广州税稽一局不是适格行政主体。1999年10月21日最高人民法院对福建省高级人民法院《关于福建省地方税务局稽查分局是否具有行政主体资格的请示报告》的答复意见（行他〔1999〕25号）认为："地方税务局稽查分局以自己的名义对外作出行政处理决定缺乏法律依据"。根据上述意见，广州税稽一局并非独立行政主体，自然不能作为本案的诉讼主体。2. 被申请人超越职权，无权核定纳税人的应纳税额。税收征管法实施细则第九条第一款规定："稽查局专司偷税、逃避追缴欠税、骗税、抗税案件的查处"。本案不属于"偷税、逃避追缴欠税、骗税、抗税"的情形，不属于稽查局的职权范围，被申请人无权对再审申请人拍卖收入核定应纳税额。被诉税务处理决定超出被申请人的职权范围，应属无效决定。3. 被诉税务处理决定认定德发公司申报纳税存在"申报的计税依据明显偏低"和"无正当理由"的证据明显不足。本案中从委托拍卖合同签订，到刊登拍卖公告，再到竞买人现场竞得并签署成交确认单，整个过程均依法进行，成交价格1.3亿港元亦未低于拍卖保留价。拍卖价格是市场需求与拍卖物本身价值互相作用的结果。拍卖前，申请人银行债务1.3亿港元已全部到期，银行已多次发出律师函追收，本案拍卖是再审申请人为挽救公司而不得已采取的措施。但拍卖遵循的是市场规律，成交价的高低完全不是再审申请人所能控制的，本案拍卖成交价虽然不尽如人意，但不影响拍卖效力，再审申请人只能也只应以拍卖成交价作为应纳税额申报缴纳税款。4. 再审申请人已经按照拍卖成交价足额申报纳税并取得主管税务机关出具的完税凭证，没有任何税法违法违章行为，被申请人无权重新核定应纳税额。本案物业拍卖成交后，2005年3月至7月，申请人按照全部1.3亿港元拍卖收入，申报和缴纳营业税款6912750元，以及堤围防护费124429.5元，并取得荔湾区地方税务局出具的完税凭证。期间，主管税务机关从未提出核定应纳税额，申请人不可能知晓税务机关会对拍卖价进行何种调整，只能也只应按照全部拍卖成交价纳税。在缴纳上述税款后，申请人的纳税义务已全部完成，不存在被诉税务处理决定和原审判决认定的"未按税法规定足额申报缴纳营业税"和"未足额申报缴纳堤围防护费"等所谓"违法违章行为"。5. 即使再审申请人存在"申报的计税依据明显偏低"和"无正当理由"的情况，被申请人也应当依照税收征管法第五十二条行使职权，其在再审申请人申报纳税4年多后进行追征税款和滞纳金，超过了税收征管法第五十二条关于税款和滞纳金追征期限的规定。税务机关追征税款和滞纳金，除法定的其他前提条件外，需受到三年追征期限的限制。本案被申请人的被诉税务处理决定对申请人纳税行为没有认定为偷税、抗税、骗税的情形，没有认定是编造虚假计税依据的情形，也没有认定是存在因纳税人计算错误等法定特殊情形，如果追征税款必须在3年以内即2008年1月15日以前提出处理意见，并不得加收滞纳金，而不能没有任何理由将追征期限无限制延长，或者延长至5年。本案即使存在少缴税款的情形，也是因被申请人和主管税务机关违法不作为及适用法律不当造成的。综上，请求本院：1. 依法撤销广州市天河区人民法院[2010]天法行初字第26号行政判决和广州市中级人民法院[2010]穗中法行终字第564号行政判决；2. 依法撤销被申请人于2009年9月16日作出的穗地税稽一处[2009]66号《税务处理决定书》；3. 判令被申请人退回违法征收的申请人营业税8671188.75元及滞纳金人民币2805129.56元，退回违法征收的申请人堤围防护费156081.40元及滞纳金人民币48619.36元，以及上述款项从缴纳之日起至实际返还之日止按同期银行贷款利率计算的利息。

广州税稽一局答辩称：1. 关于答辩人独立执法资格及职权范围的问题。(1) 执法资格。根据税收征管法第十四条以及税收征管法实施细则第九条的规定，答辩人具有独立执法资格。(2) 职权范围。根据税收征管法实施细则第九条第二款，《国家税务总局关于稽查局职责问题的通知》(国税函[2003]140号)、《转发广东省机构编制委员会办公室、广东省地方税务局关于重新印发广州等市区地方税务局职能配置、内设机构和人员编制规定的通知》(穗地税发[2004]89号)等文件规定，稽查局的现行主要职责是指：稽查业务管理、税务检查和税收违法案件查处；凡需要对纳税人、扣缴义务人进行账证检查或者调查取证，并对其税收违法行为进行税务行政处理(处罚)的执法活动，仍由各级稽查局负责。答辩人不存在越权执法的问题。(3) 核定权限。根据税收征管法第三十五条规定，税款核定的主体是税务机关，而税收征管法所称的"税务机关"包括省以下税务局的稽查局。2. 关于答辩人对拍卖成交价格不予认可的问题。(1) 答辩人质疑拍卖成交价的法律依据。税收征管法第三十五条第一款第六项所称的"纳税人申报的计税依据明显偏低，又无正当理由的"情形，并没有将拍卖成交价格明显偏低的情形排除在外。(2) 答辩人认为计税依据明显偏低的主要理由：一是拍卖价格与历史成交价相比悬殊。根据再审申请人提供的广州市东方会计师事务所有限公司2005年6月23日出具的《专项审计报告》显示，再审申请人全部物业的收入为7.17亿元，再审申请人约八成的收入是由约三成的物业销售产生，其余约二成的收入1.38亿元，是由再审申请人本次拍卖约七成的物业产生。二是本次拍卖成交价格明显偏低，明显偏离同期、同类、同档次物业的市场成交价格。该物业是位于广州市城市中心的高档写字楼，拍卖成交均价仅为2300余元/平方米。答辩人根据至少8个相近楼盘大量数据（2003年至2005年期间的交易成交价格）进行分析比对，最终认定本次拍卖的成交价明显低于市场价格（写字楼仅为四成，商铺不到三成，停车场甚至不到一成）。三是拍卖成交价格远低于再审申请人自行提供的评估价和成本价。再审申请人委托拍卖的估价，均价约为8400元/平方米；再审申请人委托会计师事务所审计确认的成本均价约为7100元/平方米。(3) 关于计税依据明显偏低，无正当理由的依据。一是只有唯一竞买人。根据现行拍卖行规及《中华人民共和国拍卖法》的规定，拍卖应当公开竞价。只有两个或两个以上的竞买人才能进行竞价，没有竞买人竞争的不能称为拍卖，在仅有一位竞买人的情况下，应当中止拍卖。二是拍卖保证金门槛设置过高。本次拍卖保证金占拍卖保留价的比例高达50%，但再审申请人一直未对其拍卖前设立高额保证金门槛的具体理由，作出令人信服的解释，过高的保证金比例限制了其他潜在的竞买人参与拍卖竞买。三是拍卖保留价设置过低。依据《最高人民法院关于人民法院民事执行中拍卖、变卖财产的规定》第八条、《最高人民法院关于人民法院委托评估、拍卖工作的若干规定》第十三条的规定，拍卖保留价应参照财产评估价确定，本案申请人第一次拍卖就将拍卖保留价，设置约为其自行确定房产评估价的20%，明显不符合财产拍卖的惯常做法。四是拍卖的房产已办抵押，拍卖未征询全部抵押权人银行的同意。再审申请人在拍卖前并未按照《中华人民共和国担保法》等法律规定将本次拍卖的时间、地点等拍卖信息书面通知银行债权人，甚至个别债权人对此一无所知。五是竞买人拍卖前知道拍卖底价，交易双方有诚信问题。委托拍卖前，唯一竞买人曾私下接触拍卖行，拍卖行向其透露底价，违反公平交易原则。答辩人调查取证时，交易双方均否认拍卖前相识。事实上，交易双方法定代表人曾经是夫妻关系。3. 关于核定程序是否合法、核定价格是否合理等问题。答辩人有权进行核定。一、二审法院根据答辩人提供的相关举证材料，对核定程序是否合法，核定价格是否合理进行审核和审查，并有结论。4. 关于追征税款、滞纳金问题。(1) 税务机关查补税款是法定的职责，再审申请人的房产于2004年12月9日拍卖成交，答辩人于2006年9月18日依法对再审申请人送达《税务检查通知书》，历经三年税务检查，并于2009年9月16日依法作出税务处理决定，系依法履行职责，本案也不属于税收征管法第五十二条第一款的情形，根据税收征管法实施细则第八十条规定，税务机关的责任是指税务机关适用法律、行政法规不当或者执法行为违法，本案不存在此类情形。(2) 加收税收滞纳金的法律依据。一是税收滞纳金加收的起始日期的依据。根据税收征管法第二十二条的规定，申请人少缴税款，是从滞纳税款之日起算。二是营业税纳税义务时间。按照营业税条例第九条、第十三条的规定，应当在收款之日起的次月15日（2005年1月15日）内向税务机关申报缴纳其应缴税款。三是申请人申报纳税的义务。根据税收征管法第二十五条第一款规定，再审申请人必须依照法律、行政法规规定或者税务机关依照法律、行政法规的规定确定的申报期限、申报内容如实办理纳税申报。再审申请人以其自认为合理的价格进行纳税申报，应对其未能如实、依法纳税申报的行为承担法律责任。综上所述，一、二审法院判决认定事实清楚，证据充分，适用法律正确，程序合法，请求维持原判。

本院再审查明事实与原审查明事实基本一致。

本院认为：本案争议的焦点问题是德发公司将涉案房产拍卖形成的拍卖成交价格作为计税依据纳税后，广州税稽一局在税务检查过程中能否以计税依据价格明显偏低且无正当理由为由重新核定应纳税额补征税款并加收滞纳金。结合双方当事人再审期间的诉辩意见，本院对当事人广州税稽一局的执法资格、执法权限、将涉案房产拍卖价格作为计税依据申报纳税是否明显偏低且无正当理由、广州税稽一局追征税款和加收滞纳金是否合法等问题分别评述如下：

（一）关于广州税稽一局是否具有独立的执法主体资格的问题

2001年修订前的税收征管法未明确规定各级税务局所属稽查局的法律地位，2001年修订后的税收征管法第十四条规定："本法所称税务机关是指各级税务局、税务分局、税务所和按照国务院规定设立的并向社会公告的税务机构。"2002年施行的税收征管法实施细则第九条进一步明确规定：

"税收征管法第十四条所称按照国务院规定设立的并向社会公告的税务机构,是指省以下税务局的稽查局。"据此,相关法律和行政法规已经明确了省以下税务局所属稽查局的法律地位,省级以下税务局的稽查局具有行政主体资格。因此,广州税稽一局作为广州市地方税务局所属的稽查局,具有独立的执法主体资格。虽然最高人民法院1999年10月21日作出的《对福建省高级人民法院〈关于福建省地方税务局稽查分局是否具有行政主体资格的请示报告〉的答复意见》(行他〔1999〕25号)明确"地方税务局稽查分局以自己的名义对外作出行政处理决定缺乏法律依据",但该答复是对2001年修订前的税收征管法的理解和适用,2001年税收征管法修订后,该答复因解释的对象发生变化,因而对审判实践不再具有指导性。德发公司以该答复意见主张广州税稽一局不具有独立执法资格,无权作出被诉税务处理决定的理由不能成立。

(二)关于广州税稽一局行使税收征管法第三十五条规定的应纳税额核定权是否超越职权的问题

此问题涉及税收征管法实施细则第九条关于税务局和所属稽查局的职权范围划分原则的理解和适用。税收征管法实施细则第九条除明确税务局所属稽查局的法律地位外,还对税务稽查局的职权范围做出了原则规定,即专司偷税、逃避追缴欠税、骗税、抗税案件的查处,同时授权国家税务总局明确划分税务局和稽查局的职责,避免职责交叉。国家税务总局据此于2003年2月28日作出的《国家税务总局关于稽查局职责问题的通知》(国税函〔2003〕140号)进一步规定:"《中华人民共和国税收征管法实施细则》第九条第二款规定'国家税务总局应当明确划分税务局和稽查局的职责,避免职责交叉。'为了切实贯彻这一规定,保证税收征管改革的深化与推进,科学合理地确定稽查局和其它税务机构的职责,国家税务总局正在调查论证具体方案。在国家税务总局统一明确之前,各级稽查局现行职责不变。稽查局的现行职责是指:稽查业务管理、税务检查和税收违法案件查处;凡需要对纳税人、扣缴义务人进行账证检查或者调查取证,并对其税收违法行为进行税务行政处理(处罚)的执法活动,仍由各级稽查局负责。"从上述规定可知,税务稽查局的职权范围不仅包括偷税、逃避追缴欠税、骗税、抗税案件的查处,还包括与查处税务违法行为密切关联的稽查管理、税务检查、调查和处理等延伸性职权。虽然国家税务总局没有明确各级稽查局是否具有税收征管法第三十五条规定的核定应纳税额的具体职权,但稽查局查处涉嫌违法行为不可避免地需要对纳税行为进行检查和调查。特别是出现税收征管法第三十五条规定的计税依据明显偏低的情形时，如果稽查局不能行使应纳税款核定权，必然会影响稽查工作的效率和效果，甚至对税收征管形成障碍。因此，稽查局在查处涉嫌税务违法行为时，依据税收征管法第三十五条的规定核定应纳税额是其职权的内在要求和必要延伸，符合税务稽查的业务特点和执法规律，符合《国家税务总局关于稽查局职责问题的通知》关于税务局和稽查局的职权范围划分的精神。在国家税务总局对税务局和稽查局职权范围未另行作出划分前，各地税务机关根据通知确立的职权划分原则，以及在执法实践中形成的符合税务执法规律的惯例，人民法院应予尊重。本案中，广州税稽一局根据税收征管法第三十五条规定核定应纳税款的行为是在广州税稽一局对德发公司销售涉案房产涉嫌偷税进行税务检查的过程中作出的，不违反税收征管法实施细则第九条的规定。德发公司以税收征管法实施细则第九条规定"稽查局专司偷税、逃避追缴欠税、骗税、抗税案件的查处"，本案不属于"偷税、逃避追缴欠税、骗税、抗税"的情形为由，认为广州税稽一局无权依据税收征管法第三十五条的规定对德发公司拍卖涉案不动产的收入重新核定应纳税额，被诉税务处理决定超出广州税稽一局的职权范围，应属无效决定的理由不能成立。

（三）关于德发公司以涉案房产的拍卖成交价格作为计税依据申报纳税是否存在"计税依据明显偏低，又无正当理由"情形的问题

根据税收征管法第三十五条第一款第六项规定，税务机关不认可纳税义务人自行申报的纳税额，重新核定应纳税额的条件有两个：一是计税依据价格明显偏低，二是无正当理由。德发公司委托拍卖的涉案房产包括写字楼、商铺和车位面积共计63244.7944平方米，成交面积为59907.0921平方米，拍卖实际成交价格1.3亿港元，明显低于德发公司委托拍卖时的5.3亿港元估值；涉案房产2300元/平方米的平均成交单价，也明显低于广州税稽一局对涉案房产周边的写字楼、商铺和车库等与涉案房产相同或类似房产抽样后确定的最低交易价格标准，即写字楼5000元/平方米、商铺10500元/平方米、停车场车位85000元/个；更低于德发公司委托的广州东方会计师事务所有限公司对涉案房产项目审计后确认的7123.95元/平方米的成本价。因此，广州税稽一局认定涉案房产的拍卖价格明显偏低并无不当。

营业税条例第四条和《广州市市区防洪工程维护费征收、使用和管理试行办法》第三条第一款规定销售不动产的营业额是营业税的计税依据。拍卖是销售不动产的方式之一，不动产的公开拍卖价格就是销售不动产的

营业额，应当作为营业税等税费的计税依据。就本案而言，广东省和广州市的地方税务局有更为明确的规范性文件可以参考，《广东省地方税务局关于拍卖行拍卖房地产征税问题的批复》（粤地税函〔1996〕215号）和《广州市地方税务局关于明确拍卖房地产税收征收问题的通知》（穗地税发〔2003〕34号）明确规定拍卖房地产的拍卖成交额可以作为征收营业税的计税价格；《广东省财政厅、广东省地方税务局关于规范我省二手房屋交易最低计税价格管理的指导性意见》（粤财法〔2008〕93号）规定，通过法定程序公开拍卖的房屋，以拍卖价格为最低计税价格标准。

  拍卖价格的形成机制较为复杂，因受到诸多不确定因素的影响，相同商品的拍卖价格可能会出现较大差异。影响房地产价格的因素更多，拍卖价格差异可能会更大。依照法定程序进行的拍卖活动，由于经过公开、公平的竞价，不论拍卖成交价格的高低，都是充分竞争的结果，较之一般的销售方式更能客观地反映商品价格，可以视为市场的公允价格。如果没有法定机构依法认定拍卖行为无效或者违反拍卖法的禁止性规定，原则上税务机关应当尊重作为计税依据的拍卖成交价格，不能以拍卖价格明显偏低为由行使核定征收权。广州市地方税务局2013年修订后的《存量房交易计税价格异议处理办法》就明确规定，通过具有合法资质的拍卖机构依法公开拍卖的房屋权属转移，以拍卖对价为计税价格的，可以作为税务机关认定的正当理由。该规范性文件虽然在本案税收征管行为发生后施行，但文件中对拍卖价格本身即构成正当理由的精神，本案可以参考。因此，对于一个明显偏低的计税依据，并不必然需要税务机关重新核定；尤其是该计税依据是通过拍卖方式形成时，税务机关一般应予认可和尊重，不宜轻易启动核定程序，以行政认定取代市场竞争形成的计税依据。

  但应当明确，拍卖行为的效力与应纳税款核定权，分别受民事法律规范和行政法律规范调整，拍卖行为有效并不意味税务机关不能行使应纳税额核定权，另行核定应纳税额也并非否定拍卖行为的有效性。保障国家税收的足额征收是税务机关的基本职责，税务机关对作为计税依据的交易价格采取严格的判断标准符合税收征管法的目的。如果不考虑案件实际，一律要求税务机关必须以拍卖成交价格作为计税依据，则既可能造成以当事人意思自治为名排除税务机关的核定权，还可能因市场竞价不充分导致拍卖价格明显偏低而造成国家税收流失。因此，有效的拍卖行为并不能绝对地排除税务机关的应纳税额核定权，但税务机关行使核定权时仍应有严格限定。

具体到本案，广州税稽一局在被诉税务处理决定中认定拍卖价格明显偏低且无正当理由的主要依据是，涉案房产以底价拍卖给唯一参加竞买的盛丰实业有限公司，而一人竞买不符合拍卖法关于公开竞价的规定，扭曲拍卖的正常价格形成机制，导致实际成交价格明显偏低。此问题的关键在于，在没有法定机构认定涉案拍卖行为无效，也没有充分证据证明涉案拍卖行为违反拍卖法的禁止性规定，涉案拍卖行为仍然有效的情况下，税务机关能否以涉案拍卖行为只有一个竞买人参加竞买即一人竞拍为由，不认可拍卖形成的价格作为计税依据，直接核定应纳税额。一人竞拍的法律问题较为特殊和复杂，拍卖法虽然强调拍卖的公开竞价原则，但并未明确禁止一人竞拍行为，在法律或委托拍卖合同对竞买人数量没有作出限制性规定的情况下，否定一人竞买的效力尚无明确法律依据。但对于拍卖活动中未实现充分竞价的一人竞拍，在拍卖成交价格明显偏低的情况下，即使拍卖当事人对拍卖效力不持异议，因涉及国家税收利益，该拍卖成交价格作为计税依据并非绝对不能质疑。本案中，虽然履行拍卖公告的一人竞拍行为满足了基本的竞价条件，但一人竞拍因仅有一人参与拍卖竞价，可能会出现竞价程度不充分的情况，特别是本案以预留底价成交，而拍卖底价又明显低于涉案房产估值的情形，即便德发公司对拍卖成交价格无异议，税务机关基于国家税收利益的考虑，也可以不以拍卖价格作为计税依据，另行核定应纳税额。同时，"计税依据明显偏低，又无正当理由"的判断，具有较强的裁量性，人民法院一般应尊重税务机关基于法定调查程序作出的专业认定，除非这种认定明显不合理或者滥用职权。广州税稽一局在被诉税务处理决定中认定涉案拍卖行为存在一人竞拍、保留底价偏低的情形，广州市地方税务局经复议补充认为，涉案拍卖行为保证金设置过高、一人竞拍导致拍卖活动缺乏竞争，以较低的保留底价成交，综合判定该次拍卖成交价格不能反映正常的市场价格，且德发公司未能合理说明上述情形并未对拍卖活动的竞价产生影响的情况下，广州税稽一局行使核定权，依法核定德发公司的应纳税款，并未违反法律规定。

（四）关于广州税稽一局核定应纳税款后追征税款和加征滞纳金是否合法的问题

税收征管法对税务机关在纳税人已经缴纳税款后重新核定应纳税款并追征税款的期限虽然没有明确规定，但并不意味税务机关的核定权和追征权没有期限限制。税务机关应当在统筹兼顾保障国家税收、纳税人的信赖利益和税收征管法律关系的稳定等因素的基础上，在合理期限内核定和追征。在纳税义务人不存在违反税法和税收征管过错的情况下，税务机关可以参照税收征管法第五十二条第一款规定确定的税款追征期限，原则上在三年内追征税款。本案核定应纳税款之前的纳税义务发生在2005年1月，广州税稽一局自2006年对涉案纳税行为进行检查，虽经三年多调查后，未查出德发公司存在偷税、骗税、抗税等违法行为，但依法启动的调查程序期间应当予以扣除，因而广州税稽一局2009年9月重新核定应纳税款并作出被诉税务处理决定，并不违反上述有关追征期限的规定。德发公司关于追征税款决定必须在2008年1月15日以前作出的主张不能成立。

根据依法行政的基本要求，没有法律、法规和规章的规定，行政机关不得作出影响行政相对人合法权益或者增加行政相对人义务的决定；在法律规定存在多种解释时，应当首先考虑选择适用有利于行政相对人的解释。有权核定并追缴税款，与加收滞纳金属于两个不同问题。根据税收征管法第三十二条，第五十二条第二款、第三款规定，加收税收滞纳金应当符合以下条件之一：纳税人未按规定期限缴纳税款；自身存在计算错误等失误；或者故意偷税、抗税、骗税的。本案中德发公司在拍卖成交后依法缴纳了税款，不存在计算错误等失误，税务机关经过长期调查也未发现德发公司存在偷税、抗税、骗税情形，因此德发公司不存在缴纳滞纳金的法定情形。被诉税务处理决定认定的拍卖底价成交和一人竞买拍卖行为虽然能证明税务机关对成交价格未形成充分竞价的合理怀疑具有正当理由，但拍卖活动和拍卖价格并非德发公司所能控制和决定，广州税稽一局在依法进行的调查程序中也未能证明德发公司在拍卖活动中存在恶意串通等违法行为。同时本案还应考虑德发公司基于对拍卖行为以及地方税务局完税凭证的信赖而形成的信赖利益保护问题。在税务机关无法证明纳税人存在责任的情况下，可以参考税收征管法第五十二条第一款关于"因税务机关的责任，致使纳税人、扣缴义务人未缴或者少缴税款的，税务机关在三年内可以要求纳税人、扣缴义务人补缴税款，但是不得加收滞纳金"的规定，作出对行政相对人有利的处理方式。因此，广州税稽一局重新核定德发公司拍卖涉案房产的计税价格后新确定的应纳税额，纳税义务应当自核定之日发生，其对德发公司征收该税款确定之前的滞纳金，没有法律依据。此外，被诉税务处理决定没有明确具体的滞纳金起算时间和截止时间，也属认定事实不清。

综上所述，广州税稽一局核定德发公司应纳税额，追缴8671188.75元税款，符合税收征管法第三十五条、税收征管法实施细则第四十七条的规定；追缴156081.40元堤围防护费，符合《广州市市区防洪工程维护费征收、使用和管理试行办法》的规定;广州税稽一局认定德发公司存在违法违章行为没有事实和法律依据;责令德发公司补缴上述税费产生的滞纳金属于认定事实不清且无法律依据。据此,依照《中华人民共和国行政诉讼法》第七十条第一项、第二项,第八十九条第一款第二项的规定,《中华人民共和国国家赔偿法》第三十六条第一项、第七项的规定,参照《最高人民法院关于审理民事、行政诉讼中司法赔偿案件适用法律若干问题的解释》第十五条第一款的规定,判决如下:

一、撤销广州市中级人民法院(2010)穗中法行终字第564号行政判决和广州市天河区人民法院(2010)天法行初字第26号行政判决;

二、撤销广州市地方税务局第一稽查局穗地税稽一处[2009]66号税务处理决定中对广州德发房产建设有限公司征收营业税滞纳金2805129.56元和堤围防护费滞纳金48619.36元的决定;

三、责令广州市地方税务局第一稽查局在本判决生效之日起三十日内返还已经征收的营业税滞纳金2805129.56元和堤围防护费滞纳金48619.36元,并按照同期中国人民银行公布的一年期人民币整存整取定期存款基准利率支付相应利息;

四、驳回广州德发房产建设有限公司其他诉讼请求。

一、二审案件受理费100元,由广州德发房产建设有限公司和广州市地方税务局第一稽查局各负担50元。

本判决为终审判决。

审判长　李广宇
审判员　耿宝建
审判员　李　涛
二○一七年四月七日
书记员　梁　卓

附录3-3　最高人民法院民事判决书(2014)民二终字第264号

【裁判要点】这是一份在税务界引起巨大反响的判决书。从事房地产税务规划的专业人员,无人不知无人不晓。该判决书明确指出,由于转让股权和转让土地使用权是完全不同的行为,当股权发生转让时,目标公司并未发生国有土地使用权转让的应税行为,目标公司并不需要缴纳土地增值税。此后,绝大多数税务机关不再对所谓"明股实地"行为征收土地增值税。

中华人民共和国最高人民法院

民事判决书

[2014] 民二终字第264号

上诉人(一审被告、反诉原告):湖北瑞尚置业有限公司。住所地:湖北省武汉市江岸区后湖乡十大家村百步亭商业中心1幢702号。

法定代表人:聂晓斌,该公司董事长。

委托代理人:李明,湖北英达律师事务所律师。

委托代理人:刘立新,湖北英达律师事务所律师。

被上诉人(一审原告、反诉被告):马庆泉,男,汉族,××××年××月××日出生,住广东省汕头市潮阳区和平镇里美新沟坛二十八直巷×号×户。

委托代理人:吴畏,湖北立丰律师事务所律师。

被上诉人(一审原告、反诉被告):马松坚,男,汉族,××××年××月××日出生,住广东省汕头市潮阳区和平镇里美新沟坛五直巷×号×户。

委托代理人:吴畏,湖北立丰律师事务所律师。

上诉人湖北瑞尚置业有限公司(以下简称瑞尚公司)为与被上诉人马庆泉、马松坚股权转让合同纠纷一案,不服湖北省高级人民法院(2014)鄂民二初字第00002号民事判决,向本院提出上诉。本院依法组成由审判员王富博担任审判长,代理审判员张颖、孙利建参加的合议庭进行了审理,书记员杨立超担任记录。本案现已审理终结。

原审法院经审理查明:2012年5月3日,马庆泉、马松坚与瑞尚公司签订《股权转让协议》,约定:马庆泉持有武汉乘风塑胶有限公司(以下简称乘风公司)98%的股权,马松坚持有2%的股权;因乘风公司经营的行业一直不景气,且公司银行债务压力大,公司经营长期亏损,目前处于半停产状态,马庆泉同意将所持乘风公司78%的股权转让给瑞尚公司,马松坚同意将所持乘风公司2%的股权转让给瑞尚公司;马庆泉股权转让价款3900万元,马松坚股权转让价款100万元,总价款4000万元。马庆泉、马松坚对乘风公司的全部资产，包括但不限于土地房产、附属设施、机械设备、办公设备、绿化苗木等进行清点，编制资产清单，双方确认后作为本协议的附件，双方在本协议正式签订生效后 10 个工作日内，根据资产清单进行资产清点；股权变更登记完成后的 10 个工作日内，双方按资产清单进行资产交接，交接完后瑞尚公司作为法定代表人履行经营管理权。同日，马庆泉与瑞尚公司签订《股权转让补充协议一》，约定：经双方友好协商，确定在 2013 年 12 月 31 日前，瑞尚公司或其指定的第三人对马庆泉持有的剩余 20% 乘风公司股权以协议价格 1000 万元进行收购。同日，马庆泉与瑞尚公司签订《股权转让补充协议二》，第一条对股权转让金额及支付方式约定：瑞尚公司以 6910 万元收购马庆泉、马松坚持有乘风公司 100% 的股权，瑞尚公司先以 4118 万元收购马庆泉 78% 和马松坚 2% 的公司股权，马庆泉所持剩余 20% 的股权在瑞尚公司支付余下转让款 2792 万元后转让给瑞尚公司或其指定第三人。本协议签订生效当日，瑞尚公司向马庆泉支付首笔转让款 1575 万元，向马松坚支付 100 万元；在 2012 年 7 月 31 日前，瑞尚公司向马庆泉支付第二笔转让款 943 万元；在 2012 年 10 月 31 日前，瑞尚公司向马庆泉支付第三笔转让款 1500 万元；在 2013 年 12 月 31 日前，瑞尚公司向马庆泉支付第四笔转让款 2792 万元。第二条对乘风公司债权债务特别约定：瑞尚公司支付约定的转让款外，还需偿还下述公司债务。乘风公司拖欠深圳唐邦酒业有限公司借款 1000 万元，本协议签订当日，瑞尚公司支付 1000 万元至乘风公司账户，乘风公司清偿后将付款凭证复印件交付给瑞尚公司；乘风公司拖欠海口工业园管委会款项 3247347 元，本协议签订当日，瑞尚公司支付 325 万元至乘风公司账户，乘风公司在清偿后将付款凭证复印件交付给瑞尚公司；截至 2012 年 3 月 20 日乘风公司在中国银行汉口支行的借款本金共计 46101791 元，利息和罚息共计 11150687 元，上述借款的本金、利息、罚息及股权过户后发生的利息、罚息等均由瑞尚公司负担偿还。除以上提及的乘风公司债务外，截至本协议签订之日，乘风公司其他对外债权债务，无论是否披露，均由马庆泉享有和承担，如有因未披露债务导致新公司被债权人追偿或受损，马庆泉承担全部赔偿责任。股权转让完成后新公司除继续经营的塑胶业务所发生的债权和债务以外的其他债权债务均由瑞尚公司享有及承担。自公司成立之日起至过渡期结束，原塑料彩条布生产所产生的经营性税费，由马庆泉承担，新公司除继续经营的塑胶业务所发生税费以外的其他税费均由瑞尚公司享有及承担。第三条对股权工商变更登记约定：在瑞尚公司按约定支付 3000 万元（向马庆泉、马松坚支付

1675万元,向乘风公司支付1325万元)后,瑞尚公司即成为乘风公司股东,享有股东权利,承担股东义务。马庆泉、马松坚应在收到前述款项后10个工作日内配合瑞尚公司办理80%股权转让手续,包括但不限于通过股东会决议、修改章程、出具出资证明书等,并配合瑞尚公司到工商行政管理部门办理股权变更登记手续。在瑞尚公司付清全部股权转让款后的10个工作日内,马庆泉配合瑞尚公司到工商行政管理部门办理剩余20%股权的变更登记手续。第四条对公司过渡期安排约定:自瑞尚公司根据本协议取得80%股权之后至马庆泉将剩余20%股权转让给瑞尚公司或其指定的第三人之前为过渡期。为顾及马庆泉原有塑胶业务继续经营的需要,双方对过渡期内的权利义务安排如下:乘风公司原有塑胶业务由马庆泉继续经营,但以维系原有业务为主,不得扩大生产经营规模,在过渡期内逐步缩减至终止。马庆泉在经营期间自主经营、自负盈亏。瑞尚公司在乘风公司新上的项目亦自主经营、自负盈亏。过渡期间,马庆泉不分摊新公司所有银行贷款的财务费用,与塑胶行业有关的税费由马庆泉承担,公司其他税费由瑞尚公司承担。第五条对职工安置约定:过渡期内,乘风公司所有原员工均由马庆泉负责安置。第七条对违约责任约定:瑞尚公司未按照本协议约定进行支付的,每逾期一天,按当期应付款项的日千分之一向马庆泉、马松坚支付违约金。马庆泉、马松坚违反协议约定,未按期向瑞尚公司移交有关资产、资料,未能保证瑞尚公司合法行使股东权利,或未能配合瑞尚公司办理股权转让过户手续的,每延期一天,马庆泉、马松坚应当按照瑞尚公司已付股权转让款及代偿债务的千分之一标准支付违约金,逾期超过60天,瑞尚公司有权解除合同。协议还约定:瑞尚公司向马庆泉履行本协议的条款,视为已向马松坚履行。同日,马松坚对马庆泉出具《授权委托书》,授权马庆泉签订乘风公司股权转让协议及相关补充协议,马庆泉在授权范围内签署的有关文件,马松坚均予以承认。

2012年5月14日,武汉市工商行政管理局办理乘风公司股东变更登记,由马庆泉持股98%、马松坚持股2%,变更为马庆泉持股20%,瑞尚公司持股80%。2012年5月18日,马松坚、马楷斌代表股权转让方与胡涛、晏辉代表股权受让方进行了乘风公司资料移交,并编制《资料移交书》。2012年5月28日,双方又对乘风公司资产进行清点,编制明细清单。

2012年5月3日,瑞尚公司以银行转账方式向马庆泉支付1575万元,向马松坚支付100万元,向乘风公司支付1325万元。2012年8月8日,瑞尚公司向马庆泉支付825万元,向乘风公司支付118万元。2012年6月1

日，中国银行股份有限公司武汉汉口支行向乘风公司发出《催收通知书》，要求乘风公司尽快归还逾期贷款共13笔，截至2013年3月31日，贷款余额合计46101791.34元，逾期利息及罚息11150687.70元。

2013年1月16日，经马庆泉同意，瑞尚公司将其持有乘风公司80%的股权在武汉市工商行政管理局办理变更登记，向武汉翔龙建筑幕墙工程有限公司（以下简称翔龙公司）转让股权21%，瑞尚公司还持有59%的股权。

马庆泉、马松坚于2014年6月12日向原审法院提起诉讼，请求判令瑞尚公司继续履行合同；判令瑞尚公司支付已到期的股权转让款1500万元，并向马庆泉、马松坚支付违约金，按日万分之五标准计算至瑞尚公司付清之日止。瑞尚公司提起反诉，请求确认瑞尚公司与马庆泉、马松坚签订的《股权转让协议》《股权转让补充协议一》《股权转让补充协议二》无效；判令马庆泉、马松坚返还已收取的股权转让款2618万元；判令马庆泉、马松坚支付瑞尚公司代为偿还的债务72052479.04元，并赔偿经济损失4000万元。

原审法院认为：马庆泉、马松坚与瑞尚公司签订的《股权转让协议》《股权转让补充协议一》《股权转让补充协议二》不存在《中华人民共和国合同法》第五十二条规定的法定无效情形，为有效合同。瑞尚公司称合同名为股权转让实为土地使用权转让，规避法律关于土地使用权转让的禁止性规定，应当无效。原审法院认为，股权转让的目标公司乘风公司为有限责任公司，依据我国公司法的规定，有限责任公司为法律拟制人格，依法独立享有民事权利及承担民事责任，公司股东的变更不对公司的权利能力和行为能力构成影响，不论瑞尚公司购买乘风公司全部股权是为将乘风公司名下的工业用地土地使用权性质变性后进行房地产开发或其他经营目的，均不因此而影响股权转让合同的效力。因此，瑞尚公司关于合同无效的反诉请求无法律依据，予以驳回。根据上述合同约定，瑞尚公司应在2012年5月3日向马庆泉、马松坚支付第一期股权转让款1675万元，同时就瑞尚公司应承担的乘风公司债务向乘风公司付款1325万元。马庆泉、马松坚则应在上述3000万元支付完毕后10个工作日内将持有乘风公司80%的股权配合瑞尚公司办理变更登记。瑞尚公司在2012年7月31日前支付第二期股权转让款943万元，在2012年10月31日前支付第三期股权转让款1500万元，在2013年12月31日前支付第四期股权转让款2792万元，共计支付6910万元股权转让款后，马庆泉在10个工作日内配合瑞尚公司到工商行政管理部门办理剩余20%股权的变更登记手续。实际履行过程中，对于瑞尚公司已支付3000万元，马庆泉、马松坚将持有乘风公司80%的股权变更登记到瑞尚公司名下，双方无争议。瑞尚公司晚于约定的2012年7月31日，在2012年8月8日支付第二期943万元股权转让款，马庆泉、马松坚在诉讼中亦未主张其迟延履行，对前述双方履行行为符合合同约定，双方无异议，予以确认。但瑞尚公司至今未按约向马庆泉支付第三期1500万元、第四期2792万元股权转让款，其迟延履行构成违约。瑞尚公司以合同无效拒绝支付剩余股权转让款，主张返还已支付的股权转让款2618万元、要求马庆泉、马松坚支付瑞尚公司代为偿还的乘风公司债务72052479.04元及赔偿瑞尚公司4000万元经济损失的反诉请求，无事实与法律依据，予以驳回。依据《中华人民共和国合同法》第一百〇七条关于"当事人一方不履行合同义务或者履行合同义务不符合约定的，应当承担继续履行、采取补救措施或者赔偿损失等违约责任"的规定，对马庆泉、马松坚请求继续履行股权转让合同、瑞尚公司支付已到期股权转让款1500万元及支付违约金的本诉请求，予以支持。根据《股权转让补充协议二》的约定，瑞尚公司未按照本协议约定进行支付的，每逾期一天，按当期应付款项的日千分之一向马庆泉、马松坚支付违约金。现第三期、第四期股权转让款均已到期，马庆泉、马松坚仅主张第三期未支付的1500万元股权转让款及其日万分之五的违约金，是其对自身诉讼权利的处分且低于合同约定标准，予以准许。瑞尚公司应向马庆泉、马松坚支付1500万元，并从逾期之日即从2012年11月1日起按日万分之五向马庆泉、马松坚计付违约金。

原审法院依照《中华人民共和国民法通则》第八十四条、第一百〇八条，《中华人民共和国合同法》第五十二条、第一百零七条，《中华人民共和国民事诉讼法》第一百四十二条之规定，判决：一、马庆泉、马松坚与瑞尚公司于2012年5月3日签订的《股权转让协议》《股权转让补充协议一》《股权转让补充协议二》应予继续履行；二、瑞尚公司应在本判决生效之日起十日内向马庆泉支付股权转让款1500万元，并从2012年11月1日起以1500万元为基数按日万分之五向马庆泉支付违约金至本判决确定的履行期限届满之日止；三、驳回瑞尚公司的反诉请求。本诉案件受理费259716元，反诉案件受理费947562元，均由瑞尚公司负担。

瑞尚公司不服原审判决，向本院提起上诉称：1.原审法院遗漏了重要当事人，合议庭未履行释明职责，审判程序不当。原审遗漏了乘风公司，本案争议所涉的股权以及土地使用权均与乘风公司存在法律上的利害关系，无论股权转让协议是否有效，都直接影响该公司的利益，且上诉人瑞尚公司替乘风公司承担了7000多万元债务。原审遗漏了翔龙公司，上诉人瑞尚公司将持有的80%股权一部分转让给翔龙公司，该公司目前持有乘风公司21%的股权。因此，本案争议的合同效力问题与翔龙公司存在法律上的利害关系。原审法院未依法履行释明义务，属于失职行为。2. 原审判决事实不清，漏审漏查了如下事实：（1）诉争双方签订股权转让协议的具体经过，包括交易目的、签约背景、谈判经过、对价确认等基础交易事实。（2）股权转让协议签订后的具体履约情况，包括价款支付、资产移交、资料交接、工商变更登记、资产处置、人员安置、税务清查等，特别是被上诉人马庆泉、马松坚是否按照合同约定履行义务。（3）乘风公司的现状情况，特别是土地使用权的现状。被上诉人马庆泉、马松坚明知双方是对乘风公司的土地使用权及资产进行整体转让，其作为转让方并未对转让标的即土地使用权的真实状况和存在的瑕疵进行全面披露和陈述，上诉人瑞尚公司至今都无法正常使用相关土地，土地被迫闲置，同时还面临着土地被征用而导致面积缩减之损失。3. 原审判决对《股权转让协议》及补充协议的性质，未围绕当事人缔约目的进行审查，定性不准。本案诉争的三份协议应为无效合同。（1）三份协议违法。首先，以股权转让方式实现土地使用权转让目的的行为属于典型的规避法律的行为。一方面规避了我国税法对于土地使用权转让交易的税收规定。股权转让只需缴纳企业或者个人所得税等少数税种，而避免缴纳了土地使用权交易中应缴的契税、营业税和土地增值税等税款；另一方面规避了房地产法对于不得非法转让土地使用权的规定。由于股权转让不涉及土地使用权权属变更，因此当事人无须办理使用权的变更登记，而只进行股东变更登记。因此，以股权转让方式实现土地使用权转让目的的行为其内容实质性违法，应当认定其为无效。其次，本案三份股权转让协议与在工商登记机关备案的股权转让合同约定不一致。两份股权转让协议的转让价款明显低于实际执行的转让协议的约定，采取平价转让股权的假象，其目的也是规避国家税法，逃避个人所得税，是不合法的。《股权转让协议》和两份补充协议名为股权转让，实际上是将乘风公司的土地使用权以及房产、附属设施、机械设备、办公设备、绿化苗木等资产一揽子进行转让。双方的缔约目的也正是通过借股权转让变相进行土地使用权及资产的整体转让。因此，本案所涉的股权转让协议全部无效。（2）被上诉人马庆泉、马松坚在对上诉人瑞尚公司进行股权转让时存在严重欺诈，其虚构事实导致上诉人瑞尚公司错误投资，并遭受巨大经济损失。参照相关刑事法律规定，被上诉人马庆泉、马松坚的行为属于典型的非法转让、倒卖土地使用权，是不合法的。请求二审法院撤销原判决，发回重审；

改判驳回被上诉人马庆泉、马松坚的全部诉请；改判确认本案所涉的股权转让协议及两份补充协议为无效合同；改判被上诉人马庆泉、马松坚返还股权转让款2618万元及代为偿还的债务72052479.04元，并赔偿上诉人瑞尚公司损失4000万元。

被上诉人马庆泉、马松坚答辩称：1. 马庆泉、马松坚与瑞尚公司签订的股权转让协议及补充协议没有违反法律法规的强制性规定，且已实际履行，并办理了股权变更工商登记手续，合法有效。合同签订后，瑞尚公司已向马庆泉、马松坚支付了第一期和第二期股权转让款，合计2618万元；并已承担乘风公司债务70499825元。作为对价，马庆泉、马松坚已为瑞尚公司办理80%乘风公司股权的变更登记手续，并按照公司过渡期安排的约定，逐步缩减规模并最终停产原有塑料编织品业务，原有员工已全部安置，原业务相关债务已清偿完毕。马庆泉、马松坚将乘风公司营业执照、土地使用权证、房产证等资料、资产等向瑞尚公司办理了移交手续。2. 瑞尚公司违反股权转让协议的约定，未向马庆泉支付已到期股权转让款1500万元，应当承担相应的民事责任。现马庆泉降低诉请，按日万分之五的标准请求判令瑞尚公司支付违约金，理应得到支持。3. 瑞尚公司主张股权转让协议无效的各项理由没有事实和法律依据，不能成立。第一，股权转让与土地使用权转让是完全不同的法律制度，两者不可相互混淆。第二，本案不属于房地产开发用地使用权的转让，不应适用《城市房地产管理法》第三十七条、第三十八条的规定。且乘风公司股权转让时所拥有的建设用地使用权的用途是工业用地，并非房地产开发用地，与房地产开发没有任何关系。第三，根据税收法定的原则，股权转让时并不因为不缴纳营业税、土地增值税而无效。第四，马庆泉、马松坚在与瑞尚公司商谈签订股权转让协议时，从未隐瞒目标公司的一、二期土地为工业用途的事实，也从未声称二期土地已改变用途为商服用地。4. 瑞尚公司上诉请求中关于代为偿还债务7205万元，以及遭受损失4000万元的主张，没有事实依据。根据股权转让协议的约定，股权转让后，新的乘风公司应当承担公司在中国银行贷款本金、利息和罚息合计57252478元（截至2012年3月20日）。但事实上，股权转让协议履行后，新公司已将该笔债务转给了翔龙公司，并由翔龙公司与中国银行签订了新的借款合同。作为对价，瑞尚公司向翔龙公司转让了乘风公司21%的股权。5. 瑞尚公司主张原审遗漏两个当事人，且未履行释明职责，应当发回重审的理由不能成立。第一，乘风公司虽然是股权转让协议的目标公司，但股权转让涉及的是转让方与受让方之间的权利与义务，而不涉及目标公司的权利与义务。如果乘风公司认为马庆泉、马松坚或瑞尚公司的行为损害其合法权益，可以另案主张，而与本案双方当事人的诉请没有关系。第二，瑞尚公司将其受让的乘风公司80%股权的21%的转让给了翔龙公司，且已办理了工商变更登记手续。瑞尚公司与翔龙公司之间如因21%股权转让发生争议，可以另案主张。本案不存在遗漏乘风公司或翔龙公司这两个当事人的问题。第三，马庆泉、马松坚的诉讼请求是继续履行合同，要求瑞尚公司支付已到期的股权转让款并承担违约责任；瑞尚公司的反诉请求是确认合同无效，要求马庆泉、马松坚返还已支付的股权转让款，并赔偿损失。双方的诉请、所陈述的事实与理由，以及所提供的证据均十分明确，不存在需要法官依职权予以特别释明之处。原审判决认定事实与适用法律完全正确，瑞尚公司的上诉理由不能成立，请求二审法院驳回其上诉请求，维持原判。

本院对原审法院查明的事实予以确认。

本院认为，本案争议焦点：原审是否遗漏当事人；所涉股权转让协议及补充协议是否有效。

（一）关于本案原审是否遗漏当事人的问题。本案系马庆泉、马松坚依据与瑞尚公司签订的《股权转让协议》及补充协议，向瑞尚公司主张股权转让款及逾期付款违约金而提起的诉讼，瑞尚公司提起反诉，主张股权转让协议无效，要求马庆泉、马松坚返还股权转让款及支付瑞尚公司代为偿还的公司债务并赔偿经济损失等。本案当事人提起的本诉与反诉，均属股权转让协议的签约双方当事人之间的诉争，未涉及乘风公司的权利义务。根据合同之诉当事人相对性原则，原审法院将合同签约当事人列为本案诉讼当事人并无不当。乘风公司虽是股权转让协议的目标公司，但公司的股权转让和股东变更不影响公司依法享有的民事权利及承担民事责任。因此，乘风公司未参与本案诉讼，不构成原审法院遗漏诉讼当事人的程序问题。瑞尚公司在受让了马庆泉、马松坚乘风公司的80%股权后将21%股权转让给翔龙公司，由翔龙公司来承担应由瑞尚公司承担的乘风公司的对外债务，系瑞尚公司与翔龙公司之间的股权转让关系，与马庆泉、马松坚提起本案的股权转让纠纷无关。如本案的裁判结果影响到瑞尚公司与翔龙公司的股权转让合同的效力和履行，合同双方当事人均可另行提起诉讼，故翔龙公司并非本案应参与诉讼的当事人。据此，瑞尚公司提出的原审法院遗漏了乘风公司、翔龙公司两个当事人，合议庭未履行释明职责，审判程序不当的上诉理由不能成立，不予支持。

(二) 关于本案所涉股权转让协议及补充协议是否有效的问题。第一，根据《中华人民共和国公司法》第七十一条的规定，有限责任公司的股东之间可以相互转让其全部或者部分股权。股东向股东以外的人转让股权，应当经其他股东过半数同意。乘风公司的股东马庆泉、马松坚同意将其持有的乘风公司的全部股权转让给瑞尚公司，双方签订了股权转让协议并已实际履行，且办理了公司股权变更登记手续。本案股权转让协议及补充协议的内容和形式并不违反法律法规的强制性规定。第二，瑞尚公司主张本案所涉合同系名为股权转让实为土地使用权转让，规避法律关于土地使用权转让的禁止性规定而无效。股权转让与土地使用权转让是完全不同的法律制度。股权是股东享有的，并由公司法或公司章程所确定的多项具体权利的综合体。股权转让后，股东对公司的权利义务全部同时移转于受让人，受让人因此成为公司股东，取得股权。依据《中华人民共和国物权法》第一百三十五条之规定，建设土地使用权，是权利人依法对国家所有的土地享有占有、使用和收益的权利，以及利用该土地建造建筑物、构筑物及其附属设施的权利。股权与建设用地使用权是完全不同的权利，股权转让与建设用地使用权转让的法律依据不同，两者不可混淆。当公司股权发生转让时，该公司的资产收益、参与重大决策和选择管理者等权利由转让方转移到受让方，而作为公司资产的建设用地使用权仍登记在该公司名下，土地使用权的公司法人财产性质未发生改变。乘风公司所拥有资产包括建设用地使用权（工业用途）、房屋所有权（厂房）、机械设备以及绿化林木等，股权转让后，乘风公司的资产收益、参与重大决策和选择管理者等权利，或者说公司的控制权已由马庆泉、马松坚变为瑞尚公司，但乘风公司包括建设用地使用权在内的各项有形或无形、动产或不动产等资产，并未发生权属改变。当然，公司在转让股权时，该公司的资产状况，包括建设用地使用权的价值，是决定股权转让价格的重要因素。但不等于说，公司在股权转让时只要有土地使用权，该公司股权转让的性质就变成了土地使用权转让，进而认为其行为是名为股权转让实为土地使用权转让而无效。股权转让的目标公司乘风公司为有限责任公司，依据我国公司法的规定，依法独立享有民事权利及承担民事责任，公司股东的变更不对公司的权利能力和行为能力构成影响，不论瑞尚公司购买乘风公司全部股权是为将乘风公司名下的工业用地土地使用权性质变性后进行房地产开发或是其他经营目的，均不因此而影响股权转让合同的效力。第三，瑞尚公司提出在工商登记机关备案的协议与双方当事人实际履行的协议内容不一致，规避了我国税法对于土地使用权转让交易的税收规定，规避缴纳营业税、土地增值税，是不合法的。瑞尚公司与马庆泉、马松坚对本案所涉的股权转让协议及两份补充协议的内容均无异议，且对应实际履行的协议内容无争议，故虽然出现备案的合同内容与实际履行的合同内容不一致，不影响案涉股权转让合同效力。由于转让股权和转让土地使用权是完全不同的行为，当股权发生转让时，目标公司并未发生国有土地使用权转让的应税行为，目标公司并不需要缴纳营业税和土地增值税。如双方在履行合同中有规避纳税的行为，应向税务部门反映，由相关部门进行查处。第四，马庆泉、马松坚是否存在虚构事实骗取瑞尚公司签订协议的问题。签订股权转让协议时，马庆泉、马松坚并未隐瞒目标公司的一、二期土地为工业用地的事实，瑞尚公司没有证据证明马庆泉、马松坚有虚构事实骗取瑞尚公司签订协议的行为，也不能举证证明马庆泉、马松坚非法转让、倒卖土地使用权的事实。据此，马庆泉、马松坚与瑞尚公司签订的《股权转让协议》《股权转让补充协议一》《股权转让补充协议二》不存在《中华人民共和国合同法》第五十二条规定的法定无效情形。瑞尚公司主张确认股权转让协议及补充协议无效，判令马庆泉、马松坚返还转让款、支付代乘风公司归还的债务及赔偿经济损失的上诉请求，没有事实和法律依据，本院不予支持。

综上所述，本案原审判决认定事实清楚，适用法律正确，应予维持。经本院主持调解，双方当事人未能达成一致意见。本院依照《中华人民共和国民事诉讼法》第一百七十条第一款第一项之规定，判决如下：

驳回上诉，维持原判。

当事人逾期履行的，应当按照《中华人民共和国民事诉讼法》第二百五十三条的规定，按照同时期中国人民银行贷款基准利率，加倍支付迟延履行期间的债务利息。

一审案件受理费按照一审判决执行；二审案件受理费947562元，由湖北瑞尚置业有限公司负担。

本判决为终审判决。

审判长　王富博
代理审判员　张　颖
代理审判员　孙利建
二〇一五年七月二十一日
书记员　杨立超

附录 3-4　山东省高级人民法院行政判决书（2017）鲁行终 495 号

【裁判要点】不少地方政府为了招商引资，发展当地经济，对投资企业制定了涉及税款减免的诸多优惠政策，并通过双方签订的行政协议得以呈现。本案判决书明确指出，《税收征收管理法》第三条第二款规定任何机关、单位和个人不得违反法律、行政法规的规定，擅自作出税收开征、停征以及减税、免税、退税、补税的决定，但根据《国务院关于税收等优惠政策相关事项的通知》（国发［2015］25 号）（以下简称《通知》）第二条规定："各地区、各部门已经出台的优惠政策，有规定期限的，按规定期限执行；没有规定期限又确需调整的，由地方政府和相关部门按照把握节奏、确保稳妥的原则设立过渡期，在过渡期内继续执行。"第三条规定："各地与企业已签订合同中的优惠政策，继续有效；对已兑现的部分，不溯及既往。"《中华人民共和国税收征收管理法》对税收的开征以及减免规定了具体实施由国务院制定详细的行政法规进行规范，国务院的上述《通知》对税收的开征以及减免的规定具有普遍约束力，因此涉及本案《合同书》双方签订的第四条第 2 项关于土地契税、土地增值税、土地使用税免交的约定是当事人之间真实意思表示且未违反法律、行政法规强制性规定，应当认定为有效。

山东省高级人民法院

行政判决书

［2017］鲁行终 495 号

上诉人（原审原告）潍坊讯驰置业发展有限公司，住所地安丘市长安路商业街（大汶河旅游开发区韩家村）。

法定代表人鲁剑，董事长。

委托代理人崔鑫，山东崔鑫律师事务所律师。

上诉人（原审被告）安丘市人民政府，住所地安丘市青云大街。

法定代表人杜建华，市长。

委托代理人孙军桥，山东康桥律师事务所律师。

委托代理人肖玉良，山东康桥（潍坊）律师事务所律师。

潍坊讯驰置业发展有限公司（以下简称讯驰公司）因诉安丘市人民政府（以下简称市政府）行政协议一案，讯驰公司、市政府均不服潍坊市中级人民法院于2016年11月2日作出的（2015）潍行初字第35号行政判决，向本院提起上诉。本院受理后，依法组成合议庭于2017年4月17日公开开庭审理了本案。上诉人讯驰公司法定代表人鲁剑及其委托代理人崔鑫，上诉人市政府的行政机关负责人冷文清及其委托代理人孙军桥、肖玉良到庭参加诉讼。本案现已审理终结。

原告讯驰公司起诉称，2005年9月13日被告市政府与山东莱芜正泰钢铁有限公司（以下简称正泰公司）作为甲乙双方签订《安丘市长安路改造及沿街房屋开发建设项目合同书》（以下简称《合同书》），合同约定安丘市长安路改造工程由正泰公司与被告双方共同建设。被告负责制定工程建设规划方案，实施拆迁沿街房屋，监督工程质量；正泰公司承担拆迁补偿、道路和基础设施的投资和施工、沿街房屋开发。为了给正泰公司拆迁安置和投资道路建设方面的经济回报，被告承诺给予正泰公司在沿街房屋开发过程中五条具体优惠政策。合同生效以后，正泰公司依据《中华人民共和国公司法》在安丘注册成立了由正泰公司、涂建两方股东的房地产开发公司即讯驰公司开工建设安丘市长安路主体工程，并于2005年下旬完成了主路面沥青浇筑和通车。由于拆迁受阻，原告讯驰公司于2007年才陆续开工建设市政和沿街房屋工程，至2010年5月全面竣工将基础设施移交市政园林部门使用。多年来，原告累计缴纳在长安路沿街房屋开发过程产生的营业税、土地增值税、土地使用税、企业所得税各项税费合计19619506元。

根据被告与正泰公司签订的《合同书》第四条第2、3项的规定，免缴土地增值税、土地使用税；营业税（含教育附加费、城建税）、所得税留成部分用于项目市政设施投资补助，并于乙方正泰公司交纳30日内返还给乙方。目前已有17435857元已缴税款形成等值人民币经济补偿应支付给原告。原告已经数次书面报告要求被告按照合同支付相应款项。前任安丘市长张韶华曾就2011年11月12日关于请求返还税收的报告作出"请财政局、住建局按合同处理"的批示，但始终未果。2015年市政府办公室就原告2015年1月16日请求返还税收的报告给予电话答复：经研究，不予支付款项。

原告认为，原告已经按合同要求完成长安路各项基础设施建设移交被告，并且安置搬迁居民223户、房屋32250平方米，从未发生一起安置纠纷。被告应当履行合同义务，支付补偿资金。被告拒绝履行合同义务是违法行为，已经给原告造成经济损失。特诉至人民法院请求依法裁判，支持原告的诉讼请求：1. 确认涉案《合同书》有效；2. 确认被告市政府不履行涉案《合同书》第四条第 2、3 项的行为违法；3. 判令被告履行合同向原告支付人民币 17435857 元，并承担向原告延期支付的经济损失。诉讼费用由被告承担。诉讼中，原告变更第 3 项诉讼请求，改为要求被告按合同约定向其支付人民币 17155718.85 元。

原审法院经审理查明，2005 年 9 月 13 日，被告市政府与正泰公司作为甲乙双方经协商签订涉案《合同书》，以开展安丘市长安路改造及沿街房屋开发建设项目工作。《合同书》共九条，分别对规划和开发建设的基本要求、合作及投资建设方式、房屋拆迁及补偿安置工作、政策优惠、甲方的权利和义务、乙方的权利和义务、违约责任、生效时间等事项做出了约定。根据《合同书》第二条的规定，甲方把该项目作为安丘市城市建设重点工程，并成立工程指挥部负责组织领导和协调，安排人员协助乙方，为乙方创造良好的开发建设环境；乙方依照《公司法》的要求，在安丘注册成立房地产开发公司，负责乙方承建的长安路两侧沿街商铺和住宅的开发；甲方以招拍挂方式向乙方出让开发用地的使用权，乙方在支付土地出让金后，由甲方为乙方办妥土地证；土地出让金除集体用地补偿及手续费外，甲方返还乙方用于拆迁补偿安置及道路建设。根据《合同书》第四条的规定，甲方同意给乙方提供以下优惠政策，用于道路建设补偿：1. 免收基础设施配套费、人防易地建设费、综合开发费、墙改基金、散装水泥费、劳保统筹基金、抗震、防雷检测费；2. 免收土地契税、土地增值税、土地使用税；3. 营业税（含教育附加费、城市调节基金）、所得税地方留成部分用于项目市政设施投资补助，并于乙方交纳 30 日内返还乙方；4. 长安路新增经营户三年内免交工商税收；5. 乙方在领取《商品房销售许可证》后，可根据自己的经营模式对商品房进行预售、销售。在开发过程中，甲方协调有关部门协助乙方办理售房按揭贷款、产权手续等，免收购房人大修理基金。根据《合同书》第七条违约责任的规定，合同一经签订，双方必须严格遵守，一方违约必须赔偿给对方造成的经济损失。甲方市政府、乙方正泰公司均在《合同书》上签字、盖章予以确认。

《合同书》签订后，2005 年 10 月 26 日，正泰公司与涂建个人作为股东在安丘市注册成立了原告讯驰公司，工商登记载明的讯驰公司经营范围为房地产开发经营四级。讯驰公司成立以后按照《合同书》的要求，于 2009 年底完成了安丘市长安路商业街沿线的市政设施建设，包括道路、排水、人行道、路灯等基础设施，上述基础设施于2010年5月移交安丘市市政管理处运营管理。2010年5月18日、6月19日安丘市市政管理处、安丘市住房和城乡建设局对原告讯驰公司建成移交的上述基础设施出具了情况属实的证明材料。2010年4月29日，原告讯驰公司就安丘市长安路东段绿化苗木向安丘市城市园林绿化处进行了移交。原告还对安丘市长安路两侧沿街商铺和住宅进行了投资开发，完成了相关的拆迁补偿安置工作。

在长安路道路建设及沿街房屋开发建设过程中，自2007年7月3日至2015年6月1日，原告提供的268张税单证明其共交纳土地增值税4141406.92元、土地使用税978759.43元、营业税9439342.06元、教育附加费272343.67元、地方教育附加费142604.86元、城市维护建设税660753.32元、地方水利建设基金28168.77元、专款收入10836.6元、政府性基金收入3612.2元、企业所得税4526207.33元。原告最后一次交税时间为2015年6月1日。在此期间，被告市政府向原告返还土地出让金计1817.6944万元，产生的道路建设及房产开发中基础设施配套费、人防易地建设费、综合开发费、墙改基金、散装水泥费、劳保统筹基金、抗震、防雷检测费等涉及1397.704299万元，安丘市相关行政部门未向原告收取。

2011年11月12日，原告讯驰公司向被告递交"关于请求返还税收的报告"，请求被告依据《合同书》第四条第2、3项的规定向原告返还相应税款。11月13日，被告市政府相关领导批示了"请财政局、住建局按合同处理"的意见。

另查明，2006年6月27日，被告市政府作出安政土字（2006）第70号《关于讯驰公司用地的批复》向讯驰公司出让位于安丘市永安路以东、长安路两侧的土地55987平方米，其中出让44302平方米，属商业、商品住宅用地，出让11685平方米土地用于城市道路建设。原告与安丘市国土资源局签订了国有土地使用权出让合同。

再查明，原告在安丘市长安路两侧建设的市政设施、沿街商铺和住宅等工程已经竣工验收合格。2010年8月2日，讯驰公司的股东变更为鲁剑、涂建二人。

在诉讼过程中，原审法院依法向正泰公司法定代表人祁相振进行了调查，正泰公司向原审法院出具了内容为"正泰公司与市政府于2005年9月13日签订的《合同书》约定正泰公司在安丘市成立讯驰公司履行《合同书》、承继正泰公司在《合同书》中的权利和义务；正泰公司不再享有《合同书》约定的权益，也不再履行《合同书》的义务；正泰公司不参与目前贵院审理的讯驰公司与市政府的行政诉讼"的书面证明材料。

原审法院认为：

一、关于原告所诉请求事项是否属于行政诉讼受案范围问题。被告市政府与正泰公司签订的《合同书》是行政协议还是民事协议，原告所诉请求事项是否属于行政诉讼受案范围，对此原、被告之间存在较大争议。本案中，被告市政府为加快安丘市城市基础设施建设，完善城市功能，改善城市面貌而与正泰公司就开展安丘市长安路改造及沿街房屋开发建设项目工作签订了《合同书》，该《合同书》属于被告在法定职责范围内围绕城市公路建设及房屋拆迁开发与原告订立的具有行政法上权利义务内容的协议，属于行政协议。被告辩称其与原告签订的《合同书》属于民事合同，不属于行政协议，该辩解理由缺乏事实及法律依据，依法不成立，不予支持。被诉合同书属于行政协议，具有可诉性。根据《中华人民共和国行政诉讼法》第十二条第一款第（十一）项"公民、法人或者其他组织认为行政机关不依法履行、未按照约定履行或者违法变更、解除政府特许经营协议、土地房屋征收补偿协议等协议不服提起诉讼的，属于人民法院行政诉讼的受案范围"及《最高人民法院关于适用〈中华人民共和国行政诉讼法〉若干问题的解释》第十一条第一款"行政机关为实现公共利益或者行政管理目标，在法定职责范围内，与公民、法人或者其他组织协商订立的具有行政法上权利义务内容的协议，属于行政诉讼法第十二条第一款第十一项规定的行政协议"的规定，原告认为被告不履行涉案《合同书》义务提起诉讼，属于行政诉讼受案范围。

二、关于原告是否具备诉讼主体资格问题。根据《合同书》第二条第1项的约定，乙方正泰公司按照公司法的要求在安丘注册成立房地产开发公司，负责乙方承建的长安路两侧沿街商铺和住宅的开发，因此，正泰公司依法在安丘注册了本案原告即讯驰公司，之后，在整个合同的履行过程中，包括安丘市长安路商业街沿线道路等市政设施建设、沿街商铺和住宅的投资开发、进行拆迁补偿安置、缴纳相关税款、购置土地等工作均由原告完成，被告返还土地出让金、减免相关费用、验收工程的对象亦为原告，原告代替正泰公司履行了合同的权利和义务，是涉案合同书的实际履行主体，被告对此予以认可。依据《中华人民共和国行政诉讼法》第二十五条第一款之规定，行政行为的相对人以及其他与行政行为有利害关系的公民、法人或者其他组织，有权提起诉讼。原告作为涉案《合同书》的实际履行主体，其与被诉合同履行问题具有法律上的利害关系，依法具备提起本案行政诉讼的原告主体资格。被告认为原告不具备诉讼主体资格的理由不成立，依法不予支持。

三、关于原告是否超过诉讼时效的问题。根据《合同书》第四条第2、3项的约定，免收土地契税、土地增值税、土地使用税；营业税（含教育附加费、城市调节基金）、所得税地方留成部分用于项目市政设施投资补助，并于乙方交纳30日内返还给乙方，按照此约定，原告在履行合同义务过程中，自2007年至2015年期间连续多次缴纳上述各类税款，直到2015年6月1日完成最后一次缴纳税款义务，期间向被告请求返还税款，因被告拒绝其返税请求而提起行政诉讼。依据《最高人民法院关于适用〈中华人民共和国行政诉讼法〉若干问题的解释》第十二条"公民、法人或者其他组织对行政机关不依法履行、未按照约定履行协议提起诉讼的，参照民事法律规范关于诉讼时效的规定；对行政机关单方变更、解除协议等行为提起诉讼的，适用行政诉讼法及其司法解释关于起诉期限的规定"。《中华人民共和国民法通则》第一百三十五条"向人民法院请求保护民事权利的诉讼时效期间为二年，法律另有规定的除外"及第一百三十七条"诉讼时效期间从知道或者应当知道权利被侵害时起计算。但是，从权利被侵害之日起超过二十年的，人民法院不予保护。有特殊情况的，人民法院可以延长诉讼时效期间"的规定，由于原告履行合同约定的缴税义务处于连续状态，为此，原告的诉讼时效期间应当自原告完成合同约定的缴税义务后开始计算2年，即原告于2015年6月1日完成最后一次缴税义务，而于2015年5月18日起诉时没有超过2年的诉讼时效。被告认为应从缴税之日起三十日开始计算诉讼时效，因2011年11月12日，原告讯驰公司向被告递交"关于请求返还税收的报告"，11月13日，被告市政府相关领导批示了"请财政局、住建局按合同处理"的意见，之后，是否一直在处理过程中或已处理完毕，均未向原告进行送达告知。因此，被告关于原告已经超过诉讼时效的主张及理由不成立，依法不予采信。

四、被告与正泰公司签订的合同书是否有效的问题。如前所述，被告市政府为加快安丘市城市基础设施建设，完善城市功能，改善城市面貌而与正泰公司就开展安丘市长安路改造及沿街房屋开发建设项目工作签订《合同书》，该类行政协议的订立未违反行政法律规范。从《合同书》内容看，《合同书》是否有效主要看被告的优惠政策是否合法有据，不违反法律、行政法规的强制性规定。《中华人民共和国税收征收管理法》第三条第二款"任何机关、单位和个人不得违反法律、行政法规的规定，擅自作出税收开征、停征以及减税、免税、退税、补税和其他同税收法律、行政法规相抵触的决定"。《合同书》中涉及该强制性规定的是第四条第2、3、4项。其中,《合同书》第四条第2项约定"免收土地契税、土地增值税、土地使用税",超越了被告的法定权限,违反了《中华人民共和国税收征收管理法》的强制性规定,没有法律效力,原、被告双方对此没有实际履行,而是在合同履行过程中进行了变更,原告依法向税务机关缴纳了税款;《合同书》第四条第3项约定"营业税(含教育附加费、城市调节基金)、所得税地方留成部分用于项目市政设施投资补助,并于乙方交纳30日内返还给乙方",返还款项是指地方留成部分,而且是先交后返,用于市政设施项目投资补助,该约定属于被告职权范围,未违反《中华人民共和国税收征收管理法》的强制性规定,具有合同效力;《合同书》第四条第4项约定"长安路新增经营户三年内免交工商税收",该约定非正泰公司、被告之间的权利义务关系,在本案中无约束力。因此,除《合同书》第四条第2项的约定无效以及第四条第4项的约定与本案无关外,《合同书》的其他条款均未违反法律、行政法规的强制性规定,不存在其他导致合同无效的情形,且不受无效条款的影响,具备法律效力。

五、原告关于判令被告履行《合同书》第四条第2、3项向其支付17155718.85元及赔偿延期支付经济损失的诉讼请求是否应予支持的问题。本案《合同书》签订后,原告于2009年底完成了安丘市长安路商业街沿线的市政设施建设,并于2010年5月份移交安丘市市政管理处运营管理。2010年4月29日,原告就安丘市长安路东段绿化苗木向安丘市城市园林绿化处进行了移交。原告还对安丘市长安路两侧沿街商铺和住宅进行了投资开发,完成了相关的拆迁补偿安置工作。原告已履行《合同书》约定的各项义务,对此,被告也应按合同的有效约定履行义务。

原告在本案中主张被告应当履行《合同书》第四条第2、3项向其支付17155718.85元人民币及赔偿延期支付经济损失。其一,关于涉及本案的《合同书》第四条第2项的免税约定,如前所述,该免税约定违反了《中华人民共和国税收征收管理法》的强制性规定,没有法律效力,且双方没有实际履行,而是在合同履行过程中进行了变更,原告依法向税务机关缴纳了税款。由于原、被告双方并未就变更后的其他事项做出补充约定,因此,《合同书》中该无效条款并不产生返还相关税款及过错一方赔偿损失的法律后果,故对原告关于返还已缴纳土地增值税、土地使用税款项的请求依法不予支持。其二,根据《合同书》第四条第3项的约定,被告应向原告返还其缴纳的营业税(含教育附加费、城市调节基金)、所得税地方留成部分，其中原告未提供缴纳城市调节基金的单据，且被告不同意返还此款项，故对原告关于返还已缴纳城市调节基金款项的请求依法不予支持；原告提供的单据证明其缴纳营业税、教育附加费、所得税款项共计人民币14237893.06元，因被告对营业税、教育附加费、所得税地方留成部分的比例未提供证据予以说明，故按原告主张的地方留成部分按县市级财政分享收入32%计算，即被告应返还原告缴纳的营业税、教育附加费、所得税款项共计人民币4556125.78元。被告未按合同约定支付该款项，对于原告由此受到的经济损失，理应予以赔偿。原告请求赔偿延期支付经济损失自原告起诉之日起按照银行同期贷款利率计算利息，该主张符合民事法律规范精神，依法应予支持，故被告赔偿原告经济损失的具体数额应当按4556125.78元相应的同期人民银行基准贷款利率计算，并自原告起诉之日即2015年5月19日起计算至本判决生效之日。

综上，依据《中华人民共和国合同法》第八条、第六十条、第一百零七条，《中华人民共和国行政诉讼法》第七十八条第一款，《最高人民法院关于适用〈中华人民共和国行政诉讼法〉若干问题的解释》第十五条第一款之规定，判决：一、确认被告安丘市人民政府与山东莱芜正泰钢铁有限公司于2005年9月13日签订的《安丘市长安路改造及沿街房屋开发建设项目合同书》第四条第3项有效；二、被告安丘市人民政府向原告潍坊讯驰置业发展有限公司返还缴纳营业税、教育附加费、所得税地方留成部分款项人民币4556125.78元并赔偿相应的银行同期贷款利息损失（按照人民银行公布的同期银行贷款利率计算，自2015年5月18日起计算至本判决生效之日），于本判决生效之日起十日内履行完毕；三、驳回原告潍坊讯驰置业发展有限公司的其他诉讼请求。案件受理费43249元，由被告安丘市人民政府负担。

上诉人讯驰公司上诉称：1.原审法院认定营业税、教育附加费也按照32%比例返还上诉人错误。上诉人提供的诉讼请求中对各项税费的数额进行了计算，在原审判决中也给予了明确，其中上诉人缴纳的所得税为4618407.50元，依据县级财政分享部分为32%计算得到1477890.40元的返还数额，再加上营业税、土地增值税、土地使用税、城建税、教育附加费、地方教育附加费、地方水利建设基金7项税费15677828.45元，共计17155718.85元，并以该计算所得数额在庭审中变更诉讼请求。原审法院将上诉人主张的县级财政分享部分32%也作为营业税、城建税、教育附加费、地方教育附加费比例计算没有依据。上诉人在原审中只主张了32%作为所得税的地方分享比例，不含其他税种，其他税种上诉人请求的是全部返还。

2. 原审法院认定《合同书》第四条第 2 项约定没有法律效力，是曲解了《合同书》第四条的约定。第四条第 2 项约定旨在被上诉人给上诉人优惠，因上诉人为政府做出贡献应得的补偿，该约定并不违法。第 2 项约定的内容只是给予补偿的方式，该内容是否有效均不影响双方约定被上诉人应当向上诉人补偿的法律效力。即使补偿方式无效，也不等于被上诉人就可以不用补偿了。上诉人缴纳税款后被上诉人再行返还行为与免交行为只是过程上不同，但结果一致，均是对上诉人履行补偿的方式。上诉人从未放弃过要求补偿，也从未对应当补偿的合同约定变更过。被上诉人作为证据具有优势地位，对造成无效的法律后果应当承担责任。上诉人缴纳的土地增值税 4141406.92 元、土地使用税 9787759.43 元，共计 5120166.35 元应当返还作为上诉人履约的补偿。3. 城建税应予返还。营业税包含城建税和教育附加费。合同中对营业税项下两个附加包含在内，因此应予返还。请求改判被上诉人市政府支付 17127550.08 元及利息。

上诉人市政府答辩称：一、本案的合同性质属于民事合同，而非行政合同，不属于行政诉讼的受案范围。涉案合同内容由两大部分组成，一部分为长安路改造建设，另一部分为长安路沿街房地产开发。无论城市道路建设，还是房地产开发均是平等民事主体之间形成的民事法律关系，涉及合同的争议应由合同法、民法调整，不属于行政法的调整范畴，因此本案不属于行政诉讼的受案范围。二、涉案合同是无效合同。1. 长安路改造工程应当属于招投标法规定的大型基础设施等项目，应当按照招投标法规定程序依法公开招标，但涉案合同并没有经过招投标，违反法律强制性规定，因而无效。根据有关规定对于城市道路开发建设单位应当具备施工承包企业资质。正泰公司不具有市政工程、城市道路的施工资质，因此涉案合同中涉及城市道路施工的内容因违反强制性规定无效。涉案合同中房地产开发部分的约定只是框架、意向性质，合同中没有对双方权利、义务作出具体约定，对双方没有约束力。2. 涉案合同第四条第 2、3 项的约定因违反法律行政法规的强制性规定而无效。根据《中华人民共和国税收征收管理法》第三条第二款、第二十一条第二款，以及《国务院关于〈中华人民共和国税收征收管理法〉实施细则》第三条的规定，涉案合同第四条第二项、第三项约定实际上对税收的征、减、免作出的约定，是免除税收的一种特殊表现形式，该项约定明显违反法律规定。另外，市政府以协议的形式与正泰公司作出的减免税收的约定，超越市政府的法定权限，没有法律效力，对此原审法院认定正确。涉案合同第四条第三项的约定属于"先征后返"。

这一约定扰乱了税收秩序，且审批权限属于国务院，各级地方人民政府一律不得自行制定税收政策，关于税收征收的减免必须严格按照法律的授权及法定程序执行。市政府不是法定的税务征收机关，无权取代法定授权的征税机关作出税收征收减免等决定。三、根据合同相对性的原则，被上诉人不是涉案合同签约当事人，因此，讯驰公司在本案中诉讼主体不适格。按照合同约定，正泰公司成立讯驰公司从事涉案房地产开发，并不能当然取代正泰公司承继涉案合同的全部权利和义务。即便涉案合同有效，根据正泰公司一审中提交证明材料，恰恰证明在2016年5月20日以前正泰公司从来没有向市政府提出变更涉案合同主体的主张，市政府更没有同意涉案合同由讯驰公司履行。四、讯驰公司的起诉已超过诉讼时效。讯驰公司从2007年开始至2013年5月18日之前，所缴纳的税费均已经超过诉讼时效。原审法院认为缴税义务属于连续状态，并没有超过2年诉讼时效的说法没有事实和法律依据。五、原审法院违反法定程序，遗漏了应该追加为本案第三人的当事人。人民法院曾经向正泰公司法定代表人进行过调查，按照法律规定应当追加正泰公司作为第三人参加诉讼。原审法院遗漏当事人，导致认定事实不清，违反法定程序。六、诚实信用原则是民法的基本原则，但诚实信用原则不能突破法律底线，不能损害国家利益和社会公共利益。综上，请求改判驳回讯驰公司的全部上诉请求，驳回迅驰公司的起诉。

　　上诉人市政府上诉称：一、被上诉人没有完全取得《合同书》约定的权利义务。权利义务承继仅发生在公司合并等特殊情形下，本案中并不存在。《合同书》仅约定正泰公司在安丘市注册公司负责开发，并未约定正泰公司的权利义务转移给新成立的公司。在合同没有明确约定，且上诉人未同意，被上诉人并未合法取得《合同书》中正泰公司的权利义务，其向上诉人主张权利不应支持。二、《合同书》的税收减免、退还有关条款违反法律的强制性规定，且正泰公司及被上诉人不具备市政公用工程开发建设资质，《合同书》无效。被上诉人没有道路建设设计、施工资质，实际履行中被上诉人又将道路施工工程全部转包，故《合同书》关于道路建设的约定无效，其减免、退还税费与道路建设条款具有密切关联性，道路建设条款无效，税费减免、返还条款亦无效。《合同书》关于营业税、所得税先交后返的约定不能否认其退税的本质，因此《合同书》第四条第2、3、4项均无效。三、上诉人已减免、返还被上诉人的费用远大于其道路建设支出，已充分补偿，再予返还税收侵害公共利益。上诉人返还给被上诉人的土地出让金及税费减免共计32153986.99元，远大于被上诉人支出费用20622276.96元，再予返还将侵害安丘市的公共利益。四、被上诉人擅自提高房地产项目容积率，违约在先。安丘市规划局测量发现，被上诉人的房地产项目容积率由原来1.5提高到1.89，违反《国有土地使用权出让合同》第11条规定，也违反《建设用地规划设计条件》及《城乡规划法》第四十三条规定。请求撤销原审法院判决，驳回被上诉人讯驰公司的全部诉讼请求，本案全部诉讼费用由被上诉人讯驰公司负担。

上诉人讯驰公司答辩称：一、关于市政府提出答辩人没有完全取得《合同书》约定的权利义务问题。答辩人是依据《合同书》约定成立的，权利义务关系明确。且讯驰公司正是由正泰公司出资成立的，是负责对长安路及沿街房地产开发的主体，合同的权利义务均是答辩人履行，被答辩人接受。合同项目的土地出让、签订、相关批文和证书等均由讯驰公司履行完成，合同项目的实施均由讯驰公司履行完成，合同项目的全部税、费的缴纳均由讯驰公司履行完成。被答辩人已兑现的合同优惠也都是直接向讯驰公司履行，因此答辩人与本案行政合同具有法律上的利害关系，具有诉讼主体资格。二、关于被答辩人提出的合同无效主张不能成立。合同约定的税收减免、退还有关条款不违反法律强制性规定。合同第四条约定的是政策优惠，是政府对答辩人出资建设公共事务，完成政府建设职能任务给予的补偿。"土地增值税、土地使用税"直接不交留给答辩人作为补偿，或者先交后返答辩人作为补偿，二者产生的效果一致，只是被答辩人给付补偿的程序不同而已。《中华人民共和国税收征收管理法》第三条规定，法律授权国务院规定的，依照国务院制定的行政法规的规定执行。即国务院有权对税收减免政策进行制定。国务院制定的《关于税收等优惠政策相关事项的通知》规定，确认了本案合同中关于税收减免政策优惠的合法性，且对优惠政策已经履行的不再涉及，因此涉案合同均是有效的。三、正泰公司及答辩人的开发资质不影响涉案合同效力。市政府混淆了涉案合同与施工合同的关系。事实上该《合同书》是正泰公司和被答辩人合作投资建设长安路，双方拟制的答辩人代替被答辩人支付工程款项。合同约定由答辩人城建，但并未约定必须由答辩人施工。合同项目的设计、施工在安丘市建设局的监督协调下，由具备资质的专业施工单位完成，均由答辩人投资，被答辩人的职能部门市政公司已出具验收证明。被答辩人以实际行为认可答辩人履行合同的方式。三、被答辩人提出的已充分补偿的理由不能成立。1.合同约定的补偿数额明确，由合同第四条的各款项组成。双方没有以是否足额或者充分补偿作为履行合同的依据。2.被答辩人计算的答辩人支出数额不正确。被答辩人遗漏答辩人建设安置220户居民住房的价值。答辩人全额支付了受让建设用地土地出让金。答辩人现金支出等共计64796495.90元，即使按答辩人测算的已补偿31269526元，仍有44174218.94元答辩人未得到补偿。况且答辩人还要承担相当数额的财务成本，企业经营管理费用等支出。四、被答辩人所提项目容积率问题不成立。被答辩人提出的容积率与本案不是同一法律关系，不应在本案中审理。依据合同，该拆迁建设项目是答辩人为被答辩人承担的建设任务，被答辩人成立统一指挥部进行现场指挥调度。住宅小区建设由安丘市规划局批准，建设完成后由规划局验收，说明建设符合规划要求。综上所述，市政府的上诉理由不能成立，请求依法驳回上诉。

本院确定本案的审理重点为：1.本案是否属行政诉讼受案范围，讯驰公司是否具有涉案诉讼主体资格；2.涉案《合同书》是否有效；3.原审法院判决认定返还款项数额是否正确。

针对本案确定的审理重点，上诉人讯驰公司、市政府庭审中的陈述意见与其上诉意见以及答辩意见基本相同。双方二审期间均没有提供新的证据。本院查明的事实与原审查明的事实基本一致。

本院认为：

一、关于本案是否属于行政诉讼的受案范围问题。《中华人民共和国行政诉讼法》第十二条规定："人民法院受理公民、法人或者其他组织提起的下列诉讼：……（十一）认为行政机关不依法履行、未按照约定履行或者违法变更、解除政府特许经营协议、土地房屋征收补偿协议等协议的。"《最高人民法院关于适用〈中华人民共和国行政诉讼法〉若干问题的解释》第十一条规定："行政机关为实现公共利益或者行政管理目标，在法定职责范围内，与公民、法人或者其他组织协商订立的具有行政法上权利义务内容的协议，属于行政诉讼法第十二条第一款第十一项规定的行政协议。"本案中，根据正泰公司与市政府于2005年9月13日签订的《合同书》内容分析，双方签订涉案《合同书》的目的是为加快安丘市城市基础设施建设，完善城市功能，改善城市面貌而签订的协议，且案涉长安路工程的建设是由讯驰公司自筹资金进行建设，市政府作为社会公共事务的管理者，为了公共利益对涉案长安路的建设在《合同书》明确约定了协调市政府有关部门提供便利条件以及各项优惠政策，市政府的上述合同约定并非是以一般意义上民事合同中以支付兑价或知识产权等民事平等主体之间行为履行合同，而是以为讯驰公司减免、返还各种税费作为兑价而支付，市政府通过上述行为在双方《合同书》中以行政法上的权利义务来履行合同内容，具有行政协议的法律特征，因此本案属于行政协议的范畴，应当属于行政诉讼的受案范围，原审法院对此认定正确。上诉人市政府主张本案属于民事行为，不属于行政诉讼调整范围的陈述意见不能成立，不予支持。

二、关于讯驰公司是否具有本案行政诉讼主体资格问题。虽然涉案《合同书》是以正泰公司与市政府之间签订的，但双方《合同书》第二条第1项明确约定，双方对于长安路建设问题由正泰公司在安丘市注册成立房地产开发公司，负责长安路两侧沿街商铺和住宅开发。后正泰公司成立了讯驰公司并负责安丘市长安路的建设等，且根据原审中讯驰公司提供的证据可以证实，长安路的建设等均是以讯驰公司的名义进行拆迁、建设，包括各项费用的支付均是讯驰公司行为，正泰公司亦认可长安路的建设由讯驰公司负责并将其合同项下的全部权利转让给讯驰公司，讯驰公司实际代替正泰公司履行与市政府之间签订的《合同书》约定的内容，在无其他利害关系人主张权利的情况下，讯驰公司作为实际施工人以及利害关系人，具有本案的行政诉讼主体资格。上诉人市政府上诉所称讯驰公司不具有本案行政诉讼主体资格的理由，不应予以支持。

三、关于涉案《合同书》的效力问题，当事人双方意见分歧较大。

讯驰公司以及市政府对涉案《合同书》效力是否违反法律强制性规定的问题提出了相反的观点。对此，本院认为，虽然该案属于行政诉讼的受案范围，而本案行政协议属于具有道路建设施工以及开发的内容，应当以《中华人民共和国合同法》等相关法律规定作为本案的判定依据。《中华人民共和国合同法》第五十二条规定，"有下列情形之一的，合同无效：（一）一方以欺诈、胁迫的手段订立合同，损害国家利益；（二）恶意串通，损害国家、集体或者第三人利益；（三）以合法形式掩盖非法目的；（四）损害社会公共利益；（五）违反法律、行政法规的强制性规定。"本案中，《合同书》第二条第2项约定了市政府以招拍挂方式出让开发用地使用权，并约定了出让土地面积以及单价，该约定违反了《中华人民共和国招投标法》有关排除第三人参与竞标中标可能性的法律规定，应当无效，对此双方当事人均有过错，但本案双方并未对招投标行为产生歧义，而是对涉案《合同书》中第四条第2、3项产生争议，在讯驰公司作为建设单位，已经按照合同约定完成了涉案长安路的建设，包括拆迁、施工等行为，且讯驰公司在施工完毕后长安路已经交付使用情况下，为保持合同的相对稳定性，本院不再对招投标程序作过多评价。

关于《合同书》第四条第2、3项约定内容的效力问题。双方合同约定长安路建设以讯驰公司自筹资金进行建设，市政府以减免、返还各项税费、由讯驰公司进行房地产开发等优惠政策作为给付条件。双方之间的结算方式由货币支付的方式变更为提供各项优惠进行结算，改变了传统意义上的以货币或者实物的结算方式。该方式是否符合法律规定，是本案重点审查的内容。涉案《合同书》第四条第2项约定：甲方（市政府）同意给乙方（正泰公司实际为讯驰公司）提供以下优惠政策，用于道路建设补偿：……2. 免收土地契税、土地增值税、土地使用税。《中华人民共和国税收征收管理法》第三条第二款规定了任何机关、单位和个人不得违反法律、行政法规的规定，擅自作出税收开征、停征以及减税、免税、退税、补税的决定，但根据《国务院关于税收等优惠政策相关事项的通知》（国发〔2015〕25号文件）（以下简称《通知》）第二条规定："各地区、各部门已经出台的优惠政策，有规定期限的，按规定期限执行；没有规定期限又确需调整的，由地方政府和相关部门按照把握节奏、确保稳妥的原则设立过渡期，在过渡期内继续执行。"第三条规定："各地与企业已签订合同中的优惠政策，继续有效；对已兑现的部分，不溯及既往。"《中华人民共和国税收征收管理法》对税收的开征以及减免规定了具体实施由国务院制定详细的行政法规进行规范，国务院的上述《通知》对税收的开征以及减免的规定具有普遍约束力，因此涉及本案《合同书》双方签订的第四条第2项关于土地契税、土地增值税、土地使用税免交的约定是当事人之间真实意思表示且未违反法律、行政法规强制性规定，应当认定为有效，原审法院仅以该约定违反法律强制性规定确认该条款无效的理由不当，应当予以纠正。关于涉案《合同书》第四条第2项中约定的免交土地契税、土地增值税、土地使用税是否应当返还问题。本案中，土地契税因上诉人讯驰公司未予主张且市政府亦已按照《合同书》约定予以免交，本院不再对土地契税进行认定和评判。现本案主要解决双方之间争议的土地增值税、土地使用税问题。涉案《合同书》第四条第2项约定对土地增值税以及土地使用税由讯驰公司予以免交，但是本案讯驰公司并非是以免交的方式履行合同约定，而是自行缴纳上述费用后，现请求予以返还，因此是否应当返还是本案的审查重点。依法纳税是每个公民和企业法人应尽的义务。本案中，上诉人讯驰公司根据有关法律规定依法自觉缴纳了土地增值税、土地使用税，这种依法纳税的行为，是讯驰公司企业自身诚实信用、依法经营的良好表现，应当予以鼓励和支持。国务院《通知》中规定，对于合同中的优惠政策继续有效；对于已兑现的部分，不溯及既往。双方《合同书》中虽然明确为讯驰公司免交土地增值税和土地使用税，但在讯驰公司已经缴纳上述两项税费的情况下，其再要求返还该税费，不符合合同约定的免税条款，双方亦未签订其他先交后返的协议，亦与国务院的《通知》不符，因此讯驰公司要求返还已经缴纳的土地增值税以及土地使用税的上诉请求，本院不予支持。

关于双方《合同书》第四条第3项约定的效力问题。双方签订的《合同书》第四条第3项约定，营业税（含教育附加费、城市调节基金）、所得税地方留成部分用于项目市政设施投资补助，并于乙方交纳30日内返还给乙方。该项约定实际为营业税、所得税地方留成在讯驰公司交纳后予以返还问题。关于营业税的概念，山东省财政厅、山东省国家税务局、山东省地方税务局、中国人民银行济南分行（鲁财预［2013］51）《关于贯彻鲁政发［2013］11号文件有关预算管理问题的通知》第一条第二项第三目规定，"营业税……3.其他地方营业税属于市和省直管县收入。"结合本案，双方约定的该营业税中包含的教育附加费、城市调节基金属于地方性财政收入，在市政府对地方性财政收入拥有所有权和支配权的情况下，双方约定将该款项由市政府予以返还，属于当事人之间真实意思表示且未违反法律以及行政法规的强制性规定，因此该约定合法有效，双方均应当继续履行。该营业税在全部属于市政府管辖范围内且具有自主权的情况下，应当予以全部返还，而并非原审法院所确定的营业税亦按地方性留成的32%予以返还，原审法院认定将营业税以及所得税地方性留成均按照32%予以返还，不符合当事人之间的约定，亦与讯驰公司的诉讼请求相悖，本院对此予以纠正。关于所得税地方性留成问题。山东省人民政府（鲁政发［2013］112号）《关于明确所得税收入分享比例的通知》第一条规定，一般企业所得税收入，中央分享60%，省级分享8%，市分享32%。山东省人民政府对一般企业所得税进行了明确规定，即市分享比例为32%。本案中，双方合同明确约定所得税地方留成亦用于返还讯驰公司，该约定同样是双方当事人的真实意思表示且并不违反法律、行政法规的强制性规定，该约定亦合法有效。因此，市政府应当将讯驰公司交纳的所得税的32%部分予以返还，原审法院对此认定正确，本院予以支持。综上，在上诉人讯驰公司原审提交营业税、教育附加费、企业所得税的有关证据后，上诉人市政府未提出异议亦未提供相反证据予以反驳的情况下，市政府应当返还讯驰公司已经缴纳的上述款项为，营业税9439342.06元、教育附加费272343.67元、企业所得税4526207.33×32%＝1448386.35元，以上共计为11160072.08元，并于30

日内予以支付。原审法院计算方式不符合当事人之间的约定，亦与讯驰公司的诉讼请求相悖，本院予以纠正。

关于市政府主张讯驰公司不具备施工资质，《合同书》无效的问题。双方签订的《合同书》中约定了由讯驰公司负责长安路的道路建设以及房地产开发建设。讯驰公司在实际履行道路施工合同中，仅是作为缔约方对合同的约定内容全面履行，对于长安路的道路具体施工并非由讯驰公司承担，而是另行由其他施工单位具体施工，现长安路已施工完毕并交付使用，且本案道路施工并非是以兑价的方式支付工程款项，而是以减免、返还税款的方式进行结算，即使讯驰公司不具备道路施工资质，亦是对工程价款取费标准产生影响，而对于合同中关于减免、返还税款的约定不产生约束力，因此，市政府认为讯驰公司不具备道路施工资质整个合同无效的陈述理由，本院不予支持。

关于市政府上诉所称其减免、返还的费用远大于讯驰公司道路建设支出侵害公共利益问题。本院认为，讯驰公司作为营利性企业，其以营利为目的，在双方合同明确约定返还税款不违反法律以及行政法规强制性规定的情况下，双方应当尊重合同约定的本意，市政府认为其侵害公共利益的上诉理由，因未提供证据予以证明，本院不予支持。

关于市政府上诉称讯驰公司擅自提高房地产项目容积率违约在先问题。本案审理的为双方之间的价款结算问题，房地产开发项目未涉及，其是否违反房地产项目容积率问题，不属于本案的审理范围，本院对此不予审查。

关于市政府答辩称本案已超过诉讼时效问题。本案属于行政协议案件，应当参照民事法律规范进行调整。根据讯驰公司原审中提供的证据可以证实，讯驰公司在合同履行期间自2007年至2015年期间连续缴纳各项约定税款，其直到2015年6月1日完成最后一次缴纳税款，期间处于连续完成合同约定的义务状态，其于2015年5月18日提起本案诉讼，未超过民事法律规范规定的诉讼时效期间，且双方合同中并未对返还税款的条款约定履行期限，因此上诉人市政府答辩称讯驰公司的起诉已经超过诉讼时效的主张，本院不予支持。

关于原审法院审判程序是否违法问题，实际为上诉人市政府答辩中主张的是否追加正泰公司作为本案诉讼参与人问题。本院认为，正泰公司与市政府签订的《合同书》约定由正泰公司注册成立房地产开发公司，负责正泰公司的合同约定的承建内容，后正泰公司成立讯驰公司，由讯驰公司负责完成了正泰公司合同中约定的内容，且根据原审法院对正泰公司法定代表人进行的调查，正泰公司明确表示讯驰公司承继正泰公司《合同书》

中的权利义务，正泰公司不再享有《合同书》约定的权益和履行义务。根据以上事实可以证实，讯驰公司是本案的责任主体，无需追加正泰公司作为本案当事人参加诉讼，因此市政府关于原审法院审判程序违法的主张，本院不予支持。

综上所述，当事人双方于2005年9月13日签订的《合同书》除招投标约定的无效外，其他合同条款应当有效。上诉人市政府应当按照合同约定支付上诉人讯驰公司营业税9439342.06元、教育附加费272343.67元、企业所得税1448386.35元，以上共计11160072.08元，并于30日内予以支付。至于上诉人讯驰公司要求返还其他费用的诉讼请求，因双方合同并未约定，本院不予支持。上诉人讯驰公司的上诉理由部分成立，本院予以支持。上诉人市政府上诉请求确认双方签订的《合同书》整体无效的上诉理由，本院不予支持。原审法院认定事实部分有误、适用法律部分不当，本院予以纠正。依照《中华人民共和国行政诉讼法》第八十九条第一款第二项之规定，判决如下：

一、维持潍坊市中级人民法院（2015）潍行初字第35号行政判决第一项，即确认被告安丘市人民政府与山东莱芜正泰钢铁有限公司于2005年9月13日签订的《安丘市长安路改造及沿街房屋开发建设项目合同书》第四条第3项有效；第三项，即驳回潍坊讯驰置业发展有限公司的其他诉讼请求。

二、变更潍坊市中级人民法院（2015）潍行初字第35号行政判决第二项为安丘市人民政府于本判决送达之日起三十日内返还潍坊讯驰置业发展有限公司缴纳的营业税、教育附加费、所得税地方留成部分共计11160072.08元，并按照中国人民银行同期贷款利率计算利息（利息自2015年5月18日起计算至本判决履行之日止）。

一、二审案件受理费各43249元，潍坊讯驰置业发展有限公司各负担15137元，安丘市人民政府各负担28112元。

本判决为终审判决。

审判长　张景凯
审判员　孙晓峰
代理审判员　俞春晖
二〇一七年七月十八日
书记员　王超群

后 记

从"三务合一"理论出发,笔者把本书分为五大板块:

第一篇为税务规划理论,主要介绍税务规划的概念和阐述"三务合一"理论是税务规划必由之路的内在逻辑。

第二篇为房地产实务,介绍房地产基础知识,重点介绍与涉房地产企业并购相关的56种取得建设用地的途径。

第三篇为税收实务,是本书的重中之重,系统介绍企业并购房地产税务规划可能用到的税务规划工具,由于工具数量有108个之多,为免读者觉得杂乱无章,笔者将其分为四个板块,即组织架构、资产收购、股权交易和其他。

第四篇为法律实务,主要介绍税务规划过程中的法律责任和法律条款的适用问题。

第五篇为税务规划案例,主要是举例说明如何运用"三务合一"理论进行税务规划实战,一展企业并购房地产税务规划这颗皇冠上明珠的光彩。

由于本书涉及知识面太广,至少涉及房地产实务、税收实务和法律实务三大体系的知识,尤其令笔者担忧的是这三大体系的所谓知识,不是书本上的而是长期理论和实践结合的产物。显然,本书出现不当甚至错误,是在所难免的。另外,本书中笔者根据多年的实践和自己的理解对税收法律法规、部门规章以及规范性文件多有品头论足之处,但笔者作为一名从业20多年的法律工作者,本意还是想为税收法定原则在我国的确立贡献一份微薄的力量而已,绝无"碰瓷"税务机关,藐视税法权威之意。

在此,特别感谢笔者可敬的同事刘剑丰律师、张贞生律师、封树伟律师和姜瀚钧律师,为本书提出了很多具体建议。笔者也恳请读者,在发现本书的任何不当或错误之后,万万要不吝赐教。具体可通过识别本书二维码加微信,与笔者私聊,也可以发邮件到笔者的电子邮箱:qihonglei@deheng.com。十分感谢。